営業秘密の管理と保護

◆ 結城哲彦 ◆

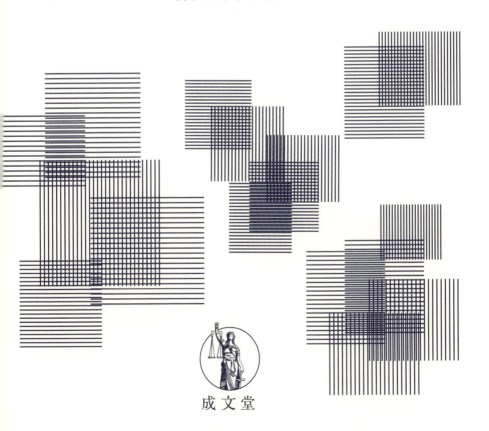

成文堂

はしがき

　本書は、著者が2014年10月に早稲田大学に提出した博士号学位申請論文「営業秘密の管理と保護の在り方及びこれにおける秘密保持契約の活用─米国の制度と実務を参考にした考察─」を底本とするものである。ただし、2015年7月、本書のテーマである営業秘密に関連する部分について不正競争防止法の改正が行われ、2016年1月1日から実施される運びとなったので、これと関連する部分について若干の加筆・補正を行ったほか、「補論」として、今回の改正に関して簡単な説明を追加した。

　わが国の知的財産のなかで、物作りを支えている最も重要なものは、公開・特許化されている技術だけではなく、非公開・秘匿化の形で、公開された技術を陰で補完しているノウハウという技術上及び営業上の情報群である。そして、このノウハウという情報群を保護するために設けられている法制度が「営業秘密」である。ノウハウは、非公開・秘匿化を生命線としているので、その秘密が守られなければ、一瞬にして価値を失うものである。その意味で、ノウハウの秘密を保護するための営業秘密という法制度は、地味ではあるが極めて重要な存在である。また、地理的条件や国境に左右されずに情報が流通するネットワーク社会のさらなる進展により、営業秘密制度の重要性が今後ますます高まることは、誰の目にも明らかである。

　著者は、2000年ごろから、「営業秘密という法制度」と「秘密保持契約」の関係について関心を寄せてきた。その理由は、いろいろな事例から、法と契約が必ずしも有機的に作動せず、法と契約のいずれによっても保護されない空白の領域が大きく残る結果を招いているような印象を受けたからである。いま振り返ると、このような状況を是正し、法と契約の相互補完的な態勢のもとで営業秘密の管理と保護を進めるべきではないかと、当時、強く心に残った問題関心が、本書の底本となった博士論文を執筆する原動力となったように思う。

具体的な転機が訪れたのは、2008年である。この年の8月末で、フルタイムのサラリーマン生活満50年に別れを告げた。翌2009年4月、早稲田大学大学院法学研究科の科目等履修生となり、1958年3に同志社大学を卒業してから51年ぶりに学生に戻った。2年間のウォームアップを経て、2011年4月、同法学研究科修士課程に正規の学生として入学した。本書の底本となった論文は、博士課程を含む通算4年の在学中にまとめたものである。

博士論文では、上記のような問題関心のもとに、営業秘密の概念、要件、機能、管理の実態、保護するための手段・方法などについて、米国の制度及び実務との比較を交えた分析を行い、わが国の営業秘密制度が内蔵している現状の問題点を明らかにするとともに、営業秘密の「管理」と「保護」にとって秘密保持契約の活用が必要かつ有用であることを具体的に論じた。2015年3月に所定の課程を修了し、傘寿を目前にした満79歳10ヶ月の時点で、幸いにも博士（法学）の学位を取得することができた。

早稲田大学大学院法学研究科在籍中には、実に多くの方々にお世話になった。論文のテーマは、科目等履修生時代にご指導いただいた故渋谷達紀先生（都立大学名誉教授）の助言・示唆によるものである。また、修士課程・博士課程の通算4年間においては、指導教員である高林龍先生（早稲田大学法学学術院教授）をはじめ、多くの先生方や先輩・同僚から、筆舌に尽くしがたいご指導・ご鞭撻を直接・間接に賜った。さらに、生涯学習開発財団（松田妙子理事長）から、博士号取得支援事業に基づく支援を受けられたことも、物心両面で大きな支えとなった。このことをここに記して、心から御礼申し上げたい。

本書の出版を思い立ったのは、営業秘密がようやく世間の耳目を集めるようになった今日においても、営業秘密制度について論じた単独の書物が必ずしも多くないこと、特に、秘密保持契約の役割とその活用に焦点を当て、法と契約の相互一体的な態勢のもとで営業秘密の管理と保護の充実を図るという視点で体系的に論じたものが皆無に近いことに気づいたからである。しかし、電子化された媒体が勢いを増しつつある昨今の情勢のなかで、本書のよ

うな一般向けとは言えない書籍の出版を引き受けていただける会社は、簡単には見つからなかった。このような厳しい状況のなかで、株式会社成文堂様には出版を快諾いただき、また、同社の飯村晃弘氏には、企画から校正に至るまで大変お世話になり、ここに本書を刊行することができた。この場を借りて、改めて謝意を表したい。

　最後に、私事であるが、満74歳から傘寿になるまでの6年間にわたる学生生活を支えてくれた妻、米国（コロンビア大学及びヴィラノヴァ大学のロースクール図書館）における文献検索に協力してくれた息子と娘、さらに原稿の査読やゲラの校正に労を惜しまずに協力してくれた弟にも、この機会に「ありがとう」と一言述べることをお許しいただきたい。このような支えがなければ、論文も本書も、とうてい陽の目を見るに至らなかったと痛感しているからである。

　2015年9月

　　　　　　　　　　　　　　　　　　　　　　　　　　　結城　哲彦

目　次

はしがき

第1章　序　論──本研究の目的と基本的なスタンス …………… 1

はじめに ……………………………………………………………… 1
1　本研究の対象範囲（4）
2　本研究の基本的なスタンス（5）
3　本稿の構成（6）

第2章　営業秘密の概念 ………………………………………… 8

第1節　わが国における営業秘密の概念 ………………………………… 9
1　制度の趣旨・目的（9）
2　営業秘密の定義とその法的性質（11）
3　営業秘密要件の個別的検討（12）
4　営業秘密の制度上の問題点（26）
第2節　営業秘密の安全管理 ……………………………………… 28
1　「秘密としての管理」と基礎的管理の関係（28）
2　危機管理の在り方（29）
3　契約法的管理（30）
第3節　米国における営業秘密の概念 …………………………… 31
1　連邦と州の関係（31）
2　統一営業秘密制定法が各州に導入された背景（31）
3　営業秘密の定義（33）
4　営業秘密の要件（34）
5　統一営業秘密モデル法の各州での導入状況（38）
6　州の制定法が実際に行っている統一モデル法の修正状況（39）

第 4 節　営業秘密概念の日米比較 ………………………………… 39
　　1　営業秘密の定義 (39)
　　2　営業秘密の法定要件 (39)
　　3　秘密保持契約の位置づけ (40)
　　4　営業秘密を保護する根拠 (41)
　本章の小括 ……………………………………………………………… 42

第3章　営業秘密の侵害とその救済 …………………… 44

第 1 節　営業秘密にかかる不正競争行為 ………………………… 44
　　1　営業秘密にかかる不正競争行為の類型 (44)
　　2　営業秘密の侵害（六類型）に該当する不正競争行為の事例 (47)
第 2 節　営業秘密の侵害に対する不正競争防止法による救済 ………… 49
　　1　差止請求 (49)
　　2　損害賠償請求 (53)
　　3　信用回復措置の請求 (55)
第 3 節　不法行為法による救済 …………………………………… 55
　　1　問題の所在 (55)
　　2　不正競争防止法（主位的請求）と般不法行為（予備的請求）との関係 (56)
第 4 節　契約法による救済 ………………………………………… 61
　　1　概説 (61)
　　2　不正競争行為類型と秘密保持契約の関係 (62)
　　3　秘密保持契約による救済の効用 (63)
　　4　競業避止契約による救済 (63)
　　5　外国に流出した営業秘密の民事上の救済 (65)
　　6　民事上の救済（まとめ）(66)
第 5 節　刑事上の救済（参考）……………………………………… 67
　　1　営業秘密侵害罪の導入とその後の経過 (67)
　　2　可罰類型と要件（21条 1 項 1 号〜 7 号）(68)

3　場所的適用範囲 (68)
　　4　公訴時効期間 (68)
　　5　親告罪 (69)
　　6　罰則 (70)
　第6節　米国の営業秘密にかかる不正競争行為の類型 …………… 70
　　1　不正競争行為の類型とその体系 (70)
　　2　訴訟における営業秘密と不正競争行為類型の関係 (72)
　第7節　米国における営業秘密の侵害に対する救済 …………… 72
　　1　概要 (72)
　　2　差止命令 (74)
　　3　不法行為法（コモン・ロー）による救済 (75)
　　4　契約法（債務不履行）による救済 (76)
　　5　刑事上の救済（参考）(78)
　　6　日米の民事救済の比較 (78)
本章の小括 ………………………………………………………… 79

第4章　営業秘密管理の現状分析 ………………… 81

　第1節　わが国における営業秘密の管理の現状 …………… 81
　　1　使用した基礎資料 (81)
　　2　基礎資料から判明したわが国の秘密管理の現状と
　　　今後の課題 (82)
　　3　裁判例の現状とその評価 (92)
　第2節　比較法的視点からの考察 …………………………… 95
　　1　米国企業における営業秘密の日常的管理の現状 (95)
　　2　裁判例からみた米国の営業秘密の現状 (98)
　　3　基礎資料から判明した米国の情報管理の現状 (100)
　　4　裁判所が重視している営業秘密管理のための
　　　合理的な手段 (104)
　　5　訴訟における勝訴率（訴訟では、誰が勝訴しているか）(106)

第3節　営業秘密管理の現状に関する日米比較 ················· 107
　　1　情報管理面での比較（107）
　　2　訴訟面での比較（108）
本章の小括 ··· 111

第5章　営業秘密と秘密保持契約の交錯　114

　第1節　契約関係における営業秘密と秘密保持契約の交錯 ········· 114
　　1　保護対象と民事上の効力が及ぶ範囲の比較（114）
　　2　秘密管理性における両者の交錯（115）
　第2節　訴訟における営業秘密と秘密保持契約の交錯 ············· 116
　　1　概況（116）
　　2　秘密保持義務違反が単独で主位的に請求された事案（118）
　　3　予備的請求としての秘密保持義務違反を肯定した事案（122）
　　4　予備的請求としての秘密保持義務違反を否定した事案（123）
　第3節　秘密保持契約による営業秘密保護のメリット・デメリット ······ 129
　　1　メリット（129）
　　2　デメリット（131）
　　3　まとめ（132）
　第4節　営業秘密と秘密保持契約の交錯に関する先行研究 ········· 132
　　1　わが国における先行研究の現状（132）
　　2　先行研究の具体例（例示）（133）
　第5節　米国における営業秘密と秘密保持契約の交錯 ············· 139
　　1　概況（139）
　　2　制定法とコモン・ローの適用上の順序（141）
　　3　営業秘密の侵害と秘密保持契約違反の訴訟における交錯（144）
　　4　秘密保持契約を併用することのメリット・デメリット（146）
　　5　米国における先行研究（147）
　　6　裁判例の概観（150）
　　7　信頼関係理論と契約関係理論の関係（155）

第6節　秘密保持契約の扱いに関する日米比較 …………………… 156
　　　1　契約観・契約理論に由来する違いがみられる（156）
　　　2　秘密管理性における扱いに違いがある（160）
　　　3　裁判所の関与の仕方に差がみられる（161）
　　　4　故意・過失の取扱いに差がみられる（161）
　　　5　わが国の場合、秘密保持契約の役割が、
　　　　　必ずしも正しく理解されていない（163）
　　　6　秘密保持契約に対する実務慣行に違いがある（163）
　　本章の小括 ………………………………………………………………… 164

第6章　秘密保持契約についての概括的考察 …………… 167

　　第1節　秘密保持契約の概念 ……………………………………… 167
　　　1　秘密保持契約の法的性質及び訴訟上の扱い（167）
　　　2　秘密保持契約の存在形態（169）
　　　3　米国における秘密保持契約との比較（171）
　　第2節　秘密保持契約の契約条項 ………………………………… 174
　　　1　わが国の秘密保持契約の契約条項（174）
　　　2　米国の秘密保持契約の契約条項（176）
　　　3　日米比較（178）
　　第3節　留意すべき重要事項の検討 ……………………………… 179
　　　1　問題の所在（179）
　　　2　情報を特定する際の前提条件（180）
　　　3　取引関係存続中における対象情報の特定（180）
　　　4　取引終了時以後における対象情報の特定（181）
　　　5　特定された情報の契約書への反映方法（181）
　　　6　特定された情報を秘密として保持すべき期間（183）
　　　7　秘密保持契約に基づく場合に必要な情報管理（183）
　　　8　比較法的視点からの検討（184）
　　第4節　秘密保持義務の概念 ……………………………………… 186

x　目　次

　　1　秘密保持義務の意義（*186*）
　　2　秘密保持義務の対象（*188*）
　　3　秘密保持義務の対象からの情報の除外（*189*）
　　4　秘密保持義務と秘密情報の使用行為の関係（*190*）
　　5　比較法的視点からの検討（*191*）
　　6　その他の根拠に基づく秘密保持義務（*192*）
　第5節　秘密保持契約による保護の対象にできる秘密情報 ………… *192*
　　1　保護対象にできる情報（*192*）
　　2　保護対象にできる情報に必要な要件（*193*）
　　3　保護対象にできるか否かの個別的検討（*194*）
本章の小括 …………………………………………………………………… *203*

第7章　秘密保持義務の残存期間 …………………………… *205*

　第1節　残存期間の意義とその重要性 ……………………………… *205*
　　1　問題の所在（*205*）
　　2　明示的な定めが存在しない場合の取扱い（*207*）
　　3　企業間における秘密保持義務に関する留意点（*208*）
　　4　企業と従業員等との間における秘密保持義務に関する
　　　　留意点（*210*）
　　5　米国の場合との比較（*211*）
　　6　まとめ（*213*）
　第2節　企業間の秘密保持契約における残存期間の実態 ………… *214*
　　1　使用したデータの出所（*214*）
　　2　調査結果の要約（*215*）
　　3　調査結果の概要説明（*215*）
　　4　実態調査の結果明らかとなった問題点と対応策（*216*）
　　5　実務書（刊行物）での扱い（*219*）
　第3節　残存期間に関する先行研究 ………………………………… *220*
　　1　秘密保持義務の残存期間に

　　　　　期限を設けるべきであるとする見解（220）
　　　2　秘密保持義務の存続期間に期限を設けるかどうかは、
　　　　　情報の性質によって決めればよいとする見解（224）
　　　3　秘密保持義務の存続期間に期限を設ける必要はないと
　　　　　する見解（225）
　　　4　まとめ（本稿の立場）（226）
　　第4節　秘密保持義務の残存条項に対する裁判所の判断 ……………… 227
　　　1　信義則に基づく余後効として、残存条項の有効性を
　　　　　認めた判決（227）
　　　2　特段の事情がない限り、残存条項の特約は有効と
　　　　　認めた判決（228）
　　第5節　残存条項として用いられている契約文言の個別的検討 ……… 229
　　　1　契約期間の自動更新文言（自動延長条項）（230）
　　　2　期間無限定文言（「有効に」「無期限に」）（233）
　　　3　合理的期間文言（秘密性が失われるまでの期間）（235）
　　　4　期間限定文言（236）
　　第6節　秘密保持義務の残存期間の在り方に関する考察 ……………… 238
　　　1　残存期間に対する考え方の日米比較（238）
　　　2　企業間の秘密保持契約における残存期間の合理的な
　　　　　決め方（240）
　　　3　企業と従業員等との秘密保持契約における残存期間の
　　　　　合理的な決め方（243）
　　第7節　残存期間の在り方に関する提言 ……………………………… 244
　　　1　企業間の秘密保持契約における残存期間の
　　　　　取扱い（原則）（244）
　　　2　例外（244）
　　　3　契約実務の在り方（245）
　本章の小括 …………………………………………………………………… 245

第8章　企業と従業員等との間の秘密保持契約 …………… 247

第1節　二つの形態の秘密保持契約の相互補完性の確保 ……… 247
1　企業秘密の流通経路（247）
2　企業秘密の流通と秘密保持契約との対応関係（247）
3　二つの秘密保持契約の相互補完関係（248）
4　今後の研究のあるべき方向（252）

第2節　従業員等との秘密保持契約 ……………………………… 253
1　企業と従業員等との間の秘密保持契約の性質（253）
2　従業員等との秘密保持契約締結に当たっての留意点（253）

第3節　企業と従業員等との秘密保持契約の対象にできる情報 …… 256
1　秘密保持契約による保護の対象にできる情報（256）
2　対象から除外される情報（256）
3　秘密保持義務の対象となる情報の範囲の確定（257）

第4節　在職者（personnel in service）の秘密保持義務 ……………… 257
1　秘密保持義務の発生根拠（257）
2　雇用契約に基づく秘密保持義務（258）
3　不正競争防止法との関係（259）
4　正当な理由がある場合（259）
5　雇用契約と秘密保持義務の残存期間の関係（260）

第5節　退職者（former employees）の秘密保持義務 ……………… 260
1　秘密保持義務の発生根拠（260）
2　退職後における秘密保持義務の残存期間（261）
3　退職時の特約と不正競争防止法との関係（262）
4　競業避止契約に基づく義務との関係（262）

第6節　その他の業務従事者の秘密保持義務 ……………………… 264
1　受入派遣者の秘密保持義務（264）
2　業務委託先の作業従事者の秘密保持義務（265）
3　出向者の秘密保持義務（265）

第7節　米国の概況 …………………………………………………… 266
　1　秘密保持義務の無期限の残存を容認した一審判決が
　　　棄却された事案（266）
　2　退職者の秘密保持義務の残存期間（268）
　3　退職後の競業避止契約（268）
本章の小括 ……………………………………………………………… 270

第9章　本研究の重要な課題の再確認と今後の対応 ……… 272

第1節　営業秘密にかかる制度上及び
　　　　解釈論上の課題と今後の在り方 …………………………… 272
　1　営業秘密の定義に内在する問題点と今後の対応策（272）
　2　先行研究の問題点と今後の研究課題（276）
　3　従業員が在職中に自ら開発した情報の取扱い（281）
第2節　営業秘密の管理と保護にかかる課題と今後の在り方 ……… 285
　1　秘密保持契約の位置づけと活用（285）
　2　残留情報の扱いと秘密保持義務の残存期間の関係（288）
　3　契約法的な人材管理の整備・拡充（290）
　4　情報の漏洩・外部流出の緊急事態に備えた危機対策（293）
第3節　訴訟手続上の課題と今後の在り方 …………………………… 295
　1　営業秘密の要件を審理する順序（295）
　2　秘密管理性に関する立証責任（296）
　3　紛争解決の手段の選択と今後の在り方（298）
第4節　営業秘密にかかる今後の立法上の課題 ……………………… 301
　1　立証責任の合理的な配分に関する法改正（301）
　2　証拠収集手続をさらに容易にするための法改正（301）
　3　外国に流出した営業秘密への立法対策（302）
本章の小括 ……………………………………………………………… 305

第10章　結　論——本研究の終章 …… 307

　1　営業秘密の「管理」と「保護」の在り方について (307)
　2　今後の課題について (309)
おわりに …… 310

補　論　不正競争防止法の一部改正（営業秘密関連）の概要 …… 312

　1　民事関連 (312)
　2　刑事関連 (313)
　3　今後に残された課題 (314)

（添付資料1）主要参考文献（単行本）…… 315
（添付資料2）主要参考論文 …… 323
（添付資料3）本文中に引用した判例（一欄）…… 330
【資料編】1　わが国の判例分析・秘密管理性調査結果一欄（要約表）…… 338
【資料編】2　米国の判例分析・調査結果一欄（要約表）…… 348
【資料編】3　連邦統一営業秘密モデル法と州制定法の比較 …… 352

事項索引

第1章　序　論——本研究の目的と基本的なスタンス

はじめに

　事業目的を達成するために企業が保有している企業秘密をイメージとして図示すれば、それは、第2章の〈図表1〉のとおりである。この図表からわかるように、秘密情報（secret information）である企業秘密（business secrets）は、営業秘密（trade secrets）とその他の企業秘密（other business secrets）によって構成されており、営業秘密は、企業秘密の中核（core）をなす最も重要な秘密情報である[1]。具体的には、製造に関係する技術ノウハウや販売に関連する顧客名簿のような情報が営業秘密に該当するが、これらは、競業会社（ライバル会社）との競争や差別化（differentiation）のために欠かすことのできない経営資源であり、企業の競争力の源泉である。このような秘密情報の不正取得・使用・開示等からの保護を図るために、これらに対応する形で、法定の制度（法制度）やその他の手段・方法が用意されている。

　一方、有名なワウケシャ（Waukesha）事件（仮処分）[2]を例に挙げるまでもなく、営業秘密が不正に取得・使用[3]される事例は、営業秘密の保護に関す

---

[1] 不正競争防止法に「営業秘密」が導入される1990年以前において、企業等の保有している重要な秘密情報を表現する場合、「企業秘密」なる用語が一般に使用されていた。たとえば、1990年に発行された日本工業所有権法学会年報第13号は、その表題を「企業秘密の保護」と銘打っている。
[2] 東京高決・昭和41・9・5判例時報464号34頁
[3] ここで「取得」とは、営業秘密の固定されている媒体を入手すること、及び媒体は入手せずにそれに固定されている情報を記憶することの総称として用いている。また、「使用」とは、営業秘密を自らの事業活動（製造・販売等）に広く活用する意味で用いている。

る法制度が導入された1990年以前にも存在していた[4]。しかし、最近に至るまで世間の注目を集めるほどの存在ではなかった。

ところが、2012年3月に表面化した工作機械大手ヤマザキマザックにおける機械部品設計図持出し事件（刑事事件）[5]、2012年4月に起きた新日本製鐵（現新日鐵住金）による韓国POSCO社の提訴事件[6]、さらに、2014年3月に提起された東芝による韓国SKハイニックス（Hynix）社に対する損害賠償請求事件[7]などの報道によって、営業秘密、特に企業が保有している技術等に

4　たとえば、大日本印刷（刑事）事件（東京地判昭和40・6・26判例時報419号4頁、日経マグロウヒル事件（東京地判昭和48・2・19判例時報713号83頁、美濃窯業事件（名古屋地判昭和61・9・29判例時報1224号66頁）、縫製用ハンガーシステム事件（大阪地判昭和61・10・30判例タイムズ634号151頁）、鋳造ロボット事件（東京地判昭和62・3・10判例タイムズ650号203頁、東洋楽器事件（東京地判昭和63・7・1判例時報1281号129頁）などが挙げられる。

5　容疑者（唐博・中国籍の元従業員）が、不正競争防止法（21条1項3号）違反で逮捕され（2012年3月28日付日本経済新聞・夕刊）、2014年8月20日、名古屋地裁において、懲役2年、執行猶予4年、罰金50万円の判決が言い渡され、被告は即日控訴している（2014年8月21日付日本経済新聞・朝刊）。与えられた権限で本社のサーバーにアクセスし、営業秘密にあたる工作機械部品の設計図などのファイル計6件を私物のハードディスクに記録・複製し、利益目的で持ち出したとされている。また、これは、2010年7月1日に施行された改正法を適用した初のケースと言われている。

6　2012年4月25日付新日鐵のプレス・リリースその他の情報によれば、2012年4月19日付で東京地裁に提訴。相手は、韓国のポスコ、ポスコジャパン及び新日鐵の元従業員（1名）。提訴理由は、発電所の変圧器用の鋼板（「方向性電磁鋼板」）に関する技術情報（鉄に主素を加えるなどの製造法によって伝導性を高め、電力ロスを抑えながら変圧を可能にする技術に関する情報）の不正取得・使用とのことであり、不正競争防止法に基づく1000億円（正確には、986億円）の損害賠償と当該製品の製造・販売の差止めを求めたものだと伝えられている。これは、韓国国内における刑事事件で、ポスコの元従業員が中国の宝山鉄鋼に売却した技術は新日鐵から入手したものだと証言したことが発端となって、わが国で民事事件に発展したものである。また、この供述書は、証拠として、東京地裁にすでに提出されていると伝えられている。金属業界の専門誌である「日刊産業新聞」によれば、第1回の口頭弁論は、2012年10月25日に開かれた。第2回の口頭弁論は2012年12月21日、第3回目は2013年2月に開かれた模様であるが、内容は詳らかにされていない。並行して、弁論準備手続（民訴法168条以下）が進められており、2013年12月16日に第6回、2014年3月26日に第7回、の準備的口頭弁論が開かれ、第8回が6月5日に行われた。その後も、準備手続（非公開）は継続され、「日刊産業新聞」によれば、2015年5月14日に第14回が行われ、15回として6月18日、16回として7月8日が予定されているとのことである。なお、新日鐵住金は2015年9月30日付で、韓国POSCO社から300億円の和解金を受け取り和解したと発表した。これにより日本、韓国及び米国における双方を相手取った訴訟はすべて取り下げられた。

7　2014年3月13日付東芝のプレス・リリースその他の情報によれば、同日付で東京地裁に提訴。相手は、韓国のSKハイニックス社（半導体の大手）。提訴理由は、携帯電話（スマホ）などに使われるフラッシュメモリーに関する技術上の営業秘密の不正取得・使用であり、不

関する重要な秘密情報の漏洩・外部流出をどう防ぐかについて、にわかに関心が高まりを見せている[8]。このほか、日産自動車の元従業員（2013年7月末に退職して転職）が、乗用車の販売計画に関連する情報を不正に持ち出したとして、2014年5月に営業秘密領得（不正競争防止法21条1項4号）の疑いで逮捕されている。さらに、2014年7月初旬には、通信教育講座の最大手であるベネッセコーポレーションから、最大3504万件に達する可能性のある個人情報（子供の氏名・学齢や保護者の住所など）が、データベースの保守業務を委託した先（シンフォーム社）からの受入派遣社員（システムエンジニア）によって持ち出され、そのうちの760万件が複数の名簿業者を介して第三者の手にすでに渡るという重大事件が発生し、2014年8月7日、容疑者が起訴されている[9]。

　上記のように、労働市場の流動化・グローバル化などのパラダイムの変化（paradigm shift）などにより、営業秘密（企業秘密の中核をなす存在）が、「人」を介して、国内のみならず外国のライバル企業などにも漏れ、自己の存立さえ否定されかねない危険を招来する事態が生じている。こうした事件がきっかけとなり、不正競争防止法の改正案が2015年3月13日閣議決定され（日本経済新聞2015年3月14日朝刊4面、同年3月16日朝刊17面）、国会に提出された。公表された法案によれば、罰則の強化、非親告罪化、外国で管理されている営業秘密への保護の拡大、原告の立証責任の軽減（具体的には、当該秘密情報が被告によって不正に取得された営業秘密であること、及びそれを使用

正競争防止法に基づき損害賠償等を求めるものである。しかし、東芝は、2014年12月19日付のプレス・リリースで、同日付で、SKハイニックス社から278万ドル（330億円相当）の和解金を受けることで和解したと発表した。和解によって、本件は落着している。なお、本件に関連して、東芝の提携会社サン・ディスク（共同開発・共同生産を実施している会社）の元従業員（技術者）で、その後、SKハイニックス社に転職した者（杉田吉隆）が不正競争防止法違反の容疑で逮捕されている。

[8]　林いずみ稿「営業秘密の不正利用行為に関する実務上の観点」（「知財立国の発展へ」発明推進協会2013年所収）412頁参照。なお、技術情報流出のリスク対策については、肥塚直人「『技術流出』リスクへの実務対応」（中央経済社2014年）が参考になる。

[9]　2014年7月10日付の日本経済新聞（朝刊）をはじめとするメディアによって、以後、たびたび報道されている。当初、2070万件の漏洩といわれていたが、その後の発表で3504万件に修正されている（2014年9月14日付の日本経済新聞（朝刊）7面）。なお、2014年7月17日には、容疑者（松崎正臣）が不正競争防止法違反（営業秘密の複製）容疑で逮捕され、8月7日に起訴されている（日本経済新聞2014年8月7日付夕刊）。

したと疑われる製品を被告が生産したことの二つの事実にを原告が証明できれば、被告が当該営業秘密を使用したものと推定する旨の規程の新設）などが盛り込まれている。

　新しい立法の動き自体は歓迎すべきことであり、また、営業秘密の自主的な管理や民事上の救済のみでは社会・経済のグローバル化に対して限界があることは多くの人の共通認識である。しかし、立法論や政策論を展開する前に、現状における諸問題をより正確に把握し、現行法の解釈、運用及び実務の視点から、営業秘密の「管理」と「保護」の在り方を再考することは、決して無意味ではないと考える。

　以上の背景から、本稿は、営業秘密の「管理」と「保護」の高度化を図ることが喫緊の課題であるとの認識に基づき、現行制度の枠組みを前提にした解釈論と民事上の救済を中心に検討を試みるものである。

1　本研究の対象範囲

　本研究は、「営業秘密の管理と保護の在り方」を広く探究するものであり、具体的には、次の範囲にある営業秘密を研究の対象にするものである。
①取引関係又は契約関係のない相手（つまり第三者）との間における営業秘密に関する分野：これは営業秘密に関する最も基本的かつ本来的な議論の分野である。営業秘密の定義に関する議論、現行の営業秘密にかかる制度上、解釈上及び訴訟上の諸問題などは、この分野に属するものである。
②取引関係又は契約関係のある相手との間における営業秘密に関する分野：この分野には、固有の問題として、相手（従業員・退職者・取引先）との秘密保持契約がどのように活用され、営業秘密とどのように交錯しているか、などの議論がある。後に明らかとなるように、営業秘密の漏洩・外部流出の６割以上の事案に、退職者（元従業員）が関係しているので、この分野を外した研究では画竜点睛を欠くことになる。
③外国（わが国以外の国）に流出した営業秘密に関する分野：この分野は、予防対策及び事後対策の両面において、現行法の枠内では解決困難な問題が多く、難題である。裁判管轄権、準拠法などの問題が、この分野に属す

る議論である。

2　本研究の基本的なスタンス

　本研究は、企業秘密の安全をトータルで確保するという視点を基本的なスタンスにしている。したがって、本研究は、情報の漏洩が発生した際の事後処理対策を主たる役割にしている営業秘密という法定の制度のほかに、企業が自衛的・自発的に実施すべき次の対策や管理も含めた形で議論を展開するものである。このため、議論が下記のように法解釈論以外の分野にも及ぶが、これは、営業秘密の「管理」と「保護」を検討するために必要な議論だとの認識に基づくものである。秘密保持契約についても考察を行うが、これも同様の認識によるものである。
① 　日常的な情報の管理である基礎的管理
　具体的には、企業が保有している種々雑多な情報の仕分け、秘密情報と非秘密情報の区分、及び秘密情報に対する「極秘、秘、社内限り」などの格付け（rating）を行い、これを基礎に日常的に行う情報の管理である。これは、すべての企業に必要な管理であり、かつ、情報の安全管理のための最も基礎的・基本的な情報管理で、予防対策の基礎となる存在である。
② 　情報の外部流出の防止を目的にした危機管理
　内部の重要な情報が漏れる不祥事に備える予防的な管理である。具体的には、物理的・技術的な対策を講じて、不正に秘密情報を持ち出そうとする行為に対して、自動的な歯止めが作動するような予防対策を講じることを意味し、万一に備えた危機対策を意味する。これは、上記①の日常的・基礎的な情報管理とは「車の両輪」の関係にあり、この危機対策が不十分だと、営業秘密の外部流出が発生し、営業秘密制度がその限界を露呈したような様相を呈することになる。
③ 　秘密保持契約の締結を含めた契約法的管理
　これは、情報の外部流出という不祥事が発生した場合、営業秘密の制度を補完するために必要となる事後処理対策の一つである。具体的には、秘密保持契約の締結管理を着実に実行し、不祥事発生の際に、契約違反（債務不履

行）に基づく契約責任の追及ができる状況を確保するために行う管理である。秘密保持契約の活用を通じて、営業秘密制度による保護を補完し、両者の「相互一体的な体制」の確保を図ることは、営業秘密の「管理」と「保護」にとって必要である。また、営業秘密を実際に取り扱う担当従業員や営業秘密を開示する取引先に対して、秘密保持契約に基づく秘密保持義務を課すことによって、営業秘密の漏洩に対する牽制・抑制という予防的効果を反射的に期待できるメリットもある。

3　本稿の構成

　本稿では、最初に、法定の制度である営業秘密の概念、その存在意義、問題の所在、営業秘密の管理状況、営業秘密を保護するための手段・方法等について検討し、それを踏まえて、契約構成による保護手段・方法が法定の制度である営業秘密に対してどのような形で交錯し、どのような機能を果たしているかを明らかにする。次いで、契約構成のなかで、特に情報漏洩の抑制とその事後処理の両面において重要な役割を果たしている秘密保持契約に考察の重点を移し、これに関連する主要な問題について検討する。総括の段階で、これら二つの検討過程で浮かび上がった問題点に対する対応について論じ、終章として結論を述べる構成を予定している。

　本稿では、米国の営業秘密制度やこれに関連する理論や実務（契約、訴訟上の扱いなど）を参考にしながら考察を進めることを予定している。米国を選んだ理由は、わが国の営業秘密制度が、米国法に倣って法制化されている沿革的な理由のほかに、米国法（連邦統一営業秘密モデル法及びこれに基づいて制定されている各州の営業秘密法）と内容・形式の両面で類似している点が多いからである。ただし、日米間には、裁判手続（judicial proceedings）や取引慣行（business practice）などに違いがあるため、参考にする際にも困難を来す場合がある。このような制約のもとにおける比較であることを、あらかじめお断りしておきたい。

　なお、以下において「管理」とは、必要な手段・組織・手順等を整備して、対象となるものの保存、活用、改良等のために行う一連の日常的

(routine)な行為(事前及び事後の措置を含む)を意味する概念として、また、「保護」とは、適切な「管理」を前提に、潜在的な危険性(リスク)を軽減・回避のために行う一連の日常的な行為(事前及び事後の措置を含む)を意味する概念として、さらに、「高度化」とは、態勢や手順などを整備・改善して、対象となる行為や活動の内容や水準を高めることを意味する概念として、それぞれを用いた。

　また、第2章の〈図表1〉を踏まえ、本稿では、「秘密性」を強調する場合には「秘密情報」なる用語を、情報の保有者を強調する場合には「企業秘密」なる用語を、特に重要な企業秘密であることを強調する場合には「営業秘密」なる用語を、適宜使い分けていることをあらかじめお断りしておきたい。

第 2 章　営業秘密の概念

(前置き)

　本稿が対象とする営業秘密の立ち位置と営業秘密の漏洩等の侵害事案が発生した場合の対処の方法・手段の対応関係を図示すれば、次のようなイメージとなる。

〈図表 1〉　企業秘密の構成とその保護・救済方法・手段の対応関係

非秘密情報	秘密情報		
非企業秘密	企業秘密		
	その他の企業秘密	営業秘密	
		不正競争行為の対象（刑事罰則の対象）	
秘密保持契約の対象外	秘密保持契約の対象外	秘密保持契約の対象	秘密保持契約の対象
自由な利用可	不法行為の対象		
企業情報トータル			

　本章では、〈図表 1〉のなかで、最も普遍的に用いられている営業秘密の概念から検討に入ることとする。ただし、営業秘密の侵害を理由にして法的保護・救済を求める場合、原告は、①営業秘密への該当性、②不正競争行為類型への該当性、及び③侵害からの救済、の三つの段階をクリアーしなければならない。このうち、①の段階は営業秘密が存在しているかどうかを特定・確定する手続であって、いわば「特定論」というべきものである。よって、本章では、「特定論」について考察し、次章で、「不正競争行為類型への

該当性」すなわち「侵害論」と「侵害からの救済」すなわち「損害論」について考察する。

第1節　わが国における営業秘密の概念

1　制度の趣旨・目的

(1)　概念

　営業秘密とは、制定法である不正競争防止法（2条6項）に定義を有する企業秘密を意味し、法定の概念である。その保有者（保持者）が、個人か法人かは問わない。営業秘密の保有者から当該秘密を直接取得した者（一次取得者）のみならず、当該一次取得者から当該秘密を取得した二次取得者や三次取得者などの転得者も規制の対象となる（ただし、刑事罰の対象は、現行法では、二次取得者までに限定されているので留意のこと。不正競争防止法21条1項7号参照）。また、営業秘密の保有者と当該秘密の取得者との間に、取引又は契約上の関係が存在するか否かは問わないので、規制の対象者は、不法行為の場合と同様に、広く第三者に及ぶ。規制の対象者には個人と法人が含まれる。ただし、対象となる情報の範囲を「技術上又は営業上の秘密情報」に限定している。

　このように、不正競争防止法は、「営業秘密」という概念を用いることによって、法が保護の対象とする企業秘密の範囲を定め、その範囲内で、当該企業秘密を保護することにしている。営業秘密の範囲を外れた企業秘密については、不法行為の対象として、また、当事者間の秘密保持契約などの対象とされている場合には当該契約によって、保護される可能性はあるが、その対象からともに外れた場合にはもはや企業秘密ではなく、自由に使用できる情報ということになる。

(2)　営業秘密の構成と目的

　〈図表1〉が示しているように、企業等が事業活動のために保有している情報全体の中には、大別すると、秘密情報に相当する企業秘密と秘密情報に該当しない情報、の二つが混在しており、前者は、日頃の企業努力をコツコ

ツと積み上げることによって形成された企業独自のものであり[1]、競争市場においては、他者（ライバル）との差別化を図るために欠かすことのできない財産的価値（proprieatry）を有する知識や経験の集積（accumulation）である。一般に、企業組織が有するこのような秘密情報は「企業秘密（business secrets）」と呼ばれているが、これは、法定概念である「営業秘密（trade secrets）」と「その他の企業秘密（other business secrets）」に区分されており[2]、すべての企業秘密が営業秘密に該当するわけではない[3]。しかし、いずれも、企業（情報の保有者）が外部に対して秘匿にする意図を有し、かつ、外部者に知られないことに社会的・経済的に価値のある情報で、企業組織の維持・存続にとって重要な資源（resources）の一つである。

営業秘密制度の趣旨・目的は、このような企業努力の成果に対するフリーライド（ただ乗り）という不正な行為を抑止することによって情報の保有者（企業）の利益を保護するとともに、公正な自由競争秩序（free competition order）という公益（public interests）を維持せんとすることにある。いわゆる「保護法益論（protective legal interests theory）」がこれに相当する（不正競争防止法1条及び3条参照）。

これに対して、いわゆる「インセンティブ論（incentive theory）」が存在する。すなわち、秘密情報を開発した者（個人・企業）を守り、その者にインセンティブ（やる気、奨励）を与え、「営業秘密という成果開発行為を促進し、より良い商品やサービスが市場に供給されることを図ろうとするのが営業秘密保護の終局的な目的といえよう」と主張する見解である[4]。

営業秘密保護制度の背後に、インセンティブ論が主張するような理念が存在することは否定できない。しかし、営業秘密の侵害行為を類型化し、かつ、その保護について刑罰規定まで設けている現行制定法の実態を考えた場

---

1 対談記事「営業秘密保護と知的財産マネジメント（上）」（「NBL」946号2011・2・1）10頁には、「営業秘密はもともと現場の労働者・技術者の方々のご努力によって生まれた成果ともいい得るもの」とする指摘が掲載されている。
2 長内健「企業秘密防衛の理論と実務（第5版）」（民事法研究会2011年）5頁
3 全理其（ぜんりき）「営業秘密の刑事法的保護」（嵯峨野書院2004年8頁）によれば、刑事上の文献でも、企業秘密にかえて営業秘密の語を用いるものが増えているとのことである。
4 近藤岳稿「秘密管理性要件に関する判例研究―裁判例の「揺り戻し」について―」（北海道大学「知的財産法政策学研究」25号（2009）所収）198頁

合、解釈論としては保護法益論が適切だと考える。

なお、秘密情報に該当しない情報（すでに周知である情報など）は、言うまでもなく営業秘密制度による保護の対象外である。また、これを秘密保持契約によって保護の対象にしても無意味である。

2　営業秘密の定義とその法的性質

不正競争防止法（2条6項）は、営業秘密について、次のような定義を設け、その法律要件を厳格に定めている。

「この法律において営業秘密とは、秘密として管理されている生産方法、販売方法その他の事業活動に有用な技術上又は営業上の情報であって、公然と知られていないものをいう。」

第一に、企業秘密に営業秘密としての法律効果を発生させるためには、不正競争防止法が定めている上記の法定要件を同時にすべて充足する必要がある。しかし、同時にすべてを充足できる場合はおのずから限られるので、すべての企業秘密が営業秘密に該当するわけではない。

第二に、「営業秘密」は、情報の保有者と取引関係又は契約関係（その有無は実質的に判断される）を有していない第三者に対する秘密情報の漏洩又は使用の差止による救済（injunctive relief）を可能とするために設けられた法制度であり、1990年、民法の不法行為の特別法として不正競争防止法のなかに設けられたものである。ただし、不正競争防止法は、「営業秘密」を物権類似の「権利」として扱う構成を採らず、「情報の集合体（accumiulation of information）」、すなわち「事実上の財産（de facto asset）」として保護する「特別不法行為」的構成を採用している[5]。このため、不正競争防止法上、営業秘密は、「営業秘密権」という名の排他的権利（exclusive rights）を付与されていない。にもかかわらず、差止請求権（injunctive rights）を与えられて

5　経済産業省知的財産政策室編著「一問一答不正競争防止法」（「商事法務」2005年）5頁、金井高志「民法で見る知的財産法（第2版）」（日本評論社2012年）50頁、千野直邦「営業秘密保護法」（中央経済社2007年）150頁、小野昌延「知的所有権100のポイント（第5版）」（有斐閣2000年）30頁など参照

いる（3条）ので、特別の存在だといえる。この点は、特許権や著作権が排他的権利を与えられて差止請求権を有しているのと趣を異にしている。しかし、2002年に制定された知的財産基本法（2条）において、知的財産及び知的財産権の定義が設けられ、営業秘密は、知的財産の一形態として（同2条1項）、また、知的財産に関する権利として、権利性を認知されている（同2条2項）[6]。したがって、営業秘密には、不正競争防止法によって差止請求権を与えられた特別な不法行為という不法行為規制的な要素が残存しているが、不正競争防止法上で権利形式が付与されていないことに起因する問題は、知的財産基本法の規定によって事実上解消されていると言ってよい。

第三に、営業秘密制度の直接的な目的は、秘密情報が万一漏洩・外部流出した場合に、差止請求（injunction）によって、それを円滑かつ確実に原状又はそれに近い状態に戻すことにある。したがって、予防のための安全管理とその具体的な対策は、自衛策として、別に実施する必要がある。なお、予防のための安全管理についての定めは、不正競争防止法には設けられていない。

3　営業秘密要件の個別的検討

営業秘密が必要とする法定要件は、一つの前提条件と三つの必須要件の計四つである。これら四つの法定要件にかかる事実についての主張・立証責任は、原則として原告が負っている。

営業秘密の定義の構造がかなり複雑であり、これについては検討すべき問題が残されている。なかでも、「秘密としての管理（秘密管理性）」に関する立証負担の配分に関する問題が重要であるが、この問題への対応策ついては別途検討する予定である（第9章第1節参照）。

（1）　前提条件……技術上又は営業上の情報であることが必要である

営業秘密として法の保護を受けるには、その前提となる法定要件として、「技術上又は営業上の情報」でなければならない（不正競争防止法2条6項）。

---

[6] 石田正泰稿「知的財産としての営業秘密」（「特許研究」42号2006年9月所収）2頁以下参照

「技術上の情報」とは、具体的には、ノウハウ、設計図、実験データなどを包含する概念である。また、「営業上の情報」とは、顧客名簿、仕入先リスト、販売マニュアル、新製品の発売日など、販売上の情報を意味している。企業が保有する秘密情報の内容や形態は千差万別であるため、法で保護する範囲を限定するために、一定の前提条件が設けられている。

一方、技術上又は営業上の情報であることが要件とされているため、これを含んでいる「経営戦略情報」は営業秘密に該当するが、逆に、企業の財務や人事に関する情報などは、経営上きわめて重要な秘密情報ではあるが、技術上又は営業上の情報でないため、営業秘密には該当しない。したがって、これら前提条件を欠く秘密情報については、別の方法・手段（たとえば、不法行為や秘密保持契約など）による保護措置が必要になる。

（２） 秘密管理性が、事実上、第一の必須要件である

営業秘密であるための一番目の法定要件として、情報が「秘密として管理されていること（秘密管理性）」が必須とされる。この秘密管理性は、条文の冒頭に登場し、かつ、営業秘密の定義全体を決定づけているので、実質上、最も重要な要件（第一の要件[7]）であると言ってよい。しかし、要件の具体的な概念は解釈に委ねられている。営業秘密という秘密情報には登録や公示の制度がないので、情報保有者が差止め等の権利を行使する場合の要件をあらかじめ明確にしておく必要があるほか、認識可能な必要最低限の客観的又は外見的な措置を講じておかないと、自由に使用できる情報だと信じていた使用者が、情報の保有者から突然に差止めなどの権利行使を受けるおそれがあり、取引の安全が著しく害されることを防ぐ必要もある[8]。このように、秘密管理性が要求されている理由には、営業秘密の保有者からの要請の側面とその秘密情報の使用者からの要請の側面がある。また、秘密として管理されていない情報は、いずれ他に知られることになるので、法によってわざわざ保護する必要がない（裏返して言えば、営業秘密としての保護を求める者には相応の自助努力を求めるべきである）ということも、秘密管理性が要求される理

---

7 山本庸幸「要説不正競争防止法（第4版）」（発明協会2006年）138頁は、このように表現している。
8 山本庸幸・前掲書（上記注7）138頁

由の一つだと考えられる[9]。しかし、秘密管理性の要件には、下記のように、いくつかの検討すべき課題がある。

1）そもそも「秘密」の定義が存在しない　一般に、秘密とは、①保有者がその漏洩を認めないような措置を講じる明確な意思（主観的な意識）を有していること、②保有者がその意思を内部者や外部者が認識できる最低限の客観性を備えていること（厳秘、秘などの表示は、秘密保持の意思の表れと言える）、の二つの実質的な要素が必要だとされている[10]。換言すれば、「秘密」とは、一般には主観的な要素で構成されている概念であり、「秘密としての管理（秘密管理性）」というほどの大げさな客観性のある管理要件を必須の概念要素にするものではない。秘密に明確な客観性を必要とするのは、むしろ後述の「非公知性」であり、概念に混乱がある。

比較法の視点から後に述べるように、「管理要件」の基本的な性質は、当該秘密情報を営業秘密として法的に保護すべきか否かを判断する際に必要となる「保護要件」であって、「秘密」であるかどうかの性質や属性を決めるための「概念要件」とは別の、独立した要件である。

しかし、不正競争防止法は、「営業秘密」という場合の「秘密」の概念について、何も定義していない。にもかかわらず、その2条6項において、唐突に、「営業秘密」とは「秘密として管理されている…情報」という形で、保護要件である「管理要件」を「秘密」の概念要素として要求している。その結果、仮にその情報が実質的に秘密であっても、管理要件を満たさなければ、最初から営業秘密には該当しないことになる。このような問題点を内蔵した営業秘密の定義の決め方（制度設計）は、不備だと指摘せざるを得ない。このため、次で述べるように、「秘密」「秘密管理性」の認識や解釈をめぐって混乱が生じている。また、「秘密としての管理」という管理要件が営業秘密の必須の概念要素の一つに組み込まれ、明文をもって規定されているため、第9章でも述べるように、被告への立証責任の配分・転換が困難で、原告のみが、管理要件について全面的に立証責任の負担を求められる主因に

9　田村善之稿「営業秘密の不正利用行為をめぐる裁判例の動向と法的な課題」（「パテント」66巻6号2013年所収）83頁。田村善之「不正競争法概説（第2版）」（有斐閣2003年）233頁

10　小野昌延・松村信夫「新・不正競争防止法概説」（青林書院2011年）80〜82頁

もなっている。

2）「秘密としての管理」の判断基準が明示されていない　条文上、営業秘密であるためには、「秘密としての管理（秘密管理性）」が要求されている。言い換えれば、わが国の場合、営業秘密の保護要件は独立した形（明文）では規定されず、「秘密管理性」という形で、営業秘密の定義の概念要件のなかに組み込まれているのである。さらに付け加えるならば、営業秘密として保護するかどうかは、すべて営業秘密の概念要件に該当するか否かの一段階で判断する方式をとっており、この点は、後に述べる米国の二段階方式と根本的に異なる制度設計になっている。にもかかわらず、法は、肝心の「秘密管理性」について何も定義や基準を示していない。裁判例は、早くから、①対象となる情報の秘密としての特定と表示（客観的要件）と、②対象となる情報へのアクセス制限（主観的要件）の二つが、秘密管理性の有無を判断する重要な基準であることを指摘している（二基準説。「絶対的認識説」や「厳格説」とも呼ばれている）[11]。客観的要件は、営業秘密の範囲を客観的に明示し、自由に使用できない情報と自由に使用できる情報の境界を明確にするために必要である。その具体的な方法としては、情報の秘密区分（厳秘・極秘・秘など）の指定とその旨の表示、就業規則等への秘密保持義務の明示、被開示者との秘密保持契約の締結による対象情報の特定などが挙げられる。主観的要件は、自由に使用できない情報へのアクセスを不正な方法で突破しようとする行為を防ぐために必要とされている[12]。その具体的な方法としては、秘密情報が保管されている場所への入退出管理（ICカード、指紋等による本人確認、監視カメラの設置など）、パスワードの設定によるコンピュータのサーバー等へのアクセス制限、記録媒体の施錠管理や複製の制限などが挙げられる。この二つの基準の間に優劣は存在せず、互いに手段と目的の関係にあるが、その共通の目的は「秘密情報の安全性の確保」にある。

　この二基準説に対して、「情報の利用者又は取扱者が営業秘密であると認

11　東京地判平成12・9・28「医療器具顧客名簿事件」（『判例時報』1764号104頁）が、秘密管理性についての二つの判断基準を具体的に示した最初の判決例だといわれている。

12　松村信夫稿「『営業秘密』における秘密情報の管理と帰属」（「Law & Tchnology」26号2005年1月所収）124頁

識しうる程度の管理がなされていれば足りる」とし、特定の表示やアクセス制限などを含む厳格な基準は不要であるとする見解が存在する（一基準説。「相対的認識説」や「緩和説」とも呼ばれている）[13]。秘密管理性の目的は、自由に使用できる情報とそうでない情報の区別を明確にするために「フラッグを立てることにつきる」ので、情報の使用者にとって秘密であることが認識できる程度に管理されているか否かを基準にすれば足りる、というのが一基準説の根拠とされている[14]。

このほか、二基準を前提にしつつ、二つの基準の間に優劣を設け、実質的には一基準の立場を取る見解（実質的一基準説）もある[15]。立ち入り禁止の表示、資料へのマル秘の表示などがあれば、その表示に接する者が外部者であっても、アクセス制限（主観的要件）を認識させるに十分だということも言えるので、主観的要件を常に一律かつ厳格に要求する必要はないとして、客観的な認識可能性を重視する立場がこれに該当する。また、主観的条件は、被告（侵害被疑者）に対して、「原告（情報の保有者）には外部に漏れないように管理するという主観的な意図がなかった」旨の抗弁の余地を残すための消極的要件にすぎない、と解する見解も実質的一基準説に該当する[16]。現に、これに近い立場で判断したのではないかと思われる判決例も存在している[17]。

しかし、概念要件の段階において求められている「秘密管理性」は、当該情報がそもそも営業秘密に該当するか否かの性質・属性を決定する局面における問題である。したがって、一基準説のように、その情報の性質・属性が「その情報にアクセスした者の認識で変わる」というのでは、妥当性に欠けると言わざるを得ない。さりとて、当該情報の保有者が秘密管理らしきことを一切していなくても、主観的に「秘密」と認識していたものがすべて「秘

---

13 たとえば、近藤岳・前掲稿（本章注4）199頁
14 田村善之・前掲稿（本章注9）83頁
15 小泉直樹稿「営業秘密の管理と不正使用」（「ジュリスト」1464号 2014年3月所収）7頁
16 山本庸幸・前掲書（本章注7）138頁
17 たとえば、知財高判平成23・9・27「PC（ポリカーボネート）樹脂製造装置図面不正開示事件」（LEX/DB文献番号25443820）。なお、苗村博子稿「営業秘密侵害事件の侵害事実の立証、秘密管理性の程度—技術流出にどう対処するか—」（「知財管理」62巻10号（2012）所収）1449頁以下参照

第1節　わが国における営業秘密の概念　17

密」に該当するというのでは、第三者の取引の安全性が確保できない。結論として、「秘密」であるか否かの性質・属性を判断するには、情報保有者の「秘密保持の意思」が認識できる「最低限の表示（たとえば「厳秘」などの表示）」は不可欠だと考える。その意味で、概念要件の局面における「秘密管理性」の解釈としては、二基準説が妥当だと考える。しかし、保護要件の段階で求められている秘密管理性は、概念要件の局面で求められている客観性や管理性とは、要求されるレベルとその目的が異なるものである。保護要件の段階で求められる秘密管理性は、当該情報が営業秘密として法的保護に値するか否かを判断するために必要なものである。したがって、秘密管理性の判断は、情報の性質、情報保有者の管理状況、当該情報にアクセスした者の属性や認識など、いろいろな要素を総合考量して行う必要がある。言い換えれば、個別的又は主観的な要素も法的保護の要否を判断するには必要であり、形式一辺倒の判断はむしろ排除されるべきである。一基準説が主張する「アクセス者の認識（又は認識若しくは予見の可能性）」は、保護要件の段階で考慮すべき重要な要素だと考える。しかし、一基準説は、この二つの局面の違いを峻別せずに、一律に「アクセス者の認識」を「秘密」や「秘密管理性」の判断基準にしている点に大きな欠落があると言わざるを得ない。

　なお、秘密管理性に関する判決例も、営業秘密の「定義」が、「概念要件」と「保護要件」の二つによって構成されていることを明確に意識していない。このため、結果として、判決には、この二基準を比較的緩やかに解釈するものと厳格に解釈するものが混在している[18]。このように二つに分かれる背景には、①情報の性質、②情報の保有形態、③保有企業の規模、④情報の利用者と保有者の関係などをどのように参酌・考量するかというアプローチの違いが関係していると思われる。詳細については、添付した【資料編】
1　わが国の判例分析・秘密管理性調査結果一覧（要約表）を参照された

18　最近の事例で見ると、裁判所は、原告の事業規模もさることながら、秘密管理が厳格に行われていない場合でも、当該情報の性質自体から重要性などが客観的に認識できる場合には、秘密管理性を認めるという柔軟な判断も行っているように思われる。たとえば、すでに言及した知財高判平成23・9・27「PC樹脂製造装置図面不正開示事件」（LEX/DB 文献番号25443820）、大阪地判平成25・7・16「ソースコード使用差止請求事件」（LEX/DB 文献番号25445745）などが挙げられる。

い。

3）判断基準と具体的な管理の程度との関係が法文上明確でない　すでに述べたように、当該情報が「秘密」であるかどうかは、その情報の保有者の認識を基礎に、その情報の性質・属性に基づいて、判断すべきものである。したがって、その判断は、保有者（企業）の規模や当該情報の管理状況にによって左右されるべきものではなく、判断に適用すべき「基準」自体も、客観的なものでなければならない。しかし、その情報を法的に保護する必要があるか否かを保護要件として判断する場合、「大規模企業」と「小規模企業」に求められる管理の「水準」又は「程度」が具体的な事案において「同一」なければならない必然性はない。たとえば、従業員1000人の製造業者における具体的な管理水準と従業員10人の販売業者における管理水準が同一である必要はない。必要な程度の決定に当たって、裁判例でいう二基準のほかに、企業規模、業種、業界の慣行、侵害の態様、侵害者の態様（従業員などの内部者か外部者か）、管理コストなどの「諸般の事情」を総合的に考量し、そのうえで秘密管理性として求められる管理の程度が判断されるのは、むしろ当然のことである。判決例にばらつきがあり、秘密管理性を一基準説で判断していると思われるものが無いわけではないが[19]、これは、「諸般の事情」をより重く考量した結果であって、裁判所が二基準を一基準にシフトした結果と受け取るのは早計だと考える。

このように、「秘密」「秘密管理性」については、法文にない二つの判断基準が深く関係している。しかし、このことは、個別の案件において障害になっていない。すなわち、「秘密」「秘密管理性」の概念・性質・属性を判断する際には公示制度の不在を補う意味も含めて客観的に、保護要件としての「秘密」「秘密管理性」の水準・程度を判断する際には個別・具体的に、という運用のもとで、この二つの基準は機能している。また、このことは、たとえば、「過失」の有無が争点になった場合、「過失」の有無は当該状況のもとにおける「平均人（reasonable person）」を基準にして客観的にして認定する

19　古い事案としては、たとえば、大阪地判平成8・4・16「男性用かつら販売業の顧客名簿事件」（『判例時報』1588号139頁）、新しい事案としては、名古屋地判平成20・3・13「産業用ロボット事件」（『判例時報』2030号107頁）などが挙げられる。

一方、当該本人の過失の有無やその程度（重過失、軽過失、無過失）については属人的（personal basis）に個別・具体的に判断するのと同じ理屈であり、特別のことではない。

なお、営業秘密の「秘密管理性」の認定において、法的保護の要否を判断する要件として求められている「秘密管理性」の水準・程度は、一子相伝の「秘伝のうなぎのたれ」や老舗料亭における「隠し味」についての属人的な管理、コカ・コーラの「原液成分表」について行われているような極めて厳格な管理（本章第3節4(4)参照）の場合と同じものではない。言い換えれば、保護要件として求められている秘密管理性は、①有形の媒体に記録されている秘密情報は、鍵のかかるロッカーで管理する、②秘密情報を開示する際には「秘密」である旨を相手に告げて秘密として扱うことの約束を取り付ける、③秘密情報を取り扱う者を限定し、パスワードなどで情報へのアクセスの制限を行う、④紙媒体等に記録されている秘密情報については、「秘密」である旨の表示を付す、⑤どの情報が秘密であるかを日ごろから全従業員にも周知徹底し、管理意識を高めるなど、通常行われてしかるべき管理行為（自助行為）である。組織と設備が整っている大企業における「秘密としての管理」においては、これらすべての要件を満足する必要があるが、従業員が10人に満たない企業の場合には、最低限、上記①と②と⑤、を特に⑤を実施する必要があると考える（第6章第3節7参照）。

4）秘密管理の方法・手段が法文上明示されていない　　秘密としての管理の対象は、秘密情報が固定（記録）されている媒体にほかならない。情報自体は無形物だからである。人の記憶にとどまっている情報の場合は、理論的にはその人自体が媒体ということになる。しかし、秘密管理の方法・手段について法は何も規定せず、すべて解釈に委ねている。たとえば、秘密保持契約は、実際の訴訟の場において、争いの対象となった情報が営業秘密に該当するか否かを判断する際の根拠の一つとして現実に重視されている[20]が、必須の要素として法に規定されているわけではない。また、技術情報については、一般に秘密であるとの認識が容易であるので、情報の指定よりは、

---

[20]　たとえば、東京地判平成16・4・13「バートランドミュージック事件」（「判例時報」1862号168頁）

ID・パスワードなどによるアクセス制限と秘密保持契約の締結等による契約法的管理の徹底が重要であるとされている。反面、顧客名簿に代表される顧客情報・営業情報は、多数の者によるアクセスが予想されるので、秘密情報の指定（マル秘の表示など）とアクセス管理（施錠された金庫やロッカーでの保管管理など）の二つの要件がともに重要だと言われている[21]。業種や事業規模にもよるが、原則的にはこの指摘のとおりだと考える。

しかし、判決は、情報の性質によるこのような区別をせず、情報にアクセスした従業員等が営業秘密であると「客観的」又は「実質的」に認識しうる状況であったことを要求する立場をとっている（たとえば、東京地判平成17・2・25「わかば薬局・薬品リスト事件」判例時報1897号98頁）。なお、一見して、保有者の重要な秘密であることが明らかな技術情報の場合、「マル秘」印が押されていなくても、また、施錠されずに保管されていても、秘密管理性が肯定されている事案が存在していることに留意する必要がある（たとえば、大阪地判平成10・12・22「フッ素樹脂シートライニング事件」LEX/DB28050257）。

いずれにしても、通常の業務遂行の過程で一般的に得られる知識・技能は、営業秘密には該当しない。たとえば、長年、ソフトウエアの開発に従事している者が、その過程で修得したソフトウエアの構造に関する知識や経験を別のプロジェクトの開発に利用することは、特段の事情がない限り自由である[22]。このような情報をマル秘扱いにしたり施錠管理することは無意味である。

5）秘密管理の実施主体と従業員が自ら開発・知得した秘密情報の関係が法文上明確でない　秘密として管理する以上、営業秘密の重要性や取扱いに関する適切な周知・教育・研修の実施、管理規程の整備（誓約書・秘密保持契約書の締結を含む）、管理組織の確立など、組織的な管理要件も必要だと考えられる[23]。しかし、この点について、法は何も触れていない。このため、従業員の頭のなかに記憶されているに過ぎない情報（たとえば、設計な

21　たとえば、松村信夫・前掲稿（本章注12）124頁以下、苗村博子・重冨貴光「営業秘密について」（「パテント」55巻1号、2002）14～15頁

22　大阪地判平成25・7・16「ソースコード使用差止請求事件」（LEX/DB文献番号25445745）

23　たとえば、東京地判平成17・2・25「わかば薬局・薬品リスト事件」（「判例時報」1897号98頁）

どに関与した従業員が体得したノウハウやコツ）も、営業秘密であると解釈できる余地がある。従業員の頭のなかに記憶されている状態であっても、雇用者が、「保有者」として、その情報を秘密保持契約や就業規則等に従って秘密として合理的に管理していれば、従業員や第三者から見ても秘密管理性が備わっていることになり、営業秘密に該当することになる。

　これとの関連で問題となるのが、「従業員が在職中に自ら開発・知得した秘密情報の扱い」である。情報の「帰属関係」だけからみれば、自ら開発した情報は、不正競争防止法（2条1項7号）でいう「示された」には物理的に該当しないので、「示された」営業秘密には該当しないという解釈が成り立つことになる。しかし、雇用者が、その情報を秘密として合理的に管理していれば、秘密管理性が備わっていることになるので、その情報の開発者（原始的又は本源的な帰属者）が従業員であったとしても、それを企業の営業秘密として取り扱うことに何ら支障はない。このため、当該秘密情報の開発者が転職した場合に問題が発生する。退職者は、「示された」営業秘密ではないと主張するが、元の雇用者は、自己の営業秘密であると主張するからである。

　このほか、多くの情報は、従業員（担当者）によって原始的に入手され、その後、それが所属会社に移転される関係から、入手した従業員の手元に何らかの記憶や情報が残ることは一般に避けがたい。このため、従業員が転職した後に、当該情報をめぐってときどき紛争が起きる。たとえば、退職時に、顧客の名刺等を会社に提出するよう退職者に求めたりするのは、このような紛争の発生を防ぐためである。名刺そのものは営業秘密に該当しないと考えられるが、名刺を体系的に整理した情報が営業秘密に該当する可能性は十分にありうるからである。

6）**秘密管理性に関する判決例**　　数多く存在するので、個別の例示は割愛する。必要に応じて、添付した【資料編】1 わが国の判例分析・秘密管理性調査結果一欄（要約表）を参照されたい。

(3)　**有用性を有すること**

1）**概念**　　二番目の法定要件として、「事業活動に有用であること」（有用性）が必須となる。

　第一に、有用性とは、それが、製商品やサービスの生産・販売・研究開発

における経営効率の向上など、事業活動にとって役立つものであることを要する、という意味である。たとえば、顧客名簿は、顧客の新規開拓に役立つばかりか、開拓された顧客が、その後、取引を通じて利益をもたらす可能性があるので、有用性を有しているとされている[24]。

次に、有用性の立証責任は原告が負うが、技術情報の場合には、いわゆる技術説明会の開催を裁判所に求める方法や、試行錯誤の結果得られた情報・データであることを人証で立証する方法などが用いられている。

有用であるかどうかは、問題となった情報の保有者（原告）の主観によって決まるものではなく、客観的・多角的に判断される。また、現に利用又は使用されている必要はなく、利用又は使用された場合に費用の節約や経営効率の向上などに役立つものであれば、その情報の有用性が認められる。たとえば、過去に失敗した事例（製薬会社における臨床試験の失敗データ等）や他社の失敗事例の情報（negative information）なども、無駄又は不必要な費用・投資などの節約に役立つという意味で、有用性を認められる場合がある[25]。この意味において、特許制度における「新規性」や「進歩性」がなくても、有用性が失われることはない。さらに、顧客情報（得意先や取引関係の情報）や技術ノウハウについては、それらが秘密管理性を維持している場合、通常、有用性を有すると解されている[26]。

なお、法文上に明示されていないが、ここでの事業活動が「正当」「適法」なものでなければならないことは、あらためて指摘するまでもない。したがって、たとえば、反社会的な活動や行為に係る情報等は、秘密としての保護に値する正当な利益を欠き、有用性は当然に否定される[27]。

2）有用性に関する判決例　多くの判決例では、秘密管理性の有無が先に判断され、「その余の営業秘密の要件を検討するまでもなく……」として、有用性についての判断が行われていない（たとえば、東京高判平成17・3・22

---

[24] 小塚荘一郎稿「営業秘密をめぐる契約上の諸問題」（「日本工業所有権法学会年報」28号（2004年所収）73頁参照
[25] 青山紘一「不正競争防止法（第6版）」（法学書院2010年）77頁、小野昌延・松村信夫・前掲書（本章注10）311頁。
[26] 青山紘一・前掲書（上記注25）76頁
[27] 東京地判平成14・2・14「土木工事設計単価表事件」（LEX/DB文献番号28070351）参照

「給湯設備機器顧客ファイル事件」(LEX/DB 文献番号28100671)。このため、有用性が特に問題とされた事案は、相対的に少ないが、代表的なものを例示すれば、下記のとおりである。
① 有用性を認め、最終的には、営業秘密性を「肯定」した事例：
　・大阪地判平成15・2・27「セラミックコンデンサー設計図事件」(LEX/DB 文献番号28081388)
　・福岡地判平成14・12・24「半導体全自動封止機械装置設計図事件」(判例タイムズ1156号225頁)
② 秘密管理性及び非公知性に先行して「有用性」の判断が行われたが、有用性が「否定」され、結果として営業秘密性も否定された事例：
　・東京地判平成14・2・14「土木工事設計単価表事件（公共入札不正参加事件）」(LEX/DB 文献番号28070351)
　・東京地判平成11・7・19「油炸スイートポテト営業システム事件（明商二重帳簿営業秘密事件）」(LEX/DB 文献番号28041438)
　(注)
　　上記の2例の場合、情報の内容が公序良俗に反し、法的保護の対象にならないとして請求が退けられている。
③ 例外的なものとして、有用性を先に肯定したが、秘密管理性を「否定」して、結果として営業秘密性を認めなかった事例：
　・東京地判平成17・2・25「わかば薬局・薬品リスト事件」(判例時報1897号98頁)（前掲）

(4) 非公知性を有すること

1) 概念　　第三番目の法定要件として、「公然と知られていないこと」(非公知性) が必須とされる。

　第一に、「非公知性」とは、情報が保有者の管理下にあり、一般に、必要な情報を入手することが簡単にできない状態をいう。補足すれば、合法的な手段による場合であっても、相当な努力をしなければ入手できない場合も含まれる。したがって、その情報がすでに広く世間に知られており、誰でも容易にアクセスできる状態の場合、それは「公然と知られていること（公知）」になり、非公知性の要件を欠くことになる。また、非公知性は、秘密が実際

に保たれている状態を意味し、広く世間一般に知られていなくても、当業者にとって常識となっている情報は、秘密として保護する必要がないので、非公知性を欠くものと判断される。

　第二に、非公知性の立証責任は原告が負う。しかし、情報自体が非公知であることを証明することは至難である。したがって、原告が当該情報を秘匿にする意思のもとで管理していた状況を立証できた場合、原告に「事実上の推定」を認め、被告（侵害被疑者）が「簡単に入手できた」「他の情報源から入手できた」「刊行物に記載がある」などを抗弁として反証できなければ、原告の立証責任は果たされたものとして取り扱う運用がなされてしかるべきだと考える。

　第三に、非公知であるかどうかは、客観的に判断される。また、その情報の開示の方法や場所の合法・違法も問わない。たとえば、その情報が刊行物（新聞・雑誌など）やウエブサイトに掲載されている場合、それは公衆に知られ、もはや客観的な秘密には該当しないので、非公知性に欠ける。特許公報から把握できる情報にも非公知性がない（東京地判平成18・7・31「JCN認証技術事件」LEX/DB文献番号28111645）。意匠公報の図面は、公報発行日以降は公知の情報となる[28]。

　第四に、非公知性は「相対的（relative）」な概念である。たとえば、誰にも知られていない絶対的な状態でなければならないということではなく、保有者以外の者に開示されていても、その者（人数に関係ない）に秘密保持義務が課され、それが維持されていれば、その情報は引き続き保有者の管理下に置かれているとみなされ、非公知性は維持されていると判断される[29]。たとえば、ライセンサーがライセンシーに伝える営業上の秘訣や、将来の「のれん分け」や独立を想定して親方から弟子に属人的に伝授される秘伝の技やコツは、通常、他に漏らさないことを明示又は黙示に約束した上での開示であり、非公知性を維持できている情報に該当すると考えられる。また、複数の者が偶然同じ情報を保有していても、その情報が保有者によって秘密にする意思のもとで管理されており、かつ、一般の入手が事実上困難又は不可能

28　東京地判平成14・3・19、「壁面墓地事件」（LEX/DB文献番号28070562）
29　経済産業省知的財産政策室「営業秘密管理指針」（2013年8月16日改訂）第2章1（3）参照

である限り、その情報の非公知性は維持されているとみなされる[30]。

逆に、リバース・エンジニアリング（不正競争行為には該当しない）[31] により、市場において購入した製品から容易に抽出できる情報（製品の効能など）は、非公知性を有しないと解されている[32]。しかし、その解析に特殊な技能や装置を要する場合には、情報の保有者が公表しない限り非公知性は失われないと解されている[33]。

第五に、情報の一部が公知であっても、中核的な情報の秘密性が保たれていれば、他の部分の情報の「非公知性」は維持されていると考えられる。たとえば、顧客名簿の場合、その中に誰でも知っている顧客が含まれていても、残りの顧客に関する部分の非公知性は失われない。

2）非公知性に関する判決例　有用性の場合と同様に、訴訟においては、通常、秘密管理性の判断が最初に行われる場合が多く、「その余の要件については検討するまでもなく……」とされ、非公知性についての判断を行わないことが多い[34]。このため、非公知性が問題になった事案は限られている。代表的なものを挙げれば、下記のとおりである。

①非公知性が肯定され、いずれも営業秘密性を「肯定」された事例：
- ・大阪地判平成15・2・27「セラミックコンデンサー設計図事件」（前掲）
- ・福岡地判平成14・12・24「半導体全自動封止機械装置設計図事件」（前掲）
- ・東京地判平成17・6・27「中国野菜輸入先・顧客名簿事件」（LEX/DB 文献28011320）

②秘密管理性及び有用性はすべての営業資料について肯定されたが、非公知性の要件がその一部について「否定」された事例：
- ・東京地判平成12・11・13「墓石販売営業情報事件」（判例時報1736号118頁）

30　経済産業省「営業秘密管理指針」（本章注29）第2章1(3)参照
31　山本庸幸・前掲書（本章注7）150頁
32　東京高判平成11・10・13「つぼきゅう弾事件」（LEX/DB 文献番号28042351）
33　牧野利秋・飯村敏明編「新・裁判実務大系4『知的財産関係訴訟』（青林書院2001年）481頁
34　井上泰人稿「営業秘密の特定と閲覧制限」（「Law & Technology」59号2013年4月所収）31頁参照。秘密管理性と非公知性の各立証は、実際上は重複することが多い、と指摘している。

③秘密保持命令発令後、裁判所に提出された準備書面に含まれている秘密の一部が、技術的常識又は一般的知見に属するとして非公知性を「否定」された事例：
  ・大阪地判平成20・12・25「秘密保持命令取消決定申立事件（LED事件）」（判例時報2035号136頁）
④秘密管理性及び有用性に先行して行われた非公知性が「否定」された事例：
  ・東京高判平成12・7・29「街路灯事件」（LEX/DB 文献番号28051622）（街路灯設置計画に関する情報の営業秘密性についての争い）
  ・東京地判平成18・7・31「JCN認証技術事件」（LEX/DB 文献番号28111645）（公開された特許公報にすべて開示されているとして）
  ・大阪高判平成13・7・31「無洗米製造装置事件」（LEX/DB 文献番号28061614）（刊行物等を参照すれば、当業者なら容易に理解・実施し得る内容である）
⑤先行して審理された非公知性は「肯定」されたが、秘密管理性の段階で否定された事例
  ・大阪地判平成16・5・20「昇降機顧客情報事件」（LEX/DB 文献番号28091616）

4　営業秘密の制度上の問題点

　機能・役割の面からみた場合、営業秘密制度は、重要な企業秘密が不正な手段・方法で他人に取得され又はそれが不正に開示された際に、①その侵害状態がそれ以上広がらないようにすること、②その侵害状態を可能な限り元の状態に戻すこと（原状回復）、を主目的として設けられたものである。つまり、事後処理的な役割を主目的とするものである。また、すでに第１章２で述べた「日常的・基礎的な情報管理」や「危機管理」などの予防対策とは、「車の両輪」の関係にある。

　一方、適用される範囲で見た場合、営業秘密制度は、営業秘密の侵害者が第三者であるか取引上又は契約上の相手方当事者であるか否かに関係なく適

用される。特に、取引上又は契約上の相手方当事者でない者（個人・法人）による侵害行為を差し止めて被害の拡大を防ぐには、営業秘密制度を活用する以外に有効な方法はない。営業秘密は、この意味では普遍性のある重要な制度である。

　しかしながら、現行の営業秘密による保護には、本節3で指摘したような制度上の問題点が内在しており、その機能が常に十分に発揮されているとは言い難い。このことを考えれば、取引上又は契約上の相手方当事者（個人・法人）との間では、可能な限り秘密保持契約を交わし、万一営業秘密などの秘密情報が漏れた場合でも、相手方に対して契約責任を追及できる方策を別に確保しておく必要がある。たとえば、従業員が退職する際に、秘密保持契約を交わし、転職先での営業秘密の使用・開示に制限を加えておけば、当該退職者が、転職先で営業秘密を使用・開示した場合、転職先（第三者であることが多いと思われる）に対しては営業秘密の侵害で対応するほかないにしても、当該退職者に対しては、営業秘密の侵害と秘密保持契約違反（債務不履行）を理由にした請求の併用又はいずれかの選択が可能となる。秘密保持契約を活用するか否かは、業種や企業規模とは無関係に経営上の意思決定で決めることができるので、契約の締結が可能な関係にありながら、それを利用しないのは大きな機会損失と言わざるを得ない。たとえば、「不正競争防止法の『営業秘密』という概念は、裁判で争うことにより、初めて『営業秘密』であるか否かが認定されるような難しい概念である」との指摘[35]は、このことを意味している。可能な場合には、秘密保持契約の活用又は併用による秘密情報の管理と保護は不可欠だと考える。

　さらに、人材の移動の流動化・グローバル化、働き方の多様化（外国企業への転職、有期従業員や派遣労働者の増大など）と営業秘密制度との間に、ミスマッチが生じているのではないかという懸念がある。最近の実態調査（第4章参照）が示しているように、情報の漏洩・外部流出の多くは、従業員、元従業員、受入派遣社員などの様々なバックグラウンドや特性を有する「人」が介在することによって、意図的に引き起こされるものである。いわ

---

[35] 梅林啓稿「『秘密』の保護と『情報』の保護、現行制度で十分か」（西村あさひ法律事務所刊「リーガル・アウトルック」（2011年3月16日号所収）参照。

ば「人災」である。しかも、その「人」の移動が流動性を強める傾向を示し、かつ、その移動先が国内にとどまらずグローバル化しているのである。具体的には、定年退職者やリストラにあった者などを含む元従業員が外国企業に雇用され、在職中に知り得た知識を不正に提供するケースが、わが国でも現実になりつつある。したがって、これからの秘密情報の内部管理には、遅まきながら、「人」を中心に置いた仕組みに重点を移す「発想の転換」が必要である。

もっとも、このような事態を早くから見越して、契約や誓約等により「秘密保持義務」又は「信任義務」を伴う信任関係（confidentiality or fiduciary relation）を確立し、営業秘密のような重要な秘密情報を取り扱う者の人材管理（人的資源管理）を適切に行うことの必要性・重要性は、営業秘密制度の発足当時（1990年）の有力な論文のなかですでに指摘されていたのである[36]。このことに改めて思いをいたす必要がある。

第2節　営業秘密の安全管理

本節では、秘密情報である営業秘密の安全を確保するための予防措置として、その情報の保有者である企業が自衛的に実施しなければならない三つの方策、すなわち、基礎的管理、危機管理、及び契約法的管理について概括的に検討する。

1　「秘密としての管理」と基礎的管理の関係

第1章2①で言及したように、日常的・基礎的な情報の管理は、その安全を確保するために必要な最も基本的な要件である。

これに対して、営業秘密で求められている法定の管理要件は、「秘密としての管理」である。この「秘密としての管理」は、本章第1節3で言及したように、企業秘密を法定の営業秘密たらしめ、その法的保護を可能にするた

---

[36] たとえば、鎌田　薫稿「『財産的情報』の保護と差止請求権（4）」（民事法研究会「Law & Technology」10号1990年10月所収）25頁

めの要件であって、企業秘密の漏洩・外部流出に対する予防対策を直接の目的にしたものではない。したがって、企業秘密が、営業秘密の管理要件を充足しているからと言って、当該秘密情報の予防対策が十分なされていることを意味しない。言い換えれば、営業秘密制度のみでは、秘密情報の安全対策としては不十分であり、基礎的な情報管理をはじめとする予防対策と営業秘密制度を補強・補完する事後処理対策の強化が、別に必要だということになる。

2　危機管理の在り方

　上記1で述べたように、秘密情報の安全管理には、別途予防対策が必要である。しからば、情報の基礎的な管理だけで予防対策は十分であろうか。十分ではない。

　営業秘密にかかる情報の漏洩は、文書の流出、電子化されたデータの流出、退職者が有する経験や記憶の流出などの形で発生する場合が多い。このうちの文書の流出と電子化されたデータの流出については、次のような予防対策が必要である。これが、危機管理であり危機対策である。

① 秘密情報へのアクセス権限を有する者であっても、秘密情報が保管されている場所に立ち入るには、別途、承認を必要とする制限を導入する（アクセス権を有する者による不祥事が多いことを考慮すれば、入退室管理は別に必要である）。
② 情報が記録・保存されている機器（コンピュータのサーバー）から情報を取り出す場合、情報を転記・転送できる媒体（たとえばUSB）をあらかじめ承認されたものに限定する（記録媒体の特定。IDやパスワードによるアクセス制限でだけは不十分である）。
③ 承認されたデータの転記・転送の場合でも、一定量を超える場合には、警告音が鳴り、いったん歯止めがかかる仕組みを導入する（相対的な危険発生の予防）。
④ USBなどに取り込んだ情報には、特に指定された機器を使用しない限り見読できないように制限をかけ、また、その複製にも制限をかける（情報

の伝播防止。媒体の紛失対策にもなる)。

⑤データの保守作業は、必ず、複数の担当者のもとで行う体制にする(相互牽制)。

①と⑤は、物理的措置の強化である。②～④は、技術的措置の強化である。すべての企業にここまでの対策が必要だとは考えられないが、企業の規模や業種に関係なく実行可能な①と⑤は、危機管理(予防対策)の一環として、日常的・基礎的な情報管理とは別の視点から、すべての企業で最小限実施すべきだと考える。

近時における営業秘密に関連する事件(不祥事)は、いろいろな情報を総合して判断すると、危機管理が不十分であったことに起因していると言わざるを得ない。

なお、「人」の移動に随伴して起こる流出は、いわゆる「残留情報」に関連する問題である。これについては、技術的な危機管理とは別に、「人」に対する管理が必要となる(第8章第2節2参照)。

3　契約法的管理

情報の漏洩が「人災」であることに思いを致せば、「人」に対する管理がいかに重要な対策であるかは、おのずから明らかである。しかし、企業と「人」は、契約関係にあるので、その管理は、契約法的に行う必要がある。特に重要な管理は、退職者に対する管理である。退職者が、記憶その他の方法で、転職先に持ち込む秘密情報をどのようにして抑制し、万一これをめぐって紛争が生じても、これを如何にして適法かつ的確に処理するかが、営業秘密の安全管理上、重要な課題となる。ここに登場するのが「契約法的管理」である。

この管理の主たる役割は、在職者、退職者、非正規従業員(契約社員、パートタイマー、受入派遣社員等)などの従業者及び取引先などとの秘密保持契約の締結を管理することにある。秘密保持契約に盛り込むべき内容、締結するタイミングや頻度等については第6章から第8章で検討を予定しているが、重要なことは、退職者との秘密保持契約の締結を確実に実行することで

ある。また、ライセンス契約などにおいても、広義の「人」に相当する取引先との間で、秘密保持義務についての取り決めを交わすべきことは言うまでもない。

契約法的管理は、日常的に行うべきものであり、また、秘密保持契約の締結によって相手方当事者に秘密保持義務を課し、これを通じて「人」に対する牽制の機能を果たすので、予防対策としての側面も有している。しかし、契約法的管理の本来的な機能は、不祥事が発生した際の事後処理を円滑かつ合法的に行う局面で発揮される。この点では、営業秘密制度とその主たる目的を同じくするものであり、営業秘密制度を補完する存在である。したがって、契約法的管理に予防対策としての性質は認められるが、それは反射的な効果であって、その本質は事後処理対策にあると考える。

第3節　米国における営業秘密の概念

1　連邦と州の関係

米国の場合、トレード・シークレット（trade secrets 以下、「営業秘密」という）は、合衆国憲法（第1条8節8項）のいわゆる「特許権・著作権条項（Patent and Copyright Clause）」に明文をもって規定されておらず、民法や商法に関する問題と同様に、州の権限に属するものとして扱われている。なお、営業秘密に関する権限が、基本的に州に属することは、連邦最高裁判所によって明らかにされ[37]、現在でもこの判決は維持されている。

2　統一営業秘密制定法が各州に導入された背景

岡本幹輝氏によれば、営業秘密が保護客体として最初に確立されたのは、

---

[37] Kewanee Oil Co. v. Bicron Corp., 416 U.S. 470 (1974)、Aronson v. Quick Point Pencil Co., 440 U.S. 257 (1979)、Bonito Boats Inc. v. Thunder Craft Boats, Inc. 489 U.S. 141 (1989) など。なお、土井輝生「トレード・シークレット法」（同文館1989年）、59〜70頁と213〜219頁に、最初の二つの判決についての解説がある。また、千野直邦「営業秘密保護法」（中央経済社2007年）122〜123頁にも、両事件の概要についての解説がある。

マサチュセッツ州における1837年のJohn Vickery v. Jonas Weich（36 Mass. 523 1837 WL 2540）だとのことである（「白鷗大学論集」5巻2号1990年155頁以下）。米国の営業秘密の保護に関する法は、伝統的・歴史的に各州のコモン・ローを法源（sources of the law）としている。このため、営業秘密については、州によって別々な取扱いがなされ、特に州際取引（interstate commerce）に日常的な不便が生じていた。また、各州のコモン・ローでは、営業秘密の保護要件として、当該営業秘密の「継続的な使用」必須とする州と必須としない州が混在していた（本章注39「アメリカにおけるトレード・シークレットの保護」22頁参照）。さらに、その不正使用（misappropriation）に対する救済の要件が、必ずしも明確ではなかった。統一営業秘密モデル法が検討される契機となった裁判例は、Kewanee Oil Co. v. Bicron Corp.（本章注37参照）だと言われている。これは、明白に特許性のある技術でありながら、保有者がこれを特許法（連邦法）による保護に委ねず、あえて営業秘密として秘匿にした場合、州法によって保護されるか、ということが争われた事案である。特許は公開（disclosure）を前提にするものであるが、公開すれば秘密性は失われ営業秘密ではなくなるので、特許適格性のある営業秘密（patentable trade secrets）の特許出願を連邦法である特許法で強制するのは適当ではない。さりとて、営業秘密法が特許適格性のある営業秘密を特許申請せず、もっぱら州法である営業秘密法（コモン・ロー）で保護すべきだと規定するのも問題である。結論として、連邦最高裁判所は、このような場合に、どのように対応するかは情報保有者の選択（自由意志）に委ねるべきであり、100年以上続いて来た二つの法制度の相互補完関係を維持するのが妥当と判断し、州法（コモン・ロー）に基づくトレード・シークレット（営業秘密）としての保護を肯定し、連邦特許法による保護との共存関係（co-existing）を明確にした。

　上記のような問題の解消を目的として、1979年8月9日、統一州法委員全国会議（National Conference of Commissioners on Uniform State Laws）によって、統一営業秘密法（Uniform Trade Secret Act：UTSA）が「統一モデル法」として採択され、各州に対して、これに基づいた成文法を制定するよう勧告が行われた[38]。

米国では、不法行為に基づく差止請求が認められている（衡平法 in equity）。したがって、不法行為法の不備を補うために統一的な制定法が登場するに至ったのではない。この点は、わが国の場合と根本的に異なるので、留意する必要がある。

3　営業秘密の定義

　統一モデル法第1条(4)は、営業秘密（Trade Secrets）の定義を次のように定めている。
　「トレード・シークレットとは、処方（formula）、様式（pattern）、資料・文献の編集物（compilation）、プログラム（program）、装置（device）、方法（method）、技術（technique）、又は工程（process）を含む情報（information）であって、次のような性格を有するものをいう。
(i) その開示又は使用によって経済的価値（economic value）を得ることができる他の者に対して、一般的に知られておらず、かつ、適法な手段によって容易に知り得ない、現実的又は潜在的な独立した経済的価値をもたらす（derive）もの、
(ii) その秘密性（secrecy）を維持するために、当該状況下において、合理的な努力（reasonable efforts）の対象（subject）になっているもの。」
（注）
　訳文は筆者による。
　不正競争リステートメント（第三次・1995年版、第4章39条以下）にも、営業秘密に関する定義が設けられているが、これは、不法行為リステートメント（第一次、1939年版、757条）に設けられていた営業秘密の定義と上述の統一モデル法の定義との橋渡しの役割を担い、両者間の整合性（applicability）を図ることを目的（aim）にしている（本章注50の Quito & Singer "*Trade Secrets (Second Edition)*" 25～30頁参照）。

38　千野直邦・前掲書（本章注37）106頁、土井輝生・前掲書（本章注37）15頁。なお、各州の民法・商法については、統一商事法典（Uniform Commercial Code=UCC）によって、すべての州（ただし、ルイジアナ州は一部のみ）の統一がすでに行われている。

4 営業秘密の要件

上記3の統一モデル法(第1条(4))から明らかなように、米国における営業秘密の定義における法定の要件は、①情報の具体性・継続性、②経済的価値、③非公知性、及び④秘密保持のための合理的な努力、の四つである[39]。このうち、①〜③は、営業秘密であるための「概念要素(概念要件)」を規定したものであり、④は、営業秘密として保護されるために必要な「管理要件(保護要件)」を定めたものである。また、営業秘密という情報に含まれるものを例示していること、及び営業秘密の概念要件と保護要件を明確に分けて二段階方式で規定している点に留意する必要がある。

以下、それぞれの要件について簡単に述べる。

(1) 情報の具体性・継続性 (concreteness /continuity)

わが国の「技術上又は営業上の情報」に相当する要件である。対象となる情報の種類や形態に制限はない。事業活動に関連するものであれば、有形・無形を問わない。また、技術情報はもとより、営業上の種々雑多な内部の事実や情報も営業秘密たりうる。しかし、ビジネス上の漠然とした抽象的な概念や単なる着想(アイデア)では、客観的な識別が困難なため、保護対象とはならない[40]。また、営業秘密は、基本的には、事業活動において継続的(continuous)に使用するための情報であることが要求され、新製品の発売日のような単発又は一時的な出来事に関する情報は、論理的には営業秘密としての保護対象にはならない[41]。しかし、この継続性は、現実には緩やかに解されている[42]。このように、対象にすることができる情報の範囲は、わが国

---

[39] このほか、新規性(novelty)を挙げる見解もあるが、これらの要件は、ここで掲げた四つの要件に包含されていると考えられる。梅田勝監修、橋本虎之助訳 Mary Ann Capria「アメリカにおけるトレード・シークレットの保護」(発明協会1991年) 11〜17頁参照

[40] 千野直邦・前掲書(本章注37) 115頁

[41] わが国では、新製品に関する情報の一環として、「発売日」などにも有用性があるとされている。経営法友会・法務ガイドブック等作成委員会編「営業秘密ガイドブック(全訂第2版)」(商事法務2010年) 28頁参照

[42] 不法行為リステートメント(第一次、1939年) 757条のコメントbの「定義」に関する部分参照。ただし、統一モデル法では、「現実的又は潜在的な価値」と規定しているので、必ずしも、厳密なものは要求されない。梅田勝監修・前掲書(本章注39) 13〜14頁参照。

の場合に比べるとやや広いように思われる。

　なお、営業秘密が化体された有形の資料が奪われた場合には、有形資料の財産権と無形の営業秘密の不正使用（行為規制）の両面から、訴訟による救済を求めることが可能である。わが国においても、同様であることはいうまでもない。

（2）　経済的価値性（economic value）

　わが国の「有用性」に相当する要件である。営業秘密は、その保有者に競争上の優位性を客観的にもたらす情報でなければならない。ただし、その優位性はわずかなもの（slight）であっても差し支えないとされている[43]。

　また、その情報は、新規性（novelty）を必要とするが、特許付与で要求されるような「絶対的新規」でなくてもよい[44]。さらに、その情報に将来役に立つ潜在性（potentiality）が客観的に認められれば、この要件は満たされる[45]。たとえば、高いコストをかけて失敗したという消極的な情報（negative information）であっても、二度と同じ失敗を繰り返さないための教訓（lesson）となるようなものであれば、この要件を満たすことになる[46]。

（3）　非公知性（relative secrecy）

　わが国の「非公知性」に相当する要件である。この要件は、営業秘密にかかる情報が、何らの困難を伴うことなく正当に入手できる状態である場合、充足されたことにはならない。

　一方、相対的な秘密性（relative secrecy）が確保されていれば、その情報の非公知性は要件を充足したことになる。たとえば、ライセンサーは、自身しか知らない情報を、秘密保持を約束する他の者（管轄下の従業員を含む）に開示することができる。秘密保持の義務を課したうえで開示を行っても、その情報のライセンサー（所有者又は保有者）は、依然として情報の秘密性

---

[43]　金春陽「営業秘密の法的保護」（成文堂2007年）58頁参照。
[44]　不法行為法リステートメント（第一次、1939年）757条コメントｂのなかの「新規性及び先行技術」に関する部分を参照。なお、不正競争防止法リステートメント（第三次）39条のコメント（f）は、「特許法におけるような新規性（novelty）は不要」と説明している。
[45]　統一モデル法第1条4項1号参照。
[46]　金・前掲書（本章注43）58頁。Matallurgical Industry, Inc., v. Fourtek, Inc., 790 F2d 1195 USPQ 945（5th Cir. 1986）参照。

を失うことはない[47]。このように、営業秘密における非公知性は、相対的な概念である。これは、わが国の「非公知性」の場合も同様である。

(4) 秘密保持のための合理的な努力 (reasonable efforts)

わが国の「秘密管理性」に相当する要件である。情報が営業秘密として法的保護に値するか否かは、その情報の保有者が、秘密を保持（維持）する (to maintain the secrecy) ために、合理的な努力 (reasonable efforts) を行っているか否かという状態又は状況を重要な要素（保護要件）として考慮のうえ判断される。これは、保有者自身が漏洩しないように目配りしていない情報を法的に保護する必要はないという考え方に由来している。

この「合理的な努力」という保護要件は、すでに指摘したように、営業秘密の定義上、営業秘密に該当するか否かを決定する概念要件（概念要素）とは明確に区別され、他の三つの必須要件と並列的に位置づけられ、かつ、立証の点においても (in terms of the burden of proof)、原告に対して「極度の努力 (extreme efforts)」を要求せず、"under the circumstances 基準" に基づく総合考量のもとで、その妥当性が個別に判断される。たとえば、秘密保持契約の有無も要素の一つにして判断される[48]。また、秘密保持契約を締結するのが業界の慣行であるにもかかわらず、それを締結していないため、合理的な保護努力を怠ったと判断された事例もある[49]。ある状況のもとで合理的であることが、そのまま他の状況にあてはまるわけではない。たとえば、大企業で求められている秘密保持のための期待 (expectations) と小企業に求められている期待は同一ではない[50]。

ちなみに、コカ・コーラ社が"ダイエット・コーク"なる新製品を発売す

---

[47] 不法行為リステートメント（第一次、1939年）757条コメントb（トレード・シークレットの定義）の後段部分を参照

[48] Zemco Mfg., Inc. v. Navistar International Transportation Corporation, 759 N.E. 2d 239, 246 (Ind. Ct. App. 2001)。インディアナ州控訴裁判所は、この判決のなかで、財産的価値のある情報が営業秘密として認められるための**「合理的な措置」**には、一般に、**六つの要件**が必要であると判示し、その一つとして、「**従業員が秘密保持契約に署名すること**、又は、その製造工程 (process) の秘密性について従業員に事前に説明がなされること」を挙げている。

[49] Tele-Court Engineering Inc. v. Pacific Tel & Tel Co., 168 Cal. App. 3d 455 (1985)

[50] David W. Quinto & Stuart H. Singer "*Trade Secrets (Second Edition)*" (Oxford University Press 2012) at 17

るとともに、それまでとは別の価格体系でこの新製品を販売しようとしたため、一部のボトラーから契約違反として訴えられた事件がある（Coca-Cola Bottling Co. of Shreveport, Inc. v. Coca-Cola Co. 107 F.R.D. 288 D.C. Del 1985）。この訴訟の審理のために、裁判所は、原液成分が営業秘密であることを認めたうえで、裁判官を含む限られた範囲の関係者に原液成分表を開示するよう命じたが、コカ・コーラ社側は、訴訟上不利になることを承知の上で、この命令に従わなかった事例が存在する。この訴訟でコカ・コーラ社側が裁判所に提出した「宣誓供述書（afdavit）」によれば、成分表の秘密管理は、下記のように行われているとのことである。

「基本となるコカ・コーラ（old Coke）の成分に関する秘密の処方（formula）を記載した書類は、アトランタ市に所在している信託銀行の金庫（vault）で保管されており、コカ・コーラ社の取締役会の決議（resolution）によってのみ開示できることになっている。（中略）2人のみ（only two persons）が実際の調合に立ち会うことができる（may oversee the actual preparation）というのが会社の政策（policy）である。この2人が誰であるかは公表できない。また、2人が同時に同一の航空機に乗ることも許されていない。（中略）同様な措置は、ダイエット・コークなどの他の製品についても行われている。」

（もっとも、関係者の話を総合すると、この重要書類は、現在はコカ・コーラ社（本社）内の金庫で保管されている模様である。しかし、詳細は不明である）

営業秘密について求められている秘密保持のための合理的努力は、コカ・コーラ社の場合のような秘密管理ではない。しかし、従業員と秘密保持契約を締結している場合であっても、その対象となる情報を施錠設備のあるロッカーや保管場所などで管理するのは当然のこととされている[51]。

このように、合理的な努力の方法や手段は法定されておらず、当該状況のもとにおいて（under the circumstances）、合理的で賢明なもの（reasonably

---

51 Deborah E. Bouchoux "*Intellectual Property for Paralegals（Third Edition）*"（Delmar, Cengage Learning, 2009) P. 445、Roger M. Milgrim "*On Trade Secret*"（Mathew Bender 1996）§ 1.04

prudent)[52]であれば足りると解されている。このため、秘密管理性の判断は、「わが国ほど厳しくない傾向にある」と評価している見解もある[53]。

5 統一営業秘密モデル法の各州での導入状況

1979年8月9日に採択された統一モデル法は、1985年8月と1987年8月に部分改正されているが、2015年9月末現在、全米の48州とワシントンD.C.で採択され、これに準拠した制定法が制定・施行されている。（ノース・カロライナ州は、統一モデル法を踏まえた独自の規定を他の法律に含めて制定している関係で、統一営業秘密法未制定の州としてカウントされる場合があるが、ここでは48州に含めてある）。したがって、現在、統一モデル法を採択していない州は、ニューヨーク及びマサチューセッツの2州となった。

なお、これら2州のうち、マサチューセッツ州は独自の制定法を有しているが、ニューヨーク州は、1939年の米国法律家協会が発行した不法行為リステートメント（第一次）第757条に依拠し、依然としてコモン・ローに基づいた法の執行を行っている[54]。これら2つの州が、なぜ、統一モデル法を受け入れていないのか、その理由はつまびらかではないが、2州とも、長い間にわたって積み上げられた多くの判決例を有しており、統一モデル法[55]との調整が、事実上困難なためではないかと推測される。

各州制定法における統一モデル法の受入状況は、細かい点で異なる箇所があり、一括りで表現することは困難である。しかし、全体としては、おおむね下記のように要約できる。

①統一モデル法をほぼそのまま（緩和を含む）の状態で受け入れている州（カリフォルニア州、デラウエア州など多数）

---

52 R. M. Milgrim *id*. § 1.04
53 York Faulkner・中村小裕・田中亜希稿「営業秘密保護強化のための法制度に関する考察―主に米国実務を参考に―」（「NBL」1026号2014年6月1所収）26頁
54 Marina Lao, *Federalizing Trade Secret in an Information Economy*, 59 Ohaio Street Law Journal 1633（1998）、Christopher Rebel J. Pace *The Case For A Federal Trade Secret Act*, 8 Harvard Journal Law & Tech 427（1995）
55 不法行為リステートメント（第一次、1939年）の営業秘密の概念と、連邦モデル法の営業秘密の概念は、大筋では一致しているが、同一ではない。

②統一モデル法に、州独自の修正（要件の制限、削除又は付加又を含む）を行って受け入れている州（アラバマ州、ニュージャージー州など少数）
③成文法を制定したいずれの州も、制定法と抵触しない限り、コモン・ローが有効性を継続することを否定していない（たとえば、ニュージャージー州法第9条）

6　州の制定法が実際に行っている統一モデル法の修正状況

　紙数の制約上、州の制定法の統一モデル法に対する修正状況をすべて取り上げることは困難である。そこで、直近に連邦の統一モデル法を採択して制定法を定めた「ニュージャージー州の営業秘密保護法」（ニュージャージー州法タイトル56　第15章　新設、通称 N.J.T.S.A.。2012年1月5日施行）を例にして、逐条ごとの比較検討を試みた。その結果は、添付した【資料編】**3　連邦統一営業秘密モデル法と州制定法との比較**に記載したとおりである。必要に応じて、適宜参照願いたい。

第4節　営業秘密概念の日米比較

1　営業秘密の定義

　米国の定義は、1800年代からの判決例の蓄積とその展開を通じて確立・定着された概念である。これに対して、わが国における営業秘密の定義は、1990年に登場したものであるが、すでに検討したように、その定義は、米国の定義に類似している。したがって、わが国において「営業秘密とは何か」を議論する場合、歴史的な重みのある米国の定義を参考にすることは有益であり、不可欠だと考える。

2　営業秘密の法定要件

　営業秘密の主観的な法定要件は、表現は異なるものの、内容的には、日米

間に根本的な差はないと考える[56]。ただし、「秘密としての管理」(日本)及び「秘密保持のための合理的な努力」(米国)の位置づけが、日米間で大きく異なっている。すなわち、わが国では、この要件が、営業秘密の定義全体を決定づける最も重要なの構成要素(第一要件)として位置づけられているのに対して、米国では、この要件が、営業秘密の概念要素から分離され、独立又は併存した形で位置づけられている。

その結果、わが国の場合、「入口」の段階で、その情報の秘密管理性に関する価値判断がなされ、この要件を欠く情報は、保有者の秘密としての保有意思や情報の内容・性質とは無関係に、営業秘密としての保護対象から除くという取扱いが可能であり、かつ、実際にもそのような一段階の運用が多く行われている。これに対して、米国の場合は、保有者が秘密として保有する意思のある情報は、ひとまず(prima facie)営業秘密として扱い、その情報の秘密性(性質・属性)に関する総合的な価値判断を行ったうえで、「出口」の段階で、営業秘密としての保護対象にするか否かを最終的に確定するという二段階のやり方を採っている。このように、日米間には、秘密管理性要件の取扱いについて決定的な違いがある。立法論的には、米国の二段階方式の方が理論的な矛盾がなく優れていると考える。

3　秘密保持契約の位置づけ

第4章及び第5章で具体的に述べるように、秘密保持契約は、営業秘密の秘密管理性と密接に関連・交錯するものであり、情報の秘密保持のための維持管理、すなわち「合理的な努力(reasonable efforts)」の重要な方法・手段の一つとされている。また、営業秘密に関する実際の訴訟の場においては、営業秘密に関する制定法を有する州でも、営業秘密の存否について「六つの要素によるテスト(six-factor test)」が行われ、その第3番目の項目として、「従業員に対して、秘密保持契約への署名を求めているか、又はその製造工程の秘密性について説明しているか」の審理がなされる[57]。しかし、秘密保

56　肥塚直人・前掲書(第1章注8)も、同様の評価をしている。
57　Margreth Barrett *"Intellectual Property (Third Edition)"* (2012 Wolters Kluwer, at p 7)

持契約の存在は、営業秘密の定義のなかでは、法定の必須要素とはされていない。定義のなかで必須要件とされていない点は、わが国の場合と同様であるが、訴訟における実質的な扱いには大きな違いある。

4 営業秘密を保護する根拠

営業秘密を保護する根拠については、いろいろな考え方があるが、わが国の場合、情報の集積体である営業秘密に「権利」を付与する形式を採っていないが、「差止請求権」を特別に認めている（不正競争防止法3条）。このことから判断すると、わが国の場合、「財産理論」や「物権理論」が基礎になっていると考えられる[58]。

これに対して、米国には、英国法からの継承である「財産理論（property theory）」と、1917年の連邦最高裁判決がデュポン対マスランド事件（E.I. du Pont de Nemours Powder v. Masland 244 U.S. 100 Supp. Ct. 1917）で判示した「信頼関係理論（confidentiality relationship theory）」の二つが存在している[59]。特に信頼関係理論は、その後の判決にも影響を与えている。

営業秘密を保護する根拠の違いは、たとえば、「退職従業員が在職中に自己開発したノウハウ（営業秘密）をどう扱うか」などの事件の判断にも影響を与えるものである。わが国で言えば、不正競争防止法2条1項7号に関連する問題であり、米国で言えば、統一モデル法1条2項2号(B)(2)に関連する問題である。わが国の場合、財産理論（財産の帰属）を基本としているため、退職従業員が在職中に自己開発したノウハウを退職後に利用した行為を

は、この六つの要素を、不法行為リステートメント（第一次、1939年）757条（他人のトレード・シークレットの開示又は使用に対する責任）のコメントb「トレード・シークレットの定義」に由来していると説明している。なお、六つの項目については、第5章注41を参照されたい。

58　小野昌延編著「新・注解不正競争防止法（第3版）下巻」（青林書院2012年）859頁参照。これによれば、「秘密は社会的利益の1つである」と説明され、いわゆる「利益説」（実質的秘密説）の立場が明らかにされている。これも、財産理論の一つである。

59　千野直邦・前掲書（本章注37）119頁、盛岡一夫稿「米国におけるトレード・シークレット保護の変遷」（小野昌延先生古稀記念論文集「知的財産法の系譜」青林書院2002年所収）737〜740頁、土井輝生・前掲書（本章注37）114頁など参照

「営業秘密の侵害」と理由づけるのに腐心しているが、米国の場合、従業員と雇用企業間の紛争は「信頼関係への違背」としてとらえるので[60]、侵害行為としての認定は比較的容易である。なお、雇用関係がない場合は、もっぱら財産理論によって判断されている[61]。

本章の小括

　営業秘密の概念における日米間の明確な相違点は、営業秘密が必要としている管理要件（秘密管理性）の取扱いである。

　わが国の場合、「秘密としての管理（秘密管理性）」は、その秘密情報が営業秘密としての性質・属性を有するかという概念要件として大きなウエイトを有するだけではなく、その秘密情報を営業秘密として保護するに値するか否かを判断する保護要件としての機能も兼ねている。いわば、「一人二役」であり、一段階方式の建付けが採用されている。言い換えれば、わが国の場合、秘密管理性が、事実上「第一の要件」として、営業秘密の定義自体を左右する形で運用されており、争点となっている情報の内容・性質の審理に立ち入らずに、訴訟が終結している事案が意外に多い[62]。

　これに対して、米国の場合、営業秘密に関する定義自体が、情報の内容・性質の審理を行った後に、当該情報の秘密管理のための「合理的な努力」が保護要件を満足する程度になされていたかどうかを審理する二段構えの建付けを制度上明確に採用し、かつ、原告の立証責任の点でも合理的な軽減の余地を設けている。

　すでに指摘したように、秘密管理性という管理要件は、基本的には、当該秘密情報を営業秘密として法的に保護するか否かを判断する際に必要となる要件（保護要件）であり、営業秘密としての性質や属性を決定するために必須の要件（概念要件）ではない。米国の営業秘密の定義は、概念要件と保護要件を明確に区別しており、この点に関しては学ぶべきものがある。したが

60　盛岡一夫・前掲稿（本章注59）740頁
61　盛岡一夫・前掲稿（本章注59）740頁
62　第9章第3節で詳しく述べる。

って、わが国の「秘密としての管理」の解釈・運用には一考を要すると考える。また、本来的には法改正が望ましいが、現行法の枠内において、可能な限り米国に倣った弾力的な運用を行うべきではないかと考える。

　このほか、そもそも営業秘密を保護する根拠は何かという点について、日米間にギャップがある。米国は、財産理論などを残しつつも、信頼関係理論を積極的に取り入れている。これに対して、わが国は、利益説[63]を基調とする「財産理論」のレベルにとどまっているように思われる。

　しからば、現実にどのような行為が営業秘密の侵害に該当する不正競争行為となり、また、これに対する救済はどのように行われるのであろうか。次章においては、この点について考察することにしたい。

　なお、日本弁理士会が産業構造審議会知的財産部会（営業秘密の保護活用に関する分科会）宛に提出した意見書（2014年11月26日付）は、その「1．総論」のなかで、特許制度と営業秘密保護法制の関係について、次のように述べている。

　「日本の企業等において発明保護制度として特許制度と営業秘密保護法制をそれぞれのメリットに鑑み、必要に応じて適宜使い分けるようにすることが、知的財産経営の一環、オープン化とクローズ化の使い分けという知財戦略の一選択肢及びオープンイノベーションの前提として必要である。」

　これは、米国の連邦最高裁判所が1974年のKewanee事件で判示した論旨と基本的に同じである。また、これが、わが国の現時点における多数意見だと考える。

63　本章の注58参照

第3章　営業秘密の侵害とその救済

第1節　営業秘密にかかる不正競争行為

本節では、営業秘密について不正競争防止法に基づく保護を求める場合の第二段階に相当する「不正競争行為類型への該当性」すなわち「侵害論」について考察する。

1　営業秘密にかかる不正競争行為の類型

（1）　不正競争行為類型による保護

不正競争防止法は、営業秘密に対する侵害行為として、図表2のように、六つの不正競争行為類型（2条1項4号～9号。限定列挙）を設けている。

これは、著しい不正競争行為を類型化したものであり、営業秘密にかかるすべての不正競争行為を網羅するものではない。また、第一段階に相当する「特定論」の段階で営業秘密であることが認定されても、この類型のいずれかに該当しない限り、営業秘密の侵害にはならず、不正競争防止法による保護は得られない。

（2）　不正競争行為類型への該当性

1）原告が求められる負担　　第2章の冒頭でも指摘したように、営業秘密にかかる訴訟に勝訴して保護を受けるためには、原告は、次の二つの段階をクリアーしなければならない。

①訴訟にかかる秘密情報が「営業秘密」に該当することの主張と立証（特定論）

②営業秘密に対する侵害行為がどの不正競争行為類型に該当するかについての主張と立証（侵害論）

〈図表2〉　営業秘密にかかる不正競争行為（各類型）の相互関連[1]

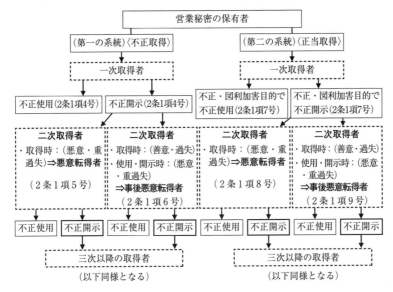

　この二つの段階の主張と立証に成功して、原告は、はじめて、不正競争防止法上の民事的救済、すなわち、差止請求（3条）、損害賠償請求（4条）及び信用回復措置の請求（14条）の恩恵を受けることができるのである。

　しかしながら、すでに第2章第1節で指摘したように、第一段階すなわち特定論（営業秘密の要件を具備しているか否かの審理）における主張・立証でさえも容易ではない。加えて、第二段階すなわち侵害論（営業秘密に対する侵害行為、どの不正競争行為の類型に該当するか否かの審理）における主張・立証も容易でなく、また、営業秘密が「技術上の情報」である場合と「営業上の情報」である場合とで、その難易度が異なり、営業秘密の保有者にとって大きな負担である[2]。さらに、原告は、被告の悪意・重過失等の主観的要件についての主張・立証もしなければならない。

1　青山紘一・前掲書（第2章注25）95頁、金井重彦・山口三惠子・小倉秀夫「不正競争防止法コンメンタール（改訂版）」（レクシスネクシス2014年）97頁などを参考にして、筆者が作表した。
2　たとえば、井上泰人・前掲稿（第2章注34）参照

実際の訴訟を通覧しても、営業秘密が存在することの立証に成功したものの、その営業秘密に対する被告の行為が不正競争防止法上の不正競争行為に該当することの立証ができず、結局、営業秘密の侵害を認容されなかった事例が散見される[3]。

2）主張責任・立証責任とは　訴訟における「主張責任」とは、当事者主義（弁論主義）の原則上、「自己に有利な判決を得るために必要な具体的な事実を主張しなければ不利益を負うことになる危険」を意味する。他方、「立証責任」とは、「自己に有利な事実を証明できないことによって被る不利益又はその危険」を意味する。原則として、主張責任と立証責任は同一当事者に帰属する[4]。

3）問題の所在　主張・立証責任は、営業秘密の侵害を主張する側、すなわち原告が負わなければならない。

しかし、営業秘密がどのようにして自己の管理下から流出し、被告がどのようにしてそれを取得したかを原告が独力で調査・追及することには、きわめて多くの困難が伴う。このことは、程度の差はあれ、〈図表2〉で示した六つの行為類型すべてについてあてはまる。結局のところ、刑事事件として先に捜査が進行して立件されるなど、特別の事情により原告が「営業秘密についての不正行為」の全体像を知ることができた場合を除いて、訴訟によって民事上の救済（行為の差止めや損害賠償など）を受けることができない結果に終わることも十分予想される[5]。

実際問題として、第1章で言及した新日鐵と東芝の大型事件は、いずれも刑事事件が発端となって民事上の訴訟が具体化したものであり、刑事事件が先行していなければ、おそらく民事訴訟にまでは至らなかったと思われる。

---

[3] たとえば、東京地判平成22・3・4「派遣社員一斉引抜き事件」（LEX/DB 文献番号25442017）。情報の営業秘密性は認容されたが、退職との因果関係が認められず、不正競争行為（2条1項7号）は否認されている。大阪地判平成25・7・16「ソースコード使用差止請求事件」（LEX/DB 文献番号25445745）でも、ソースコード自体の営業秘密性は認容されているが、不正競争行為への該当性は否認され、結論として不正競争防止法に基づく保護請求は棄却されている。

[4] 川村明・志知俊秀稿「営業秘密の保護と主張・立証責任」（北川善太郎編「知的財産法制」（東京布井出版1996年所収）238頁

[5] 川村明・志知俊秀・前掲稿（上記注4）240頁は、同趣旨の指摘をしている。

また、この二つの事件は、いずれも営業秘密が外国に流出した事案である。訴訟においては、①被告が使用している情報がわが国で秘密管理していた自己の営業秘密であることの証明を求められるばかりか、②それが「不正取得」又は「不正使用」され、さらに、③その営業秘密が製品の製造や販売に使用され、④それによって損害を被ったこと（因果関係）の立証も必要となる。このような隘路が、第4章で述べるように、訴訟があまり利用されないこと、及び原告の勝訴率が低い原因になっていると考えられる。

4）対応策　対応策は、営業秘密にかかる不正行為の主張・立証責任の一部を被告側に転嫁（shift）する運用が可能か否かである。

しかし、現行法に推定の規定（法律上の推定）が設けられていないので、立証責任の転嫁はできない。したがって、現時点では「事実上の推定」によって対処するほかない。たとえば、「事実認定の過程」で行う事実関係の具体性や特定性の主張・立証[6]を通常よりも緩く解釈・運用する[7]、使用した情報の来歴や経過について被告に積極的な主張・立証を求める、というような対応である。これらは、いずれも裁判所が行う訴訟指揮（民訴247条）の枠内のものであり、現行法の下でも一定の範囲までは可能だと思われるが、根本的には法改正による解決が必要である。

2　営業秘密の侵害（六類型）に該当する不正競争行為の事例

条文の理解を容易にするために、それぞれに該当する代表的な例を示せば、次のとおりである。

① **2条1項4号の場合：**
・自ら「使用」する例：窃取した他社のノウハウを自社製品の製造・販売に使用する行為、取得した顧客名簿に基づいて商品を販売する行為[8]。
・他社に「開示」する例：従業員が無断で持ち出した勤務先の顧客デー

6　高林　龍「標準民事手続法」（有斐閣2012年）70頁
7　すでに第2章第1節3(2)で指摘したように、秘密管理性を緩やかに解釈して、営業秘密性を認容している件数が、最近でも散見される。
8　山本庸幸・前掲書（第2章注7）152頁。通商産業省知的財産政策室監修「逐条解説改正不正競争防止法」（有斐閣1990年）75頁。販売行為は、「使用」に含まれる。

を、転職後、転職先に提供する行為[9]。

「不正取得」には、営業秘密が記録された媒体を無断複製の目的で持ち出すことが含まれる。また、職務上の地位を利用して、正規の手続きを踏まないで顧客情報の複製を入手する行為も「不正取得」に含まれる（東京地判平成11・7・23「美術工芸品顧客名簿事件」（「判例時報」1694号138頁参照）。

② 同5号の場合：
・会社の従業員が勤務先から不正取得した秘密情報を、ライバル会社が、その事情を知りながら、その従業員から購入する行為[10]。

③ 同6号の場合：
・ライセンスを受けた会社（ライセンシー）が、後日、それがライセンサーの不正入手した技術ノウハウであることを知ったにもかかわらず、引き続き使用する行為。

④ 同7号の場合
・ライセンスの許諾交渉時に開示を受けたライセンスを、正式な許諾契約を経ずに無断で使用し、ライセンサーの製品と競合する製品を自ら製造する行為
・ライセンスの許諾を受けた会社（ライセンシー）が、ライセンサーに無断で、第三者にその技術ノウハウを開示して、ライセンサーと競合する製品を製造させる行為。

⑤ 同8号の場合
・従業員が勤務先から職務上開示を受けた秘密情報をライバル会社に売却・開示した場合、そのことを知りながら購入し又は開示を受けたライバル会社の行為。
・公務員が職務上入手し、法律上の守秘義務を負っている秘密情報を、そのことを知りながら取得した会社の行為。

---

[9] 山本庸幸・前掲書（第2章注7）153頁。「開示」とは、公然と知られるようにすること、及び、秘密を保持した状態で特定の者に情報の内容を伝えることをいう。

[10] 山本庸幸・前掲書（第2章注7）151頁。「取得」とは、情報が有体物に化体されている場合、自己又は第三者の支配下に置くことをいう。情報が無体物の場合、自己又は第三者の知識にすることをいう。

⑥ 同9号の場合
・ライセンスを受けた技術ノウハウが秘密保持義務に違反して入手されたものである事実を知った後も、引き続きそれを使用する行為。

第2節　営業秘密の侵害に対する不正競争防止法による救済

　第1節で述べた「侵害論（侵害の有無）」における審理が尽くされると、訴訟手続は、裁判所の判断で、次のステップである「侵害からの救済」すなわち「損害論」に入ることとなる。本節では、損害論について考察するが、この段階では、侵害と損害の因果関係及び損害額などが審理される。
　営業秘密を侵害された者（法人・自然人）は、その損害について相応の救済を受けることができる。特に、民法の不法行為では認められていない差止請求が可能となる点に、営業秘密制度の優位性がある。
　以下では、営業秘密が侵害された場合の民事上の救済方法について検討する（損害額の算定については、事案ごとで条件が異なるので、本稿では言及しないが、不正競争防止法に基づく損害賠償を請求する場合には、同法5条によることとなる）。

1　差止請求

(1)　請求権の発生根拠

　不正競争防止法（3条）は、営業秘密について差止請求権を創設的に設けている。その法的性質は、原告が被告に対して当該行為をしないよう不作為を求める物権的な給付請求で、その認容判決は、その性質上（民法414条3項）、間接強制（民事執行法172条）によって実現されるものである。しかし、わが国の現行の民法典には、差止請求に関する一般的な明文規定が存在せず、学説上も、差止請求権の発生根拠について見解の一致を見ていない[11]。
　しかし、不正競争防止法の営業秘密に関する規定（2条1項4～9号）は、

11　根本尚徳「差止請求権の理論」（有斐閣2011年）24頁以下及び112頁

沿革的に見ると、民法（709条）の一般不法行為に差止請求権を制度的に認めるための特別規定として制定されたものである。また、不法行為について差止請求を認めている国（たとえば米国）も存在している。このような事実や背景などを勘案すると、「営業秘密権」という名の排他的権利の付与がなされていない営業秘密に認められている差止請求権は、民法709条又は710条に由来する（不法行為的構成）と考えるのが自然だと考える[12]。

（2） 差止請求の主体

営業秘密の侵害にかかる差止請求の主体（請求権利者）は、いずれの侵害類型の場合も、不正競争防止法2条1項4号～9号の不正競争行為によって、営業上の利益を現に侵害されている者又はそのおそれがある者である（3条1項）。請求権利者であることの立証責任は原告にある。

主体たりうる地位は、合併や相続で継承できると解されている[13]。さらに、権利者の資格としては、使用権原又は開示権原を現に有する者であればよく、営業秘密を創出・開発した者でなくてもよい[14]。したがって、当該秘密の使用許諾を受けた者も、請求主体になれる。ただし、営業秘密の単なる管理人は請求権利者に含まれない[15]。

（3） 消滅時効

この請求権は、権利者が侵害の事実及び侵害者を知ったときから3年間、又は侵害行為の開始時から10年間が経過した場合、時効によって消滅する（15条）。民法上の不法行為の場合の20年の除斥期間が短縮されている。したがって、たとえば11年前から営業秘密を侵害されていた事実を知って直ちに訴訟による救済を求めても、除斥期間により差止請求は認められない（ただし、今般の改正で10年の除斥期間が20年に延長された）。

（4） 期限を定めた差止判決

差止請求権は、営業秘密が保有者の手許から不正な手段（たとえば、意図的な漏洩、窃取など）で外部に流出した場合、その情報のさらなる伝播に歯

---

[12] 鈴木将文稿「不正競争法上の請求権者」（高林龍・三村量一・竹中俊子代表編集「現代知的財産法講座I知的財産法の理論的探究」日本評論社2012年所収）429頁

[13] 山本庸幸・前掲書（第2章注7）248頁

[14] 渋谷達紀「知的財産法講義III（第2版）」（有斐閣2008年）137頁

[15] 渋谷達紀稿「営業秘密の保護」（法曹時報45巻2号所収）33頁

止めをかけるために行使される。差止めの相手方は、取引や契約の関係のない第三者であることが多いが、それに限定されない。この場合、第三者等の支配下に渡った営業秘密について、差止請求をいつまで認めるべきか、又はいつまで継続することを認めるべきかということが、しばしば論点になる。しかしながら、この問題を正面から取り上げた議論や判決は見当たらない[16]。

営業秘密の差止めの期間について、不正競争防止法に定めがない以上、無期限（永久）の使用差止判決を下すことも理論的には許され[17]、その裁量は、裁判所の判断に委ねられている。しかし、たとえば、差止めの対象になった営業秘密がすでに公知のものになっているにもかかわらず、差止命令を受けた者だけが永久にその秘密を保持しなければならないというのは、いかにも奇妙である。このように考えると、一定期間経過後に営業秘密性が喪失するという合理的な予測が可能な場合、裁判所があらかじめ期間を定めた差止判決を下すことも可能と解さざるを得ない[18]。また、後にも述べるように、米国では、認容判決に際して、原則として差止の期間について期限が付される。

なお、期限の定めのない差止判決を受けた者は、当該営業秘密が公知になるなどの状況変化があった場合、請求異議の訴え（民事執行法35条2項）又は債務不存在確認の訴え（民事訴訟法134条）により、救済（差止めの取消）を求めることが可能だと考える。

（5） 営業行為自体の差止めと請求の趣旨・判決主文の記載要領
1） 営業秘密が顧客情報の場合　　営業秘密が顧客情報などの営業情報の

---

[16] 米国には、①口頭弁論終結時までに営業秘密が公開されていない場合と、②口頭弁論終結時までに営業秘密が公開されている場合に分けて、取り扱うべきであるという見解が存在する。詳しくは、金春陽・前掲書（第2章注43）149～154頁参照。なお、米国の事情については、渋谷達紀「文献紹介」日本工業所有権法学会年報14号（1991年）172～174頁にも参考になる記載がある。

[17] これを強調する見解として、たとえば、日本知財協会（ライセンス第2委員会）稿「技術情報の開示にかかる秘密保持契約のドラフティングに関する一考察」（「知財管理」60巻9号 2010　1531頁所収）参照

[18] 牧野利秋監修「不正競争防止法をめぐる実務的課題と理論」（青林書院2005年）195頁、189～197頁参照

場合、営業秘密とその使用形態は、通常、1対1の関係となる。このため、営業秘密使用の差止めと営業行為自体の差止めには不可分のところがあり、営業秘密の使用を禁止しただけでは、その差止の目的を達成することが困難な場合もある[19]。裁判例としては、営業行為自体の差止めを否定したもの[20]と肯定したもの[21]に分かれている。具体的な対応としては、営業秘密使用の差止めと営業行為自体の差止めを分けることが困難な場合に限り、例外的に「営業の差止め」を認めざるを得ないと思われる。しかし、差止めが相手方当事者や公衆の利害（public interest）に与える影響も考慮する必要があるので、営業秘密の使用・開示の差止めをこえて営業自体を差し止めることについては、慎重な態度を取るべきだと考える[22]。なお、訴状における請求趣旨や判決における主文は、通常、「被告は、別紙営業秘密目録記載の原告の顧客名簿の写しを使用してはならない」、「被告は、別紙営業秘密目録記載の原告の顧客名簿の写しを廃棄せよ」などの表現になると思われる。

2）営業秘密が技術情報の場合　　営業秘密が技術上のノウハウなどの技術情報の場合、営業秘密とその使用形態が、常に1対1の関係になるとは限らない。つまり、営業秘密の使用のみにとどまる場合よりも、それを使用した物の製造・販売に至る場合が多い。この場合には、当該営業秘密の使用とそれを使用して行う行為の両方を「特定」して、差止めを請求することになる。このため、訴状にける請求の趣旨や判決主文の記載は、通常、「別紙目録記載の該営業秘密を使用して、○○製品（型番）を製造・販売してはならない」という形を取らざるを得ない。しかし、技術情報の使用のみを差し止めるときは、営業情報の場合と同様に「○○に関する技術情報を使用しては

19　田村善之・前掲稿（第2章注9）89頁

20　たとえば、東京地判平成12・10・31「放射線測定器具販売差止事件」（「判例時報」1768号107頁）、東京地判平成16・9・30「ペットサロン事件」（LEX/DB文献番号28092603）（控訴審：東京高判平成17・2・24LEX/DB文献番号28100505）。顧客名簿を使用する営業活動は禁止しているが、訪ねて来た客との営業までは禁じていない。

21　大阪地判平成8・4・6「男性用かつら顧客名簿事件」（「判例時報」1588号139頁）、大阪地判平成25・4・11「中古自動車顧客情報事件」（「判例時報」2210号94頁）。営業それ自体を禁じている。

22　田村善之「不正競争法概説（第2版）」（第2章注9）359頁。なお、金春陽・前掲書（第2章注43）140頁も、米国法の立場から、同様な見解を示している。

ならない」という形を取ることになると思われる[23]。

なお、「特定」は、強制執行の対象を特定できる程度でなければならず、また、初期段階では概括的であっても、遅くとも口頭弁論終結時までには明確に特定されなければならないとされている[24]。

2 損害賠償請求

(1) 填補賠償の原則

営業秘密の侵害に対しては、民法の一般不法行為（709条）に基づく損害賠償請求だけではなく、不正競争防止法（4条）に基づく損害賠償を請求することもできる。請求権者は、その選択ができる。不正競争防止法上の損害賠償を選択した場合には、損害額の推定規定（5条）を当然に援用できるが、民法上（709条）の損害賠償を選択した場合、損害額の推定規定は適用されない（参考程度の扱いとなる）。営業秘密の侵害の場合、経験上、損害額の算定に多くの困難を伴うので、一般には、損害額についての推定規定がある不正競争防止法に基づく損害賠償請求が選択されている。不正競争防止法上の損害賠償を選択した場合で、損害の発生は認められるが損害額の立証が困難なときは、請求棄却ではなく、裁判所により相当な損害額の認定を受けることができる（9条）。

損害賠償の対象となる損害は、事実審の口頭弁論が終結した時点を基準として判断される（填補賠償の原則）。したがって、一罰百戒的な見地から、将来の損害も考慮する「懲罰的賠償（exemplary or punitive damages）」は認められない。

(2) 将来の損害との関係

1）差止請求が認められた場合　当該営業秘密の将来に向けての使用が差し止められるので、将来の損害の賠償は生じない。残る問題は、差止請求

---

[23]　「大阪地方裁判所第21部・26民事部と大阪弁護士会知的財産委員会との協議会（平成26年度）」（「Law & Technology」64号2014年7月所収）7頁（松阿彌判事の発言）。

[24]　高部眞規子「営業秘密保護をめぐる民事上の救済手続の評価と課題」（「ジュリスト」1469号所収）43頁、松阿彌判事の発言（本章注23）6頁

の確実な執行を実現する措置と、差止めが実現するまでに生じた侵害の賠償をどう処理するかの二つである。

差止請求の確実な執行を実現する措置は、不作為義務の履行確保の問題であり（民法414条3項）、民事執行法174条の「間接強制」によることになる。差止めが実現するまでに生じた侵害の賠償の問題は、過去に生じた損害賠償の問題であり、これについては、不正競争防止法（4条）か、又は民法415条若しくは709条のいずれかによることとなるが、その選択は原告が行うことになる。

2）差止請求が認められなかった場合　差止請求をしたにもかかわらず、裁判所によってそれが認められなかったということは、自由競争の範囲を逸脱しないかぎり、当該営業秘密の将来に向けての使用は制限されないことを意味する。不正競争防止法4条の但し書（時効により、差止請求権等が消滅した後における営業秘密の自由使用）は、この趣旨を具体化した規定の一つだと解される。したがって、将来において損害が再度発生することは原則としてあり得ない。残る問題は、口頭弁論終結時までに発生した過去の損害の賠償をどう処理するかということに移るが、差止請求が認められないということは、口頭弁論終結時の時点までに損害が生じていないと判断されることも十分考えられる。逆に、その時点までに損害が生じていると認定されれば、その場合の手順及び留意点は、上記1）の場合と同様となる。

3）そもそも差止請求がなされていない場合　口頭弁論終結の時点までの損害については、事実認定によって賠償の要否が決まる。その時点までに損害が生じていると認定されれば、その手順及び留意点は、上記1）の場合と同様となる。

将来の損害の賠償は、差止請求がなされていないので、とりあえず問題にはならない。しかし、被告が敗訴後も当該営業秘密の使用を継続する可能性は理論的に皆無ではない。この場合、原告としては、再度、訴訟を提起して、前回の口頭弁論終結時点以後の損害について賠償請求を行うことが必要になる。ただし、このように訴訟を繰り返すのであれば、原告は、最初から（又は途中で）差止請求を行うと考えられるので、現実にこのような事態が起きる可能性は低いと思われる。

3　信用回復措置の請求

不正競争防止法（14条）には、「信用回復の措置」という救済が設けられているので、営業秘密の侵害の場合にも適用される。これは、民法723条が「名誉回復」に限られているので、それを補うために設けられたものであるが、同時に、営業秘密などの無形財産に対する損害については、損害賠償（金銭による填補賠償）や差止請求だけでは不十分な場合があることを考慮したものと思われる。この請求の典型例は、新聞等への謝罪広告である。

しかし、新聞等に謝罪広告を掲載するということは、事案に直接関係のない公衆（public）にまでその顛末を知らせることになるので、通常、その必要性が相当高い場合でないと認められていない[25]。

第3節　不法行為法による救済

1　問題の所在

第2章第1節で指摘したように、営業秘密の法定要件には厳しいものがあり、営業秘密の侵害であると信じて提訴したにもかかわらず、営業秘密ではないとして請求を否認されるケースがしばしば発生する。後述のように、勝訴率は、20～25％である（第4章第1節3参照）。このため、営業秘密にかかる訴訟の提起に際し、営業秘密の侵害を主位的請求、不法行為を予備的請求とし、仮に営業秘密としての侵害が否認されても、予備的請求で救済を受けられる形式を用いることは稀ではない[26]。しかし、問題は、不法行為の予備的請求が認容されるか否認されるかである。

不正競争防止法に営業秘密の制度が導入された際の立法過程からも明らかなように、民法（709条）の一般不法行為のうち、特定の要件を具備した不

---

[25] 知財高裁判平成22・3・25「駒込大観音事件」（「判例時報」2086号114頁）参照。この事案では、必要性が高いと判断して、この措置を命じている。

[26] 古河謙一稿「営業秘密の各要件の認定・判断について」（牧野利秋ほか編「知的財産法の理論と実務（第3巻）所収」新日本法規2007年）345頁

法行為に「差止請求権」という特別の権能を付与したものが営業秘密制度に相当すると位置づけた経緯がある。このため、不正競争防止法に基づく営業秘密性を否定されても、それは、差止請求権という特別の権能を与えられた特別の不法行為が否定されたにすぎず、一般不法行為性（損害賠償請求権）まで否定されたことにならないという解釈を可能にする余地が残されている。ここに次に述べる問題が伏在している。

2　不正競争防止法（主位的請求）と一般不法行為（予備的請求）との関係

(1)　原則適用説

1）概要　一般不法行為法（民法709条）に基づく予備的請求の「原則適用」を主張する見解で、これを支持する学説も存在する[27]。

不正競争防止法は、一般不法行為のうちの法定要件を具備する特定の類型について、差止請求権という特別の権能を認めている**行為類型規制的保護**に過ぎず、「**営業秘密権**」という名の権利を創設していない。したがって、営業秘密であることを否定されても、それは通常の企業秘密に回帰するだけであって、一般不法行為性（損害賠償請求）まで否定されたと見るべきではない、というのが、その論拠である。つまり、営業秘密でなくなったからと言って、その情報の自由な利用が原則として自動的に認められるものではないというのが、この見解の結論である。

2）この立場でなされたと思われる代表的な判決例　行為自体の内容に着目して、予備的請求である不法行為の適用を認容した代表的な判決には、次のようなものが挙げられる。

①大阪地判平成17・8・25「自動車部品に係る利益侵害事件」（判例時報1931号92頁）[28]

---

[27]　たとえば、升田純稿「現代型取引をめぐる裁判例（37）」（「判例時報」1710号所収）40頁、茶園成樹稿「退職者の機密保持義務の範囲と不正競業」（小野昌延先生還暦記念論文集「判例不正競業法」発明協会1993年所収）658頁など

[28]　古内謙一・前掲稿（本章注26）345頁は、この判決を原則適用説の立場からなされてものと位置づけている。加藤幸江稿「営業秘密（不競法による保護と不法行為）」（村林隆一先生傘寿記念「知的財産権侵害の今日的課題」青林書院2011年所収321頁）にも同趣旨の記述がある。

②横浜地判平成20・3・27「顧客カード持ち出し事件（ことぶき事件）」
（LEX/DB 文献番号25463347）（控訴審：東京高判平成20・11・11原審を支持。LEX/DB 文献番号25463346）

(2) 原則不適用説

1) 概要　一般不法行為法（民法709条）に基づく予備的請求の「原則不適用」を主張する見解で、これを支持する学説も存在する[29]。

　自由競争が原則である以上、秘密情報のうち、特に「営業秘密」として保護すると認定されたもの以外の情報の利用は、原則として自由であるという考え方である。したがって、自由競争の範囲を逸脱した「特段の事情」、たとえば、退職者が元の企業の取引先を意図的に奪取する行為、ライバル会社の従業員を一斉に引き抜き、それによって、事実上、ライバル会社の営業を立ち行かなくする行為などが存在する場合、これらの行為は、ことさら相手方に損害を与えることのみを目的としてなされる行為であって、違法性を帯びるので、予備的請求である民法709条の一般不法行為が例外的に適用されるというのが、この見解の結論である。言い換えれば、予備的請求としての一般不法行為の適用範囲は制限され、自由競争の範囲を逸脱した局面においてのみ、営業秘密性を否認された事案に対して一般不法行為が適用されるという考え方である。

2) この立場でなされたと思われる代表的な判決例　「特段の事情」が存在しないとして、一般不法行為の予備的請求を否認した代表的な判決には、次のようなものが挙げられる。営業秘密の侵害事案に対する多数の判決が、この立場でなされている。

①東京地判平成14・10・1「クレープ販売フランチャイズ・チェーン事件」
（LEX/DB 文献番号28072954）

②東京地判平成16・9・30「ペットサロン事件」（LEX/DB 文献番号28092603）
（控訴審：東京高判平成17・2・24LEX/DB 文献番号28100505）

③大阪地判平成17・5・24「工業用刃物等の顧客名簿事件」（LEX/DB 文献番号28131300）

---

[29] たとえば、鈴木将文・前掲稿（本章注12）428頁、古河謙一・前掲稿（本章注26）345頁などが挙げられる。

④大阪地判平成19・5・24「水門閉鎖装置事件」（判例時報1999号、129頁）
⑤最一小判平成22・3・25「三佳テック事件」（民集64巻2号562（控訴審：名古屋高裁平成平成21・3・5　民集64巻2号598頁）（第一審：名古屋地裁一宮支部判平成20・8・28 LEX/DB 文献番号25463548）

(3) 両説の検討

1）分析　原則適用説の最大の論拠は、営業秘密には、権利性が付与されておらず、「特別不法行為類型」による法的利益の保護すぎないという点にある。言い換えれば、特別不法行為類型であることが否定されたことは、差止請求権という「特別の権能」が否定されたにすぎず、一般不法行為類型としての性格（損害賠償請求権）まで、まるまる否定されたわけではないというのが主張の核心である。

現行の営業秘密が導入された当時（1993年・平成5年）、「知的財産権」という概念は、法体系に存在しなかった。しかし、2002年（平成14年）に「知的財産基本法」が制定され、その第2条で、営業秘密は、特許発明、著作物などとともに、知的財産として認知され、知的財産に対する権利も付与された。したがって、立法経過的にはともかくとして、実質的に権利性が認められている今日、市場における自由競争の局面において、営業秘密を他の知的財産である特許発明や著作物と別の扱いをしなければならない必然的な理由は存在しない。また、営業秘密であることを否認するということは、営業秘密の知的財産としての権利性及び特別不法行為類型に由来する差止請求権と損害賠償請求権をトータルとして否認することであり、その一部である差止請求権のみが否認され、損害賠償請求権が残存すると解すべき合理的な根拠も見当たらない。

さらに、営業秘密の侵害でない（自由競争の視点から見て、法律上保護すべき利益に係る権利の侵害でない）と認定された行為について、改めて一般不法行為（民709条）を介して不法行為責任の成立を無条件で認めたのでは、特別法を制定した意味がない。これは、すでに事例で示したように、従来の営業秘密の侵害事案に判例の多数が採用してきた考え方である。

こうした状況の中で、最高裁は、「退職後に元勤務先の取引先から受注し

て競業することが違法であるかどうか」について判断を示した（最一小判平成22・3・25「三佳テック事件」民集64巻2号562頁）[30]。すなわち、これを不法行為に当たるとした名古屋高裁の判決を破棄・自判し、「社会通念上自由競争の範囲を逸脱するものではなく、被上告人会社に対する不法行為に当たらない。上告人会社の従業員は、被上告人会社の営業秘密に係る情報を用いたり、その信用をおとしめたりするなどの不当な方法で営業活動を行ったものとは認められない」との基準を示して、一般不法行為（予備的請求）の成立を否認している。これは、最高裁として、営業秘密に関連して判示した最初の判断である。

さらに、著作物に関連する事案ではあるが、「北朝鮮映画放送事件」[31]において、最高裁は、有力な学説[32]に依拠して特別法と一般法の関係について詳しく述べたうえで、一般不法行為の予備的請求について原則不適用説の立場に立つことを明確にした[33]。なお、最高裁が平成22・3・25「三佳テック事件」で示した上記の判断基準は、その後、知財高判平成24・6・14「不正競争差止請求事件」に関する損賠賠償請求（不法行為による予備的請求）において援用され[34]、また、この控訴審判決に対する上告は、平成24・10・18不受理と決定されている[35]。

このように、裁判例に関する限り、営業秘密による保護から漏れた企業秘密に対する一般不法行為（予備的請求）の適用については、「特段の事情が必要である」という法理がほぼ定着し、すでに一つの方向に収斂していると判断できる。

30　控訴審：名古屋高裁平成平成21・3・5　民集64巻2号598頁。第一審：名古屋地裁一宮支部判平成20・8・28）
31　最一小判平成23・12・8（民集65巻9号363頁）（控訴審：知財高判平成20・12・24、第一審：東京地判平成平成19・12・8　民集65巻9号3275頁）
32　潮見佳男「不法行為法Ⅰ（第2版）」（信山社2009年）91～94頁参照。特別法と一般不法行為の関係をここまで明確に述べたものは、今のところ見当たらない
33　判決の背景については、山田真紀稿「最高裁重要判例解説（北朝鮮事件）」（「Law & Technology」56号（2012）所収）86頁以下を参照されたい。
34　LEX/DB 文献番号25444653参照
35　LEX/DB 文献番号25500196参照

解釈論的に見ても、その情報を自由に利用できるか否かを決定するのは、不法行為法の役割ではない。不法行為法が規律対象にしているのは、違法な行為であって、その情報の利用が自由かどうかの「性質」を決めることではない。言い換えれば、営業秘密による保護から漏れた企業秘密や、そもそも営業秘密の対象たり得ない企業秘密（たとえば、取引先の財務情報）を自由に開示できるかどうかは、他の法律による制限や契約による特約がない限り、別の基準、すなわち「社会通念上、自由競争の範囲に入るかどうか」という基準で決まるものであり、不法行為法によって決まるものではない。逆に、営業秘密による保護から漏れた企業秘密などを自由競争の範囲を逸脱した目的に利用すれば、その情報自体の基本的な性質（自由に利用できる）は不変であっても、その利用行為は妥当性を欠き、一般不法行為の対象となる。

2）結論　原則不適用説は、あらゆる場合に一般不法行為法による救済が認められない、と判断しているわけではなく、一般不法行為法による救済を受けるには、それなりの事情と要件が必要だと指摘・強調しているのである。営業秘密も知的財産の一種として認知されている以上、これを特許法上の特許発明や著作権法上の著作物等の知的財産の場合と別の基準で扱うべき必然的な理由も見当たらないので、結論的には、原則不適用説が妥当と考える。

ただし、原則適用説が指摘しているように、営業秘密における「秘密管理性」の欠如と当該情報の財産的価値（法律上保護されるべき利益）の有無とは、必ずしも連動・比例していないので、「特段の事情」の運用を誤ると、法律上保護すべき利益のあるものを切り捨ててしまう結果を招く危険性がある。この点を考慮すると、原則不適用説の適否は、特段の事情に対するアプローチの姿勢とその運用次第だと言うことができる。その運用が硬直的なものになった場合、一般不法行為による救済は、事実上完全に封鎖され、営業秘密制度と一般不法行為制度の均衡のとれた運用にとって望ましくない結果を招くおそれがある。したがって、「特段の事情」に対する実質的かつ柔軟なアプローチが必要不可欠だと考える。

第4節　契約法による救済

1　概説

　本章の第3節ですでに考察したように、一般不法行為による予備的請求には「特段の事情」という追加要件が必要とされており、その保護範囲は必ずしも広くない。

　これに比して、契約（債務不履行）による保護・救済の場合には、そのような制限がなく、公序良俗に反しない限り、当事者の合意より、その保護・救済の範囲を自由に決めることのできる柔軟性がある。たとえば、当事者間の契約によって秘密保持契約の対象となる情報が合理的に特定されており、かつ、秘密保持義務を負う者がどの情報が秘密保持義務の対象であるかを具体的に認識できる状態（予見可能性）が確保されていたと仮定する。この場合、秘密保持義務による保護対象の情報が不正に開示され、又は目的外に使用された事実が発生すれば、当該情報の保有者は、①当該保護対象の情報が営業秘密に該当するか、②当該情報の不正開示・使用が不正競争行為の類型に該当するか、とは無関係に、過失責任を基礎とする契約違反（債務不履行）として、契約法による救済を受けることができる。

　契約による救済は、物権的請求でないため、当然のことながら、契約を交わした当事者間でしか適用がなく、営業秘密を窃取した者や二次取得者などに適用できない。このため、普遍性や網羅性の点で営業秘密や不法行為による救済に劣るという反論が予想される。しかし、後に述べるように（第4章第1節2参照）、営業秘密の漏洩の6割以上が退職した従業員によって惹起されているのが現実である。このことを考慮すれば、契約による救済の効用を再認識し、今後、可能な事案について契約による救済の活用又は併用を積極的に進めることは、決して誤った選択ではないと考える。また、秘密保持契約による保護措置を講じておけば、万一、裁判において営業秘密としての保護が受けられない事態となった場合でも、秘密保持契約によって救済される余地が残ることにつながり、より安全性が高まることになる。事実、このよ

うな結果となった裁判例も存在する（たとえば、知財高判平成24・3・5「業務禁止等請求事件」LEX/DB 文献番号25444331）。

このように、営業秘密制度による保護と秘密保持契約による保護は、決して排他的な関係に立つものではなく、相互補完的な存在である（レクシスネクシス「Business Law Journal」27巻2010・6　46～49頁参照）ので、秘密保持契約を活用又は併用することは、決して無意味ではない。

2　不正競争行為類型と秘密保持契約の関係

契約（債務不履行）による救済には、大別して「秘密保持契約」に基づくものと「退職後の競業避止契約」に基づくもの二つが存在する。不正競争防止法は、いずれをも排除していない。

それどころか、不正競争防止法（2条1項7号～9号）が定めている不正競争行為の類型（特に7号）は、実質上又は事実上、秘密保持契約等の契約の存在を前提にしている。たとえば、7号の事案について秘密保持契約によって営業秘密侵害の救済を図る場合、不正競争防止法による場合と違って、「図利加害目的」は不要であり、かつ、相手の注意義務違反のレベルが「過失」の場合であっても責任を問うことができるメリットがある[36]。また、秘密保持契約違反については、債務の履行強制（民法414条）として差止請求を求めることもできるので、契約構成による保護は、営業秘密による救済に比べて何ら劣るものではない[37]。

---

[36]　田村善之・前掲書（「不正競争法概説」）（第2章注9）342～345頁は、このほかの秘密保持契約のメリットとして、たとえば従業員が自ら開発した営業秘密を秘密保持契約の対象にすれば、関係者は、それが不正競争防止法7条でいう保有者から「示された」情報に該当するか否かの、いわゆる情報の「帰属」問題に悩まされずに済む、と述べている。この見解は、自ら開発した営業秘密は、不正競争防止法7条でいう保有者から「示された」情報には含まれず、契約の対象とされない限り、開発者による利用に不正競争防止法の制約は及ばない、という解釈を前提にしたものであるが、契約により開発者に秘密保持義務を課すことにより「従業員にとっては、利用可能な情報とそうでない情報の区別が容易になる。」とも指摘している。

[37]　田村善之・前掲稿（論文）（第2章注9）91頁は、「勘違いされることがときとしてあるので、注意を喚起しておきますが」とわざわざ前置きしたうえで、「契約構成に依拠したところで、債務の履行として差止めまで求めることができますので、その点で不足を生ずる、又は

3 秘密保持契約による救済の効用

　契約である以上、秘密保持契約の効果を第三者に及ぼすことはできない。しかし、これには、次のような効用がある。
①企業規模、業種などに関係なく、経営の意思決定で活用するかしないかを決めることができる
②特別な時間や費用を必要としない
③対象にできる情報の範囲を、営業秘密よる場合よりも広くすることができる
④公序良俗や信義則に反しない限り、当事者の私的自治が認められる
⑤不法行為の場合と違って「特段の事情」は不要である

　このように、秘密保持契約は、使い勝手のよい方法・手段である。したがって、これは、中小規模の企業にとっても利用可能な実効性のある最も現実的な秘密情報の安全管理のための方法・手段だと考える。また、契約関係（たとえば、フランチャイズ契約やライセンス契約）が終了した場合、その後の秘密保持義務をどのように扱うかを決めることは実際に必要である。さらに、雇用契約終了時に、退職者との間で秘密保持義務を負担させる旨の特約を交わすことも、退職者の退職前の地位等に照らして合理性が認められる限り、公序良俗に反せず有効とされている[38]。

4 競業避止契約による救済

　秘密保持義務違反には質的なものが多く、違反があったことの立証は困難な場合も多い。これに対して、退職者（元従業員）が競業していることは物理的な現象であり、その立証は秘密保持契約違反に比べて容易である。

　競業避止契約は、退職者に対し、ライバル会社（競業企業）への転職自体を禁止することを目的とする契約（特約）であり、転職先（競業企業）における就業に「待った」をかけることを可能ならしめる点で、転職の自由を直

　保護が劣ることはありません」と述べている。
38　東京地判平成14・8・30「ダイオーズサービシーズ事件」(「労働判例」838号32頁)

接かつ物理的に制限するものである。ただし、競業避止契約には、退職者に随伴して営業秘密が外部に伝播することを抑制できる効果があるため、秘密保持契約による秘密保持義務を担保する機能があるとされ、秘密保持契約とともに締結される場合が多い。なお、2013年（平成25年）8月16日付で改訂された経済産業省の「営業秘密管理指針」には、「人」を通じた技術流出が増大している事態に鑑み、退職者との間で競業避止契約を締結することを推奨する記述が追加されている（第3章(3)①(イ)(c)）。

　法的に見た場合、競業避止契約にはいろいろな制約が設けられている。これは、雇用者による過度の競業規制行為を防ぎ、被雇用者の転職の自由とのバランスを図るためである。言い換えれば、競業避止契約が、不正競争防止法及び労働法と交錯する分野の問題である。

　具体例で見ると、退職後の秘密保持義務に関して秘密保持契約が締結されている場合に、「営業秘密確保の手段」として競業避止契約を交わすことは、原則として認容されている[39]。また、秘密保持契約が締結されていない場合でも、特段の事情がない限り、従業員が退職した後の「営業秘密の確保を主目的とする競業避止契約」は有効と解されている[40]。結果として、この目的のために職業選択（転職）の自由は一定期間制限されるが、これは、雇用契約に内在する雇用者と被雇用者の間の信頼関係に基づき、被雇用者にはこれを受忍すべき義務があるという考え方によるものである。営業秘密の漏洩の有無で争う場合、原告としては、営業秘密が被告に漏れ、それが使用された事実を立証しなければならないが、競業避止義務を課しておけば、元従業員が競業企業に転職し、又は独立して事業を開始したという外形的事実をもって債務不履行の責任を追及できるので、立証責任の負担を大きく軽減できるという利点がある。ただし、退職者には「転職の自由（民法627条）」があるので、競業避止義務を課す目的が仮に営業秘密の確保であっても、常に無条件・無制限に許されるものではなく、転職の自由を不当に制限する場合には

39　たとえば、東京地判平成7・10・16「司法試験予備校事件（東京リーガルマインド事件）」（「判例時報」1556号83頁）、フォセコ・ジャパン事件（第9章注41）

40　升田純稿「現代型取引をめぐる裁判例（39）」（「判例時報」1713号所収）19頁。大阪地決平成21・10・23「モリクロ競業避止義務・仮処分事件」（「労働判例」1000号50頁）

無効とされ[41]、また、競業避止義務の範囲は厳しく制限される。ときには代償措置の存否などが問題となることにも留意する必要がある[42]。

一方、「顧客の確保を目的とする競業避止契約」は、業務の遂行過程で得た人脈の活用の禁止など、退職者に対してより広い制約を課すことになるため、秘密保持契約の有無にかかわらず、代償措置などがない限り原則として認容されない[43]。なお、退職した従業員との間で競業避止契約が結ばれていない場合、従業員は原則として競業避止義務は負わないと解されている[44]。したがって、この場合には、秘密保持契約を順守する限り、従前と同種の職務に就くことができる。

いずれにしても、業務上の秘密を取り扱う立場になかった退職者に対してまで競業避止義務を課すことは避けるべきだと考える。

5　外国に流出した営業秘密の民事上の救済

これは、保有者の自助努力だけで乗り切れない難題・難問である。すなわち、

①外国（たとえば米国）で管理されていた営業秘密は救済の対象となるか、

②外国籍の行為者（個人・法人）にわが国の裁判管轄権を及ぼせるか、

③外国で営業秘密を不正取得・使用した行為は救済の対象になるか、

④不正取得・使用されたという事実関係の立証ができるか、

などが絡み合った二次・三次の方程式を解かなければならないのである。

たとえば、米国で管理していた営業秘密があると仮定する。これを日本で

41　大阪地判平成12・6・19「キョウシステム事件」（LEX/DB 文献番号28052586）。東京高判平成24・6・13「メットライフアリコ生命保険事件」（「労働判例ジャーナル」8号9頁）。転職（退職）の自由が、職業選択の自由（憲法22条）に由来しているため、誓約書（在職時）の制限は無効とされたものと思われる。

42　退職後6ヶ月以内という限定的な合意であっても、代償措置や退職金が一切ないことから、無効の判断が下された例も存在する。大阪地判平成25・9・25「マツイ事件」（LEX/DB 文献番号25502050）

43　たとえば、東京地判平成24・1・13「メットライフアリコ生命保険事件」（「労号判例ジャーナル」8号9頁）（東京高判平成24・6・13控訴棄却）、東京地判平成14・8・30「ダイオーズサービシーズ事件」（「労働判例838号32頁」）などを参照されたい。

44　升田純稿・前掲稿（本章注40）19頁参照

不正取得・使用した場合及び米国で不正取得・使用した場合、わが国の法制のもとで、ともに民事上の救済は受けられるであろうか。また、この行為者が、日本人の場合、外国人で日本に住所・居者又は営業拠点を有している場合、外国人で日本に住所・居者又は営業拠点を一切有していない場合で、それぞれどのような扱いになるのであろうか。この事例が示しているように、いろいろな要素が複雑に絡み合うので、答えは単純ではない。しかも、訴訟となれば、それぞれの事実関係について立証が必要となる。この事例を聞いただけで、気の遠くなるような難問である。

　結論として、この問題についての答は、新しい立法でどこまで切り込めるかによって決まる。たとえば、わが国で営業秘密として管理されていたことを原告が立証できれば、その営業秘密は不正に取得・使用されたものと推定するというような「法律上の推定」規定が新設されるか否かである。したがって、今後の成り行きを注意深く見守るほかない。（なお、2015年3月13日に閣議決定された改正法案には、日本国内で事業を行うものが海外で管理している営業秘密の不正取得も、国外犯処罰の対象に含める旨の改正が盛り込まれている。また、海外に流出した営業秘密の不正使用なども考慮して、損害賠償請求訴訟における原告の立証責任を軽減するための措置として、営業秘密の不正使用行為を推定する規定の新設が盛り込まれている）。

6　民事上の救済（まとめ）

　以上述べた民事上の救済をまとめると、それぞれが適用できる分野は、下記の〈図表3〉で示すように要約できる。どの救済手段を、どのように組み合わせて利用するかは事案の内容と原告の選択によって決まる。

　留意すべきは、「契約関係のある者」と「第三者」の境界線（図表上では点線）が、固定的なものではなく、変動的・流動的だという点である。たとえば、元従業員との間で退職に際して秘密保持契約を交わしたと仮定する。この場合、元従業員は、「契約関係にある者」に該当するから、技術情報の不正な持ち出しの事実があれば、営業秘密の侵害と秘密保持契約違反の選択適用又は併用が可能となる。しかし、退職に際して秘密保持契約を交わしてい

〈図表3〉 それぞれの民事救済手段の適用可能な分野

種類＼対象	基礎的な取引関係又は契約関係のある者	同左以外の第三者
技術情報	A	B
営業情報	C	D
その他の情報	E	F

【説明】
①営業秘密の適用可能な分野：A, B, C, D
②秘密保持契約の適用可能な分野：A, C, E
　＊AとC領域については、営業秘密と重なっているので、原告は、選択又は併用が可能
③不法行為の適用可能な分野：A〜F（すべての分野。対象範囲は最も広い）
　＊A, B, C, Dの領域については営業秘密と重なっているので、原告は、選択又は併用が可能
　＊A, C, Eの領域については、秘密保持契約とも重なっているので、原告は、選択又は併用が可能
　＊Fについては、不法行為のみ適用可能な領域。営業秘密及び秘密保持契約のいずれの効果も及ばない

なければ、元従業員は、「赤の他人」、すなわち法的には「第三者」となり、営業秘密の侵害のみの適用となり、秘密保持契約の適用はない。このように、秘密保持契約の効用は、他の手段・方法との併用が可能であるという点にある。

第5節　刑事上の救済（参考）

参考までに、刑事上の救済の要点を述べれば、下記のとおりである。

1　営業秘密侵害罪の導入とその後の経過

2003年（平成15年）の法改正で、営業秘密侵害罪が初めて導入された。次いで、2005年（平成17年）、2006年（平成18年）と、罰則の適用範囲の拡大及び法定刑の引き上げ等の改正が段階的に重ねられ、さらに、2009年（平成21年）にも改正が行われ、2010年（平成22年）7月1日から実施されて現在に至っている。

2　可罰類型と要件（21条1項1号～7号）

　2010年7月1日に施行された改正不正競争防止法で、営業秘密侵害罪の可罰類型の範囲が1号から7号に拡大された[45]。各号の概要については、長内健「企業秘密防衛の理論と実践（第5版）」（民事法研究会2011年）200頁以下、経済産業省知的財産政策室編著「逐条解説不正競争防止法（平成23・24年改正版）（有斐閣2012年177頁以下など）などが参考になる。

3　場所的適用範囲

　わが国の裁判管轄権の及ぶ者（わが国に住所・居所・営業拠点等を有する外国人・外国企業も含まれる）が、わが国で管理されていた営業秘密を「日本国外」すなわちわが国の領域外において不正に使用・開示した行為については、営業秘密侵害罪（21条2又は4号～7号）による処罰の対象になる（21条4項）。グローバル化の進展に対応するための規定である。しかし、外国へ流出した営業秘密についての立証については厚い壁があり、これをどのように扱うかが、今後の大きな課題である。現在、法改正などが検討されているのはこのためである。なお、現行法で処罰の対象となるのは、あくまでもわが国で管理されていた営業秘密に限定されているので、外国（たとえば米国）で管理している営業秘密を、わが国で不正取得・使用されても、わが国の処罰は及ばない。

　（なお、2015年3月13日に閣議決定された改正法案には、外国で管理されている営業秘密も処罰の対象とする旨の改正が盛り込まれている）

4　公訴時効期間

①個人に対する原則（刑事訴訟法250条4号及び6号）
・懲役10年以下の場合；7年

---

[45]　第1章注5参照。2014年8月20日、改正法（2010年7月）が施行された後の初めてのケースとして、営業秘密侵害罪（21条項7号）を適用した判決がなされている。

・罰金の場合：3年
②法人に対する罰金刑の公訴時効：7年（22条3項）

　企業のために行為をした従業員に対する時効と合わせるための規定が設けられている（2006年の改正による）。

5　親告罪

　営業秘密侵害罪（21条1項1号～7号）については、これを親告罪とする旨の規定が設けられている（21条3項）。保護を図ろうとしている営業秘密が、刑事手続の過程でさらに開示されて、秘密性を喪失してしまう危険性があることを考慮した結果だと思われる。

　2003年（平成15年）に罰則規定が導入されて以来3回目の法改正が行われた2009年（平成21年）当時、それまでの間に営業秘密侵害罪が実際に適用された裁判例は、「わずか1件」と指摘されていた（一原亜貴子稿「営業秘密侵害罪に係る不正競争防止法の平成21改正について」（岡山大学法学会雑誌60巻3号所収45頁以下）[46]。また、第1章でも述べたように、最近に至って刑事事件が世間の耳目を集めることになってはいるが、それでもなお件数は少なく、被害企業が告訴を躊躇していることがこのような数字に表れているのではないかとの見方から、刑事罰の「非親告罪化」をはかるべきだという意見が台頭している。しかし、すでに述べたように、営業秘密であるか否かの「予見可能性」については不透明な部分も多く、非親告罪化に対しては反対論もある。

　（なお、2015年3月13日に閣議決定された改正法案には、営業秘密侵害罪を非親告罪とする改正が盛り込まれている）

---

[46]　仙台地判平成21・7・16「パチンコ出玉率事件」特許ニュース No. 12621（平成21年11月6日）。帖佐隆「ぱちんこ還元率等不正競争防止法等刑事事件」（パテント巻63巻6号所収）29頁以下に判例評釈がある。

6 罰則

①行為者に対する刑事罰

21条1項各号に該当する行為を行った行為者に対する刑事罰：10年以下の懲役若しくは1000万円以下の罰金又はこれらの併科（21条1項柱書）。

②両罰規定

21条1項1号、2号及び6号の違反行為をしたとき：行為者が罰せられるほか行為者の属する法人に対しても罰金刑が科される（22条）。経済活動が、法人の主導のもとに行われている実態を考慮したものと思われる。

③適用の対象

営業秘密を不正開示によって取得した二次取得者までが刑事罰の対象者であり、三次以降の取得者は罰則の対象外となっている（21条1項7号）。

（なお、2015年3月13日に閣議決定された改正法案には、三次取得者及びそれ以降の取得者による営業秘密の不正使用・開示も刑事罰の対象となる旨の改正が盛り込まれている）

第6節　米国の営業秘密にかかる不正競争行為の類型

1　不正競争行為の類型とその体系

営業秘密に関する統一モデル法は、下記の六類型（限定列挙）を「不正競争行為」と定義している（1条(2)）[47]。また、統一モデル法に準拠した各州の制定法における類型も、基本的にはこれと同一である。

①営業秘密の故意・重過失による不正取得行為（1条2項1号）

・不正な手段（窃取、秘密保持義務違反等）によって取得された他人の営業秘密であることを知りながら、又は重過失によって知らずに、それを取得する行為

⇒わが国の4号に相当する類型

---

[47] 統一モデル法に関する日本語訳としては、通商産業省知的財産政策室「営業秘密―逐条解説不正競争防止法」（有斐閣1990年）206頁以下が参考になる。

②営業秘密の不正取得者による不正利用行為（1条2項2号A）

・自ら不正取得した他人の営業秘密の不正使用・不正開示
⇒わが国の4号に相当する類型

③不正取得された営業秘密の悪意転得者による不正利用行為（1条2項2号B(1)）

・営業秘密を取得した後に、それに不正取得行為が介在していることを知りながら、又は知らないことに重大な過失がありながら、明示又は黙示の同意を得ずに、当該営業秘密を使用又は開示する行為
⇒わが国の5号に相当する類型

④営業秘密の正当取得者による不正利用行為（1条2項2号B(2)）

・秘密保持義務又は使用制限義務の付された状況で取得した他人の営業秘密を、制限付きの営業秘密であることを知りながら、又は知らないことに重大な過失がありながら、明示又は黙示の同意を得ずに開示又は使用する行為
⇒わが国の7号に相当する類型

⑤不正開示された営業秘密の悪意転得者による不正利用行為（1条2項2号B(3)）

・秘密保持義務又は使用制限義務を負う者から得られた営業秘密であることを知りながら、又は知らないことに重大な過失がありながら、明示又は黙示の同意を得ずに、その営業秘密を開示又は使用する行為
⇒わが国の8号に相当する類型

⑥事後悪意転得者の不正開示・使用行為（1条2項2号(C)）

・偶然に又は営業秘密保有者の過誤（accidental or mistaken disclosure）で取得した情報であったとしても、自己の立場に実質的な変化（たとえば、当該営業秘密の実施のための先行投資を実行する）が生じる前に、取得者が、その情報が営業秘密であることを知っていたか、又は知るべき理由があった場合、その情報の取得者が、明示又は黙示の同意を得ずに、その営業秘密を開示又は使用する行為
⇒わが国の6号又は9号に相当する類型

2　訴訟における営業秘密と不正競争行為類型の関係

　営業秘密に係る不正競争行為（侵害行為）について、上記のように六つの類型（限定列挙）を設けられているが、典型的な不正競争行為を類型化したものであり、営業秘密にかかるすべての不正競争行為を網羅するものではない。この点は、わが国の場合と変わらない。

　訴訟の場合、二段階の手順が実施される。すなわち、最初に、争いとなった秘密情報が営業秘密に該当するか否かについて、営業秘密の四要件（第2章3節4参照。合理的な秘密管理のための努力を含む）を基準にした審理が行われる。次に、それが営業秘密に該当すると判定された場合、その侵害がどの不正競争行為の類型に該当するかについて事実認定が行われる。営業秘密の要件を満たしていても、不正競争行為の類型に該当しなければ、法による保護・救済は受けられない。

　このように、法（コモン・ロー又は制定法）による保護は受けるには、営業秘密性の要件と侵害行為類型への該当性という二つのハードルを越えなければならない。この点はわが国の場合と変わらない。

第7節　米国における営業秘密の侵害に対する救済

1　概要

　取引に関連する営業秘密の保護には、大別して、「法によるもの」と「契約によるもの」がある。具体的には、下記のとおりである[48]。（この他、政府機関の有する情報公開について、情報自由法（Freedom of Information Act）などの連邦法が設けられているが、ここでは触れない）。
（1）　統一モデル法が定めている救済
①差止請求（第2条）
②損害賠償請求（2倍以下の懲罰的損害賠償請求を含む）（第3条）

48　金春陽・前掲書（第2章注43）69～74頁、Deborah E. Bouchoux *id.* at 452-453 など参照

③弁護士費用の回収（4条）
(注) 統一モデル法を採択している州の制定法の内容も、基本的に同じである。

（2） 衡平法（不法行為リステートメント1978年・第二次）の場合[49]
①差止請求（902条・903条）
②損害賠償請求（懲罰的損害賠償請求を含み、かつ、2倍以下というような上限はない）（908条・909条）

（3） 不法競争防止法（不正競争リステートメント1995年・第三次）の場合
①差止請求（44条）
②損害賠償請求（45条）（懲罰的賠償を含まず）

（4） 契約法（契約リステートメント・1981年・第二次）の場合（ちなみに契約リステートメント・第一次は1932年）
①損害賠償請求（懲罰的賠償を含まず）（345条（a））
②履行の請求（差止請求を含む）（345条（b））
(注)

1978年に公表された「不法行為リステートメント（第二次）」では、営業秘密に関連する757条〜759条が削除され、その座を1979年の統一モデル法に譲っている。しかし、ニューヨーク州の場合、不法行為リステートメント（第一次・1939年）が、依然として営業秘密に関する紛争処理の法源として用いられている。このコモン・ローに基づく救済として、①損害賠償請求、②差止請求が認められている（757条の解説：e項（救済）参照）。

（なお、テキサス州は、2013年9月1日から統一モデル法に準拠した制定法に移行している）

---

[49] 平野晋「アメリカ不法行為法」（中央大学出版部2006年）133〜138頁。リステートメントは法源ではないが、コモン・ロー及び衡平法による救済では、実質的にこれが考慮される。
　なお、米国のリステートメント（法典化）の動きについては、木原浩之稿「英米法における新たな法典化運動」の展開─契約法及びその周辺領域を中心に─」（横浜国際経済法学第20巻3号2012年3月所収）100-119頁が詳しい。

2 差止命令

(1) 命令の態様

裁判所が発する差止命令（injunctive order）は、一般に、下記のように大別されている[50]。

①作為を命じる差止命令（mandatory injunction）と不作為を命じる差止命令（prohibitory injunction、禁止的差止命令と訳されることがある）

②予備的差止命令（preliminary or temporary injunction）と本案的差止命令（perpetual or permanent injunction）

統一モデル法（2条(a)）は「現実（actual）の又は差し迫った（threatened）不正行為は、差し止めることができる」と定めているが、この状況にあることの立証責任は、差止請求者の負担となる。ただし、差止命令は、沿革的には、衡平裁判所が認めた救済方法であって、今日でも裁量的な色彩が残っていると指摘されている[51]。裁量的であるということは、差止命令の必要性が認められる場合でも、当該事案の具体的な事情により、裁判所が差止命令を付与しないことが正義と衡平に合致すると判断した場合には、司法的な裁量として命令を付与しないことができる、という意味である。恣意的（arbitrary）な裁量（discretion）が許されるという意味ではない。

(2) 命令の期間

営業秘密には、法によって定められた存続期間（duration）がない。したがって、いったん営業秘密（1条(4)）と認定されたものは、法定の四要件が失われない限り、営業秘密として存続することになる。しかし、統一モデル法（2条(a)）は、「営業秘密が存在しなくなったときは、裁判所への申立てにより、差止請求は終了するものとする」と定めている。

このような事情から、営業秘密としての要件（特に非公知性）の消失という不確定の要素を、差止めによる救済との関連のなかでどのように取り扱う

---

50 金春陽・前掲書（第2章注43）96頁参照
51 金春陽稿「アメリカにおける営業秘密事件の差止命令」（AIPPI48巻10号（2003）所収）772頁。また、米国特許法283条は、「……差止を衡平法の原則に従って認めてもよい（may grant injunction）」という表現で、差止請求は、衡平法に由来することを認めている。

かについて、いろんな議論や判例が存在している[52]。

統一州法委員全国会議の統一モデル法（第2条(a)）に関するコメントによれば、営業秘密が口頭弁論終結時までに公知になった場合でも、被告に対する適切な差止めの期間は、「善意の競業者が、独立の開発又はリバース・エンジニアリングによって、合法的に、原告の製品と同様の製品を製造するのに要する期間にすべきである」とされ、第9巡回連邦控訴裁判所の判決例（K-2 Ski CO. v. Head Ski Co. 506 F. 2d 471 9th Cir. 1974）が引用されている[53]。当該コメントが、「差止めは必要最小限の期間に限られるべきである」と述べているところから推論すると、合理的な差止めの期間は、「善意の競業者が、独立の開発又はリバース・エンジニアリングによって、合法的に、原告の製品と同様の製品を製造するのに要する期間にすべきである」を基準にして判断するのが妥当だと解されているように思われる[54]。

もっとも、上記の見解は、裁判所の裁量・判断で、期間の定めのない差止めを認めることを禁ずる趣旨ではない。ただし、仮に、差止めに期間の限定がなされない場合でも、それは、当該差止めが永久に続くことを意味するものではない。現実には、差止命令の主文において、口頭弁論終結後に一定の事由（たとえば秘密が公開された場合）が生じた場合、差止めは終了すると述べるのが、一般的な裁判実務だとされているからである[55]。それでもなお、差止めが不合理に感じられる事態が生じた場合には、被命令者は、裁判所に対して、異議の申立て（motion）などにより、取消しを求めることになる[56]。

3　不法行為法（コモン・ロー）による救済

上記1（2）のように、不法行為を理由にした救済では、損害賠償請求のみならず、差止請求ができる。この点では、わが国の場合と基本的に異なるの

52　土井輝生・前掲書（第2章注37）10頁
53　土井輝生・前掲書（第2章注37）154～156頁に、詳しい紹介がある。
54　金春陽稿（本章注51）789頁も、同趣旨の見解を述べ、かつ、わが国における解釈に対する示唆になるとも述べている。
55　金春陽・前掲書（第2章注43）152頁参照
56　Quinto & Singer "*Trade Secrets (Seccond Edition*" *id.* at 140

で留意する必要がある。統一モデル法を採択していない州では、コモン・ロー（第一次リステートメント：不法行為法）によって事案を処理している。また、第2章第3節5でも言及したように、統一モデル法を採択して営業秘密に関する制定法を有する州においても、制定法が禁じていない限り、制定法に抵触しない範囲でコモン・ローを適用することを妨げられない（統一モデル法7条(a)）。

なお、州制定法上の営業秘密の概念は、コモン・ロー（第一次リステートメント：不法行為法）上の営業秘密の概念及び解釈と類似している。たとえば、営業秘密について制定法を有する多くの州でも、「秘密保持のための合理的な努力（reasonable efforts）」の判定には、コモン・ロー（不法行為法）の基準である「六つの要素（six factor）によるテスト」（判定方法）を採用している（本章注56　Quinto & Singer "*Trade Secrets（Second Edition）*" 17頁参照）。したがって、州制定法による保護を主位的請求とし、コモン・ロー（不法行為）による保護を予備的請求とすることは事実上無意味であり、また、実際にも行われていない。

4　契約法（債務不履行）による救済

上記第7節1（4）で述べたように、コモン・ローである契約法（第二次リステートメント：債務不履行）を理由にした差止請求と損害賠償請求が、ともに可能である。また、秘密情報（confidential information）の悪意（wrongful）の開示（disclosure）や忠実義務（loyalty duty）又は信任義務（fiduciary duty）に違反した情報の不正開示（illegal disclosure）であれば、その情報がコモン・ローや州の制定法が要求する営業秘密の要件を満たしていない場合であっても、契約による保護の対象にできる（統一モデル法7条(b)(1)は、モデル法に基づく制定法の効力が、契約による措置に及ばない旨を明言していることに留意する必要がある）。したがって、コモン・ローである不法行為法又は営業秘密に関する州の制定法による保護措置と重複して、コモン・ローである契約法（秘密保持契約）による保護措置を講じるのは、米国ではごく普通で、むしろ当然のこととされている。また、訴訟においても、秘密保持契約

による保護措置の有無が先に審理されている。この点は、営業秘密による保護・救済を主位的請求（principal claims）とし、不法行為による救済を予備的請求（provisional clams）の中心に据えているわが国の場合と、実務慣行（business practice）が大きく異なる。

契約法によるものとしては、秘密保持契約（Non-Disclosure Agreement）と、退職後における競業避止契約（Covenant not to compete）の二つがあり、前者は秘密の開示を制限するもの、後者は雇用機会を制限するものとして区分して把握するのが一般的である[57]。この点は、わが国の場合と同様である。ただし、米国には「営業制限の法理（restraint of trade doctrine）」というコモン・ロー上の原則[58]が存在しており、期間の制限のない競業避止義務は、「営業制限の法理」に反するものとして、無効と推定され、また、無効とする裁判例が存在していることに留意する必要がある[59]。なお、使用者がこの無効の推定を覆滅するには、①競業避止特約により守るべき利益を有していること、②特約の内容が、場所的範囲、制限期間、規制される行為形態などが合理的で、使用者の正当な利益を保護するのに必要な範囲に限定されていること、③公衆（public）に対して損害を与えないこと、という三条件が必要とされている[60]。秘密保持契約の場合、開示の禁止に明示の期間限定がなされていない場合もあるが、営業制限の法理には抵触しないと解され、期間限定がないことのみで契約が無効とされないことは、わが国の場合と同様である[61]。しかし、このことは、秘密保持契約の内容が合理的でなくてもよいことを意味するものではない。裁判所は、秘密保持契約の場合でも、秘密保持義務の内容が、①情報保有者（企業）の利益の保護にとって合理的か、②従業者（退職者を含む）に対して必要以上の制限を加えた非合理的な

---

[57] たとえば、Revere Transducers, Inc. v. Deere & Co. 595 N.W. 2d 751（Iowa 1999）
[58] コモン・ローから発展した概念で、合理的な根拠がない限り、雇用機会を制限することを無効とする法理である。特に、地域と期間を限定せずに一般的な形で営業・仕事に従事することを禁じる契約は無効と推定される（田中英夫代表編集「英米法辞典」（東京大学出版会2010年）729頁
[59] たとえば、Service Centers of Chicago, Inc. v. Minogue 180 Ill. App. 3d 447（1989）
[60] 金春陽「アメリカにおける退職後の競業避止特約―営業秘密の保護を中心として―」（同志社法学55巻2号）89頁
[61] 不正競争リステートメント・1995年・第三次 §41 とそのコメント（d）参照

ものになっていないか、③公衆の利益に合致しているか、の三つの分野について必ず審理する[62]。それに加えて、多くの場合、④秘密保持義務が合理的に制限されているかについても審理されていることに留意が必要である[63]。

5　刑事上の救済（参考）

営業秘密の侵害を直接救済する最初の連邦刑事法として、1996年に「産業スパイ法（Espinage Act）」が制定されている。しかし、営業秘密の保護については、基本的には各州の刑事規定に委ねられており、各州では刑法の窃盗罪を適用する州が多い[64]。詳細については、全理其「営業秘密の刑事的保護（第2章注3）」（61～96頁及び197～219頁）を参照されたい。

6　日米の民事救済の比較

日米の民事上の救済制度を比較すると、次のことが特徴として挙げられる。

第一に、不正競争行為の類型の規定の仕方の細部やその表現に差はあるが、営業秘密の不正取得行為又は不正利用（使用・開示）行為を不正競争としているので、総じて、両国間の保護法制に差はない。

第二に、個別列挙主義を採っているので、営業秘密と認定されても、その侵害行為が不正競争行為類型のいずれかに該当しなければ、法による救済を求めることはできない。すなわち、営業秘密に対するすべての侵害が不正競争行為の類型に該当するわけではない。この点もわが国と同様である。

第三に、米国では、わが国（19条1項6号）のように、「善意取得者（善意・無重過失者）」について法の適用を除外する旨の定めを設けていない。しかし、解釈上、同じ結論になる運用が行われているので、この点についても

---

[62] たとえば、Acas Acquisition (Precitech), Inc.v. Hobert, 923 A. 2d 1097 (N.H. 2007)
[63] たとえば、上掲（注62）の判決例を参照されたい。
[64] 千野直邦・前掲書（第2章注37）107頁、不正競争リステートメント・1995年・第三次 §39 コメントb参照

実質的な差はない。
　第四に、米国では、不法行為責任を理由とする場合でも、衡平法（equity）により、第三者に対する差止請求（injunction）による救済（relief）が認められている。この点では、わが国の法制と大きく異なる。ただし、実際に差止めを認めるか否かは、衡平裁判所の裁量に委ねられている[65]。
　第五に、米国の場合、契約（債務不履行）責任による営業秘密の保護が当然のこととされている。この点は、わが国と必ずしも事情は同じではない。なお、米国の場合、不法行為法（コモン・ロー）と州制定法（営業秘密）の選択的併用は行われていない。また、米国には、不法行為責任について懲罰的賠償（exemplary or punitive damages）という制度が存在しているが、わが国では認められていない。
　第六に、米国では、差止命令に期間を設けるべきか否かについて、学説・判例によって一定の方向が示されている。わが国ではほとんど議論がなされていないので、参考になる点が多い。なお、わが国におけるこの問題の扱い方については、本章第2節1(4)を参照されたい。
　第七に、米国の統一モデル法（4条）は、営業秘密が窃取されたという根拠のない請求、差止請求の終了を求める悪意の請求などが行われた場合、勝訴した当事者が合理的な弁護士費用を敗訴当事者から回収することを認めている。わが国には存在しない制度である。

　以上の比較からも明らかなように、わが国の営業秘密の侵害に対する救済の手段・方法は、米国の場合と基本的に異なるところはない。ただし、秘密保持契約による保護が当然又は優先とされている点では、米国と大きく異なる。

本章の小括

　本章では、最初に、営業秘密の侵害に該当する不正競争行為の類型が、二

---

[65] 土井輝生・前掲書（第2章注37）21頁以下参照

つの流れに大別されることを明らかにした。次いで、差止請求権（不正競争防止法）による救済、不法行為法による救済と不正競争防止法（営業秘密制度）による救済の関係、契約法による救済について論じ、それぞれについての問題点を明らかにした。秘密情報の漏洩からの救済において最も基本となるのは営業秘密制度であるが、それぞれの救済方法には一長一短があるので、それぞれの特色を生かした組み合わせ（併用）が重要である。また、わが国では、従来、併用する方法としては、もっぱら一律に不法行為が用いられてきたが、これには「特段の事情」という要件が加重されているので、可能な場合には、むしろ秘密保持契約の併用を選択する方が賢明だと考える。

　外国に流出した営業秘密に対してどのように対処するかは難問であり、現時点ではこれに対する的確な答えは存在しない。新しい立法（法改正）が具体化しつつあるので、その結果を待つことにしたい（第9章4節参照）。なお、刑事上の救済については、本稿の目的ではないので、参考程度の記述にとどめた。

　本章の考察で、営業秘密の侵害が発生した場合の救済について、その手段・方法の概要がほぼ明らかとなり、また、その救済手段・方法のなかにおける営業秘密制度の位置づけも明確になったと考える。

　しかし、誰から誰に対して情報が漏れているか、漏洩を起こさないための安全管理はどのような手段・方法で行われているか、営業秘密制度を活用した救済がどのように行われているか、などについての実態は、ここまでの検討では明らかになっていない。よって、次章においては、これらの実態について概観することにしたい。

第4章　営業秘密管理の現状分析

第1節　わが国における営業秘密の管理の現状

　信頼できるデータ・学術文献が非常に少ないため、営業秘密は、実証研究を行う研究者にとって極めて扱いにくい対象である、との指摘がある[1]。しかし、営業秘密が日常どのように管理されているかという現状を知らずに本研究を展開することは許されないので、本節では、限られた範囲ではあるが、わが国の現状の把握を試みることにしたい。

1　使用した基礎資料

①経済産業省は、2012年5月、信用調査会社（調査委託先）の企業データベースから抽出した国内企業（従業員301人以上＝大規模企業と、従業員300人以下＝中小規模企業）計10,000社を対象に、「各企業における営業秘密の管理実態及び営業秘密の流出実態の把握」を目的として、アンケート方式（39の調査項目）で実態調査を実施し、その概要を刊行物[2]として公表している（以下、言及する場合、「調査①」という）。

　回答企業は3011社（回収率30.1％）。（内訳）大規模企業：製造業558社、非製造業852社、中小規模企業：製造業568社、非製造業998社。（業種又は従業員数無回答の35社は、統計に含まれていない）

②同省は、2008年11月4日（火）から11月11日（火）の間にも、6,408社（内訳：従業員301人以上＝大規模企業1,347社、従業員300人以下＝中小規模企業

1　対談記事「営業秘密保護と知的財産マネジメント（上）」（NBL　946号2011・2・1）9頁
2　経済産業省知的財産政策室編「営業秘密保護のための競業避止義務の締結方法」（経済産業調査会2013年）501頁以下

5,061社）を対象に、インターネットを用いたアンケート方式で、営業秘密についての実態調査（17の調査項目）を実施し、その結果を「平成20年度知的財産の適切な保護・活用等に関する調査研究」の表題のもとで公表している[3]（以下、言及する場合、「調査②」という）。回答企業は1992社（回収率32.1％）。（内訳）大規模企業：製造業44社、非製造業249社、中小規模企業：製造業546社、非製造業1153社。

③同省では、2008年9月に、判例検索システム及び文献などで裁判例を抽出し、82の裁判例についての分析結果をまとめ、上記「調査②」の第Ⅲ節6項として、その結果を公表している。

以下では、原則として「調査①」に準拠して現状把握を行ったが、「調査②」には、裁判例分析など「調査①」に見られない独自の項目が含まれているので、必要に応じて、「調査②」に関する報告書9頁～46頁（第Ⅲ節　分析・考察）に収録されたデータも補足的に使用した。ただし、紙数も考慮して、本稿の目的に必要な範囲で概要のみを記載しているので、詳細については、上記各刊行物を適宜参照されたい。

2　基礎資料から判明したわが国の秘密管理の現状と今後の課題

（1）　情報の区分管理（「調査①」501頁、597頁）

1）実施状況　　従業員数別の区分で見た場合、次のとおりである。

①従業員3001人以上の企業における情報の管理状況は、秘密性の「格付区分」まで実施しているが63％、営業秘密とそれ以外の情報の「区分管理」を実施しているが20％、区分管理は行っていないが17％である。

②従業員1001～3000人の企業における情報の管理状況は、秘密性の格付区分まで実施しているが44％、営業秘密とそれ以外の情報の区分管理を実施しているが22％、区分管理は行っていないが34％である。

③従業員301～1000人の企業における情報の管理の状況は、秘密性の格付区

---

[3]　「営業秘密の管理に関するアンケート調査と裁判例調査の結果分析」（経済産業省平成21年9月）は、その要約版である。

分まで実施しているが29％、営業秘密とそれ以外の情報の区分管理まで実施しているが38％、区分管理は行っていないが33％である。

④従業員101〜300人の企業における情報の管理の状況は、秘密性の格付区分まで実施しているが17％、営業秘密とそれ以外の情報の区分管理を実施しているが41％、区分管理は行っていないが42％である。

④従業員31〜100人の企業における情報の管理の状況は、秘密性の格付区分まで実施しているが10％、営業秘密とそれ以外の情報の区分管理を実施しているが45％、区分管理は行っていないが45％である。

⑤従業員30人以下の企業における情報の管理の状況は、秘密性の格付区分まで実施しているが10％、営業秘密とそれ以外の情報の区分管理を実施しているが39％、区分管理は行っていないが51％である。

⑥全規模平均では、秘密性の格付区分まで実施しているが25％、営業秘密とそれ以外の情報の区分管理を実施しているが35％、区分管理は行っていないが36％、不明が4％である。

2）問題点及び今後の課題

①営業秘密とそれ以外の情報を仕分け・区分して管理するのが情報管理の基本であるが、従業員101人以上300人以下の中堅どころの企業でも、42％がこれを行っていない。

②さらに小規模になると、半数近い企業が、「区分管理」を実施していない。

③総じて、最も基本的な情報管理である区分管理でさえも、まだまだ不十分な状況にある。情報管理の基本は、日常的な内部管理にあるので、朝礼や会議など、機会がある度に内部関係者に対して情報の秘密管理の重要性の周知徹底を図ることが必要である[4]。

（2） 従業員との秘密保持契約の締結率（「調査①」511頁、512頁、600頁、623頁）

1）実施状況　同様に従業員数別の区分で見た場合、次のとおりである。

①従業員3001人以上の企業における従業員との秘密保持契約の「締結済」と「未締結」の割合（％）は、76対24である。

4　裁判所が、秘密管理性の有無を判断する際の重要な項目の一つとして位置づけていることに留意する必要がある（後掲〈図表4〉参照）。

②従業員1001～3000人の企業における従業員との秘密保持契約の「締結済」と「未締結」の割合（％）は、79対21である。

③従業員301～1000人の場合、秘密保持契約の「締結済」と「未締結」の割合（％）は、66対34である。

④従業員101～300人の場合、秘密保持契約の「締結済」と「未締結」の割合（％）は、51対49である。

⑤従業員31～100人の場合、秘密保持契約の「締結済」と「未締結」の割合（％）は、38対62である。

⑥従業員30人以下の場合、秘密保持契約の「締結済」と「未締結」の割合（％）は、26対74である。

⑦まとめ

・全規模平均での締結率は、回答総数の2939社の56％である。

・小規模企業で26～51％が、大規模企業で66～79％が、従業員と秘密保持契約を締結している。

(参考)

・従業員数以外の基準で見た場合、業種別では、情報通信業や金融業・保険業の締結率が90％を超えており、飛びぬけて高い。建設業、運輸業、飲食サービス業などでは、締結している割合が30～40％で、全業種の平均（43％）よりも低い状態にある。

・全規模平均で見た場合、約50％弱の企業が、退職後の秘密保持を義務づけている。しかし、秘密保持義務の残存期間を定めた契約を交わしているのは、そのうちの10％にすぎない（全体に引き直せば、50％×10％＝5％に過ぎない）。

2）問題点及び今後の課題

①規模による差が顕著である。従業員3001人以上の企業と従業員30人以下の企業が、ちょうど対極の関係にある。

②全体としての締結率を高めるのは当然であるが、従業員100人以下の企業の「締結済」と「未締結」の割合を、まず50対50のレベルに底上げすることが必要である。

③退職後における秘密保持義務の残存期間について定めのない契約が圧倒的

に多い。退職後における秘密保持義務の残存期間について定めがない場合、退職後に問題が生じても、秘密保持契約が有効に作用するとは限らない。
④秘密保持契約に対する啓蒙の必要性を示唆する数字となっている。

(3) 役員との秘密保持契約の締結状況（「調査①」510～511頁）

1）実施状況

①中小規模企業においては約30％が、大規模企業においては約60％が、これを結んでいる。全業種・規模平均40％の企業で締結している。

②全規模平均で見た場合、35％の企業が、退職後の秘密保持を義務づけている。しかし、秘密保持義務の残存期間を定めた契約を交わしているのは、そのうちの14％にすぎない（全体に引き直せば、35％×14％＝5％に過ぎない）。

2）問題点及び今後の課題

①役員退任後における秘密保持義務の残存期間の重要性が認識されていない。役員退任後における秘密保持義務の残存について定めがない場合、退任後に問題が生じても、秘密保持契約が有効に作用するとは限らない。

②従業員の場合と同様に、役員退任後における秘密保持義務の残存期間の重要性に対する啓蒙が必要である。

(4) 対役員・対従業員と契約を締結しているタイミング（「調査①」515～520頁）

1）実施状況

①全規模・全業種のベース（複数回答）で、「入社時に締結している」が87％と圧倒的に高く、次いで、「退職時に締結している」が43％である。

②業種別で見た場合、製造業では、「退職時」や「プロジェクトに参加するごとに」が非製造業に比べて多い。

2）問題点及び今後の課題

①締結（更新）の頻度が少なすぎる。頻度を上げ、繰り返し再認識させることにより、秘密保持の重要性に対する内部者の意識高揚につなげる必要がある。

②わが国の企業の中にも、毎年1回、全役員、従業員を対象にして、秘密保

持誓約の更新を行っている企業が存在していると仄聞しているが、参考にすべきである。

(5) 区分管理の実施と秘密保持契約の締結状況の関係（「調査①」606〜607頁）

1）実施状況　　従業員数別の区分で見た場合、次のとおりである。

①この調査項目に対する回答社数（2815社）を全規模平均で見ると、区分管理も秘密保持契約の締結もともに実行していない企業数が593社（21％）である。

②従業員1001人以上の場合、両方とも実行していない企業が、640社中の61社（9％）である。

③従業員101人以上1000人以下の場合、両方とも実行していない企業が、1383社中273社（20％）である。

④従業員100人以下の場合、両方とも実行していない企業が、775社中255社（33％）である。

2）問題点及び今後の課題

①最大の問題は、区分管理も秘密保持契約の締結も実行していない企業数が9〜33％（全規模平均で21％）存在するという事実である。

②特に、従業員数100人以下の企業では、3社に1社が、両方とも実施していない管理空白の状態にある。この空白領域を無くして行くことが、当面の課題ということになる。

(6) 対取引先企業との秘密保持契約（「調査①」521〜522頁）

取引先企業の定義が明示されていないが、これには得意先及び仕入先の両方が含まれていると思われる。

1）実施状況

①この調査項目に対する回答社数は合計2368社である。規模別では、大規模企業と中小規模企業との間に大きな差がみられる。すなわち、大規模企業では、何らかの程度で締結しているが70〜90％を占めているのに対して、中小規模企業では、逆に、ほとんど締結していない又はまったく締結していないが40〜60％を占めている。

②業種別では、製造業の平均締結率が70％強であるのに対して、非製造業の

締結率60％で、製造業が、より多くの取引先企業と秘密保持契約を締結する傾向にある。

③全業種・全規模平均で見た場合、ほとんど締結していない又はまったく締結していない企業が36％に達している。逆に、3分の2以上の取引先と締結している企業が43％を占めている。

④ちなみに、「調査②」では、得意先企業と仕入先企業を区分した調査が行われ、全業種の回答でみた場合、得意先との秘密保持契約の締結率が53％で、仕入先との締結率の49％を上回っている。また、ほとんどの業種において得意先との秘密保持契約の締結率の方が高いと報告されている（同報告書25～26頁参照）。

2）問題点及び今後の課題

①総じて、企業間における秘密保持契約の機能・役割に対する理解が、まだまだ十分でないことを示唆している数字である。

②特に中小規模企業に対して、その必要性・重要性について啓蒙する必要がある。

（7）秘密保持契約を締結しない理由

1）対役員・従業員の場合（「調査①」518～520頁）

①秘密保持契約を締結していないと回答した企業（計1490社）の回答内容を見ても、規模・製造業・非製造業による差はほとんど見られない。

②複数回答を多い順に並べると、就業規則で対応しているため（58％）、特に理由はない（27％）、退職した役員・従業員の動静が把握できないため（11％）、退職した役員・従業員が有している秘密情報が特定できないため（11％）、秘密保持契約の効果が不明瞭なため（11％）などである。

2）対取引先企業の場合（「調査①」522～524頁）

①秘密保持契約を締結していないと回答した企業は合計1060社である。

②規模・製造業・非製造業による差は、基本的にはほとんど見られない。

③複数回答を多い順に並べると、秘密情報をほとんど取り扱っていないため（47％）、特に理由はない（30％）、秘密情報を特定することができないため（12％）、契約の効果が不明瞭なため（11％）、取引先からの反発が強いため（1％）などである。

3）問題点及び今後の課題

① 退任・退職した役員・従業員に在職時の就業規則の効力を及ぼすことは、一般には、できないと解されている。したがって、「就業規則で対応しているため」という回答は、誤解に基づいた運用が多いことを示唆するものである。

② 取引先の場合、「特に理由はない」が3割を占めている。この事実は、秘密保持契約の重要性を啓蒙する余地が大きいことを示している。

（8）秘密保持契約の対象とされている秘密情報（514〜515頁）

1）秘密情報の特定の状況　役員と従業員の両方又はいずれかと秘密保持契約を結んでいると回答した企業（1659社）の状況を示すものである（複数回答方式）。

① 業種・規模を問わず、「在職中に知り得た情報全般」という表現を用いて、秘密保持契約の対象となる情報を具体的に特定していない企業が、80％を大きく超えている。

② その他、契約で概括的に特定された情報（19％）、情報の管理責任者から指定された情報（16％）、契約で具体的に特定された情報（3％）、契約で対象として具体的に特定され、かつ、その内容も具体的に特定された情報（3％）などの順となっている。

2）問題点及び今後の課題

① 秘密保持契約によって秘密保持義務を課された役員・従業員が、具体的に秘密情報であることを認識できる程度に特定されていることが必要である。しかし、総じて、情報の特定が不十分である。

②「在職中に知り得た情報全般」のような漠然とした特定の仕方では、役員や従業員が退任又は退職した後に紛争が発生して訴訟となった場合、原告として、どの情報が具体的に秘密保持義務の対象であるか主張するのに困難をきたすおそれがある。したがって、少なくとも、退任又は退職の時点で、改めて該当者と契約（特約）を交わし、秘密保持義務の対象となる情報を具体的に特定する必要がある。

③ 情報の特定は、秘密保持契約上だけの問題ではなく、訴訟における差止請求の対象である営業秘密の特定にも関連する重要な問題である。このこと

に留意した情報の特定が必要である。
(9) 情報の漏洩者（「調査①」564-565頁）
1）**現状**　誰から情報が漏れたかの問題であるが、過去5年間に「明らかな漏洩」が1回以上あったと回答した企業193社（398件）からの複数回答の内容は、次のとおりである。
①全規模・全業種の集計結果では、正規社員の中途退職による漏洩が50%で、トップを占めている。次いで、現職従業員のミス等による漏洩が27%、金銭目的等の動機をもった現職従業員等による漏洩が11%、取引先や共同研究先からの漏洩が9%、中途退任した役員よる漏洩平均6%、定年退職者による漏洩が平均6%、契約社員（期間満了又は中途退職）による漏洩が6%、派遣社員（期間満了又は中途退職）による漏洩が2%、外部からの侵入による漏洩は4%となっている。この数字から明らかなように、**退職・退任者による漏洩が**、**全体の60%**を上回っている一方、取引関係や契約関係のない第三者の関与しているものは1割にも達していない。
②ちなみに、「調査②」でも、中途退職者による漏洩が全体の60%を占めていると報告されている（29頁）。したがって、退職者による漏洩が全体の60%を占めていることは、ほぼ確実と考えられる。
2）**問題点及び今後の課題**
①この数字が示しているように、秘密情報の管理にとって、退職者対策は避けて通れない重要な課題であることがわかる。足元を固めることが先決ということである。
②外部からの侵入（完全な第三者）による漏洩は、実感よりは遥かに少ない。
(10) 秘密情報の漏洩先（「調査①」575～577頁）
1）**現状**　どこに漏れたかの問題であるが、過去5年間に「明らかな漏洩」が1回以上あったと回答延べ数（398件）の回答内容は、次のとおりである。
①漏洩先は、国内の競業他社（47%）、国内の競業他社以外の企業（14%）、外国の競業他社（11%）、外国の競業他社以外の企業（4%）などとなっている。規模・製造業・非製造業によるによる差は、基本的にほとんど見ら

れない。

②秘密情報の漏洩先の6割弱（58%）が内外の競業企業（ライバル会社）によって占められているが、これには、人材（労働市場）の流動化や企業のグローバル化（外国での事業展開など）が影響していると思われる。

2）問題点及び今後の課題

①上記（9）と合わせて判断すると、情報漏洩全体の約35%（60%×58%）を退職者による競業他社（ライバル会社）への漏洩が占めていることになる。この数字からも、情報管理における退職者対策の必要性・重要性が浮かび上がってくる。

②外国の競業他社が漏洩先の11%を占めていることに留意する必要がある。わが国の現行法（民事訴訟法）のもとでは、営業秘密を不正に取得されたこと、及び当該営業秘密が不正取得者に使用されていることの立証責任は、ともに原告が負わなければならないが、外国に流出した営業秘密についてこの二つを立証することは、実際問題として至難の業である（第9章4節1参照）。

(11) 漏れた情報の種類（「調査①」573〜574頁）

1）現状 何が漏れたかの問題であるが、過去5年間に「明らかな漏洩」が1回以上あったと回答した企業（193社）からの複数回答（398件）の内容は、次のとおりである。

①漏れた情報を多い順に並べると、技術情報、顧客名簿、経営戦略（営業戦略）に関する情報、サービス提供に関するノウハウ（営業のコツ）の順になっている。

②製造業では、技術情報の漏洩がトップを占めているが、次いで、顧客名簿、経営戦略情報の順である。

③非製造業では、顧客名簿の漏洩が、圧倒的に高いウエイトを占めている。これに続くのが、サービス提供のノウハウである。

④大規模な製造業の場合、経営戦略に関する情報や製品又は部品の設計図が、他の技術情報（生産工程等のプロセスや成分情報など）よりも、高い割合を示している。

2）問題点及び今後の課題
①製造業では、製造と営業の両面にわたる情報の管理に等しい目配りが必要となる。一方、非製造業では、顧客情報・顧客名簿という営業に関する情報の管理が特に重要であることがわかる。
②以上より、情報の内部管理の在り方は、業種を考慮したものでなければならないことになる。

(12) 営業秘密漏洩の再発防止策として強化・新たに導入された措置（「調査①」578〜580頁）

過去5年間に「明らかな漏洩」が1回以上あったと回答した企業193社のうち、回答があった186社からの複数回答の内容は、次のとおりである。

1）現状（全業種・全規模）
業種・規模に関係なく、おおむね次のような状況である（複数回答方式）。
①教育や情報の管理方針の周知徹底をあらためて実施したが39％で、最も多い。次いで、データの持ち出し制限を行ったが29％、情報の管理方針等を整備したが28％、データの暗号化・アクセス制限を行ったが23％の順になっている。
②事例が発覚後、特に何もしていないが平均で15％となっている。ただし、製造業301人以上の場合、何もしていないが4％で、危機感が強いことがわかる。
③ちなみに、これを契機に秘密保持契約を締結するようになったとの回答が18％となっている。

2）問題点及び今後の課題
①非製造業のすべての規模の企業及び製造業・規模300人以下の企業の19％が、「特に何もしていない」と回答している。逆に、製造業・規模301人以上の企業は96％が何らかの対策を行っている。
②この19％という数字は、5社に1社が、再発防止に対して特に何もしていないことを示している。危機感の違いが顕著である。
③この数字は、営業秘密の「秘密管理として」はもとより、「情報漏洩の危機対策として」の視点からも、情報管理の改善に取り組むべき余地が大きいことを示唆している。

(13) 競業避止契約の締結状況（「調査①」525～530頁）

1) 現状（従業員）

① 全規模・全業種ベースでは、「締結していない」が82％、「締結している」が14％となっている。

② 規模別・製造業・非製造業の区別で見ると、大規模（301人以上）の製造業で67％、中小規模企業（300人以下）の製造業で87％が、この契約を交わしていない。大規模の非製造業では82％、中小規模企業の非製造業では89％が、この契約を交わしていない。総じて、退職した従業員の同業他社への転職を禁止する契約の締結率は低い。

2) 問題点及び今後の課題

① 競業避止契約は、直接的にはライバル会社（競業企業）への転職を物理的に制限するものであるが、間接的に、「人を介した情報流出」の防止を担保する役割があるので、秘密保持契約と競業避止契約の締結は、秘密情報の管理にとって「車の両輪」といわれている。したがって、競業避止契約の締結率を高めることは、秘密保持契約にとっても有益である。

② しかし、競業避止契約が、退職者の転職の自由を不当に制限することにならないように留意する必要がある。

3　裁判例の現状とその評価

　経済産業省は、調査研究（「**調査②**」第Ⅲ節6、37頁～46頁）のなかで、裁判例の分析結果についても報告している。

　以下、本稿に特に関連があると考えられる主要な事項を抜粋して概観することにしたい。

(1) 裁判件数の推移（平成8年～20年）……営業秘密の成否が争われたもの

1) 状況

① 1996年（平成8年）～2008年（平成20年）でみると、訴訟案件数合計は82件で、年平均5.5である。ただし、2004年（平成16年）～2008年（平成20年）においては37件（年平均7.4件）となっており、増加傾向にあると見ること

第1節　わが国における営業秘密の管理の現状　93

ができる[5]。

②82件中、秘密管理性が肯定されたものは、22件と報告されている。しかし、うち1件は、非公知性の要件を欠いていたため、営業秘密として認容された案件は、計21件となった。

③この数字で見る限り、原告と裁判所の営業秘密のとらえ方の間に大きなギャップが存在していることが明らかである。すなわち、訴訟として係属した82件中、営業秘密として肯定された（勝訴となった）ものは21件（26％）に過ぎず、4件に3件は、営業秘密性を否定されている。

④ちなみに、経済産業省の別の調査よると、2010年（平成22年）1月末現在、訴訟で秘密管理性が争点になったものは累計81件であり、うち、秘密管理性が肯定された案件数は23件とのことである（営業秘密管理指針（2011年12月1日改訂版第3章1（2）②参照）[6]。この調査によれば、営業秘密性が肯定されたものは28％である。

⑤以上のように、営業秘密であるかどうかに関して、原告の認識と裁判所の判断との間に、大きなギャップが存在していることは明らかである。

2）問題点及び今後の課題

①裁判で営業秘密が認容される割合（勝訴率）は、おおむね4件に1件（25％）である。この割合については、他の資料で検証しても、同様の傾向が見られる。たとえば、「TKCローライブラリー」である「LEX/DB」に「秘密管理性」のキーワードで入力して得られた107件の営業秘密関連

---

[5] 「大阪地方裁判所第21・26民事部と大阪弁護士会知的財産委員会との協議会（平成25年度）」（Law & Technology 64号2014・7所収3頁）の資料による数字であるが、大阪地方裁判所知的財産部で取り扱う知的財産関係の事案は年間20件内外で、うち営業秘密関連の事案は、年間数件とのことである。

[6] 経済産業省知的財産政策室（企業における営業秘密の管理強化を促すことを所管している部署）策定の「**営業秘密管理指針**」によれば、営業秘密に関する裁判例のうち、秘密管理性について判断していると考えられるものは、平成17年10月時点で累計49件であり、その中で秘密管理性を肯定したものは、14件と報告されている（平成18年改訂版第3章1（2）参照）。また、この数字は、平成22年1月末現在、累計81件及び23件と報告されている（平成23年12月改正版第3章1（2）参照）。この数字から明らかなように、営業秘密に関する訴訟事件は、平均すると年に6件程度であり、秘密管理性が肯定された事案が年に2件前後である。
　また、東京弁護士会知的財産権法部編「特許・商標・不正競争関係訴訟の実務入門」（2012年5月商事法務334頁）によれば、東京地裁の営業秘密関係の新受事件数は、平成18年が13件、平成19年が10件、平成20年が13件とのことである。

の裁判例（2012年12月11日15時現在）を通覧しても、原告の営業秘密の主張が認容された事案は23件（22％）である。

②この数字からみる限り、勝訴率は低く、裁判外で紛争を解決することの重要性・必要性が浮かび上がってくる。この点からみると、もっぱら営業秘密制度による保護に頼る秘密情報の管理は、必ずしも賢明な選択とはいえない[7]。

（2）　秘密管理性の判断において、裁判所が特に重視している項目

1）現状　「調査②」（50頁）によれば、裁判例82件のうち、秘密管理性が争点になったのは62件とのことである。複数回答のデータに基づき、この62件の秘密管理性の判断において裁判所が重視したと思われる項目を筆者なりに整理してランキング表にまとめれば、下記〈図表4〉のとおりである。

（補足説明）

①情報の秘密管理性を判断する裁判上の基準は、情報媒体に対する秘密（マル秘等）の表示と情報媒体に対するアクセスの制限、の二つといわれているが、それらが上位を占め、その事実を裏づけている。また、裁判所が実際の審理で重視している項目として、在職者との秘密保持契約の締結や従業員の教育・研修などの人的管理も上位にランクされている。

②このデータ（図表4の「参考」欄）による限り、退職者との秘密保持契約締結の有無が判断材料として取り上げられた件数は相対的に少ない。しかし、その半分が、秘密管理性の肯定につながっている点に注目する必要がある。

2）問題点及び今後の課題　秘密保持契約は、営業秘密の必須の法定要件ではないが、裁判では、上記のようにそれなりに重視されている。しかし、その割には、営業秘密と秘密保持契約の関係についての議論が、ほとんど体系的になされていない。したがって、この点の議論を今後さらに深める必要があると考える。

7　専門家の間でも「営業秘密は難しい概念である」と評されている（第2章注35参照）。

〈図表4〉 秘密管理性の判断において、裁判所が特に重視している項目

項目	A 秘密管理性の判断材料になった件数（複数回答）（62件に占める当該項目の割合）	B 秘密管理性の肯定につながった件数（Aに占める割合）
1 アクセス限定の有無	35件（56%）	11件（33%）
2 情報媒体の施錠管理の有無	33件（53%）	10件（30%）
3 パスワードの設定の有無	31件（50%）	11件（33%）
4 情報の秘密区分の表示の有無	25件（40%）	3件（12%）
5 情報媒体の持出制限の有無	17件（27%）	6件（35%）
5 秘密保持義務規定（就業規則等）の有無	17件（27%）	7件（41%）
5 秘密保持契約締結の有無（在籍者）	17件（27%）	7件（41%）
8 極秘・マル秘等の区分管理の有無	15件（24%）	1件（7%）
8 回収した情報媒体の廃棄の有無	15件（24%）	4件（27%）
9 従業員に対する教育・研修の有無	12件（19%）	7件（58%）
9 取引先等との秘密保持契約の有無	12件（19%）	1件（8%）
参考 秘密保持契約締結の有無（退職者）	4件（6%）	2件（50%）

第2節　比較法的視点からの考察

　本節では、限られた範囲ではあるが、米国における営業秘密の法的管理の現状について概観することとする。

1　米国企業における営業秘密の日常的管理の現状

（1）　企業数
1）現状　　米国の商務省統計局（US Census Bureau, Department of Commerce）の数字（2008年）によれば、米国の企業数（自営業を含まず）は、5,930,132社である。従業員規模別の内訳は、次のとおりである。

〈図表5―①〉 従業員数による会社数の分布（米国）

従業員数による区分	社数	割合（％）
従業員1～4人	3,617,764	61.0
従業員5～9人	1,044,065	17.6
従業員10～19人	633,141	10.7
従業員20～99人	526,307	8.9
従業員100～499人	90,386	1.5
従業員500人以上	18,469	0.3
計	5,930,132	100.00

（注）他に自営業者数：21,351,320

2）補足説明

① 企業数は約593万社であるが、従業員19人以下の企業（わが国の定義で表現すれば「零細企業」）がその89％、従業員20人以上499人以下の企業（わが国の定義で表現すれば「中小企業」）が10％を占めている。

② 従業員500人以上の企業（わが国の定義で表現すれば「大企業」）は2万社にも満たず、わが国と同じように、企業の構成としては、圧倒的多数が中小企業又は零細企業である。したがって、企業数でみる限り、米国経済の担い手は零細企業と中小企業だということができる。また、雇用されている従業員数で見ても、零細企業と中小企業で雇用されている数は、全雇用者数（約1億2000万人）の約5割（49％）を占めている[8]。

③ ちなみに、わが国の法人企業数は、2,535,272社（平成24年度分国税庁「会社標本調査」。平成25年3月31日現在の数字で、平成26年3月に公表されたもの）である。このうち、資本金500万円以下の会社が1,426,369社（56％）、資本金1000万円以下の会社が2,164,540社（85％）を占めている。また、資本金が1億円を超える会社は、21,817社（0.9％）に過ぎない。（従業員規模別の数字は見当たらない）。

（2）秘密情報の区分管理状況

1）現状

米国（連邦）の独立行政法人 The National Science Foundation

---

[8] 米国連邦中小企業庁（Small Business Administration: SBA）の数字による。

(NSF) が全米の代表的な企業 (製造業・非製造業) 約40,000社からアンケート方式で得た回答として発表している"2008 Business Research and Development and Innovation Survey (BRDIS)"によれば、「秘密情報の区分管理」の状況は、以下のとおりである。

〈図表5―②〉 秘密情報の区分管理の状況(米国)

管理区分 産業	非常に重要視		ある程度重要視		重要視していない	
全産業	6%		8%		85%	
(内訳)						
①製造業 (682社)	37%	(252社)	20%	(136社)	43%	(294社)
化学 (325社)	50%	(163)	17%	(55)	33%	(107)
電子機器の製造 (335社)	25%	(84)	23%	(77)	52%	(174)
食品 (22社)	22%	(5)	20%	(4)	59%	(13)
②非製造業 (511社)	26%	(133社)	15%	(77社)	59%	(301社)
出版 (511社)	26%	(133)	15%	(77)	59%	(301)
③情報産業 (852社)	27%	(229社)	25%	(215社)	48%	(408社)
コンピュータ等の電子製品 (334社)	36%	(120)	18%	(60)	46%	(154)
インターネット・サービスプロバイダ等 (518社)	21%	(109)	30%	(155)	49%	(254)
六大産業合計 (2045社)	30%	(614社)	21%	(428社)	49%	(1003社)

2) 補足説明

①全業種全体で見た場合、保有している秘密情報を区分し、営業秘密(財産的な価値の高い秘密情報)を重視して内部管理している割合は14%と極めて低い。これは、零細企業や中小企業が多くを占め、数字が平均化された結果と思われる。

②六大産業で見た場合、情報産業と製造業が営業秘密の内部管理を重要視する姿勢を示しているのに対して、非製造業の内部管理の重要性に対する認識は相対的に低い。

③六大産業の内訳で見た場合、合計2,045社のうち、秘密情報の内部管理を

「非常に重要視」している企業数は614社、「ある程度重要視」している企業数は428社で、両者合わせて、全体の51％を占めている。これをわが国のベースに置き換えれば、区分管理を行っている割合は平均で5割だということであり、かつ、それも、六大産業のうちのすべての企業ではなく、限られた企業だということになる。

④これに比して、わが国の場合、区分管理を行っている企業は、全規模の平均でも60％、従業員31人以上100人以下で55％、従業員30人以下の企業でも49％である（第Ⅰ節2（1）1）参照）。また、業態別では、製造業平均で62％、非製造業平均で59％の水準を維持している。したがって、情報の日常的な内部管理に関する限り、わが国企業の管理水準が米国企業より圧倒的に高いことは間違いない。

2　裁判例からみた米国の営業秘密の現状

（1）　営業秘密に関する裁判例の統計的な分析

米国の場合、営業秘密の侵害に対する訴訟（litigation）は、州裁判所（state court）と連邦地方裁判所（federal district court）[9]の両方で行われている。

営業秘密に関する一般的裁判管轄権（general jurisdiction）は州に帰属しているが、訴額が75,000ドル以上で、かつ、原告と被告の州籍が異なる「異州籍当事者訴訟（diversity or supplementary cases 米国裁判所法1332条）の場合、連邦地方裁判所で裁判をすることができる（限定的管轄権 limited jurisdiction）。企業間の取引などは、これに該当する場合が多い。なお、「州籍（corporate residence of a State）」とは、登録しているすべての州、及びビジネスの主要地（principal place of business）としている州のいずれかを意味する（同1332条(c)(1)）。

以上より、州裁判所の状況を基礎にする一方、必要に応じて、連邦地方裁判所の状況も加味しつつ分析を進めることにしたい。また、このような米国

9　「連邦地区裁判所」と訳される場合もあるが、ここでは、「連邦地方裁判所」の訳語を用いる（田中英夫「英米法辞典」東京大学出版会1991年に依拠している）。

の実態分析は、今まで、わが国の類書ではほとんど紹介されていないので、準拠した資料に基づき、多少詳しく紹介することにしたい。

なお、営業秘密の侵害に対する訴訟は、まれに単独でなされているが、多くの場合、他の州法に基づく請求（秘密保持契約違反、信任義務違反等）や連邦法に基づく請求（特許権侵害や著作権侵害等）と同時並行的に行われている[10]。しかし、この重複の実態に関する統計的な資料は存在せず、今後の課題の一つであると指摘されている[11]。

（2）　現状把握に使用した基礎資料

以下を基礎資料として使用した。

① *A Statistical Analysis of Trade Secrets Litigation in State Courts*

David S. Almelingほか4名の実務家（弁護士）によってまとめられた資料である[12]。これは、その"Introduction"の冒頭にもあるように、営業秘密に関する州裁判所の訴訟事案（litigation）を包括的に分析した最初の統計資料だと言われている。また、これに相当する包括的なものは、いまのところ見当たらない。その意味で、これは、きわめて貴重な資料である。なお、この資料において分析の対象となっている事案数は、1995年1月～2009年11月30日の間の総件数2077件の中から、調査者が一定の基準に基づいて選び出した358件である。

この調査は、訴訟原因（cause of action）が単数（single）か複数（plural）かに関わらず、営業秘密の不正取得・使用を実質的な根拠として下された事案（have won or lost based on substantive trade secret law）を対象としたものであり、秘密保持契約違反（breach of a nondisclosure agreement）など、類似しているが別の法規定（たとえば、Restatement (third) of Unfair Competition第40条）を根拠として下された事案（trade secret-like cases）を含んでいないので、留意する必要がある[13]。

10　本章3節2（5）を参照されたい。
11　*Gonzaga Law Review* Vol. 46 at 94（2010/11）published by Gonzaga University School of Law。この大学は、1887年創立のカソリック系中規模私立大学（学生数約5000名）。ワシントン州スポーケンに所在している。
12　*Gonzaga Law Review* Vol. 46 *id*. at 57-101
13　*Gonzaga Law Review* Vol. 46 at 62

② *A Statistical Analysis of Trade Secrets Litigation in Federal Courts*

　これも、David S. Almelingほか4名の同じ実務家（弁護士）によってまとめられた資料である[14]。これは、営業秘密に関する連邦地方裁判所の訴訟事案（litigation）を包括的に分析した最初の統計資料であり、同様に、これに相当するものはいまのところ見当たらず、きわめて貴重な資料である。分析の対象となっている事案数は、1950年1月〜2007年12月31日の間の総件数1041件の中から、調査者が一定の基準に基づいて選び出した273件と、2008年（暦年）の総件数482件から同様に選び出した121件、すなわち、総件数1523件から選び出した394件である。これは、上記①の場合と同様に、訴訟要因の数（単数・複数）に関わらず、営業秘密の不正取得・使用を根拠として下された事案の数字であり、営業秘密保持契約違反など、別の法規定を根拠として下された事案を含んでいないことに留意する必要がある[15]。

3　基礎資料から判明した米国の情報管理の現状

　わが国との比較の視点を考慮し、二つの基礎資料から関連ある項目を抜粋して整理すれば、下記のとおりである。

(1)　秘密情報の漏洩経路（誰から秘密が漏れたか）

〈図表6—①〉　秘密情報の漏洩経路（米国）

漏洩経路	州裁判所 1995—2009[16]	連邦地方裁判所 1950—2007	2008
従業員・元従業員	77%（278件）	52%（142件）	59%（71件）
取引先（仕入先・販売先等）	20%（70件）	40%（109件）	31%（37件）
第三者（ライセンシー等）	9%（31件）	3%（8件）	9%（10件）
その他（外部侵入者等）	3%（10件）	7%（19件）	5%（6件）
延数（単純計）	（389件）	（278件）	（124件）
対象案件（計）	358件	273件	121件

（注）一つの事案で、二種類以上の情報を含んでいるものがあるため、延数は、対象案件数を超えている。

14　*Gonzaga Law Review* Vol. 45 at 291-334（2009/10）

（補足説明）

① 州と連邦を単純平均した場合、従業員・元従業員による漏洩が491件で、延件数の合計791件の62％を占めている。わが国の場合、従業員・元従業員による漏洩が全体の約60％を占めているので、ほぼ同じ水準にある。したがって、米国の場合も、従業員・元従業員による漏洩が営業秘密の管理に関する中心的課題であることに変わりはない。

② 州裁判所の場合、取引先の事案の割合が相対的に小さい数字になっている。後に述べるように、取引先に関連する事案は、連邦の裁判管轄下で扱われる場合が多く、これが大きな要因だと考えられる。

③ 米国の場合、取引先（business partner、仕入先・販売先）からの漏洩216件で、州と連邦の延件数791件の27％を占めており、わが国の場合の9％に比べて相対的に高い。これは、転職やベンチャー企業の起業などが盛んであることに一因があるのではないかと考えられる。

④ 秘密情報の漏洩というと、産業スパイなどの外部からの侵入者を想起しやすいが、数字で見る限り、これは相対的に小さい。このことは、わが国の場合にもあてはまる。刑事制裁の効果かもしれないが、因果関係は不明である。

（2） 漏洩した秘密情報の種類

どのような情報が漏れ、争いに発展したかを示せば下記（図表6―②）のとおりである。

（補足説明）

① 裁判で取り上げられた営業秘密は、九つの類型に分類されているが、それらを大別すると、「技術情報（製法・処方、ソフトウエア・コンピュータプログラムを含む）」、「顧客名簿」、「内部情報（経営戦略に関する情報を含む）」及び「その他の情報」の四つに集約される。この傾向は、わが国の場合と基本的に同じである。

② 州の場合、顧客名簿が技術情報を上回っているが、連邦の場合、逆に技術

15　*Gonzaga Law Review* Vol. 45 at 296.
16　この数字は、肥塚直人・前掲書（第1章注8）69頁にも、米国における営業秘密の分析として引用されている。

〈図表6—②〉 漏洩した情報の種類（米国）

漏洩した情報	州裁判所	連邦地方裁判所	
	1995—2009[17]	1950—2007	2008
①技術情報	38%（137件）	61%（167件）	54%（65件）
製法・処方	5%（16件）	4%（12件）	9%（11件）
技術情報・ノウハウ	27%（98件）	46%（126件）	35%（42件）
ソフトウエア・コンピュータプログラム	6%（23件）	11%（29件）	10%（12件）
②顧客情報	52%（187件）	32%（86件）	31%（38件）
顧客名簿	52%（187件）	32%（86件）	31%（38件）
③内部情報	42%（150件）	31%（84件）	35%（42件）
内部情報（経営戦略に関する情報等）	42%（150件）	31%（84件）	35%（42件）
④その他の情報	9%（33件）	10%（26件）	11%（13件）
外部情報（仕入先・競合企業に関する情報等）	3%（10件）	2%（5件）	1%（1件）
いろいろな情報が組み合わされた営業秘密	0	2%（5件）	1%（1件）
消極的な営業秘密（失敗事例に関する情報等）	0	1%（2件）	0
その他（不明を含む）	6%（23件）	5%（14件）	9%（11件）
延数（単純計）	（513件）	（363件）	（158件）
対象案件（計）	358件	273件	121件

（注）一つの事案で、二種類以上の情報を含んでいるものがあるため、延件数は、対象案件数を超えている

情報が顧客名簿を上回っている。これは、特許などが絡む事案の裁判管轄が連邦に属しているためだと思われる。

（3） 営業秘密にかかる訴訟事案が活発な裁判所

裁判地（venue）として利用されている裁判所を列挙すれば、次のとおり

---

17 肥塚直人・前掲書（第1章注8）の70頁にも引用されている。

である。

〈図表6―③〉 営業秘密の訴訟が多い裁判所（米国）

州裁判所（上位5州）		連邦地方裁判所（上位10州）			
州名	1995-2009	州名	1950-2007	州名	2008
California	16% (57件)	N.D. Illinois	12% (33件)	N.D. Illinois	7% (9件)
Texas	11 (41)	S.D. New York	7 (18)	N.D. California	5 (6)
Ohio	10 (35)	E.D. Pennsylvania	6 (17)	E.D. Pennsylvania	4 (5)
New York	6 (22)	D. Minnesota	6 (16)	M.D. Florida	4 (5)
Georgia	6 (20)	E.D. Michigan	5 (13)	D. New Jersey	3 (4)
Others	51 (183)	C.D. California	4 (10)	E.D. California	3 (4)
計	358件	N.D. Texas	4 (10)	S.D. New York	3 (4)
		D. Kansas	3 (9)	W.D. Michigan	3 (4)
		D. New Jersey	3 (8)	C.D. California	2 (3)
		N.D. California	3 (8)	D. Connecticut	2 (3)
		Others	53 (142)	Others	36 (43)
		計	273件	計	121件

（補足説明）

①California、New York 及び Texas の3州は、州裁判所及び連邦地方裁判所のいずれにも登場している。州の規模や経済活動の活発度から当然予想されるところと一致している。

②人口数だけで見れば、Illinois は第5位、Michigan は第8位であり、いずれも California（第1位）、Texas（第2位）、New York（第3位）よりも下位に位置している。にもかかわらず、Illinois や Michigan が人口の上回っている州よりも上位を占めていることは、特許などを駆使する技術革新的な企業が多く、これに関連する営業秘密をめぐる紛争が多いためではないかと推測される。

4 裁判所が重視している営業秘密管理のための合理的な手段

秘密管理性、すなわち営業秘密の秘密性（secrecy）を維持するための合理的な努力（reasonable efforts）がなされていたか否かを判断する際に、裁判所は、次の項目を重視している。このため、営業秘密の保有者は、これを意識して、これに沿うようにデータその他の資料を必然的に整備することになる。

〈図表6─④〉　秘密管理性の判断において裁判所が重視している項目（米国）

重視している手段・方法	州裁判所 1995─2009	連邦地方裁判所 1950─2007	2008
秘密保持契約（対従業員）	11%（39件）	9%（24件）	17%（20件）
秘密保持契約（対取引先等。従業員以外の者）	3%（11件）	6%（17件）	11%（13件）
情報へのアクセス制限（パスワードの設定等）	6%（22件）	4%（12件）	13%（16件）
物理的な保護措置（施錠管理等）	8%（28件）	7%（18件）	3%（4件）
秘密保持の重要性に関する従業員への教育・研修	2%（6件）	2%（5件）	2%（2件）
情報記録媒体への秘密表示（極秘、マル秘等の表示）	2%（7件）	2%（6件）	4%（5件）
記録の保全管理	1%（2件）	0（1件）	0
秘密情報管理規程の明文化	2%（6件）	1%（2件）	4%（3件）
監視・面談調査	1%（2件）	0（2件）	0（1件）
延件数	123件	87件	64件
対象案件数（合計）	358件	273件	121件

（補足説明）

①秘密保持のための合理的努力（reasonable efforts）が具体的に何であるかは、すべて解釈に委ねられている。このことはすでに述べたとおりである。しかし、営業秘密の保有者は、通常、上記〈図表6─④〉で示した手段・手法によって当該営業秘密の秘密性の保持に努めている。また、裁判所も、当該営業秘密の秘密性を維持するための合理的な努力がなされているか否かを判断する際に、営業秘密の保有者が上記のような手段・方法を

講じているか否かを判断材料として重視している。このデータは、そのことを意味するものである。

②州及び連邦の裁判所は、秘密管理のための合理的な手段・方法の具体的な措置として、ともに従業員との秘密保持契約の有無及びその内容に最も多く依拠（rely on）している。したがって、秘密保持契約は、事実上、営業秘密の定義が要求している必須要件となっている。

③これに続く具体的な措置としては、州及び連邦とも、物理的な保護措置、情報へのアクセス制限、取引先等との秘密保持契約の締結といった順になっている。

④取引先等との秘密保持契約に関する数字が、州と連邦で大きく異なっている。その理由は、すでに述べたように、多くの場合、取引先等の関連する事案についての裁判管轄権が連邦地方裁判所に属し、そこで審理がなされるためと思われる。

⑤裁判所が秘密保持契約を最重視する理由は、その契約が当事者間の「関係性」を明確にする役割を果たすからだと考えられる。そのほか、秘密保持契約を結ぶことが、企業間における長い間のビジネス慣行としてすでに定着してことを挙げることもできる[18]。

⑥しかし、秘密保持契約は、事実上の必須要件であって法定要件でないため、これが欠けていても、他の手段・方法が合理的であれば、それで補う（make up for the lack of an agreement）ことが認められている。また、裁判所は、当事者が置かれている状況から「秘密保持に関する黙示の合意（implied agreement）」の存在を事実認定することも許されている[19]。

⑦わが国の場合も、すでに述べたように（〈図表4〉参照）、訴訟において、秘密保持契約が「秘密管理性」の有無を判断する要素として裁判所によって考慮されている。しかし、その順位が、情報へのアクセス制限（パスワードの設定等）や物理的な保護措置（施錠管理等）より下位に位置している点で、米国の場合と事情が大きく異なっている。

---

18 *Gonzaga Law Review* Vol. 45 *id.* at 323

19 Quinto & Singer *Id.* at 21-22. これは、いわゆる擬似契約理論（quasi-contract theory）であり、人と人の関係を重視する「信頼関係理論」（後述）の基礎を成すものである。

5 訴訟における勝訴率（訴訟では、誰が勝訴しているか）

(1) 州裁判所における全般状況

下記の図表が示すように、営業秘密の侵害を理由とする訴訟において、原告の請求が認容された割合（勝訴率）は、5件に2件（40％）の割合である。

わが国の場合の4件に1件（25％）と比べて、認容される割合は倍である。しかし、米国でも、営業秘密の侵害を理由にする場合は請求の半分（50％）に達しておらず、わが国の場合と同様に厳しい数字であることに変わりはない。

〈図表6―⑤〉 営業秘密の訴訟における原告の勝訴率（州裁判所の場合）

訴訟当事者	第一審（trial court）	第二審（Appellate Court）
原告（秘密情報の保有者）の勝訴	41％（148件）	41％（145件）
被告（不正取得・使用被疑者）の勝訴	58％（206件）	57％（204件）

(2) 連邦地方裁判所における全般状況

州地方裁判所の場合に比べると、原告の勝訴率が平均して若干高い。しかし、連邦地方裁判所でも、勝訴することは厳しい数字となっている。

なお、秘密保持契約違反を理由とする場合の勝訴率は、実感として、営業秘密侵害を理由とする場合よりも高いように思われる（しかし、統計が存在しないため具体的には不明である）。

〈図表6―⑥〉 営業秘密の訴訟における原告の勝訴率（連邦地方裁判所の場合）

	1950―2007	2008
原告の勝訴	42％（114件）	52％（63件）
原告の部分勝訴	5％（14件）	5％（6件）
原告の敗訴	53％（145件）	43％（52件）

第3節　営業秘密管理の現状に関する日米比較

ここまで概観してきたところに基づいて比較すれば、下記のとおりである。

1　情報管理面での比較

（1）　企業の分布状況と秘密情報の区分管理

①米国の場合も、企業数約600万社中、89％が従業員19名以下の企業（零細企業）であり、従業員99名以下の企業が98％となっている。

②すでに概観したように、米国の場合、秘密情報の区分管理の状況は、企業規模や業種によって区々である。業種全体で見る限り、総じて、わが国の場合に比して、管理のきめが粗い。

③これに対して、わが国の場合、情報の区分や秘密性の格付などの日常的な情報管理（内部管理）は、米国に比してきめ細かく行われている。

（2）　秘密情報の漏洩者

①秘密情報の漏洩の大半が従業員・元従業員（退職者）によるものであることは、日米とも共通している。このことは、「人」の管理がいかに重要であるかを意味している。

②米国の場合、取引を経由した漏洩がわが国に比べて多い。人の移動やベンチャー企業の起業に伴って、情報も外部流出することが多いことを示している。

③米国の場合、漏洩の対象になっている秘密情報は、顧客名簿、技術情報及び経営戦略に関するもので、その多くが占められている。これは、わが国の場合と基本的に同じである。

（3）　秘密保持契約の締結状況

①米国における秘密保持契約の締結状況を示す統計は見当たらないので、正確な実態は不詳であるが、裁判例の分析結果などから推論すると、明示・黙示を含めて秘密保持契約を締結している企業は、全体の80％は下回らな

②逆にいえば、20％程度の企業は、秘密保持契約によってカバーされておらず、しかも、内部管理である「区分管理」や「格付管理」のいずれも実施していない企業が全体の約80％存在していることを考慮すると、少なくとも全体の16％程度の企業（約95万社）が、管理空白の状態に置かれている可能性が推測される。これらの企業にとって残る救済は、営業秘密制度に依存するしかなく、営業秘密に関する訴訟が多いのは、ここにも原因があるのではないかと思われる。

③わが国の場合、すでにみたように、従業員との秘密保持契約の締結率は、全規模平均で56％である（第1節2（2）参照）。したがって、秘密保持契約の締結率は、わが国の方が20％程度低いと推測される。しかし、締結率の低い分は、きめ細かい情報管理でカバーされ、管理の空白は、全規模ベース平均で20％程度に抑えられている（第1節2（5）参照）。トータルで見れば、わが国の秘密情報の管理水準が米国のそれに劣っているとは思われない。

2　訴訟面での比較

(1)　裁判件数

米国の場合、営業秘密の侵害について下された判決数は、州裁判所（控訴裁判所のみの数字）で年平均約150件であり、また、連邦地方裁判所（第一審）の直近の件数は年482件である。わが国おける**年10件程度**に比べれば、桁違いに件数が多い。

(2)　米国で営業秘密に関する裁判件数が多い理由

米国の場合、なぜ、営業秘密に関する訴訟が多いのであろうか。これについて、本章第2節で準拠した資料は何も触れていない。

しかし、米国の場合、すでに上記1で指摘したように、10％程度の企業（60万社前後）は、秘密保持契約によってカバーされず、かつ、きめ細かい内部管理である区分管理や格付管理も実施しておらず、事実上、管理の空白領域に置かれていると推測される。このため、営業秘密について紛争が発生し

た場合、これらの企業にとっての選択肢は、営業秘密（trade secrets）の侵害を理由にした訴訟による救済を選択するしかなく、これに、次項で述べる米国特有の社会的背景が重なって、零細企業が圧倒的に多いにもかかわらず（〈図表5—①参照〉）、訴訟が多いのではないかと思われる。

（3） 紛争解決に訴訟が多用される米国の社会的背景

　私見の域を出ないが、米国の場合、次のような要素が複合的に絡み合った結果、訴訟によって問題を解決するという社会的慣行の定着へと発展したのではないかと考える。

①世界中の各地から固有の文化や価値観を持って渡ってきた民族によって形成されている多民族国家（multiethnic nation）であり、ビジネスにおける人々の価値観もさまざまである。ほぼ単一民族（homogeneous race）のわが国とは、この点が根本的に異なる。したがって、話し合いによる解決には多くの困難を伴い、"sue first, and talk later" の方が早い解決が望める、という考え方が支配的である。

②州によって法制度が異なるため、州をまたがる問題の解決には、裁判所の手助けが必要不可欠である。

③判例法主義（case law system）の国家であるため、独力では事件の結果を予見できず、裁判所の助けを借りなければ、解決への道筋を見出すことが困難である。

④国土の面積が広大（わが国の約25倍）であり、同一国でありながら、東海岸（ニューヨーク）と西海岸（ロサンゼルス）の間には3時間、東海岸（ニューヨーク）とハワイの間には6時間、それぞれ時差もある。私人間の話し合いで紛争を解決するには、おのずから限界がある。

⑤悪質な行為の抑制につながる法制度（懲罰的損害賠償、クラスアクション等）の存在が、訴訟促進的な役割を果たしている。

（4） 原告の勝訴率

①わが国の場合、原告の勝訴率（第一審）は、約25％（4件に1件）である。これに対して、米国の場合、全体で見ると5件に2件（40％）で、わが国よりも高い

②この数字からわかるように、米国でも、営業秘密の訴訟で勝訴するは容易

でない。また、これは、営業秘密の保護を法のみに求めることの限界を示唆している。第2章第1節4（注35）で、「営業秘密は難しい概念である」と言われることがある旨を指摘したが、このことに通じているように思われる。

(5) 秘密保持契約違反の訴訟上での取扱い

①米国の場合、営業秘密の侵害（不正取得・使用）を単独で請求することは稀で、多くの場合、秘密保持契約違反（breach of a nondisclosure agreement）などが同じ訴訟で一緒に請求され、秘密保持契約違反を根拠にした判決が下されている。しかし、この実態は明らかではなく、米国においても、今後研究に値する（deserve examination）課題だと言われている[20]。

②米国の場合、訴訟手続法上、秘密保持契約違反は、営業秘密の侵害とは別種の独立した訴訟要因（cause of action）として扱われ[21]、また、裁判実務でも、これが訴訟要因として請求されている場合、最初にこれを審理するのが慣わしになっている。営業秘密に関する連邦統一モデル法（7条(b)）は、モデル法に基づく制定法が、契約による保護の問題に何ら影響を与えるものでないことを明言し、このことを実質的に裏付けている。言い換えれば、秘密保持契約は、雇用契約に付随する契約としての地位を脱却した独立の存在として、訴訟上も認知されているということである。

③これに対して、わが国の場合、秘密保持契約は、依然として雇用契約に付随し、それを補完する契約として扱われることが多い。また、秘密保持契約違反は、訴訟上、営業秘密による「主位的請求」の「予備的請求」として扱われているが、その件数は、〈図表7〉（第5章第1節参照）が示すように、ごく少数に限られていると推測される。

(6) 営業秘密管理性の判断において裁判所が重視している項目

①米国の場合、情報の秘密管理において要求されている合理的な手段のトップ項目は、〈図表6—④〉が示しているように、従業員及び取引先との秘

---

[20] *Gonzaga Law Review* Vol. 45 *id.* at 298
[21] Quinto & Singer *id.* at 54〜57 は、州法による代替的な救済（alternative claims）、たとえば契約違反を理由とする請求は、営業秘密による救済の場合より要件が緩やかだと指摘している。

密保持契約の締結で占められており、情報へのアクセス制限等の物理的・技術的な管理措置を大きく上回っている。
②これに対して、わが国の場合、裁判所は、秘密管理性を判断する一要素として、秘密保持契約も考慮に入れてはいるが、情報へのアクセス制限等の物理的・技術的な管理措置を大きく下回っている。秘密保持契約を結べばすべての問題が解決するわけではないが、比較法的にみて、秘密保持契約の現状の取扱いが妥当であるか、見直す必要があると考える。
③日米いずれの裁判所において、秘密保持の重要性に関する従業員への継続的な教育・研修や注意喚起（朝礼や会議での徹底等を含む）が重視されている。裁判所は、単に契約を交わしているだけでは不十分であり、法や契約による保護を受けるには、日常的な積み重ねが重要であることを明確に示している。このことを再認識する必要がある。

本章の小括

今回の「調査①」から、次のことが明らかになったと考える。
　第一に、情報管理の原点である区分管理と格付管理は、日常的・基礎的なものとして、まずまずの水準で実施されている。米国に比べれば、かなりきめ細かく行われている。
　第二に、最近における営業秘密の外部流出事件が契機となって、危機管理の整備強化が喫緊の課題として浮かび上がっているが、これに関する実態は、今回の調査ではほとんど明らかになっていない（今回の調査の主目的から外れているので、やむをえない）。危機管理といえば、秘密情報の保管場所への入退室管理、そのための監視カメラの設置、コンピュータから不正に情報を取り出そうと試みても、二重・三重に講じた技術的な措置でそれが自動的にブロックされるメカニズムの導入、保存データの暗号化、などがこれに該当するが、これには、高度IT技術や装置など多大な費用が必要となる。したがって、これを、すべての企業が一律に、というわけにはゆかない。結局、自社の身の丈にあった危機管理をどのように構築するかということが今後の課題となろう。従来の管理は、総じて「人は誤りを犯さない」と

いう性善説的な発想に立脚しているが、この危機管理に関する限り、発想を転換し、「人は誤りを犯す」という性悪説的な発想が必要となろう。

　第三に、情報漏洩・外部流出の90％以上が、取引先や従業員・元従業員などの関係者に起因していることが明となっている。完全な外部者による情報の窃取はわずか4％にすぎずないというのは意外な結果である。この実態は、関係者に対して有効でない情報漏洩の予防策では意味がないことを示唆するものである。

　第四に、企業内部の従業員、退職者等の秘密保持義務については、就業規則や雇用契約のほかに、秘密保持契約の活用によって対処していることが明らかになっている。しかし、秘密保持契約の締結率は、企業規模によって区々であり、特に、従業員30人以下の企業の7割以上が、従業員等との秘密保持契約を交わしていない。

　第五に、営業秘密を主位的請求とした訴訟の件数は、年間に10件程度であり、また、原告の勝訴率は20～25％である。米国の訴訟件数は、わが国に比べて桁違いに多く、勝訴率も40～45％で、わが国のほぼ倍である。さらに、数字による実態は示されていないが、秘密保持契約の活用による保護が、営業秘密制度と並ぶ独立した存在として、訴訟上も有効に機能していることが指摘できる。

　第六に、情報の漏洩先の58％が内外のライバル企業であるという実態にも留意する必要がある。これとの関連で、競業避止契約の活用が問題となるが、その締結率は、全規模・全業種の平均で見ると、現状では締結していない企業が82％を占めている。

　以上の実態調査の結果を踏まえた場合、企業における今後の営業秘密の「管理」と「保護」の在り方を導き出すための方程式は、少なくとも、次のニーズをカバーしたものでなければならないと考える。
①企業の関係者、特に従業員と退職者、取引先に対して効力を及ぼし得るものであること
②危機管理（予防対策）として効果があると同時に、情報漏洩という事態が現実に起きた際の事後処理対策としても効果を発揮できる存在であること

③営業秘密制度を補完できる存在であること
④わが国の活動法人約253万社の85％を占める資本金1000万円以下の企業215万社（56％を占める資本金500万円以下の企業142万社）が活用できる「使い勝手」のよい手段・方法であること
⑤グローバル化の進展というパラダイムシフトに呼応したものであること

　経済産業省の営業秘密管理指針（平成23年12月１日改訂第３章１（１）～（３）参照）は、営業秘密制度による救済（事後的処理）を可能とするための必要要件として、「物理的管理」、「技術的管理」及び「人的管理」の三つを例示し、これらの管理方法によって、秘密情報の区分管理を行うことを推奨している。情報の区分管理が目的で、そのための手段が「物理的管理」、「技術的管理」及び「人的管理」であるという説明の仕方には、若干の違和感を禁じ得ないが、要は、情報の区分管理が基礎的なものであり、それを基礎として三つの管理を実施することが、情報の安全管理すなわち「予防」及び「事後対策」に必要だということを述べているものと思われる。そうだとすれば、本稿の立場と同じ方向を目指すものである。

　結論として、営業秘密の救済方法のなかで、上記五つのニーズを満足し、かつ、「営業秘密管理指針」の趣旨と軌を一にするものは、消去法的に見ても、契約による救済、特に「契約法的管理」の中核である秘密保持契約の活用しかないと思われる。
　以上により、次章では、秘密保持契約が、法定の制度である営業秘密と実際にどのように交錯し、また、その「管理」及び「保護」にどのように寄与しているかについて考察することとしたい。

第5章　営業秘密と秘密保持契約の交錯

本章では、秘密保持契約が、営業秘密という法制度とどのように交錯しながら、企業の秘密情報の管理と保護に関連・寄与しているかについて考察する。

第1節　契約関係における営業秘密と秘密保持契約の交錯

1　保護対象と民事上の効力が及ぶ範囲の比較

　営業秘密制度（不正競争防止法2条6項）は、第三者も対象にしているので、対象者の範囲は広い。たとえば、退職者が営業秘密を持ち出して転職先で開示した場合、当該営業秘密の保有者は、当該転職先が第三者であっても、営業秘密を不正に取得した侵害行為だとして訴えることができる。
　しかし、実際に救済を受けるには、当該転職先の行為が、法定されている不正競争行為類型のいずれかに該当する場合に限られる。該当しなければ、当該行為は不正競争行為には該当しないので、営業秘密の保有者は法的救済を受けられない。また、対象となる情報も、「技術上又は営業上の秘密情報」に限られるので、転職先が取得した情報がこれに該当しなければ、営業秘密の保有者は同じく救済を受けられない。
　これに対して、秘密保持契約は、保護対象を契約で定めることができるので、その範囲は、技術上又は営業上の情報に限定されず、広く企業等が保有する秘密情報（たとえば、財務情報や人事情報など）もその保護対象にすることができる。また、不正競争行為類型への該当性とも無関係である。したがって、退職時に退職者と秘密保持契約を交わしてあれば、当該退職者（転職者）に対しては、営業秘密に基づく責任だけではなく、秘密保持契約違反に基づく責任も選択的に追求できる。相手が取引先で、秘密保持契約が交わし

てあれば、同様のことがあてはまる。しかし、秘密保持契約が交わされていなければ、契約違反に基づく責任追及はできないので、退職者や取引先に対しては、営業秘密制度に基づく請求によるほかない。

現実を直視すると、営業秘密の漏洩の90％以上は、従業員、退職者、共同研究開発先など、取引関係又は契約関係のある関係者によって引き起こされている（第4章第1節2(9)参照）。したがって、営業秘密の漏洩を減らす（又は、漏洩が発生した場合の処理を円滑かつ確実に行い、被る損害を最小限に抑える）ためには、情報を開示する相手との間で、秘密保持契約を結ぶべく可能な限りの努力をし、万一、情報の漏洩という事態が発生しても、営業秘密と秘密保持契約の併用で情報漏洩者の責任の追及ができるように準備しておく必要がある。

2 秘密管理性における両者の交錯

秘密保持契約は、実際の訴訟において、営業秘密の秘密管理性の有無を判断する際の重要な材料（証拠）の一つとして機能している[1]。裁判所は、秘密管理性の判断において、秘密保持契約の存在をそれなりに重要視している（第4章第1節〈図表4〉参照）。

営業秘密と秘密保持契約の交錯の顕著な事例としては、雇用契約と秘密保持契約が挙げられるが[2]、このような交錯は、その他の取引分野でもみられるので、特別の現象ではない。たとえば、ライセンス契約や継続取引基本契約と秘密保持契約の関係についても、同様のことがあてはまる。

1　秘密管理性を肯定する事情として秘密保持契約の存在に言及した裁判例としては、たとえば、大阪地判平成10・12・22「フッ素樹脂シートライニング事件」（LEX/DB 文献番号28050257）がある。逆に、東京地判平成14・4・23「健康食品通販顧客データ」（LEX/DB 文献番号28070858）では、秘密保持契約を交わしていなかったことを、秘密管理性を否定する根拠の一つにしている。

2　秘密保持契約が、事実上、秘密管理性の要件である、との見解も存在している。たとえば、岡伸浩「会社と社員で結ぶ秘密保持契約のつくり方」（中経出版2005年）49頁、土田道夫「労働契約法」（有斐閣2010年）107頁

第2節　訴訟における営業秘密と秘密保持契約の交錯

1　概況

　営業秘密制度導入前における企業秘密の侵害に対する民事上の救済は、秘密保持契約を交わしていない相手に対する場合は不法行為、秘密保持契約を交わしている場合は秘密保持契約又は秘密保持契約と不法行為の併用が主役であった。この点に関しては、第1章「はじめに」で言及したとおりである。

　しかし、営業秘密が法制化されて以来、企業秘密の侵害に関する民事上の救済は、多くの場合、営業秘密の侵害（不正取得・使用）を主位的な請求原因とする訴訟に置き換えられ、秘密保持契約違反（債務不履行）を予備的な請求原因としている事案は限られている。その状況の一端を数字で示せば、下記〈図表7〉のとおりである。

　この〈図表7〉は、現行の営業秘密制度が導入されて以後の主要な事案（認容・否認）を対象に、各年度1件を目安にして筆者が無作為にピックアップした合計40件について検討した結果を示したものである。秘密保持契約と営業秘密の交錯[3]の状況を考察するうえで参考になるものと考える。（40件の概要については、添付した【資料編】1　わが国の判例分析・秘密管理性調査結果一欄（要約表）を参照されたい）

　図表7から、営業秘密と秘密保持契約の交錯状況の一端がうかがえる。すなわち、
①秘密保持契約の存在が確認されたのは、40事案に対して12件である。
②12件のうち、営業秘密が肯定されている事案20件に関連しているのは9件である。残る11事案については、その存在は確認されていない。この状況は、後に述べる米国の場合（図表8）と大きく異なる。
③12件のうち、3件は、営業秘密による保護に役立っていない。このこと

は、秘密保持契約の存在のみによって、営業秘密の保護が肯定されるものでないことを示している。

一方、参考図表から、次のことが明らかである。

① 全事案40件に対して、秘密保持契約が「予備的請求」に活用された事例は、わずかに3件である。いずれも、営業秘密が否定された事案に関連しているが、その機能を発揮できていない。

② 全事案40件に対して、不法行為が予備的請求として活用された事例は、19件であり、この数字は、秘密保持契約の3件を大きく上回っている。ただし、そのうちの8件は、その機能を果たせていない。

〈図表7〉 営業秘密の認否と秘密保持契約の交錯[3]

	営業秘密が肯定された事例の場合（20件）	営業秘密否定された事例の場合（20件）	計（40件）
秘密保持契約：有＊	9件	3件	12件
秘密保持契約：無	11件	17件	28件

＊就業規則における秘密保持条項のみの場合を含まず

【参考】 上記40件における「予備的請求」の状況

	営業秘密が肯定された事例の場合	営業秘密が否定された事例の場合	計（40件）
秘密保持契約違反を理由とする「予備的請求」の活用	0	3件	3件
不法行為を理由とする「予備的請求」の活用	11件	8件	19件

今後、留意すべきことは第3章第3節2で考察したように、営業秘密による保護の「予備的請求」として「一般不法行為による損害賠償請求」を行っても、必須要件として「特段の事情」が要求され、一般不法行為による損害賠償請求が認容される可能性は低い状況におかれているという事実である。

---

3 「交錯（mixture）」とは、いくつかのものが入り混じった状態になる動態的・立体的な概念である。営業秘密を原因とする請求と秘密保持契約違反を理由とする請求は、一つの訴訟のなかで入り混じることになるので、本章では「交錯」という表現を用いている。

この点を考慮すると、今後の在り方としては、「特段の事情」を必要としない秘密保持契約（債務不履行）の積極的な活用をより重視する必要があると考えられる。

2　秘密保持義務違反が単独で主位的に請求された事案

しからば、実際の訴訟事案において、秘密保持契約がどのように扱われてきたのであろうか。これについて概観することにしたい。

(1)　営業秘密制度導入前の事件[4]

日経マグロウヒル事件（東京地判昭和48・2・19　判例時報713号83頁）

1) 事件の概要　　雑誌社である日経マグロウヒル社（訴外A）からコンピュータ用の磁気テープ（多数の購読者の住所・氏名などが収められている）を受け取り、雑誌購読者への発送業務を受託した会社（原告）が、その業務の下請会社（被告）を通じた作業中に、そのテープの中身を第三者に複写され、第三者によって、そのテープの複製物がAのライバルである雑誌社（訴外B）に売却された事件である。原告は、当該下請会社を相手取って損害賠償の請求訴訟を提起した。

2) 判旨……損害賠償請求を認容　　原告と下請会社（被告）との間に書面による秘密保持契約は存在しなかったが、裁判所は、磁気テープに対する善管注意義務には、物理的な保存等のみではなく、秘密保持義務（テープに収められている情報が外部に漏れないように注意する義務）も含まれると認定し、被告にはこれに違反する債務不履行があるとして、原告の損害賠償（慰謝料）請求を認容した。

(2)　営業秘密制度導入後の事件

リライト式ポイントカード秘密保持契約事件（東京地判平成20・10・30　LEX/DB文献番号25421305）

1) 事件の概要　　本件は、リライト式カードを利用した、「セルフ式ガソ

---

[4] このほか、大阪地判昭和61・10・30「縫製用ハンガーシステム事件」（「判例タイムズ」634号151頁）などが存在する。この事案の場合は、書面による秘密保持契約が存在せず、原告が請求した製造販売の禁止と損害賠償の請求は棄却されている。

リンスタンド向けの顧客情報システム」、「車両情報等の管理用のサポートシステム」及び「給油料金精算システム」の共同開発に際して締結された機密保持契約、覚書等に基づく義務違反をめぐって争われた損害賠償請求事件である。原告（甲）は顧客管理システムに関するソフトウエア企画開発会社、被告（乙）はガソリンスタンド業界向け料金精算機器の開発・販売会社である。

2）判旨……請求棄却　判決は、契約上の秘密保持義務違反について、原告の主張を退けている。秘密保持契約違反単独の事件の審理がどのように行われるかを理解する上で参考になる点があるので、以下、具体的に概観する。

〈争点1　契約書第3条の違反の有無〉

①契約書第3条（類似する商品開発）の定め：

「乙は、本件製品と類似する製品について別途開発を行う場合は、甲に事前に通知する。」

②当事者の主張

原告は、被告が別途独自に開発して類似商品を販売したことを、契約書3条に違反すると主張した。

③裁判所の判断

【契約書第3条の解釈】

同条項を設けた趣旨は、「被告が、原告から開示を受けた原告の技術情報等を利用して原告及び被告が共同開発するシステムと類似する製品の開発を独自に行うことを制限することにあり、『本件製品』とは、原告及び被告の本件共同開発に係るペセカシステムを意味するものと解される。」

裁判所は、被告が販売した商品は、「ペセカシステム」と命名された共同開発に係る製品の機能—ホストサーバーと各ガソリンスタンドの端末をインターネット等で接続し、ホストサーバーに顧客の個人情報を登録し、ホストサーバーによって個人情報の管理や各顧客のポイント等の集計等の管理を行うなどの機能—を有していないので、「本件製品と類似する製品」には該当しないと事実認定し、3条に違反した義務違反は存在しないと判断している。

〈争点2　契約書4条1号、3号、6号の違反の有無〉
①契約書第4条（機密保持）の定め：
「1．乙は、事前に甲の書面による同意を得た場合を除き、甲から開示された情報、資料および、本契約の締結または履行に関連して知り得た技術上、業務上の秘密を第三者に漏洩してはならない。
　3．乙は、機密情報を所定の目的のためにのみ使用し、また業務上これを知る必要のある乙の従業員以外の者について機密情報に関与させない。

(中略)

　6．乙は、甲の承諾なしに、機密情報に含まれ、又はその一部をなす発明、考案、ノウハウ等（以下発明という）を所定の目的以外に使用しない。また、甲の著作権、工業所有権を侵害しない。」
②原告の主張
　本件磁気データ仕様は、本件機密保持契約で保護されている原告の機密に該当する旨を主張した。
③裁判所の判断
【契約書第4条の解釈】
　「本件機密保持契約が保護の対象とする機密は、原告が保有する技術情報等、すなわち本件共同開発前に原告が保有していた技術情報等に係るものであって、本件共同開発の成果（「本開発の成果」）に係る技術情報等の機密を保護の対象にするものではないと解される（仮に本件機密保持契約が本件共同開発の成果に係る技術情報等の機密を保護の対象とするものであれば、本件契約書に、原告及び被告の双方がその機密の保護義務を負うことが明示されてしかるべきであるが、本件契約書にはそのような双方が機密の保護義務を負うことを規定した条項は存在せず、かえって、機密保持に関する本件契約書4条各号は、被告が原告に対して一方的に負う義務として規定している。）」
　すなわち、本件磁気データの仕様については、「原告、被告、東洋エレクトロニクス（訴外）の3者による打合せを経て、東洋エレクトロニクスが「ペセカシステム」のリライトカード磁気データ仕様（本件磁気仕様データ）を作成し、原告及び被告の双方に開示したことが認められる。そう

すると、本件磁気データ仕様は、原告及び被告が保有している技術情報等から派生した技術情報、すなわち、本件共同開発の成果（「本開発の成果」）であり、かつ、原告及び被告の作業分担により原告又は被告のいずれに帰属するものと決することができない性質のものであると認められるから、本件磁気仕様データは、本件機密保持契約が保護の対象としている機密とはいえず、本件契約書4条1号、3号、6号に規定する機密技術等に該当しないものと解される。」として、原告固有の機密であることを否定し、結論として、被告の本件機密保持契約上の義務違反を否定した。

（他の争点は、機密保持契約上の義務違反とは関係がないので、ここでは省略）

(3) 判決からの教訓

1) **日経マグロウヒル事件の場合**　裁判所は、交付を受けた磁気テープの保存に関する善管注意義務（民法400条）の一環として「秘密保持義務の発生」を認定している。結果として、原告はこれに救われたことになるが、顧客情報のような重要な営業秘密が関係している業務を下請会社に業務委託するのに、原告が被告と明確な秘密保持契約を交わしていなかったのは、迂闊というほかない。争いの対象が「情報」であるだけに、複製されても、それが複製されたものであるかどうかの立証は、原告にとって必ずしも容易ではない。また、営業秘密の侵害の場合、特許権（103条）の場合と違って、被告の過失を推定する規定が設けられていないので、書面にて秘密保持契約を交わし、故意又は過失の立証責任を被告に転換できるようにしておくべきであった。なお、訴外Aは、原告に対して、業務を委託する際には機密保持に万全を期すよう申し入れ、原告もそれを了承し業務を受注しているが、訴外Aと原告の間でも書面による秘密保持契約を交わしておくべきだったと考えられる[5]。

---

[5]　この判決については、知的所有権研究会編「最新企業秘密・ノウハウ関係判例集」（ぎょうせい1990年）18頁に、簡単なコメントが掲載されている。また、田村善之稿「営業秘密の不正利用行為をめぐる裁判の動向と法的な課題」（第2章注9）91頁は、債務不履行を主張する契約構成に意味がある事例として、この判決に言及している。

2）リライト式ポイントカード秘密保持契約事件　　裁判所は、「契約書の文言」を基礎にして、秘密保持義務違反の有無をはじめとする各争点について、個別に具体的な判断を行っている。

本件の場合、秘密保持義務の対象となる秘密情報の特定が不十分であったため、原告の主張はことごとく退けられている。秘密保持義務の対象となる情報に関する重要な事項を十分に検討し、それを契約書に明確に記載しておく必要がある。また、契約書に何となく又は抽象的に秘密保持義務の対象となる秘密情報の定義を記載しておくだけでは不十分である。そのような規定の仕方で救済されるほど、現実の訴訟は甘いものではない。

3　予備的請求としての秘密保持義務違反を肯定した事案

（1）　業務禁止等請求事件（控訴審）（知財高判平成24・3・5）（LEX/D文献番号25444331）**（原審）東京地判平成23・9・23**（LEX/DB文献番号25443857）

1）事件の概要　　本件は、原審原告を退職して会社を設立した元役員（元取締役営業担当部長）及び当該会社（控訴人・原審被告）に対して、原審原告が、①原審原告の顧客名簿を使用した販売活動の差止めと、②雇用契約（それに付随する秘密保持契約を含む）で定める秘密保持義務に違反した原審被告（控訴人）の顧客情報の開示・使用について、損害賠償を求めた事件である。原審被告は、第一審の判決を不服として控訴に及んだものである。

2）控訴審判決の判旨……差止請求は棄却。損害賠償請求の一部認容
原判決が説示するとおり、本件各顧客名簿記載の情報にはパスワードの設定等による管理が不在で、「秘密として管理されている」とは言えず、不正競争防止法上の「営業秘密」に当たるとは言えない。しかし、だからといって、本件各顧客名簿記載の情報に有用性がなく、また、秘密保持契約による本件不開示等の義務によって保護される顧客情報に当たらないということにはならない。したがって、正当な理由なく控訴人（原審被告）が行った顧客情報の開示行為や控訴人の当該情報を使用した販売活動は、控訴人が被控訴人（原審原告）に対して負う契約（雇用契約、秘密保持契約）上の不開示等の

義務（秘密保持義務）に反した違法なものというべきである。

　以上の理由により、控訴審は、原審の内容を一部変更の上、秘密保持義務違反に基づく損害賠償請求を認容したが、原審が認めた差止請求については、その必要性を認めず棄却した。

(2)　判決からの教訓

　判決は、秘密保持契約によって保護される情報が適切に特定されており、また、その情報が簡単に入手できないなどの非公知性を維持し、かつ、事業活動にとっての有用性が認められる限り、無断で開示・使用すれば秘密保持契約に基づく秘密保持義務違反となり、債務不履行の責任を負うことを明らかにしている。

　このように、保有者が、秘密情報として管理している情報について、営業秘密や雇用契約による保護のみに頼らず、的確な秘密保持契約を交わし、これによって秘密情報を二重に保護しようと試みることは、決して無駄ではない。判決は、このことを明確に示している。ただし、本件において、裁判所は、秘密保持契約を雇用契約（労働契約）に基づく保密保持義務を補強する附属的契約として位置づけており、秘密保持契約が雇用契約等から独立した契約であることを認めていない点に留意する必要がある。

4　予備的請求としての秘密保持義務違反を否定した事案

(1)　ダンス・ミュージック・レコード事件（東京地判平成20・11・26）
　　　（判例時報2014号126頁）

1)　事件の概要　　レコード、DVD等のインターネット通信販売を業とする会社（原告）が、退職者と退職者が転職したライバル会社（競業会社）を相手取って、原告の仕入先情報（営業秘密）を利用して販売活動を行っているとして、損害賠償を請求した事件である。

　競業会社に対しては、不正競争防止法に基づく損害賠償の請求がなされているが、退職者については、不正競争防止法による損害賠償（主位的請求）のほかに、秘密保持契約違反による債務不履行が予備的請求として提起されている。

2）判決の要旨……原告の請求棄却　別途秘密保持契約を締結している場合、契約当事者は、当該契約の内容に応じた秘密保持義務を負うことになる。しかし、契約上の義務については、その義務を課すのが合理的であると言える内容に限定して解釈するのが相当である。

本件の場合、仕入先情報については、秘密であることを注意喚起するなどの特段の措置が講じられておらず、従業員が本件仕入先情報を外部に漏らすことの許されない営業秘密として保護されているということを認識できる状況に置かれていたとは言えないので、営業秘密とは認められない。また、退職従業員（被告）との間で交わされた「誓約書」及び締結した秘密保持契約には、その対象となる情報の定義や例示が一切なく、本件仕入先情報が秘密保持契約による保護対象に含まれるかどうかは不明と言わざるを得ない。このような状況のもとで、被告に秘密保持義務を負わせることは、退職後の行動（転職）を不当に制限する結果をもたらすものであって不合理である。

このような事情に照らせば、本件各秘密保持の合意を交わした被告に対し、仮に本件仕入先情報が本件機密事項等に該当するとして、それについての秘密保持義務を負わせることは、予測可能性を著しく害し、退職後の行動を不当に制限する結果をもたらすものであって、不合理であると言わざるを得ない。

3）判決からの教訓

① 請求の趣旨は一つであっても、秘密保持契約違反を請求原因にすることが可能であることを認めている。なお、本件の場合、請求の趣旨が同一であるため、裁判所は、二つの請求原因を「選択的併合」[6]の関係にある、と認定している。

② 本件の場合、裁判所は、当事者間の合意（意思の合致）の内容にかかわらず、義務内容を限定して解釈するという「限定解釈論」の立場を採り、意思主義の修正（制限）を行っている。言い換えれば、「意思主義」を「限定解釈論」で修正・限定するという理論構成である。裁判所は、限定的解

6　選択的併合の場合、一つの請求原因について請求の趣旨を認容すれば、残余の請求原因については審理を必要としない。ただし、原告敗訴の判決をするには、すべての請求原因について審判をしなければならないとされている（通説）。

釈によって当事者の合意を限定・修正できる根拠として、義務を課された者の「予測可能性」と「退職後における職業選択（転職）の自由」の二つを挙げているが、この根拠に疑問を提起している見解も存在する[7]。

③裁判所は、「秘密保持契約そのものは有効であるが、原告が主張している情報は、秘密保持義務の対象外のものである」という趣旨の解釈を行っている。この判決は、「秘密保持義務違反を問うには、契約で抽象的に義務を設定するだけでは不十分であり、その義務の対象となる情報が具体的にどれであるかを取扱者が認識できる措置を講じる必要がある。しかし、それが欠落している」という趣旨の指摘をしたかったものと思われる。また、「予測可能性がない」と明確に判示しているが、これは、一般的情報と秘密情報が混然一体の状態で提示されていたのでは、その使用・開示が許されるものか許されないものかを情報の取扱者は知ることができない、という趣旨だと解される[8]。

④秘密保持契約の場合、その基本的な要件である。「情報の特定」とは、保密保持義務の対象となる情報を単に秘密保持契約書に列記することだけではなく、当該情報の取扱者が、どの情報が秘密に該当するかを認識できるような最小限度の情報管理を必然的に伴うものである。本件の場合、「予測可能性」すなわち被告の認識の可能性が十分担保されていなかったことを理由に原告の請求を退けるのではなく、むしろ、秘密保持義務の対象となる「情報の特定」という基本的な要件が欠けているとして、端的に「秘密保持契約は無効」と判断する余地もあったように思われる。

(2) 「水処理装置設計図面等差止請求事件」（大阪地判平成10年9月10日）
（判例時報1656号137頁）

1）事件の概要　　水処理設備装置の設計、製作、販売等を業とする会社（原告）は、原告の技術情報（営業秘密）を持ち出した元従業員（複数）と当該退職者が設立したライバル会社（競業会社）を相手（被告）にして、不正

---

[7]　土田道夫稿「商品仕入先情報について『営業秘密』を否定した事例」（「知財管理」60巻5号所収）791頁

[8]　小畑史子稿「営業秘密の保護と労働者の職業選択の自由」（「ジュリスト」1469号所収）58頁参照

競争防止法に基づき競合製品の製造・販売の差止めと損害賠償を主位的に請求した。また、元従業員（被告）に対しては、秘密保持契約及び競業避止契約に基づく義務違反（債務不履行）と、財産的価値ある技術情報・営業情報の故意による漏洩・使用に基づく不法行為を理由にして、民法上の損害賠償を予備的に請求した。

2）秘密保持契約に基づく秘密情報の特定状況　秘密保持契約に基づく秘密保持義務の対象となる情報の特定状況について、裁判所は、次のように事実認定している。

①被告（元従業員）は、原告会社へ入社したのち、「秘密保持の誓約書」を提出している。

②その誓約書のなかで、被告は、原告が列挙した技術上又は営業上の下記の情報については、原告の許可なく、いかなる方法をもってしても、開示、遺漏又は使用しないことを約束している。

　　㈤製品開発、製造及び販売に関する企画、技術資料、製造原価、価格決定、特許研究等に関する情報

　　㊀財務・人事等に関する情報

　　㈧販売先、仕入先、営業拡販等に関する情報

　　㊁関連子会社の情報又は他社との業務提携に関する情報

　　㊭上司から部内秘密情報として指定された情報

③被告は、誓約書のなかで、営業報告書、見積書、顧客リスト、開発時の関連資料、購入仕様資料、計画図、承認図、製作図、CAD の磁気テープ・フロッピーディスク、及び在職中に取得又は作成した情報・書類等の外注先への必要による持出し時及び廃棄時の取扱に注意し、原告に不利になる行為をしないこと、又はこれを第三者に開示しないことを原告に約束している。

④退職時には、別途、秘密保持に関する誓約書を追加提出し、退職するに当たって原告の書類、図面等の持出していないことを表明するとともに、万一持出し書類・図面等がある場合には、速やかに返却する旨を約束している。

⑤在職中・退職後を問わず、今後、原告のノウハウ等について原告に不利に

なる行動は一切しないことを表明し、被告の行動によって原告に損害が生じた場合は賠償する旨も誓約書で約束している。

3）判決の要旨……原告の差止請求と損害賠償請求のいずれも棄却　判決の要旨は、次のとおりである。

①裁判所は、原告は、本件技術的ノウハウ、顧客リスト等の内容について、「本件各装置に関する設計・製作のノウハウ、顧客リスト等の営業上の情報」と主張するだけで、何ら具体的な特定していない。また、原告の主張する本件各装置の構造は、原告が営業活動のために作成したパンフレット等に記載されており、その頒布によって公然に知られるに至った（非公知性を欠く）というべきである。

②被告（元従業員）と交わしていた秘密保持の誓約の対象となる情報の特定は、上記2）のように個別に該当項目を挙げてきわめて具体的になされている。したがって、被告は、特定された情報について秘密保持契約に基づく秘密保持義務を負うと言わざるを得ない。

③しかし、被告が、秘密保持契約に基づき退職後においても第三者に開示・漏洩・使用してはならない義務を負うのは、その在職中の業務に従事した際に知り得たすべての情報ではなく、その中で、原告によって「秘密として管理」されていた情報に限定されると解すべきである。

④被告が、原告によって秘密として管理されていた情報を退職後に使用した事実は認められないので、本件秘密保持契約上の秘密保持義務に被告が違反したということはできない。

⑤現に原告において秘密として管理されている情報でなければ、法によって保護されるべき情報とはいえないので、被告の行為が不法行為を構成するとまでいうことはできない。

4）判決からの教訓

①営業秘密であることの立証がなされていないこと、及び営業秘密の要件である「非公知性」が失われていることを理由に、裁判所は、原告が主張する情報の営業秘密性を否定している。この判断は妥当だと考える。

②問題は、「本件秘密保持契約によって被告らが原告を退職後も第三者に開示・漏洩・使用してはならない義務を負う各書面の記載によれば、およそ

原告の業務に従事する際に知りえたすべての情報というわけではなく、その中で秘密として管理されている情報に限定されると解すべきである」と判示されている部分である。すなわち、秘密保持契約のなかで保護対象が具体的に列挙されていても、それが「秘密として管理」されている情報でなければ、秘密保持の義務を負わず、また、不法行為の対象にもならないとしている点である。

②そもそも「秘密として管理」という概念は、営業秘密であるための第一の要件である。この要件を具備できない場合の措置として、秘密保持契約違反に基づく請求や不法行為に基づく予備的請求がなされているのである。

③にもかかわらず、判決文には何の説明もなく、唐突に「秘密として管理」が登場している。判示の趣旨は、おそらく「いかに具体的な列挙がなされていても、そもそも秘密性のない情報は保護の対象にならない」ということにあると思われる。したがって、「営業秘密」の場合とは別の概念を意図して「秘密として管理」という表現を用いるのであれば、たとえば日頃から秘密であることを周知するなど、その漏洩を認めないという意図が客観的に認識できる程度の「最小限の秘密管理」というような別の表現を用い、営業秘密の要件として用いられている「秘密として（の）管理」とは別の概念であることを明確にして、誤解を招かぬよう配慮する必要があったと考える。しかし、「情報の特定」を、契約書に列挙されている形式ではなく、情報の実質で判断すべきだと指摘している点は正当である。

④逆に、本判決が、営業秘密の場合と同じ概念の「秘密として管理」を秘密保持契約の場合にも求める趣旨で「秘密として管理」を用いているとすれば、的外れの判決と言わざるを得ない。これでは、営業秘密としての主位的請求が認容されない場合を想定した原告の予備的請求が、まったく無意味になるからである。

第3節　秘密保持契約による営業秘密保護の
　　　　メリット・デメリット

　前節の分析で、営業秘密の侵害訴訟において、秘密保持契約による保護が営業秘密による保護と交錯する存在であることは明らかとなった。また、秘密保持契約違反を単独請求にした事件も存在しているので、秘密保持契約を締結している相手との訴訟あれば、営業秘密による保護を常に主位的請求にしなければならない必然性がないことも明らかになった。
　よって、以下、秘密保持契約によって営業秘密を保護した場合のメリット・デメリットについて検討する。

1　メリット

　秘密保持契約による場合、秘密情報を開示・提供した者（原告）は、相手方が契約で定める秘密保持義務に違反した場合、仮に不正競争防止法（営業秘密）による救済が得られなくても、債務不履行に基づく秘密保持契約上の救済を求めることができる。つまり秘密保持契約には、不正競争防止法上の営業秘密による保護を補う効果がある[9]。これを分説すれば、原告には、次のようなメリットがある。
①秘密保持義務の対象にする秘密情報を契約書で具体的に明示・特定し、それについての開示の禁止と一定の秘密管理義務を課しておけば、無断開示などが発生した場合、秘密保持契約違反（breach of non-disclosure agreement）で争えばよく、立証負担の重い営業秘密でわざわざ争う必要がない（立証責任の負担の軽減ができる）。
②契約違反であることの主張責任は原告側にあるが、秘密保持義務違反に係る故意または過失（主観的要件）の立証責任を被告に転化できる。すなわち、契約違反の事件であり、被告側が故意又は過失がないことを積極的に

　9　同旨　日本知財協会・ライセンス第2委員会稿「技術情報の開示にかかる秘密保持契約のドラフティングに関する一考察」（知財管理60巻9号2010所収）1524頁

立証できない限り、被告に契約違反ありと判断される（主観的要件に関する立証責任の転換）。

③正当な事業活動にかかる秘密情報（たとえば、融資先の財務情報）であれば、「技術上」又は「営業上」の情報である必要はなく、非公知で、財産的な価値と保護の必要性があれば秘密保持義務の対象にできる。（保護対象の拡大）[10]。

④秘密保持契約違反が発生した場合は、履行強制（民法414条）の一環として、相手方当事者に対し差止請求（履行請求）ができる（不法行為による場合と異なり、差止請求権の確保もできる）。

⑤秘密保持契約に違反する行為が存在するか否かで判断されるので、不正競争行為類型への該当性とは無関係である。したがって、不正競争行為類型で求められている「重過失」は要件とされず、「過失」の場合であっても責任を問うことができる（責任追及できる範囲の拡張）[11]。

⑥不正競争防止法第2条1項7号が定めている不正競争行為（正当取得後における不正目的使用・開示行為）で争う場合、「図利加害目的」という主観的要件の立証が必要となるが、契約責任（債務不履行）で対応できればその必要はない（立証責任が不要となる）[12]。

⑦秘密保持契約が、営業秘密の要件である「秘密管理性」を補強する材料として機能する（秘密管理のための努力を放棄していたとみなされるリスクを回避できる）。

　たとえば、十分な秘密保持条項を含む秘密保持契約を結んだにもかかわらず、相手方の会社における管理が杜撰だったため、第三者に秘密情報が流出したと仮定する。このような場合であっても、相手方の管理状態が杜撰であることを知りながら何ら改善を求めずに放置していたとき、又は自社の管理状況が一見して杜撰であることが明らかなときを除いて、自社の管理状況について「秘密管理性」の不足を認定されるおそれはない[13]。

10　木村貴弘稿「退職後の守秘義務・競業避止義務」（「ビジネスロー・ジャーナル」No. 42、2011年9月号レクシスネクシス・ジャパン所収）33頁
11　田村善之・前掲稿（第2章注9）91頁
12　大江　忠「要件事実知的財産法」（第一法規2002）411頁、田村善之・前掲書（第2章注9）345頁は、この効用を指摘している。

⑧秘密保持契約の場合、一般不法行為による「予備的請求」の場合に要求される「特段の事情」は不要である（特別の要件は加重されない）。

ただし、秘密保持契約の保護対象として契約で特定さえすれば、どんな情報でも秘密情報として保護されるわけではない。すでに公知の情報、陳腐化している情報、一見して秘密でないことが自明な情報、事業活動にとって有用とは認められない情報、公序良俗に反する情報などは、仮に秘密保持契約の保護対象として契約書に記載されていても、秘密情報として保護されることにはならない[14]。このことは、いまさら指摘するまでもない（本章第2節4（2）4）参照）。

2 デメリット

原告にとってのデメリットとしては、次のようなものが挙げられる。

①当然のことながら、原告は、秘密保持契約を交わしていない従業員や取引先（第三者）に対して、秘密保持義務違反の効力を及ぼすことができない。したがって、第三者に対する請求は、不正競争防止法（第3条及び4条）又は一般不法行為（民法709条）によるほかない。

②秘密保持契約違反にかかる訴訟手続の過程においては、秘密保持命令（protective order）の適用がなく、秘密の開示について可能な制限手段が、「閲覧制限」（民事訴訟法92条1項2号）に限られる。このため、被告（情報の被開示請求者）からの書類等がスムーズに提出されず、審理の遅滞が懸念される。被告側としては、法的な保護なしに、審理の過程を通じて、自己の企業秘密の全貌を原告に教えてしまう危険性あるので、証拠を出し渋

---

13 「共同研究開発契約の理論と実務」（第3回、「NBL」969号2012．1・15）73頁は、十分な秘密保持条項を含む秘密保持契約を結んでいれば、相手方の管理が一見して杜撰であることが明らかな事例を除いて、契約の相手方に対する損害賠償の請求はもとより、自社の管理状態が不正競争防止法2条6項で求められている営業秘密としての秘密管理性を否定されることはなく、第三者に対する差止め及び損害賠償請求も可能である、と指摘している。その通りだと考える。

14 小畑史子「営業秘密の保護と労働者の職業選択の自由」（ジュリスト1469号所収）62頁。なお、秘密保持契約の保護対象になるか否かのボーダーラインにある情報の具体的な取扱いについては、第6章5節2及び3を参照されたい。

る傾向がある。ただし、裁判官等の限られた関係者のみによる審理、すなわちインカメラ審理手続（民事訴訟法223条）」によってこれを補うことができる。

③秘密保持契約違反（債務不履行）に基づく請求のみになると、原告は、不正競争防止法が定めている「損害の額の推定等（5条）」及び「信用回復の措置（14条）」の適用が受けられない。

④不正競争防止法が設けている罰則規定は、秘密保持契約違反には適用されない。すなわち、刑事制裁による抑制又は牽制の効果が期待できない。

3　まとめ

以上のように、秘密保持契約にはメリットとデメリットがあるが、秘密保持契約には、当事者自治の原則が働き、「小回りが利く」という利点がある。ただし、秘密保持契約に基づく秘密保持義務を設定し、対象となる情報を契約書に記載しておくだけでは不十分だという点に留意する必要がある。秘密保持契約による場合、営業秘密の場合の「秘密管理性」で求められているような管理までは必要ないが、その情報が秘密保持義務の対象であることを日ごろから従業員等に周知するなどの最小限の秘密管理の実施は必要不可欠である[15]。

第4節　営業秘密と秘密保持契約の交錯に関する先行研究

1　わが国における先行研究の現状

ここまでの考察から明らかなように、営業秘密という法定の制度にはかなり高い障壁（要件）が設けられており、また、裁判での勝訴率（20%～25%）

15　ダンス・ミュージック・レコード事件（東京地判平成20・11・26）（本章第2節4参照）は、契約書への記載が不十分である形式上の理由のほか、担当者に対してどの情報が秘密保持義務の対象となるものであるかの具体的な周知徹底が図られていなかったという実態も斟酌して、秘密保持契約による保護（予備的請求）を否認している。

が示しているように、営業秘密という制度には、訴訟をして見なければわからない「結果概念的な側面」があることも否定できない[16]。このように、制定法である不正競争防止法（2条1項4号〜9号）だけを頼りにして企業の秘密情報を保護しようとすることには、そもそも限界がある。したがって、取引や契約などに関連して秘密情報である営業秘密を開示する場合には、法制度（営業秘密）よる保護に加えて、契約構成による保護手段、すなわち、当事者間で交渉のうえ秘密保持契約を締結し、これによって二重の保護措置を講じることが賢明であり、かつ必要だと考える。

しかしながら、営業秘密に関するわが国の先行研究のなかで、「秘密保持契約が営業秘密やその他の秘密情報を保護するためにも有用（useful）かつ効果的（effective）な方法である」と直截に指摘し、その有効性・必要性を説いているものは、次項で例示する不正競争防止法及び契約法の体系書にはほとんど見られない。実務書でもそれを指摘しているものは限られている。しかし、営業秘密の保護に秘密保持契約が必要であることを指摘している論文は少なくない[17]。

一方、労働法の分野では、秘密保持義務や秘密保持契約を雇用契約に付随する義務としての位置づけで論じているものがほとんどで、「知的財産法と労働法の交錯」の視点から秘密保持契約を論じたものは、例外的なものを除いて存在していない（後述2（5）参照）。

2　先行研究の具体例（例示）

(1)　不正競争防止法（営業秘密）に関する体系書の現状（順不同）

秘密保持契約への言及の状況は、下記のとおりである。

①小野昌延・松村信夫「新・不正競争防止法概説」（青林書院2011年）335頁

　　秘密保持契約という用語は登場しているが、体系的な説明は存在しな

16　梅林啓稿「情報流出（情報漏洩・持ち出し）に悩まされる企業」（「NBL」2011・2・15，947号所収）46頁以下参照
17　たとえば、加藤正彦稿「秘密保持契約書に関する考察」（「JCAジャーナル」58巻4号2011・4所収）8頁以下

い。
②田村善之「不正競争法概説（第2版）」（有斐閣2003年）345頁
　従業員が開発した営業秘密の取扱いに関連して、「秘密保持契約」によって秘密保持義務を負わせている場合、契約が不正競争防止法（2条1項7号）に優先すると指摘し、営業秘密と秘密保持契約の関係について言及している。
③渋谷達紀「知的財産法講義Ⅲ（第2版）」（有斐閣2008年）
　秘密保持契約についての言及はない。
④青山紘一「不正競争防止法（第6版）」（法学書院2010年）
　秘密保持契約についての言及はない。
⑤千野直邦「営業秘密保護法」（中央経済社2007年）
　秘密保持契約についての言及はない。
⑥山本庸幸「不正競争防止法（第4版）」（発明協会2006年）
　経済産業省の秘密保持契約に関する指針について紹介しているが、独自の議論は展開していない。
⑦経済産業省「営業秘密管理指針（2013年8月16日改訂版）」
　第3章2（3）②（イ）（b）のなかで、「退職者に対して秘密保持義務を課す場合には、できる限り秘密保持契約を締結することが望ましい。現職の役員・従業者又は退職者と秘密保持契約等を締結する際には、秘密保持義務が必要性や合理性の点で公序良俗違反（民法90条）とならないよう、その立場の違いに配慮しながら、両者のコンセンサスを形成できるようにすることが重要である。」と指摘している。
⑧松村信夫「新・不正競業訴訟の法理と実務」（民事法研究会2014年）488頁以下
　秘密保持契約が営業秘密の侵害訴訟と交錯することについての言及はあるが、秘密保持契約についての体系的な説明は見当たらない。

　以上のように、不正競争防止法の標準的な体系書の中で秘密保持義務や秘密保持契約に言及してものは、ほとんど存在していない。

（2） 契約法の分野（体系書）の現状（順不同）

秘密保持契約への言及の状況は、下記のとおりである。

①平井宜雄「債権各論Ⅰ上契約総論」（弘文堂2008年）121頁など

　秘密保持義務についてかなりの紙数を割いて論じている。秘密保持契約を雇用契約に特有のものではなく、取引全体に共通する契約上の義務として位置づけて論じている唯一の存在ではないかと思われる。

②近江幸治「契約法（第3版）」（成文2010年）

　秘密保持義務についての言及はない。

③後藤巻則「契約法講義（第3版）」（弘文堂2013年）

　秘密保持義務についての言及はない。

④北川善太郎「債権各論（第3版）」（有斐閣2003年）78頁

　「営業秘密の不開示義務」という表現で、雇用契約との関係で論じている。

⑤小野幸二「債権各論」（八千代出版1990年）213頁

　雇用契約に付随する労働者の義務として秘密保持義務を取り扱っている。

⑥篠塚昭次・前田達明編「新・判例コンメンタール民法6講義債権各論」（三省堂1981年）175頁

　雇用契約に付随する労働者の義務として秘密保持義務を取り扱っている。

⑦大村敦志「基本民法Ⅱ　債権各論（第2版）」（有斐閣2005年）76頁

　秘密保持義務は、継続的な契約（継続的な売買契約、賃貸借、雇用など）及び、組織型の契約（組合、下請契約、代理店契約、フランチャイズ契約など）と指摘し、契約類型を越えた横断的な検討が必要だろう、と述べている。

⑧奥田昌道・池田真朗「法学講義民法5　契約」（悠々社2008年）164頁

　雇用契約に付随する労働者の義務として秘密保持義務を取り扱っている。

⑨平井一雄「民法Ⅳ（債権各論）」（青林書院2002年）342頁

　ライセンス契約におけるライセンシーの義務として、契約に盛り込む必

要性を強調している。
⑩佐藤孝幸「実務契約法講義（第4版）」（民事法研究会2012年）56頁
　ライセンス契約などを例に挙げて、契約期間終了後の秘密保持義務の問題について、信義則に基づく余後効では不十分であり、契約に規定を盛り込む必要があると論じている。

　以上のように、契約法の分野で、秘密保持契約を非典型契約の一態様として、かつ、雇用に限らず、取引全般に関連するという認識で論じているものは、きわめて限られている。

（3）　不正競争防止法（営業秘密）に関する論文・論評の現状（順不同）
　秘密保持契約への言及の状況は、下記のとおりである。
①富岡英次稿「営業秘密の保護」（牧野・飯村編「知的財産関係訴訟法」青林書院2001年所収）472頁以下
　秘密保持契約についての言及はない。
②松本重敏「実務からみた営業秘密保護立法の意義と問題点」（ジュリスト1990年9月1日、962号）58頁以下
　取引上及び雇用関係における秘密保持義務との関係について言及している。
③鎌田薫稿「営業秘密の保護と民法」（ジュリスト1990年9月1日、962号）32頁以下
　不正競争防止法に差止請求権が認められたことによって、契約上の秘密保持義務の履行請求権が排除されたと解する必要はなく、営業秘密の保有者は、契約上の秘密保持義務を証明して、契約上の請求権を行使できる、と明確に述べている。
④梅林啓稿「情報流出（情報漏洩・持ち出し）に悩まされる企業」（NBL、2011・2・15, 947号所収）46頁以下
　営業秘密による保護には限界があり、秘密保持契約の締結が必要であると強調している。威嚇（牽制）効果と契約に基づく情報の削除（履行の強制としての差止め）や損害賠償の請求ができるからだと述べている。

⑤升田純稿「守秘義務と裁判例」（NBL2009年11月1日号916号10頁以下、同11月15日号917号102頁以下、同12月1日918号86頁以下）

　守秘義務（秘密保持義務）は、社会の様々な場面で利用されていると指摘し、その発生は、法を根拠とする場合、契約を根拠とする場合、及び事業の性質上守秘義務を負うと解される場合があると説明している。また、「契約に基づく守秘義務は、企業にとって経営、事業の基盤となる情報である秘密情報を確実にするための重要かつ合理的な手段・方法を提供するものである。」と述べている。

⑥岩崎恵一稿「秘密保持契約」（辻本・武久『知的財産契約の理論と実務』日本評論社2007年所収）465頁以下

　秘密保持契約のひな型を提示し、同契約書の各条項について説明している。

⑦小畑史子「営業秘密の保護と労働者の職業選択の自由」（ジュリスト1469号所収）61頁以下

　秘密保持契約が不正競争防止法以外の方法による営業秘密の保護にとって有効な方法であることを認めるとともに、退職者の転職を必要以上に制限することがないように留意する必要があると述べている。

　以上のほかにも多数の論文・論評が存在している。このように、営業秘密制度による企業秘密の保護には限界があると指摘しながら、秘密保持契約による保護の必要性を提唱している者も少なくない。

（4）　実務書の現状（順不同）

　秘密保持契約への言及の状況は、下記のとおりである。

①岡伸浩「秘密保持契約のつくり方」（中経出版2005年）46頁以下

　実務家の立場から「秘密保持契約を結び、契約上の保護を可能にしておくことが望ましい」と述べている。秘密保持契約に関する唯一に近い実務書である。

②田淵義朗「秘密保持契約がよ〜く分かる本」（秀和システム2007年）104頁以下

秘密保持契約書の作成の仕方を実務家向けにやさしく解説した手引書である。
③経営法友会編「営業秘密管理ガイドブック（全訂第2版）」（商事法務2010年）61頁以下
「自社の営業秘密を取引先等の第三者に対して開示する場合には、秘密保持契約を締結すべきである。」と明確に指摘している。
④肥塚直人「『技術流出』リスクへの実務対応」（中央経済社2014年）48頁以下
すべての情報を「秘密管理性」の要件を満たす形で管理することは難しいが、当事者が合意していれば、これに違反した場合、損害賠償請求や差止請求を行うことが可能であるとして、秘密保持契約の効用を説いている。

以上のように、体系的な実務書のなかには、秘密保持契約の役割は、雇用契約の局面に限定されないという立場に立っているものもあるが、何分、その絶対数が限られている。

（5） 労働法の分野の現状（順不同）
紙数の関係で例示は割愛するが、秘密保持義務や秘密保持契約に関する論文・論評は数多く存在する。ただし、秘密保持契約や秘密保持義務を雇用契約（企業内秩序）の枠内の問題として捉えているものがほとんどである（たとえば、菅野和夫「労働法（第十版）」（弘文堂2013年）480頁、荒木尚志「労働法（第2版）」（有斐閣2013年）259頁）。
例外的なものとして、土田道夫「労働契約法」（有斐閣2008年）107頁は、「不競法の規制と守秘義務は別のカテゴリーに属するが、実質的には、守秘義務契約は企業が不競法の保護を受けるための必須の前提を成している」と述べ、秘密保持契約が労働法の垣根を越え、営業秘密と密接に関連していることを指摘している。また、土田道夫稿「競業避止義務と守秘義務の関係について」（中嶋士元也先生還暦記念論集「労働関係法の現代的展開」信山社2004年所収189頁以下）、及び片岡曻稿「企業秘密と労働者の権利」（東京布井出版

1996年所収193頁以下）は、秘密保持契約を「労働法と知的財産法の交錯」という視点でとらえている。

以上のように、労働法の分野では、企業秩序維持のために、秘密保持義務や秘密保持契約が重要であるという認識は浸透しているが、いまだそれ以上の分野への広がりにはなっていない。

(6) まとめ

民法や労働法の研究者の一部や実務家から指摘や示唆があるように、営業秘密は、特定の領域（たとえば雇用契約）の枠内にとどまるものではなく、①不正競争防止法、②契約法、③不法行為法、④労働法、の四つの領域と交錯しており、いわば「スクランブル交差点」のど真ん中に位置するような存在である。したがって、その管理と保護の方法・手段は、縦・横・斜めからの複雑な動きに対応できるものでなければならない。このため、営業秘密を不正競争防止法の枠内で研究・考察するだけでは不十分であり、それぞれの分野の研究成果を一つの方向に収斂させない限り、営業秘密の管理と保護に役立つ理論にはなり得ない。しかし、現状は、上述のように、それぞれの領域でバラバラに論じられている。また、秘密保持契約が、雇用契約を補完する契約であるというとらえ方が依然として主流を占めていることも否定できない。

今後の在り方としては、秘密保持契約を、企業活動に伴う営業秘密の保護（不正競争防止法）や企業内秩序の維持（労働法）などの領域にまたがる横断的な存在としてとらえ、契約法（契約体系）のなかにも明確な形で位置づけることが必要である。そのためには、研究と啓蒙、及びそれを支える実務慣行の確立が必要だと考える。

第5節　米国における営業秘密と秘密保持契約の交錯

1　概況

下記〈図表8〉は、営業秘密に関連して類書で引用されることの多い米国の裁判例のなかから、筆者が無作為に選んだ事案を分析した結果に基づく要

約である。その数は、営業秘密が肯定されたもの12件・否定されたもの8件（計20件）で、各州裁判所の事案、連邦地方裁判所の事案及び連邦控訴裁判所の事案で構成されている。分析の対象が少なく、また、公の統計データも存在しないので、この数字の妥当性の検証は不可能であるが、秘密保持契約と営業秘密の秘密管理性が訴訟においてどのように交錯しているかを把握するうえで、一つの目安になると考える。

この〈図表8〉から明らかなように、秘密保持契約が交わされている10件は、すべて秘密保持契約違反を請求原因にしている。米国の民事訴訟法では、秘密保持契約違反と営業秘密の侵害を同じレベルの請求原因とすることが認められているので、原告が「主位的請求」「予備的請求」に区分して審理の順番を指定する必要性に乏しい。指定が無い場合、どの請求原因を優先して審理するかは、裁判所の裁量に委ねられている。

事案別にみると、秘密保持契約が締結されている事案が10件で、全案件（20件）の半分を占めているほか、すべて営業秘密の肯定につながっている。ちなみに、わが国の状態は、すでに本章第2節で検討したように、秘密保持契約が締結されている事案は、40件中、12件で、かつ、営業秘密の肯定につながったのは、そのうちの9件である。

なお、分析の対象にした20件の詳細については、添付別紙の【資料編】2 米国の判例分析・調査結果一欄（要約表）を参照されたい。

〈図表8〉 米国における営業秘密の認否と秘密保持契約の交錯

	営業秘密が肯定された事例の場合	営業秘密が否定された事例の場合	計
秘密保持契約：有	10件	0件	10件
秘密保持契約：無	2件	8件	10件
計	12件	8件	20件

【参考】
①営業秘密が肯定された計12件の内訳は、退職者（元従業員）及び転職先を

被告にした事案が7件、退職者及び転職先と関係のない相手（取引先等）を被告とした事案が5件である。
② 全20件のうち、秘密保持契約違反を理由とする請求は10件であり、すべて認容されている。
③ 2件については、秘密保持契約は存在しないが、営業秘密の侵害として請求を認容している。また、秘密保持契約がない8件は、いずれも営業秘密を否定されている。

2　制定法とコモン・ローの適用上の順序

(1)　コモン・ロー上の原則（basic common laws principle）

　訴訟における制定法とコモン・ローの適用には順序がある。これは、「コモン・ロー上の原則」と呼ばれており[18]、営業秘密と秘密保持契約の交錯の背景となっている。営業秘密にあてはめてこの原則を分説すれば、次のとおりである。
① 情報の保有者から営業秘密などの秘密情報を開示された場合、当事者間に明示の契約関係がある場合はもとより、仮に明示の契約がなくても、原告（情報の開示者）が信頼関係（confidential relationship）又は黙示の契約（implied contract）の存在を主張・立証すれば、通常、被告（情報を受領した者）の秘密保持義務（confidential obligation）が推定（presume）される。
② 信頼関係又は黙示の契約の存在についての主張・立証責任は原告が負っているが、書面の契約を交わしてあれば、この点の負担が大きく軽減される[19]。
③ 被告は、上記①の推定を覆滅（overturn）できない限り、その開示された（受領した）情報の秘密保持について責任を負わなければならない。なお、「統一モデル法」の「不正取得・使用行為（1条(2)）」は、この原則を具体化した規定だといわれている[20]。また、統一モデル法は、これに基づい

---

[18]　Roger M. Milgrim id. at §3.01。Milgrimは、これを「コモン・ロー上の原則（common law principle）」と呼んでいる。
[19]　梅田勝監修・橋本虎之助訳・前掲書（第2章注39）44頁

て州制定法が設けられても、当事者間の契約関係に何ら影響を及ぼすものでないことを規定し（7条(b)）、営業秘密に関する州制定法と契約に基づく保護の関係を明確にしている。

④被告が義務違反の推定を覆滅できない場合、原告は、コモン・ローによって、救済（差止又は損害賠償の一方若しくは両方）を受けることができる。

⑤争点になった情報が営業秘密に該当しなくても、その情報に秘密性があれば、被告は、信頼関係及び信任義務の違反（breach of confidential relationship and fiduciary duty）のないことを立証（prove）できない限り、その義務違反について責任を負わなければならない（be liable for damage arising out of such breach）[21]。なお、公知であるなど秘密性のない情報が保護の対象外であることはいうまでもない。

（補足説明）

米国のリステートメント（第三次・1995年の不正競争に関する章）には、次のように明記されている[22]。

「契約（covenant）若しくは明示の約束（express promise）のもとで開示された情報又は受領者が営業秘密であることを知り若しくは知り得る状況のもとで開示された情報は、秘密保持義務を生じさせるものであり、また、そのような状況のもとで開示された情報を不正に利用する行為については、営業秘密の不正利用として責任を負う」

このように、明示（expressed）の契約はもとより、黙示（implied）の契約又はそれに近い関係についても、一定の法的効力が認められている（いわゆる「擬似契約理論」）。特に、企業と従業員等との関係では、しばしばこのように扱われる。したがって、営業秘密に関する訴訟は、まれに単独請求の形で行われることがあるものの、多くの場合、秘密保持契約違反などの他の請求を含んだ形で行われる[23]。たとえば、雇用契約で定める秘密保持義務違反、ライセンス契約交渉時の誓約違反、ライセンス契約の秘密保持条項違反

---

20 R. Milgrim *Id.* § 3.01。なお、条文の内容については、添付【資料編】3 連邦統一営業秘密モデル法と州制定法の比較参照
21 梅田勝監修・橋本虎之助訳・前掲書（第2章注39）26頁、Quinto & Singer *id.* at 54
22 不正競争リステートメント（第三次・1995年）40条及び41条
23 *Gonzaga Law Review* Vol. 46 *id.* at 94

などの紛争についての訴訟は、通常、営業秘密侵害の救済を求める訴訟に含めて提起されている。

　James H. A. Pooley は、その著書"Trade Secrets"（後述5（2）参照）のなかで「財産的価値のある情報を「営業秘密」として保護できるかどうかは、信頼関係の存在次第である（using trade secrets as a method of protecting proprietary information depends on the existence of a confidential relationship）と指摘している（同書42頁）。すなわち、営業秘密をめぐる訴訟においては、被告側の信頼関係及び信任義務の違反が訴訟原因の一つとなっているのが普通である。したがって、被告の義務違反が認められる場合、原告は、営業秘密の侵害（不正競争防止法）による救済を待たずに、コモン・ロー（契約法又は不法行為法）に基づいて、秘密の侵害に対する何らかの救済を得ることができると述べている。この点は、Quinto & Stuart がその著書"Trade Secrets"（第2章注50参照）のなかで指摘していることと同様である。

　わが国の場合、米国のように、営業秘密にかかる訴訟において被告の義務違反は推定されないので、不正競争防止法（2条1項7号）の類型（「信義則違反類型」などと呼ばれている）[24] に依る場合でも、秘密保持契約違反に基づく差止請求（民法414条）や損害賠償（民法415条）を予備的に請求する必要がある[25]。この点では、米国の場合と大きく状況が異なる。

(2)　法の適用上の順序
　上記(1)により、秘密情報の訴訟にかかる法の適用上の順序は、要約すれば次のようになる。
1）契約関係又は信頼関係が認められた場合で、秘密保持契約違反が訴訟原因になっているとき　コモン・ロー（契約法）が適用され、被告の契約違背又は信頼違背の有無が問われる。
2）契約関係又は信頼関係が認められない場合又は秘密保持契約違反が訴訟原因になっていない場合　契約又は信頼の違背を問うことができないの

24　千野直邦・前掲書（第2章注37）182頁
25　大江　忠・前掲書（本章注12）411頁、金井重彦・山口三恵子・小倉秀夫編著・前掲書（第3章注1）91頁

で、営業秘密の有無として扱われ、
①営業秘密に関する制定法が存在すれば、それが適用される。ただし、制定法の規定と抵触しない限り、コモン・ローの適用を排除しないと明文で規定している州では[26]、依然としてコモン・ロー（不法行為）上の問題として扱われる[27]。
②制定法が存在しなければ、コモン・ロー（不法行為）が適用される。

　上記2）①からも分かるように、モデル統一法に基づく制定法が設けられていても、その制定法は、契約関係が存在しない者との間の紛争が問題になった場合で、かつ、制定法がコモン・ローの適用を排除している場合に限って適用されるものである。このように、制定法の適用範囲が限られていることに留意する必要がある[28]。

3　営業秘密の侵害と秘密保持契約違反の訴訟における交錯

　営業秘密と秘密保持契約の両制度を併用できることについては、連邦民事訴訟手続10(a)にも定めがあり、秘密情報を不正に取得・使用された場合、当該情報の保有者は、営業秘密の不正取得・使用（misappropriation of trade secrets）と秘密保持契約違反（breach of a non-disclosure or confidentiality agreement）の両方又はいずれか一方を訴訟原因として訴訟の提起ができる[29]。

---

[26]　たとえば、ニュージャージー州の営業秘密に関する制定法（7条(b)は、モデル法を修正して、この旨を明確に規定している。添付【資料編】3連邦党営業秘密モデル法と州制定法の比較参照

[27]　David S. Almeling "*Four Reasons to Enact Federal Trade Secrets Act*" (Fordham Intellectual Property, Media & Entertainment Law Journal Vol. 19 2009) at 774. 同氏は、営業秘密に関する州の制定法が制定されたことにより、州における法の適用にかえって混乱が生じていると指摘している。

[28]　千野直邦・前掲書（第2章注37）106参照。類書ではほとんど言及されていないが、極めて重大なポイントである。なお、上記注27の Almeling も同趣旨の指摘をしている。

[29]　David Quinto & Stuart Singer "*Trade Secrets Law and Practice*" (Oxford University Press 2012) p 54、Henry H. Perritt, Jr. "*Trade Secrets (Second Edition)*" (Practicing Law Institute 2009) at § 4: 8

現実に、営業秘密による保護の対象と秘密保持契約による保護の対象はほぼ同一であるため、一つの訴訟においては、両方が訴訟の請求原因とされる事例がほとんどを占めている。この場合、いずれの原因が判決の基礎になるかは、個々の事件における事実関係に基づいて裁判所によって決せられるが、両方の理論が結合した形で用いられる（in combination）こともある[30]。

米国の場合でも、営業秘密の不正取得・使用を主張する原告は、①営業秘密が存在すること、及び②信頼関係の違背又は不正な営業秘密の漏洩であること、の両方について立証を求められる。したがって、原告は、契約関係のある相手との争いでは、立証負担の軽い秘密保持契約違反を優先して主張するのが普通である。

営業秘密（コモン・ロー又は制定法）による保護に代えて、秘密保持契約や不法行為（コモン・ロー）による保護などの代替的な請求（alternative claims）の方法が用いられる理由について、Quinto & Singer は、その著書 "Trade Secrets (Second Edition)"（第2章注50参照）のなかで、次のように述べている（同書54〜57頁）。（訳文は筆者による）

①最大の理由（the most important reason）は、営業秘密による場合に比べて、原告にとって訴訟を有利に進めることが容易（may be easier to prevail）だからである。たとえば、争いの対象となっている情報が秘密保持契約によって開示を禁じられた「秘密情報」であれば、営業秘密としての要件を具備していることの立証がなくても、同様の救済が得られる。

②ディスカバリー（証拠開示）の手続を有利に進めることができる。営業秘密の侵害を理由とする訴訟でこの手続を進めるには、その内容を事前に合理的に明らかにすること（be identified with "reasonable particularity"）が求められる。被告は、その反射的利益として、営業秘密侵害の内容につての証明が不十分だとして異議を申し立てることができるため、訴訟手続が数カ月遅延し、原告が仮処分（temporary restraining order）を得ることができない事態が発生することも珍しくない。この点は明らかに不利である。

---

[30] 本章第5節6で述べる裁判例も、このカテゴリーに属している。

秘密保持契約違反の請求では、この不利益が回避できる。
③不法行為による請求の場合、営業秘密による場合に比べて、悪意（bad faith）の立証が相対的に軽い。このため、懲罰的賠償を獲得しやく、かつ、2倍という上限の制限もない。不当利得（unjust enrichment）の返還請求もできる。秘密保持契約による場合、弁護士費用の回収も相対的に容易である。
④秘密保持契約違反を理由とするときは、従業員に対する訴訟の場合であっても、裁判地（venue）が被告の住所地に限定されず、選択の幅が広くなる。また、契約で裁判地の合意（consent to jurisdiction）があれば、さらに選択肢が増える。

4　秘密保持契約を併用することのメリット・デメリット

James H. A. Pooley は、その著書"Trade Secrets"（後述5（2）参照）のなかで、秘密保持契約のメリット及びデメリットについて、次のように述べている（同書43頁）。

1）メリット
①広く用いることができる。これを用いていないと、営業秘密にかかる訴訟において、証拠（evidence）の点で不利になる可能性がある（たとえば、業務請負人 independent contractor との場合には、信頼関係の証拠として書面による契約が必要となるが、秘密保持契約書があれば、それでカバーできる）。
②情報の保有者及びそれを保護すべき責任などに関する争点（issues）を明確にすることができる。
③仲裁（arbitration）又はその他の訴訟以外の紛争解決手段を定めることができる。
④秘密保持契約の対象となっている情報が重要な存在（営業秘密）であることを相手方に認識させることができる。
⑤契約当事者である相手方が契約の対象となっている情報を「営業秘密」として確認（acknowledgment）しているということは、訴訟において非常に有利な証拠になる。

2）デメリット

①契約で、営業秘密に属する財産的価値ある情報を必要以上に狭く定義し、保護可能なものを自ら制限してしまうおそれがある（overnarrow definitions）。

②秘密保持契約への署名を拒否される場合が起こり得る（特に、在籍している従業員の場合）。

③秘密保持契約を求めるべき者を見落とす（overlook）場合がある。

さらに、営業秘密の場合、制定法上、出訴の時効（Statute of Limitation）が3年であるのに対して、秘密保持義務違反の場合は、コモン・ロー上6年である。このような違いも、秘密保持契約が営業秘密と併存的に用いられる理由の一つを構成している[31]。

なお、米国の営業秘密に関する或る解説書は、営業秘密の不正取得・使用の主張に加えて、秘密保持契約違反（債務不履行）を主張できることのメリットについて、端的に次のように述べている[32]。

「契約をしておけば、トレード・シークレットの所有者は、情報がシークレットであるのをはっきりさせるために、関係（relationship）を明確にしてくれる判決が出るのを今か今かと待っていたり、情報を知っている当事者がシークレットの存在に気づいていなかったのかを確かめたりする必要はありません。つまり、契約というのは、ある関係を明確にしてくれたり、すべての当事者に通告してくれる役割を果たしたりしてくれるのです。したがいまして、このような契約は、企業と従業員との間、企業と下請け業者、取引先又は販売チェーンのメンバー間でしておくべきです。」

5 米国における先行研究

（1）概況

米国の場合、営業秘密に関する代表的な文献は、下記のとおりである。どの体系的解説書も、"protection of trade secrets by contract"[33]、"Theories

---

[31] Quinto & Singer *id.* at 62
[32] 梅田勝監修・橋本虎之助訳・前掲書（第2章注39）44頁

of Protection — Express or Implied Contracts"[34]、「契約を通じてのトレード・シークレットの保護」[35]などの見出しのもと、相当の紙数を割いて営業秘密と秘密保持契約の関係について詳しく論じている。しかし、米国において、いつから秘密保持契約が一般的なものになったか定かではない。ただ、Stephen M. Dorvee が、1981年に発表した論文 "Protecting Trade Secrets through Copyright"（Duke Law Journal Vol. 1981 p981,）のなかで、「価値ある営業秘密を保護する為にいろいろな方策が講じられてきたが、企業では、従業員に対して、在職中はもとより退職後においても営業秘密を漏らさない旨の誓約の提供を求めることが普通（commonly）になっている」と述べ、1944年当時からの代表的な裁判例[36]を引用しているので、1940年代において、秘密保持契約がすでに一般化していたことは確かである。また、このことは、添付した別紙「**資料編2　米国の判例分析・調査結果一欄（要約表）**」からも裏付けられる。

(2)　代表的な体系書（順不同）

　主要なものを列記すれば、次のとおりである。

① Henry H. Perritt Jr. "*Trade Secrets（Second Edition）*" Practicing Law Institute 2009

② Davis W. Quinto & Stuart H. Singer "*Trade Secrets（Second Edition）*" Oxford University Press 2012

③ Jerry Cohen & Allen S. Gutterman "*Trade Secrets Protection and Explotation*" BNA Books 1998 and 2000（Supplement）

④ James H.A. Pooley "*Trade Secrets*" American Management Association（Amacom）1987

33　R. Milgrim *id.* Chapter 4., The American Law Institute "*Restatement of the Law third "UNFAIR COMPETITION*" § 41, James H. A. Pooley "*Trade Secrets*"（American Management Association 1987）at 42

34　Louis Altman "Callmann on *UNFAIR COMPETITION, TRADEMARKS AND MONOPOLIES（Fourth Edition）（Vol. 2）*" Chapter 14（West Thomson 2004）

35　梅田勝監修　橋本虎之助訳・前掲書（第2章注39）44頁

36　たとえば、Kadis v. Britt, 224 N.C. 154, 29 S.E. 2d 543（1944 Supreme Court of North Carolina), Irvington Varnish & Insulator Co. v. Van Norde 138 N.J. Eq. 99 46 A. 2d 201（1946 Court of Errors and Appeals of New Jersey)

⑤ Roger M. Milgrim "*On Trade Secrets*" Mathew Bender 1996
⑥ Louis Altman "*Callmann on UNFAIR COMPETITION, TRADEMARKS AND MONOPOLIES（Fourth Edition）*" West Thomson 2004
⑦ Stephen Fishman "*Your Trade Secrets and More*" Nolo 2001
⑧ Mary Ann Capria "*Trade Secret-For The Businessman*" 梅田勝監修・橋本虎之助訳（発明協会1991年）
⑨ Brain M. Malsberger "*Trade Secrets*" — *A State-by State Survey（Fourth Edition）Volume I, Volume II*（BNB Books 2011）

（注）

小野昌延「営業秘密の保護（増補）」（信山社2013年）も、米国の営業秘密の管理における秘密保持契約の役割について詳しく紹介している。また、Kazumasa Soga（曽我一正）"The Legal Protection of Trade Secrets in Japan: A Comparative Study of English and German Law"（成文堂2003年）も参考になる。

（3）　代表的な論文・論評（順不同）

主なものを列記すれば、次のとおりである。

① Stephen M. Dorvee "*Protecting Trade Secrets through Copyright*"（Duke Law Journal Vol. 1981）
② David S. Almeling "*Seven Reasons why Trade Secrets are increasingly important*"（Berkley Law Journal Vol. 27）
③ Scott M. Kline & Mathew C. Floyd "*Managing Confidential Relations in intellectual Property Transactions: Use Restrictions, Residual Knowledge Clause, and Trade Secrets*"（The Review of Litigation, The University of Texas School of Law 2006）
④ Jay Dractler "*Trade Secrets in the United States and Japan: A Comparison and Prognosis*"（Yale Journal of International Law Prognosis 1989）
⑤ Mario Lao "*Federalizing Trade Secrets in an information Economy*"（Ohio Street Journal 1998）

6 裁判例の概観

(1) 営業秘密による保護と秘密保持契約による保護が混然一体となっている事案

1）事件名　　Vascular Health Sciences, LLC (VHS) v. Daniels Health Sciences, LLC (DHS) (710 F. 3d 579 2013 U.S. App. for 5th Cir.)

2）事件の概要　　心臓病用治療薬の製造に関する技術情報をめぐる争いである。第一審裁判所が、原告（VHS：被控訴人）に対して、秘密保持契約違反等を理由に予備的差止請求（Preliminary Injunction）を認容したことを不服として、第一審の被告（DHS）が控訴を申し立てた事件である。第一審判決は2012年8月12日に、控訴審判決は2013年3月5日に、それぞれ言い渡されている（なお、これは、テキサス州が統一モデル法に基づく制定法を導入する以前の事案であり、州のコモン・ローに基づいて判決が下されている）。

3）訴訟原因（Cause of Action）　　第一審の訴状（Original Complaint）には、下記のとおり、7つの訴訟原因が記載されている（Case 4: 12-cv-01896. Filed in TXSD on 06/25/12）。注目すべきは、「契約違反」が、「営業秘密の不正取得・使用」よりも先に記載されている点である。訴状では、下記の形式（style）が一般に用いられている。

　　Count One — Breach of Contract
　　Count Two — Misappropriation of Trade Secrets
　　Count Three — Trademark Infringement
　　Count Four — Common Law Infringement
　　Count Five — Declaration Under 15 U.S.C. § 1119
　　Count Six — False Advertising
　　Count Seven — Violation of Texas Theft Liability Act

【補足説明】
①実際の訴状（complaint）には、多くの訴訟原因が並列的に記載されている。訴訟原因が複数ある場合には、番号を付して別々に記載する必要がある（連邦民事訴訟手続法10(b)。また、予備的請求（代替又は仮定の請求、alternate or hypothetical claims）も認められている（同8(e)(2)）。このた

め、営業秘密の不正取得・利用に係る請求は、しばしば、秘密保持契約違反に係る請求を伴う（accompany）」[37]と表現される。

②本件の場合、秘密保持契約違反と営業秘密の侵害が並列の形で訴訟原因とされ、かつ、契約違反（breach of contract）が一番先に登場している。"Count"（カウント）とは、訴訟原因の記載番号ことである。裁判所は、この順番に拘束されないが、通常は、この順番で審理が行われる。

4）判旨……原告の請求を認容
〈第一審裁判所〉
　裁判所が差止請求を認容した主な理由は次のとおりである。
①両者間に取引条件とライセンス契約の大枠を定めた取り決めが存在している。また、秘密保持契約が交わされている。
②主たる争点は、秘密保持契約違反（breach of contract）と営業秘密の不正使用（misappropriation of trade secrets）の二つである。
③原告が秘密保持契約違反を主張するには、有効な契約が存在すること、相手方（被告）が契約違反をしていること、及び契約違反による損害が発生し、原告がその損害を被っていることの立証（establish）が必要であるが、原告は立証できている。
④営業秘密の不正使用を主張するには、営業秘密が存在すること、信頼関係の違背が存在すること、及び損害が発生していることの立証が必要であるが、原告は立証できている。
⑤上記③及び④の主張について、原告は、両者間の取引上の口頭の取り決め（oral understanding）及び秘密保持契約という根拠（bases）を有しており、それらは、いずれも差止請求の理由となり得る。
⑥原告に差止請求を認めないと、原告に回復不能（irreparable）な損害を生じるおそれがある。

　以上により、第一審裁判所は、予備的差止請求（preliminary injunction）を認容（grant）している。

---

[37] たとえば、"Patent, Trademark & Copyrigt Journal"（The Bureau of Ntional Affairs 01/13/2012）。

【補足説明】

　訴訟手続全体の流れでいえば、本案訴訟（merits judgment）においては、最初に、緊急の差止命令として発せられていた**仮処分**（temporary restraining order）の妥当性が審理され、これが認容されれば、仮処分に代わるものとして「**予備的差止命令**（Preliminary Injunction）」が出される。また、本案訴訟の終結時に請求が認められれば、予備的差止命令は「**本案的差止命令**（Perpetual or Permanent Injunction）」に置き換えられる[38]。なお、"Perpetual"又は"Permanent"とは、本案訴訟で確定した差止命令の意味であり、「永久」の意味ではない[39]。むしろ、本案的差止命令による差止期間に、最初から期限が設けられることも珍しくない[40]。

〈控訴裁判所〉

　控訴裁判所は、第一審の結論を支持（affirm）した。その主な理由は下記のとおりである。

①控訴人（第一審被告）は、秘密保持契約違反の請求に関して、損害の立証と秘密情報（confidential information）の立証（prove）がなされていないと主張したが、理由がないとして棄却（dismiss）してる。

②控訴人は、テキサス州において営業秘密の不正使用に関して保護を受けるには、「営業秘密の存在」、「信頼関係に違背又は営業秘密の不正な開示」、「営業秘密の使用」及び「損害の発生」を被控訴人（原審原告）において立証しなければならないが、この要件に該当する秘密情報は存在しないと主張した。しかし、控訴裁判所は、営業秘密が存在するかしないかは、六つの要素[41]を総合考量して判断されると判示し、その結果として、営業秘

38　事実審裁判所は、本案的差止命令（perpetual injunction）を発する裁量権を有しているが、その決定に当たっては、「衡平の原則」を考慮する必要があるとされている。その原則には、①権利者が回復不能な損害を被るおそれがあるか、②金銭賠償のみでは不適当か、③差止命令を出すことが公益を守ることになるか、④当事者に与える負担のバランスは取れているか、の四つが含まれるとされている。eBay Inc. v. MercExchange, LLC, 126 S.Ct 1837 (U.S. 2006) 参照

39　「終局的差止命令」と訳している事例も見られる。たとえば、国際商事法務42巻5号（2014）801頁。

40　田中英夫編「英米法辞典」（2010年6月東京大学出版会）634頁

密の存在を認定している。
③テキサス州の場合、当事者間の信頼関係の存在（the existence of a confidential relationship）の証明（prove）のために書面による合意（an express agreement）は必須ではなく、一審原告から提供された情報が秘密であることを一審被告が知っていたならば、それで十分（sufficient）であると判示した。
④控訴人は、予備的差止請求を認容するためには、「本案訴訟（merits judgment）における勝訴の可能性」、「差止めを命じない場合に回復不能な損害（irreparable harm）が発生する可能性」、「差止めによって当事者が被る犠牲のバランス（balance of hardship）」及び「一般の人々に与える影響（disservice to the public interest）」の四つを挙げ、被控訴人が立証責任（burden of proof）を果たしていないことを第一審裁判所は見逃していると主張した。しかし、控訴裁判所は、審理手続は尽くされており、差止めの許諾について第一審裁判所に裁量権の濫用（abuse its discretion）は認められないと判断して、控訴人の主張を退けている。

5）判決からの教訓　この事案から次のことを読み取ることができる。
①裁判所は、営業秘密の侵害の判断要素として、当事者間の信頼関係への違背（breach of confidential relationship）の有無が不可欠であることを挙げている。
②秘密保持契約は、原則として、ライセンサー・ライセンシーのような継続的な信頼関係の存在を前提にして締結される、というのが裁判所の一般的な理解である。つまり、秘密保持契約違反を原因とする訴訟が提起されるということは、信頼関係の違背が発生していることを示す指標（メルクマール）である、という受け止め方である。このような関係から、営業秘密の侵害にかかる訴訟において秘密保持契約違反が同時に訴訟原因（cause of action）とされている場合、秘密保持契約違反の有無を優先して審理し、

41　六つの要素（factor）とは、①その情報が外部に知られている程度、②そのビジネスの関係している者に知られている程度、③その情報の秘密を維持するために講じられている措置、④その情報の保有者及び競合者に対する価値、⑤その情報を開発するために行われた投資額、⑥その情報を入手又は複製することの難易度、をいう。

これを通じて、最初に信頼関係の違背の有無を明確にする運用が一般に行われる。

③しかし、明示の秘密保持契約の存在は、信頼関係の違背を判断する際の必須要件とはされていない。明示の契約が存在しない場合（regardless of the absence of an express agreement）であっても、たとえば提供された情報が秘密であることを受領者が理解していたなどの事情が存在すれば、それは、当事者間に信頼関係が創設（establish）されていたことを示す十分な証拠（evidence）になりうると判断されている（いわゆる「擬似契約理論」）。

④秘密保持契約の対象になる情報が秘匿にする意図のもとで管理されているもの（秘密性のあるもの）でなければならないことは当然であるが、営業秘密の場合に比して、その範囲や要件は緩やかに解釈されている。

(2) 秘密保持契約違反が単独で取り上げられた事案

1）背景　米国の場合、営業秘密などの秘密情報をめぐる訴訟では、上記(1)のように、営業秘密の侵害に対する保護と秘密保持契約上の秘密保持義務違反に対する保護の二つの請求が事実上一体化されている[42]。このため、秘密保持契約に基づく秘密保持義務違反が単独で問題にされるのは、「ライセンス契約の交渉」のような、継続的な取引関係とは必ずしもリンクしていない単発（one-time）の事案の場合だといわれている。

技術ノウハウなどのライセンス契約の交渉は、合意に達しない場合が多々あるので、その場合に、相手方が交渉の過程で知得した情報をどこまで使用できるか、また、ノウハウの保有者がその使用を禁止できるかなどが問題となる[43]。

2）具体的事例　これについてのリーディングケースは、**アレン事件**（Allen-Qualley Co. v. Shellmar Products Co.（36 F. 2d 623（7th Cir. 1929）だといわれている[44]。紙数の関係で、詳しい記述は割愛するが、キャンディのセ

42　2500万ドルの損害賠償が命じられた RRK Holding Co. v. Sears, Roebuck and Co.（563 F. Supp. 2d 832 N.D. ILL, 2008）の判決文をみても、訴訟原因の記載番号（count）Ⅰは、"breached the Nondisclosure Agreement"、count Ⅱ は、"misappropriated Plaintiff's trade secret" と、明確に記されている。

43　梅田勝監修・橋本虎之助訳・前掲書（第2章注）33頁は、このことを指摘している。

44　土井輝生・前掲書（第2章注37）169頁は、この事案について解説（だだし、第一審の判決

ロハン包装にかかる特許ライセンスの紛争事案（1928年から1937年の10年間にわたって争われた事件）である。第一審被告は、将来、第一審原告のライセンシーになるという約束（口頭の取り決め）のもとに第一審原告から秘密情報の開示を受けた。第一審被告は、その秘密情報の延長線上で第三者の特許の存在を発見したにもかかわらず、それを第一審原告に告げずに自ら取得し、原告と競合する製品を製造販売した。裁判所は、一審原告が有する技術情報を営業秘密と認めたうえで、その保護（競合製品の製造・販売の差止め等）の根拠を営業秘密に関する州の制定法やコモン・ロー（不法行為）に依らずに、もっぱらコモン・ロー（契約法）上の秘密保持契約違反に求め、それを根拠に請求を認容した。また、口頭の取り決めしか存在しなかったが、裁判所は、信頼関係の存在を特に重視し、第一審原告に第三者の特許の存在を告げ、当該原告に第三者の特許を取得させ、そのライセンスを受けるのが信頼関係にある者として取るべき本来の態度であるとして、第一審被告が取得した第三者特許を第一審原告に引き渡すよう命じた。判断の根底に信頼関係理論が存在することは明らかである。

7　信頼関係理論と契約関係理論の関係

　上記6（2）のアレン事件は、第2章第4節4で述べた1917年のデュポン対マスランドで信頼関係理論（confidential relationship theory）の影響を強く受けていると言われている（岡本幹輝稿「米国判例にみるトレード・シークレット保護の動向」（白鷗大学論集5巻2号、1990年166頁）。その後、1970年ごろまでは信頼関係理論が大勢を占め、黙示の秘密保持契約しか存在しない場合でも、明示の契約が締結されていると同等にみなす擬似契約理論（quasi-contract theory）によって営業秘密の保有者が保護されてきた（岡本・上記稿165頁）。

　しかし、時代の進展とともに、擬似契約理論で営業秘密の保有者を保護す

のみ）を掲載している。金春陽・前掲書（第2章注43）120頁は、これをリーディングケースであると述べている。また、梅田勝房監修・橋本虎之助訳・前掲書（第2章注39）33頁も、この事案について簡単に言及している。

る理論に加えて、契約関係理論（contractual relationship theory）が台頭することとなった。この理論は、秘密保持条項を含む明示の契約の締結が必要であるいうことを出発点としているが、単に契約を交わしているだけでは不十分であり、何が秘密であるかを特定し、かつ、秘匿にする意思で管理していることを示すために、秘密保持義務を負う者に対して絶えず注意喚起をしておかなければ、営業秘密の保有者は秘密保持契約による保護を与えられない、とするものである。たとえば、1973年の Motorola, Inc. v. Fairchild Camera and Instrument Corp.（第6章第3節8（3）参照）や、1974年の Wilson Certified Foods, Inc. v. Fairbury Food Prod., Inc.（370 F. Supp. 1081 1974 D. Nebraska）で見られるように、明示の秘密保持契約は締結されていたが、雇用者（原告）から、何が秘密情報であるか具体的に特定された形で示されていなかったという理由で、元従業員（被告）が勝訴している。1983年の Electro-Craft Corp. v. Controlled Motion Inc.（332 N.W. 2d. 890 Minn. 1983）でも、明示の秘密保持契約は交わされていたが、裁判所は、何が秘密情報であるか漠然としていて具体的特定に欠ける、従業員に対する注意喚起がないなどを理由に、原告の請求を退けている。このように、契約関係理論は、1970年代に台頭し、信頼関係理論の無制限な適用を制限する存在として機能し、今日に至っている。

第6節　秘密保持契約の扱いに関する日米比較

1　契約観・契約理論に由来する違いがみられる

すでに検討した具体的な事案から明らかなように、訴訟における秘密保持契約の扱いが、日米で大きく異なっている。米国の場合、秘密保持契約の存在は、営業秘密にかかる訴訟を左右する重要な訴訟原因として完全に組み込まれている。

しからば、この相違は、何に由来しているのであろうか。それは、契約観・契約理論の違いに由来していると考えられる。

木下毅氏は、その著書「英米契約法の理論（第2版）」（東京大学出版会1985

年）のなかで次のように指摘している。すなわち、

「わが国を含めた大陸法においては、法的問題全般を行為者の『意思』（will）を中心として考察するのに対して、英米法においては、ほとんどすべての法的問題を『関係』（relation）及びそれに当然含まれるあるいはその関係に効力を付与するに必要な『相互的権利義務』（reciprocal rights and duties）という『関係の内容』（incidents）を中心にして考察する傾向が強い」（285頁）というのである。また、同氏は、「すべての法的問題を大陸法的に個人の意思中心ではなく、当事者間の関係を中心に考えていこうとする法文化的発想法が、コモン・ローの精神の基調をなしてきた」（同2頁）とも述べている。

また、ハーバード大学教授 Roscoe Pound も、その古典的名著 "The spirit of the Common Law" のなかで、コモン・ローの根本思想は、「意思（will）」ではなく、「関係（relation）」にある、と述べている[45]。すなわち、R. Pound 教授は、大陸法では、すべての問題を行為者の意思を中心として考察するのに対して、英米法では、ほとんどすべての問題を、「関係」及びその関係に当然含まれる「相互的な権利義務（reciprocal rights and duties）」を中心にして考察しようとする傾向が強い、と述べ、木下氏と同趣旨の指摘をしている[46]。

この指摘にあるように、わが国における契約理論の基本的な法的構成は、「契約とは、対立する2個以上の意思表示が合致して成立するものである」[47]という伝統的な意思主義に立脚し、「意思＝合意」が損なわれたこと自体に損害填補（契約責任）の発生根拠を置く「意思主義（will theory）」的な立場を取っている。したがって、この理屈を貫けば、たとえば、継続的契約である賃貸借の場合、1回でも期日どおりの賃料の支払いを怠れば、貸主（家主）は、借家人（借主）の意に関係なく賃貸借契約を解約できることになる。

一方、わが国においても、1965年（昭和40年）当時から意思主義の限界が

45　R. Pound *"The Spirit of the Common Law"* (published by Marshall Jones Company 1921) at 21-27

46　R. Pound *"Interpretation of Legal History* (1921)*"* (Peter Smith 1967) at 57

47　我妻栄「新訂民法総則」（岩波書店1930年、新訂1965年）244頁

すでに指摘され[48]、また、当時において、契約によって創設された信頼関係を保護法益とする考え方がすでに提起されていた[49]。このような背景のなかで、1972年（昭和47年）、最高裁は、借家人が催告期間内に延滞賃料を弁済しなかった場合であっても、金額が少額であり、過去には１回も賃料延滞がなく、また、台風で建物が損壊した際に家主が修理しないので自費で修理（屋根の吹き替え）をしたが、家主には償還を求めていないなど、当事者間の信頼関係が破壊されたと認められない特段の事情があるときは、賃料の不払いを理由とする解約は信義則に反し許されないと判示した[50]。これは、当事者間の信頼関係を前提にしたもので、一般に「信頼関係破壊の法理」と呼ばれており、その後も不動産関係の契約の解約等に適用されている[51]。たとえば、最高裁が、不動産管理・処分に関する委任契約の解除に関して、「単に委任者の利益のみならず受任者の利益のためにも委任がなされた場合であっても、委任契約が当事者間の信頼関係を基礎とする契約であることに徴すれば、受任者が著しく不誠実な行動に出る等やむをえないと認められる事由があるときは、委任者において委任契約を解除することができるものと解すべきことはもちろんである……」と判示し、委任契約の解除を認めなかった控訴審の判断を破棄・差戻した事案も存在している[52]。

この法理は、このように、もともと不動産の賃貸関係の判決の蓄積によっ

48 　川島武宜「民法総則」（有斐閣法律学全書1965年）166〜167頁
49 　たとえば、我妻栄は、「近代法においては、契約はすべての—少なくとも私法的な—社会関係を設定する要件とされる。これを離れた客観的な秩序はない」と指摘し、契約に「関係設定的」な機能があることを認めている（債権各論上巻（岩波書店1965年）11頁参照）。また、同氏は、「債権者と債務者の間には、一個の債権関係が存在すると見るべきである」「債権者と債務者との間を単に形式的な権利義務の対立とみることなく、信義則（信義誠実の原則）によって支配される一個の共同体とみることができる」とも述べている（新訂債権総論（岩波書店1964年）7頁参照）。債権関係を「当事者間の信頼関係を基礎とするものである」という考え方は、他の有力な学説でも主張されていた。たとえば、松坂佐一「民法提要債権総論（第４版）」（有斐閣1982年）7頁。
50 　最三小判昭和37・6・26「家屋明渡等請求事件」（民事判例集18巻6号1220頁）、控訴審：大阪高判昭和37・2・28、第一審：大阪地判昭和35・9・20
51 　北川善太郎「債権各論（第３版）」（有斐閣2003年）66頁及び「債権総論（第３版）」（有斐閣2004年）111頁参照。
52 　最二小判昭和56・1・19「不動産管理委託契約解除事件」（民事判例集35巻1号1頁。判例時報996号50頁）

第6節　秘密保持契約の扱いに関する日米比較　159

て確立されたものであるが、雇用契約や販売店契約の解除などの継続的契約一般における債務不履行が信頼関係の破壊や背信的行為に該当するか否かを判断する場合の実質的な基準として今日でも作用している[53]。また、信頼関係の破壊の有無で契約の解除・解約が制限されるということは、「契約自由の原則」「当事者自治」という意思主義の基本に対する「修正」又は「制限」である。

　しかし、継続的契約である秘密保持契約について、これを「当事者間の信頼関係を基礎とする契約である」と受け止め、「信頼関係の破壊の有無で契約の解除・解約が制限される」というレベルで解釈する学説や判例は、未だ存在していない。言い換えれば、秘密保持契約は、当事者の意思で自由に解除・解約ができる通常の契約にすぎず、当事者間の関係性が契約の拘束力を左右するレベルには至っていない。

　これに対して、米国の場合、歴史的な変遷はあるが[54]、現在では、当事者間の「合意」よりも、「関係性」又は「信頼関係」のなかに契約の拘束力の基礎を求める考え方が一般的であり[55]、禁反言（estoppels）的な約束によって相手方に信頼感を惹起させた者は、その約束に忠実でなければならず、その信頼関係に違背して相手方に損害を与えた場合、その損害を賠償しなければならないとする「信頼関係理論（fiduciary and confidential relationships theory）」的な法的構成が支配的である。言い換えれば、秘密保持契約は、

---

[53] 北川善太郎・「債権総論」（本章注51）112頁。また、加藤新太郎編「継続的契約の解除・解約（改訂版）」（新日本法規2014年）は、供給型売買、代理店・特約店、業務委託等に関する契約の解除・解約に関する裁判例を、この法理を用いて仕分けている。

[54] UCC（統一取引法典）第二編（1951年）は、「物品売買契約」という限られた領域ではあるが、現在でも、当事者の「合意・約束」を重視する契約ルールを設けている。他方、第二次契約法リステートメント（1981年）は、判例法で発展してきた信頼理論を重視して、当事者の「信頼・利益」などの「関係性」「信頼関係の保護」の拡充を図っており、UCCと第二次リステートメンの間に調和の図られていない部分も存在している。このため、契約の拘束力の根拠をめぐっては、現在でも論争が続いている。

[55] Roscoe Pound "*The Spirit of the Common Law*"（Marshall Jones Company 1921）p 21. なお、米国の契約法の理論の歴史については、木下毅「英米契約法の理論（第2版）」（東京大学出版会1985年）が詳しく紹介している。すなわち、契約責任の基礎を合意・約束に求める古典的・伝統的な意思理論（will theory）及び約束理論（promise theory）に対して、その基礎を信頼関係に置く約因理論（consideration theory）、交換取引理論（bargain theory）及び約束的禁反言の法理（promissory estoppels doctrine）などが挙げられている。

契約の当事者の一方が相手方から信頼を受け、相手方の利益を念頭において行動しなければならない関係、すなわち「信任関係（fiduciary relation）」又は「信頼関係（confidential relation）」が当事者間に存在することの証明をその役割にしていると解する考え方である[56]。したがって、秘密保持契約に違反することは、このような信任（fiduciary）又は信頼（confidence）の関係を維持すべき義務（duty）に違背（breach）することであり、これについて責任を負わねばならないということにつながるのである。

　結論として、米国の場合、営業秘密にかかる訴訟においては、当事者間の関係、つまり営業秘密の授受の基礎となった信頼関係の有無が最初に審理の対象とされる。つまり、「最初に信頼関係ありき」であり、その客観的な判断材料として秘密保持契約の有無や秘密情報の特定、秘密保持義務者への注意喚起の有無などのいわゆる「契約関係理論（contractual relation theory）」が問題にされるのである。これに対して、わが国の場合、「最初に秘密管理性ありき」であり、当事者間の「関係（relationship）」ではなく「原告の意思（will）」が最初に問題にされ、その客観的な判断材料の一つとして秘密保持契約の有無が問題にされるのである。この違いは、契約観・契約理論の違いに由来していると考えられる。

2　秘密管理性における扱いに違いがある

　すでに指摘したように、米国の場合にも、秘密保持契約が「情報の秘密を維持するための合理的努力（reasonable efforts to maintain the secrecy of trade secrets）」の必須の手段・方法である、と正面から定めた規定は存在しない（第2章3節4（4）参照）。

　しかし、不正競争防止に関するリステートメント（第三次）の第41条には、「営業秘密を使用するためにその保有者（owner）から開示を受けた者

---

[56] 雇用関係のもとにある従業員は、使用者に対して「忠実義務（duty of loyalty）」を負っている。これを、売主と買主、ライセンサーとライセンシーなどに拡大したものが「信頼義務（confidential duty）」であり、信頼義務のうちの特に重い義務が、信託受託人や企業の役員などに課される「信任義務（fiduciary duty）」である。信頼関係はこれに準じて考えればよい。

は、開示を受けるに先だって秘密保持に関する明示の約束をした場合、又は黙示の契約によってそのような約束の存在が認められる場合、その保有者に対して秘密保持の義務（duty of confidence）を負う」と明示されている。リステートメント自体は法源（sources of the law）ではないが、訴訟においては、法源に準じて取り扱われているので、その重みは無視できない。

これに対して、わが国の場合、秘密保持契約は、営業秘密の「秘密管理性」を判断する際の材料・要素として重視されてはいるが、明文の規定や基準は存在せず、裁判所の裁量次第という状況に置かれている（第4章1節3(2)参照）。

3　裁判所の関与の仕方に差がみられる

すでに概観した事例から明らかなように、わが国の場合、意思主義の修正のために、「限定解釈論」のような法理[57]が裁判所によって適用される。しかし、関与する裁判所の姿勢は概して情報の開示者に厳しく、限定解釈などの法理に基づく裁判所の自由裁量で、果たして判断の客観性が担保されているのかという疑問が払拭できない[58]。

これに比して、信頼関係理論を基本としている米国の場合、①情報の被開示者による「信頼に違背する行為」の有無、②信頼違背行為の程度が法的保護に値するか否か、③契約の強制（具体的には行為の差止めなど）を認める必要性の有無、などの基準に基づく総合考量により、情報開示者の保護について、より客観性が確保できる仕組みになっている。

4　故意・過失の取扱いに差がみられる

わが国の場合、原告は、債務不履行請求にかかる故意・過失の立証責任を被告に転嫁できる（民法415条の解釈）が、契約責任の基本原則は、故意・過

---

[57] 本章第2節4参照
[58] 土田道夫・前掲稿（本章注7）791頁は、裁判所が採用している義務内容の「限定的解釈」の手法に賛成できない旨の見解を述べている。

失を主観的要件とする過失責任である。これに対して、米国の場合、契約責任は、基本的には厳格責任（strict liability）、すなわち無過失責任（absolute liability）である[59]。法定又は約定による免責条件に該当しない限り、約束は守らなければならないとされている。また、わが国の民法（414条）では、債務不履行がある場合、強制履行（差止請求を含む現実的履行）が第一次的救済であるのに対して、米国の場合、損害賠償（damage）が第一次的救済であり、損害賠償で不十分な場合に限り、衡平法上（in equity）の救済として「特定履行（specific performance）」（わが国の「強制履行」に相当する）や差止請求（injunction）が認められる順序となっている[60]。このように、契約違反の救済の方法についても日米間に発想の違いがある。

次に、不法行為責任について、①故意による不法行為（intentional torts）に起因するものと、②過失による不法行為（negligence）に起因するものが存在する点はわが国と同じであるが、米国の場合、特に悪質（bad faith）な不法行為については懲罰的賠償（punitive damages）という、わが国に存在しない制度（衡平法上の救済である）が存在する[61]。また、米国の場合、故意による不法行為（willful misconduct）や重過失（gross negligence）に該当する場合には、たとえ免責条項（特約）があっても無効であり、免責は認められない[62]。

---

[59] G. D. Schaber・C. D. Rohwer "Contracts" 内藤加代子訳「アメリカ契約法」（木鐸社2001年）271頁。

[60] Allan Farnsworth "Contracts (fourth edition)"（Aspen Publisher 2004）§12.4 at 739. 木下毅・前掲書（本章注55）396頁。田島裕「アメリカ契約法」（信山社2013年）288頁にも様の記述がある。

[61] 杉浦秀樹「米国ビジネス法」（中央経済社2007年）82頁。なお、田島裕・前掲書（上記注60）278頁によれば、懲罰的賠償は、契約違反に対する責任には適用されないと説明されている。その理由は、契約を破る自由は、経済活動の促進に役立つと考えられているからだ、とのことである。

[62] 杉浦秀樹・前掲書（上記注61）44頁

5 わが国の場合、秘密保持契約の役割が、必ずしも正しく理解されていない

わが国の場合でも、営業秘密などの秘密情報の管理と保護には、当事者間の信頼関係は重要な要素であり、これを確保するための契約が秘密保持契約である。この点では、医師と患者、弁護士と依頼人の間の契約と基本的に変わるところはなく、契約当事者間の「信頼関係 (fiduciary and confidential relationship)」に重きを置いた契約と評価・解釈する視点が必要である。しかし、この点の理解が、必ずしも正しく行われていない。

契約は、もともと「約束は守られる」「守られるべきものである」という当事者間の信頼を基礎にしたものである。このことを勘案すれば、営業秘密という秘密情報にかかる訴訟においては、米国の実務慣行に倣って、当事者間の信頼関係との親和性が高い「信頼関係理論」の視点を加味して判断することが、公正かつ妥当な結論に到達できる近道だと考える。特に、不正競争防止法2条1項7号の行為類型を解釈する場合、信頼関係理論の立場から判断すれば、「示された」営業秘密であるか否かについては、情報の「帰属」に固執することなく、弾力的に解釈することが可能になる。

6 秘密保持契約に対する実務慣行に違いがある

営業秘密との関連で秘密保持契約を論じている学説は、すでに指摘したように皆無に近い。また、本章第2節4(2)で指摘したように、営業秘密における「秘密としての管理」と秘密保持契約における「最小限の秘密管理」を混同していると疑わざるをえないような判決すら存在しているのである。このことから導けるように、わが国において、秘密保持契約に基づく秘密保持義務によって、企業の秘密情報を保護するという慣行が定着していると言いがたい[63]。また、企業秘密という共通の枠内に「営業秘密」と「それ以外の企業秘密」が存在し[64]、①営業秘密制度に依らなければ保護されないもの、

---

[63] ただし、個人情報保護法の制定以来、情報の秘密保持について関心と意識が高まり、実感として秘密保持契約を交わす事例が大幅に増えつつある。

②秘密保持契約によらなければ保護されないもの、③両制度によって共に保護されるもの、の三つが混在している事実が、必ずしも正しく理解されていないように思われる。

補足すれば、米国の著名な識者の一人である Scott M. Kline & Mathew C. Floyd は、「契約違反を理由にした救済請求と営業秘密の侵害に対する救済請求の二つが、秘密保義務を強制するための最も普遍的かつ効果的な方法である」(a breach of contract claim and a claim for misappropriation of trade secrets are the two most common and effective ways to enforce confidentiality provisions)[65] と指摘している。また、Jerry Cohen and Alan Gutterman も「営業秘密の保護と活用（Trade Secrets Protection and Exploitation）」と題する著書[66]のなかで、「秘密保持契約は営業秘密又はその他の秘密情報を保護するための手段・方法である」と、明確な位置づけをしている。しかし、わが国では、秘密保持契約に関する理論も実務慣行も、残念ながらまだこのレベルには達していない。

本章の小括

第4章の実態調査から、裁判所も、個別の事案において、秘密保持契約の存在をそれなりに重視していることが明らかとなったので、本章では、日米比較を交えながら、秘密保持契約が、営業秘密などの秘密情報の管理と保護に実際にどのように活用され、具体的にどのように交錯しているかについて、判決例などを含めて概観した。

その結果、①秘密保持契約による秘密情報の保護の場合、当事者の自治が

---

[64] 企業秘密の重要な一角を占めるのが営業秘密である、と明確に位置づけている論者としては、長内健・前掲書（第2章注2）5頁、岡伸浩・前掲書（本章注2）47頁以下、大矢息生「知的所有権と営業秘密の保護（改訂版）」（税務経理協会1994年）147頁などがあげられる。

[65] Scott M. Kline & Mathew C. Floyd "*Managing Confidential Relationship in Intellectual Property Transactions: Use Restrictions, Residual Knowledge Clauses, and Trade Secrets*" id. p 311

[66] Jerry Cohen and Alan Gutterman "*Trade Secrets and Explotation*"、BNA Books 1998 at 117

基本的に認められており、営業秘密制度や不法行為による場合に比べて、必要要件は一般的に緩やかであること、②秘密保持契約による保護は、業種や規模による影響を受けず、かつ、「弾力性」と「小回りが利く」利点を有し、営業秘密制度による保護よりも「使い勝手」のよい手段・方法であること、などが明らかとなった。したがって、合理的な努力による営業秘密の「管理」や「保護」のための方法・手段として秘密保持契約を活用することは、現実的な選択肢であると考える。

一方、営業秘密制度による管理と保護の現状を顧みるに、①営業秘密による保護を得るための要件が必ずしも緩やかでないこと、②営業秘密をめぐる紛争解決に民事訴訟が年間10件程度しか用いられていない現実、③勝訴率が20〜25％である事実、④第4章で言及したように、活動法人（平成25年3月末日現在、約253万社）の85％（約215万社）が小規模事業者（資本金1000万円以下）によって占められているわが国の現実[67]などのほかに、⑤営業秘密制度自体に内在する問題（営業秘密の定義が十分ではないなど）、⑥原告の立証負担が重すぎるなど、いろいろな課題や限界があることは否めない。現役の裁判官でさえも、「裁判所の運用を含めて現状において営業秘密侵害訴訟の認容に至るハードルがかなり高いというのも、その通りだと思います」[68]と、率直に現実の問題点を認めているのである。

したがって、秘密保持契約の締結が可能な相手に対しては、契約の締結を積極的に働きかけ、営業秘密制度のみに頼るのではなく、米国の実務慣行のように、秘密保持契約を積極的に活用することが必要であり、また、有意義だと考える。

ここまでの論述で、秘密保持契約が、営業秘密の足らざるを補い、その「管理」と「保護」に寄与できる重要な存在であることは明らかとなった。

しかしながら、すでに概観した判決例（本章第2節4(2)）からもうかがえるように、判決文の中にさえ、「秘密保持契約による保護の場合」に求め

---

[67] 国税庁「税務統計からみた法人企業の実態」（会社標本調査。平成26年3月公表）
[68] 座談会「営業秘密をめぐる現状と課題」（ジュリスト1469号所収）29頁（清水節判事の発言）。

られる「最小限の秘密管理」と「営業秘密による保護の場合」に必須要件とされる「秘密としての管理」を同一視するがごとき混乱が見られるのが現実である。また、本章第4節で概観したように、秘密保持契約についての先行研究には残された課題も多く、残念ながら満足できるレベルに達しているとは言い難い現状にある。したがって、今後、営業秘密の「管理」と「保護」のさらなる高度化を図るには、好むと好まざるとにかかわらず、秘密保持契約についての研究と検討を深めることが必要になる。言い換えれば、今後の「営業秘密論」は、米国の場合のように、秘密保持契約についての論述を伴ったものであるべきだと考える。

　このような認識のもとに、次章では、秘密保持契約そのものについて、もう少し掘り下げて検討することにしたい。

第6章　秘密保持契約についての概括的考察

本章では、営業秘密の「管理」と「保護」のために、秘密保持契約が現に活用されていることを踏まえて、その全体について概括的な考察を行うこととする。

第1節　秘密保持契約の概念

1　秘密保持契約の法的性質及び訴訟上の扱い

ここまでの検討から、わが国で用いられている秘密保持契約の法的性質及び訴訟における扱いは、おおむね次のように要約できる。

①内容的には、秘密情報の開示者が、情報の開示を受ける相手方（被開示者）に対し、その情報（法律上「物」ではない）を「秘密」として管理・保護し、それを第三者に無断で開示しない不作為義務（秘密保持義務）を課す契約である。結果として、開示者に債権が、被開示者に債務が、それぞれ生じる。債権者は、債務の履行強制（民法414条）の一環として将来のための適当な処分（民法414条3項）又は間接強制（民事執行法172条）を請求することができる[1]。

②暗黙又は黙示（implied）の契約によって秘密保持義務を負わせることも理論的には有効であるが、明示（express）の場合でも、口頭（oral）ではなく、書面（in writing）の契約によるのが普通である。証拠力に差が生じるからである。

---

[1] 田村善之氏は、「営業秘密の不正利用行為をめぐる裁判の動向と法的な課題」（第2章注9）のなかで、「勘違いされることがときとしてあるので、注意を喚起しておきますが、契約構成に依拠したところで、債務の履行として差止めまで求めることができますので、その点で不足が生ずる、又は保護が劣ることはありません」（91頁）と、わざわざこのことについて言及している。

③義務内容については、当事者の合意（意思主義）を基礎としているが、その行き過ぎを抑制するため、裁判所による「限定解釈（restrictive interpretation）」などが行われている。しかし、当事者の合意内容を裁判所が事後的に修正（限定）できる法的根拠は、必ずしも明らかでない[2]。

④被開示者が義務の見返りとして受ける給付は、他人に知られていない情報を入手できることにあるが、開示者が情報を開示すべき義務を交換的に負う場合は「双務契約」、情報を開示すべき義務を交換的に負わない場合は「片務契約」である。

⑤民法典に定義を有しないので、「無名契約（non-statutory contract）」の一種である。また、民法上の典型契約の組み合わせた「混合契約（combination contract）」ではなく、「非典型契約（no-typical contract）」である。

⑥情報が外部に漏れた場合、約束によって生まれた「秘密を保持する」という期待利益（expectation interest）が失われるので、情報の開示者は、それによって被った損失について、被開示者に対して賠償の責任を求めることができる。

⑦営業秘密の侵害訴訟において、秘密保持契約違反（債務不履行）を同時に請求原因とすることは可能である。ただし、「請求の趣旨」が同一であり一個である場合、複数の請求は、「選択的併合」として扱われる（第5章第2節4（1）3）参照）。

⑧現状、雇用契約を補完する附属的契約としての位置づけから脱却できていない。しかし、実務的には、取引基本契約、共同研究開発契約、ライセンス契約などに付随して取引先相互間でも締結される例が増加しており、次第に雇用契約の附属的契約の地位を脱しつつある[3]。

⑨営業秘密の侵害をめぐる訴訟では、「秘密管理性」の有無を判断する際の重要な要素の一つとされている[4]。

  2　土田道夫稿「商品仕入れ先情報について『営業秘密』該当性を否定した事例」（第5章注7）791頁

  3　岩崎恵一稿「秘密保持契約」（辻本勲男・武久征治編「知的財産契約の理論と実務」日本評論社2007年所収）465頁

  4　岡伸浩・前掲書（第5章注2）49頁

以上のように、秘密保持義務を情報の被開示者（受領者）側に負わせることを主目的にした契約が、本来の意味における「秘密保持契約」である。しかし、これに当事者間で授受された情報の「目的外使用禁止義務」をプラスした広義の契約を「秘密保持契約」と呼ぶ場合がある[5]。多くの秘密保持契約は、「目的外使用禁止義務」の条項を設けているので、実務的には両者を区別していない場合が多い。

　ちなみに、書面の形式としては、秘密保持義務を負う方が相手方に提出する「差入書」「誓約書」と当事者双方が記名押印する「契約書」の二つがあるが、義務を負う側からみた場合、後者の方が望ましい。前者は、一定の前提条件のもとにおける承諾の証として差し入れるものであるが、前提条件が変更・消滅した場合でも、書面だけが独り歩きする危険性があるからである。ただし、会社と従業員や大企業と下請業者などの間では「差入書」形式を用いる事例が多く見受けられる。現実には、当事者間の力関係によって、形式が決まるようである。

2　秘密保持契約の存在形態

（1）形態別

　形態別にみると、秘密保持契約（「守秘義務契約」、「機密保護契約」などと呼称されることもある）は、何らかの基礎的な取引関係又は契約関係に附帯又は随伴して結ばれることが多い。たとえば、取引基本契約、ライセンス契約、共同開発契約、フランチャイズ契約、雇用契約等に附帯・附随して交わされるものが、これに相当する。この場合、秘密保持契約自体を、「自己完結」の別建て（独立）の契約にするのが一般的である。しかし、別建ての契約形式を取らず、「秘密保持義務」に関する取り決めを「秘密保持義務条項」の見出し（heading）のもとに、これら取引基本契約や雇用契約等に組み込む形式もしばしば用いられている[6]。基礎的な契約に組み込まれている「秘

　5　日本知財協会（ライセンス第2委員会第1小委員会）稿「技術情報の開示にかかる秘密保持契約のドラフティングに関する一考察」（「知財管理」60巻9号2010所）1524頁
　6　岩崎恵一・前掲稿（本章注3）465頁。

密保持義務条項」は、当該基礎的契約が終了した後における秘密保持義務の残存（survival）について規定している重要な契約条項であり、別建て形式の秘密保持契約の場合の「秘密保持義務条項（secrecy clause）」と、その内容・性質は同一である。別建て形式による場合、「秘密保持契約」と題とした「契約書」の形を取るものが一般的であるが、「覚書」「念書」などの表題による簡単な内容のものや、レター形式（差入書形式）のものも存在している。いずれも、基礎的な関係を反映しているため、継続的（continuous）な性格を有している。

これに対して、ライセンス許諾の交渉時、工場・研究所等の見学時、事業買収・合併等のM&Aの交渉時などの場合にも秘密保持契約を締結することがある[7]。この場合の秘密保持契約は、交渉過程等で授受される情報が秘密性（非公知性）の喪失を防ぐための措置であり、単発的（one-time）な存在である。書面の形式としては、「契約書」の形を取るものが一般的であるが、「覚書」「念書」などの表題による簡単な内容のものや、レター形式（差入書形式）のものも存在している。

なお、本稿で、単に「秘密保持契約」という場合、特に断らない限り、別建て形式のものだけではなく、他の基礎的な契約に組み込まれている「秘密保持義務条項」を含む概念として用いることとする。また、形式を問わずに、「秘密保持契約」と呼ぶこととする。

（2）相手先別

契約の相手方を基準に区分すると、秘密保持契約には、①企業間（たとえば、ライセンサーとライセンシー間、売主と買主の間）で締結されるものと、②企業とその従業員等の間で締結されるものに分けることができる。

情報は、それぞれの契約当事者の組織内部においては、特定の者（担当者）によって取り扱われる。したがって、従業員、特に秘密情報の取扱者との間の取り決めが重要かつ必要である。また、取扱者が所属企業（会社等）を退職した後における取り決め（秘密保持契約書・誓約書等）を欠かすことはできない。

---

[7] たとえば、淵邊善彦編著「提携契約の実務（第2版）」（商事法務2014年）136頁

（3）目的別

　秘密保持契約は、秘密保持義務の対象となる情報を明確に「特定（specify）」することを目的として締結される。また、この目的にふさわしい契約内容を有するものでなければならない。たとえば、就業規則や雇用契約に秘密保持義務条項がある場合でも、別に秘密保持契約の締結が必要だと一般に解されているが、その理由は、就業規則等の記載条項が概して抽象的・一般的だからである。また、従業員が接する情報には極めて多種・多様であるため、どれが秘密として管理すべき情報であるかを情報の取扱者が具体的・客観的に認識できるようにする（予見可能性を確保する）必要があるからである。

3　米国における秘密保持契約との比較

（1）概念

　米国の場合、単に「秘密保持契約（Non-disclosure Agreement、略してNDA）」といえば、それは、「明示の契約（express contract）」のみならず、黙示の契約又は条項（implied contract or provision）を包含する概念として用いられている。米国においては、明示の契約（express contract）及び黙示の契約（implied contract）のいずれも、営業秘密の管理・保護のための手段として等しく重要視されている。この点については、第5章第5節2で言及したとおりである[8]。

　営業秘密に関する実務の解説書は、秘密保持契約の定義について、次のように述べている[9]。

（引用）

「秘密保持契約は重要な契約である。それは、しばしば、企業の最も価値ある財産すなわち営業秘密及びその他の秘密情報（private information）を保護するからである。企業が事業活動（doing business）をする場合、通

---

[8] 不正競争防止法リステートメント（第三次）（不正競争）の41条では、明示と黙示の秘密保持の合意（promise）を同一のレベルで取り扱っている。

[9] K. Anita Dodd, Esq., *Learn to Review and Negotiate Non-Disclosure Agreements*, Contracts 101 Seminars Inc., at 2/1. 訳文は筆者による。

常、秘密情報の交換を伴うので、秘密保持契約は、典型的には、潜在的な取引関係の評価と交渉の段階で用いられる。交渉段階における秘密保持契約の主たる目的（the central purpose）は、取引を開始すべきかどうか決定する過程において、当事者が自由に情報交換できる状況を確保するために、各当事者に対し、相手方の秘密情報を秘密として保持することを求めることにある。たとえば、商品やサービスの購入を計画している企業（買主）は、購入の意思決定に先立ち、売主の担当者、提供されるサービス、商品又は営業の状況を評価したいと考える。同時に、売主は、どのようなサービス又は商品が買主に最も適しているかを決めるために、買主の営業状況についての秘密情報を知る必要に迫られる。さらに、売主は、買主の信用状況を見極めるために、買主の秘密である財務情報を収集する必要がある。」

また、この論者は、上記本文の脚注（foot note）で、次のように述べている。

「営業秘密とは、一般に知られていない製造工程（process）、営業上の秘訣（pracice）又はその他の情報で、かつ、企業が、その業界において競争上の優位性を確保するために用いるものである。ある判決例は、秘密保持契約が、営業秘密開示の禁止を強制できる唯一の存在であることを示唆している。しかし、秘密保持契約は、それを開示する者が、秘密情報の保護について、裁判所も認めるに違いない十分な優位性を確保できるようにするため、かつ、非公開情報を広くカバーするために、一般的には書面にて結ばれる。秘密保持契約は、取引関係の開始に際しても用いられる。この段階における秘密保持契約の主たる目的は、交渉の過程で、当事者が自由に情報を交換できるようにするため、互いに相手方の秘密情報を秘密として保持することを求めるためである。また、秘密保持契約は、業務提携、企業買収などの際に、関係者によって締結されることがある。」

他の論者も、「その情報の秘密を保つための合理的な措置（reasonable precautions）を講じなければ、その情報の保護はできない。この合理的な措置には、秘密保持契約を用いることはもとより、秘密を確保するためのいろ

いろな手段（procedures）が含まれる。万一、合理的な秘密の保持がなされていない場合、その情報は、営業秘密としての地位（trade secret status）を失うことになる。」と述べている[10]。

このように、秘密情報である営業秘密が法定の要件を欠くか又はその要件を立証できない場合でも、秘密保持契約の締結により、当該情報の無断開示があれば契約不履行となり、少なくとも契約による保護・救済を受けることができるので、書面による契約の締結は、実務的には必須とされている。また、秘密保持契約は、雇用契約と密接に関連してはいるが、それから独立した契約として認識されて論じられている。

（2） 法的性質及び訴訟上の扱い

米国における秘密保持契約もいろいろな形式で結ばれるが、契約書形式の場合、その「前文（preamble）」のなかで、「情報の開示を受ける側が開示を望む旨を表明し、開示者がこれに同意した」という形式を踏むのが一般的である[11]。必ずしも「約因（consideration）」という表現は用いられないが、秘密を守るという約束の見返りに秘密情報を提供することを約した交換的な性格を有する双務契約にする場合が普通である。しかし、情報の提供については、まったく触れずに合意することもある。この場合は片務契約となる[12]。営業秘密との関係では、「秘密性を保持するために必要な合理的な努力」の存在を立証するために、秘密保持契約は事実上欠かせない手段・方法として扱われている。

次に、繰り返しになるが、秘密保持契約違反に対する訴訟上のアプローチの仕方に、日米間で大きな違いがある。すなわち、わが国では、契約の条項に違反する行為があったかどうかという形式に着目して、ストレートに秘密保持契約違反の有無が判断されるのに対して、米国の場合は、秘密保持契約違反を当事者間の信頼関係への違背として実質的にとらえて判断していると

---

10 Richard Stim and Stephan Fishman "*Nondisclosure Agreements*"（Noro）at 1/5. 訳文は筆者による。
11 岡本幹輝「実例英文秘密保持契約書」（「商事法務」1988年）173頁
12 浅井敏雄稿「英文秘密保持契約」（「パテント」66巻7号（2013）所収）100頁

いう点である。言い換えれば、米国の場合、契約当事者間に信頼関係（confidentiality relationship）という基礎が存在しなければ、契約は結ばれないという視点（前提）に立っている。このため、訴訟手続は、①契約書等の証拠に基づき、明示又は黙示の取引関係又は契約関係が存在したか否かを最初に判断する、②その存在が確認できれば、それを手がかり（evidence）にして信頼関係の有無を判断する、③当該信頼関係への違背又はその毀損があれば債務不履行（契約義務違反）を認容する、という経過を辿ることになる。ここに、意思主義に立脚するわが国と信頼関係理論を基礎にしている米国の違いが具体的な形で表れている。

第2節　秘密保持契約の契約条項

1　わが国の秘密保持契約の契約条項

（1）　企業間の契約の場合

　わが国の企業間で交わされる秘密保持契約の内容・条件を定めている契約条項は、通常、下記に示したような項目で構成されている[13]。
①秘密情報の定義
②秘密保持義務についての合意（秘密情報取扱者の限定を含む）
③秘密情報の返還・破棄
④契約期間
⑤契約期間終了後における秘密保持義務の残存期間
⑥損害賠償
⑦契約の解除
⑧裁判管轄
⑨誠実協議

---

[13] 永野周志・砂田太士・播磨洋平「営業秘密と競業避止義務の法務」（ぎょうせい2008年）149頁～165頁、浜辺陽一郎「個人情報・営業秘密・公益通報Q&A」（労務行政2008年）201頁～203頁、岩崎恵一・前掲稿（本章注3）465頁～478頁など参照

（2） 企業間の秘密保持契約における重要な契約条項
　企業間の秘密保持契約における上記の各条項は、いずれも重要かつ必要である。滝澤和子氏は、秘密保持契約で規定が必要な条項は、①対象となる情報の範囲、②秘密保持義務及び付随義務、③例外規定、④秘密保持期間、⑤義務違反の際の措置、の五つを例示列挙しているが（早稲田大学 WBS 研究センター「早稲田国際経営研究」45巻、2014　84頁）、秘密保持義務を生じさせる基礎（basis）という意味で、「秘密情報の定義」、「秘密保持義務の対象となる情報の範囲」、「秘密保持義務の残存期間」、の三つが特に重要な契約条項だと考える。
　よって、それぞれについては、次節以降で、順次、個別に検討することとする。なお、秘密保持契約による場合の最大の利点は、保護対象にできる情報の範囲が、営業秘密の場合のように「技術上又は営業上」に制限されず、広いことである。この点についても後に述べる。

（3） 企業と従業員等との間の秘密保持契約の場合
　企業が、入社（就職）に際して従業員等との間で交わす秘密保持契約は、「業務上知りえた秘密は、在職中はもちろん退職後においても一切漏らしません」というような差入形式で、しかも、内容は一般的・抽象的なものが多い。したがって、入社時におけるこの誓約を、在職期間中そのまま継続しても実効性に疑問がある。また、退職後の紛争処理にこれを持ち出しても、特約としての効力はなく、精神論として退けられると思われる。これを回避するためには、入社後、一定の期間（たとえば、1年）が経過した時点で、少なくとも次の項目を含む誓約をあらためて交わす必要がある。特に、重要な秘密情報（営業秘密）を取扱う者との間では、必ず実行する必要がある。
①在職中における秘密保持義務についての合意
②保密保持義務の対象となる秘密情報の特定
③退職時には、別途、退職後の秘密保持に関して特約を交わすことについての事前承諾
④秘密保持義務違反には損害賠償責任が伴うことの注意喚起（確認条項）

2　米国の秘密保持契約の契約条項

(1)　企業間の契約の場合

　米国の企業間の秘密保持契約における標準的な契約条項を列挙すれば、下記のとおりである[14]。

①前文（まえぶん、preamble）
②秘密情報の定義（Definition of Confidential Information）
③秘密情報からの除外（Exclusion from Confidential Information）
④情報被開示者の秘密保持義務（Obligations of Receiving Party）
⑤秘密保持義務の残存期間（Survival）
⑥契約当事者間の法的関係（Relationships）
⑦契約条項の分離・独立性（Severability）
⑧完全合意（Entire Agreement）
⑨権利放棄（Waiver）
後文（あとぶん、In Witness Whereof）

　企業間の秘密保持契約に設けられる条項そのものは、わが国のそれと基本的には変わらない。というよりは、条項の内容、配列などからも窺えるように、わが国の秘密保持契約は、米国の契約を手本にして契約実務のなかで普及が図られ、今日に至っていると思われる。ただし、わが国の契約に見られる「誠実協議」の条項は、わが国に固有のものであり、米国の契約には見られない。逆に、米国の契約に見られる「完全合意」の条項は、わが国の契約には通常見られない。ここにも契約観の違いが表れている。重要又は主要な事項についての取り決めが契約書に記載されているのであって、記載のない事項については、その都度協議して決める、というのがわが国のスタイルである。これに対して、必要な事項はこの契約のなかにすべて取り決めてある、というのが米国のスタイルであり、後に協議して決める、などという観念は、そもそも米国の契約論のなかには存在していない。

14　Richard Stim & Stephen Fishman "*Nondisclosure Agreements*"（2010, Nolo）at 3/3、岡本幹輝・前掲書（本章注11）145頁以下、浅井敏雄・前掲稿（本章注12）103頁以下

なお、「誠実協議」と「完全合意」の両方の条項を盛り込んだ契約書を見かけることがあるが、これは、互いに矛盾するものを併記しており、誤った契約実務である。したがって、事実に合わせて、どちらかを選ぶべきである。

(2) 企業と従業員等との間の契約の場合

米国の場合、雇用者は、事業活動の過程において、従業員に対して営業秘密を含む秘密情報を開示する際に、従業員と間で、書面による秘密保持契約を結ぶ必要がある（should require employees to sign agreements）とされている。これは、雇用契約における秘密保持義務の補完（訴訟になった際のこと）を考慮してのことだと思われる。しかし、仮に明文の秘密保持契約が存在しなくても、従業員は、雇用契約や社内規程（就業規則・行動規範 Code of Conduct など）によって、秘密保持義務を負うと解されている[15]。不正競争リステートメント（第三次、1995年）も、その41条（Duty of Confidence）で、この趣旨を確認している。

役員（officer）は、企業と委任の関係（truster — trustee's relation）にあり、当然に秘密保持義務を含む「信任義務（fiduciary duty）」を負うと解されている[16]。コンサルタントや業務受託者（independent contractor）との間では、秘密保持契約の締結は強制されない[17]。一般に、コンサルタント契約や業務請負契約のなかに、秘密保持義務条項が設けられるからである。

次に、企業と従業員等との間の「秘密保持契約」は、通常、下記の項目から構成されている[18]。

前文（preamble）

①会社が開示する営業秘密（Company's Trade Secrets）

②営業秘密の秘密保持（Nondisclosure of Trade Secrets）

③他社の営業秘密を業務に使用することの禁止（Confidential Information of Others）

---

[15] Deborah E. Bouchoux *id.* at p. 447

[16] 杉浦秀樹・前掲書（第5章注61）471頁

[17] Deborah E. Bouchoux *id.* at p. 448. 誠実義務の一環として、当然に秘密保持義務を負うという解釈に由来するものと思われる。

[18] Deborah E. Bouchoux *ibid.*

④退職時における秘密情報に係る書類その他の媒体の返還（Return of Materials）
⑤雇用契約終了後における秘密保持義務の存続（Confidentiality Obligation Survives Employment）
⑥一般条項（General Provisions）……各契約条項の分離・独立性、完全合意、準拠法、合意管轄など
後文（In Witness Whereof）……「この契約の成立を証して」の決まり文句

　このように、わが国の場合と違って、企業と従業員等との間における秘密保持契約の内容は、かなり具体的である。しかし、入社時の秘密保持契約で退職後における秘密情報を特定することは、時間の経過による事情の変化もあって、事実上困難である。このため、米国では、人事又は秘密情報の管理者が、退職者予定者と「退職時面接（exit interview）」を行い、"Acknowledgment of Obligations" と題する様式に基づき、転職後に開示することが禁じられる情報の個別的な再確認（one by one acknowledgement）と署名（signature）を退職者予定者に求め、転職後の新しい雇用者に当該秘密情報を開示しないように（not to disclose）注意を喚起（remind）するのが、一般的な実務慣行だとされている[19]。

3　日米比較

　わが国では、企業間及び企業と従業員、特に退職者との間において、秘密保持契約を交わすという慣行がいまだ十分に確立しているとは言いがたい（第4章第1節2(2)参照）。取り交わす書面の内容も、形式的であり抽象的であることは、上記第2節1(3)で指摘したとおりである。しかし、第4章で概観した実態調査が示しているように、「秘密情報が誰から漏れたか」という実態調査の数字（複数回答）によれば、退職・退任者によるものが回答数全体の62％、在職従業員による漏洩が38％、外部からの受入従業員（契約

19　Richard Stim & Stephen Fishiman, *id.* at 2/11

終了後）による漏洩が８％、取引先等が関係しているものは９％ということであり、外部からの侵入による漏洩は４％である。この数字から明らかなように、退職者を含む従業員等の内部関係者に対する「契約法的な人材管理」すなわち、秘密保持契約に基づく秘密保持義務によって重要な秘密情報を管理及び保護することは、きわめて重要であり必要である。したがって、企業と従業員の間、特に退職者との間の秘密保持契約については、一日の長がある米国の実務に多くを学ぶ必要がある。

第３節　留意すべき重要事項の検討

1　問題の所在

　企業間の場合はもとより、企業と従業員等との間の場合であっても、秘密保持契約によって秘密情報を保護するには、①「どの情報を」という「種類・タテ・幅」と、②「何時まで」という「期間・ヨコ・長さ」、の二つの要素（軸）がともに明確でなければ、秘密保持契約は実効性のあるものにならない。たとえば、開示された情報が秘密として扱うに足る適格性を有し、かつ、秘密として扱うべきことが契約上明確でなければ、秘密保持契約を結ぶ意味がない。また、何時まで秘密として保護するのかを契約上明確にすることも重要である。秘密として管理する必要がなくなった後においても契約で制約する理由がなく、また、制限する必要のない情報をいつまでもコストをかけて管理するのは無意味だからである。

　このように、秘密保持契約に基づく秘密保持義務の対象となる情報の範囲は、「情報の特定」と「当該情報を秘密として保持すべき期間の特定」の二つの軸（要素）の掛け算によって決定される「面積」の概念である。また、秘密保持義務に関する判決例の重点も、「秘密保持義務の対象の明確化」と「制限範囲の適正化」に置かれている。秘密保持契約の実効性を確保する見地から見ても、この二つは、鍵を握る重要な要素である。

2 情報を特定する際の前提条件

　秘密保持契約に基づく秘密保持義務の対象にする情報の特定に取り組む前に、考慮すべき重要な前提条件がある。それは、特定の対象にすべき情報が、基礎となる取引関係や契約関係が存続中のものであるか、それとも終了した後のものであるかによって異なるという点である。取引関係（たとえば商品の継続的な供給）や契約関係（たとえば雇用契約）が存続・継続中の場合、特定の対象にすべき情報は、当該期間中は絶えず流入・流出するから、それに対応した情報の特定の仕方を考慮しなければならない。逆に、終了後の場合であれば、特定の対象にすべき情報は、終了の時点で固定して以後変動しない。このことを考慮に入れて、この問題にアプローチする必要がある。先行研究ではほとんど言及されていないが、これは、情報の特定を考える場合の重要なポイントの一つである。

3 取引関係存続中における対象情報の特定

　どの情報を秘密保持契約に基づく秘密保持義務の対象にするかを決めるためには、保有している種々雑多な情報のなかから、秘密保持義務の対象とすべき情報を選び出すことが必要になる。しかし、取引関係や契約関係が存続・継続している場合、「顧客名簿」や「顧客情報」がそうであるように、新しい秘密情報が発生・流入する一方、古い情報は公知又は陳腐になるなど、絶えず中身が入れ替わるので、秘密保持義務の対象にすべき情報は、「甲（秘密情報の開示者）が秘密と指定する一切の情報」、「業務を通じて知り得た一切の情報」のように、やや包括的に、対象情報の外延を決める表現にせざるを得ない。ただし、このような包括的な決め方は、その中身が個別的・具体的に決められていないので、何も特定していないことにつながる危険性がある[20]。したがって、このような包括的な決め方は、取引関係や契約

　20　たとえば、花野信子「ビジネス契約書の基本知識と実務（第2版）」（民事法研究会2012年）109～110頁は、「仕入価格情報」を秘密保持義務の対象にする場合、取引契約書に「仕入価格は秘密情報とする」旨を明確に記載する必要がある、と指摘している。

関係が継続している間に限って例外的に許されるものと受け止める必要がある。

4 取引終了時以後における対象情報の特定

取引関係や契約関係が終了すれば、秘密保持義務の対象にすべき情報は、その時点で当然に確定する。それ以後において、対象にすべき情報の変動は発生しない。したがって、それ以後における対象情報を決める場合には、包括的・抽象的ではなく、個別的・具体的に行う必要がある。場合によってはピンポイントに近い形で決めるべきである。ただし、取引関係や契約関係が終了する直前になって急に秘密保持契約の締結を持ち出しても、相手方の同意を得ることができないおそれがある。したがって、取引や契約の開始に際して交わす契約には、「取引関係終了後に秘密保持義務の対象として残存させる情報の範囲については、当該取引関係終了の時点で、別途協議のうえこれを決定し、覚書を交わすものとする」のごとき文言を契約条項として設け、あらかじめ合意しておくことが肝心である。

なお、取引終了時の具体的な手続は、本章第2節2(2)で言及した米国における「退職時面接（exit interview）」の手順に準じて行うのが有益だと考える。

5 特定された情報の契約書への反映方法

秘密保持契約の対象として特定された秘密情報を契約書上に反映させる方法としては、①概括的な記述による特定（記述方式）、②情報が記録され媒体による特定（媒体方式）、③個別的・具体的な記述による特定、の三つがあるとされている[21]。それぞれの方法には、向き・不向きがあるので、どの

---

21 経済産業省「営業秘密管理指針」（第2章注29）第3章2(3)②(イ)(b)、「ビジネスロー・ジャーナル」2010年6月号（レクシスネクシス・ジャパン）35～36頁、経営法友会法務ガイドブック等作成委員会編「営業秘密管理ガイドブック（全訂第2版）」（第2章注41）64頁など参照。

方法で記載するかは一概には決められない。しかし、総じて、上記③の方法が「汎用性」と「具体性」の点で相対的に優れているので、これを基本とし、必要に応じて①又は②を併用すべきだと考える。

　①の方法による場合、その表現は、必然的に「一切の情報」のような包括的・抽象的なものにならざるを得ない。判決例では、秘密保持契約書の文言（条項）がこのように包括的・抽象的な表現であっても、そのことのみによって、直ちに無効とはされず、訴訟の過程における主張・立証によって秘密情報の特定ができれば有効として扱われている[22]。しかし、訴訟の過程における立証によって情報の特定ができない場合、包括的・抽象的な秘密保持契約書の条項では、情報の被開示先に秘密保持義務を課したと解することはできない、と判示した裁判例も存在する[23]。個別に見た場合、①の方法では漠然としすぎており、特に退職した従業員との争いでこれを裁判の場に持ち出しても、被告側の否認や抗弁に見舞われ、秘密保持義務の存在自体を否定されるおそれがある。したがって、①の方法を用いた場合には、取引関係の終了時又は従業員の退職時に、残存させる秘密情報を特定し、あらためて情報の秘密保持について相手方と合意することが絶対に必要である。②の方法は、「このUSB」というように媒体単位で特定するため、対象となる情報の個別具体性の点では優れているが、媒体に記録された一部のみを特定の対象にする場合には不向きである。また、口頭で開示された情報の特定に支障がある。

　いずれにしても、情報の特定は、特に差止請求訴訟の場合、訴訟の提起における請求趣旨の特定、及び、判決における対象物や対象行為の特定、の双方に深く関係するので、損害賠償請求（金額の特定が不可欠）の場合に比して、より重要である。

---

[22] たとえば、東京地判平成14・8・30「ダイオーズサービシーズ事件」（「労働判例」838号32頁）、大阪地判平成10・12・22「フッ素樹脂シートライニング事件」（LEX/DB文献番号28050257）などがある。これらは、直接的には、企業と退職従業員との間で締結された秘密保持契約に関するものである。しかし、同じく秘密保持契約である以上、企業間における秘密保持契約の場合でも、裁判所のアプローチは変わらないと思われる。

[23] 東京高判平成14・5・29「印刷機販売にかかる秘密保持義務存在確認等請求控訴事件」（「判例時報」1795号138頁）

6　特定された情報を秘密として保持すべき期間

　この問題については、次の第7章で具体的な検討を予定しているので、ここでは結論のみを述べるにとどめる。

　技術情報や顧客情報は、いったん公開・開示されてしまうと財産的価値（proprietary value）を失うものである。したがって、その秘密性は取引関係又は契約関係終了後も維持されるべきであるという理屈には、それなりの合理性・納得性がある。しかし、情報のデジタル化や情報技術が日進月歩している今日、よほど特別な事情がない限り、事業活動に関する情報の陳腐化は避けられず、たとえば10年以上の期間や永久に秘密保持義務を課すというのは現実的でないと考える。重要なことは、その期間に合理性があるか否かである。

7　秘密保持契約に基づく場合に必要な情報管理

　秘密保持契約に基づく秘密保持義務の対象となる秘密情報を特定する場合、その内容は個別・具体的でなければならない。このことは、上記5で指摘したとおりである。しかし、これは、対象となる情報を契約書に列挙・記載するだけで十分であることを意味しない。秘密保持契約による秘密情報の管理及び保護の場合、営業秘密の「秘密としての管理」が求めているような「法定要件を満たした秘密管理」までは必要ないが、当該情報の保有者が、情報を取り扱う担当者を含む内部の関係者に対して、当該情報が秘密保持義務の対象であることを随時告知・注意喚起するなどの「最小限の秘密管理」を行うことは必須である。情報の「特定」には、このような日常的な基礎的管理が必然的に伴うものであることに留意する必要がある。なお、米国の場合も、告知等の日常的な管理が必要であるとされている（後述8(3)参照）。

8 比較法的視点からの検討

(1) 秘密情報の定義の仕方

米国の場合、秘密保持義務の対象となる秘密情報は、秘密保持契約のなかで明確に特定（describe with specificity the information that is to be protected）しなければならないとされているが[24]、現実には、情報の特定の方法として、「一切の秘密又は財産的価値のある情報（any secret or proprietary information）」などと表現される包括型定義の場合も少なくない[25]。一般的には、①包括型定義、②列記型定義、③マーキング型定義、④折衷型定義、の四つの方法があるといわれている[26]ので、この点では、わが国と共通する部分が多いということができる。

(2) 秘密保持義務の残存期間

米国におけるこの問題の扱いについては、第7章で具体的に検討を予定しているので、ここでは結論のみを述べるにとどめる。

すなわち、企業間の場合及び企業と従業員等との場合のいずれにおいても、秘密保持義務の残存期間は無制限ではないとする考え方がほとんどを占めている。わが国では、「期間を設定することには、慎重な対応が求められる」「安易な期間の設定は、かえって会社の秘密の保護を弱めてしまいかねない」（本章第2節1(2)の滝澤和子・前掲稿84頁）などという意見が有力であるのとは対照的である。

企業間の秘密保持契約の場合、立証負担なども考慮して、秘密保持義務の残存期間は、契約終了後2年～5年が適切（appropriate）又は普通（common）であると述べているもの[27]、3年～7年が多いと述べているもの[28]、が一般的である。また、秘密保持契約に基づく秘密保持義務をどれだけの期間残存させるかについては、"Post-Terminating Rights and Obligations" などの見出しのもとに論じられている[29]。

---

24 Deborah E. Bouchoux *id.* at 448
25 たとえば、K. Anita Dodd, Esq. *id.* at 2/4
26 浅井敏雄・前掲稿（本章注12）102～105頁
27 K. Anita Dodd, Esq. *id.* at 2/17、Richard Stim & Stephen Fishiman, *id.* at 3/10
28 浅井敏雄・前掲稿（本章注12）105頁

企業と従業員等との場合は、1年〜3年と述べるものが一般的である。競業避止義務の残存期間や企業間の場合における残存期間との兼ね合いで、このように考えられているものと思われる。

(3) 情報の秘密保持のための合理的な努力

　第5章第5節7でも述べたように、米国においても、当然のことながら、秘密保持契約の対象になる情報は、秘匿にする意図のもとで管理されているもの（秘密性のあるもの）でなければならない。また、秘密保持契約が存在するだけでは、秘密情報を営業秘密として保守するための「合理的努力（reasonable efforts to maintain the secrecy of the trade secrets）」がなされていることにはならない。この点に関しては、有名な裁判例がある（Motorola, Inc. v. Fairchild Camera and Instrument Corp. (366 F. Supp. 1173 D. Ariz.1973)）。

　この事件は、1968年、Motorola社（原告）の従業員（8名）が一斉に退社し、セミコンダクター分野の最大のライバル会社であるFairchild社（被告）に転職したことに端を発している。この8名は、いずれも原告と秘密保持契約を書面で交わし、秘密保持義務を負っていた。しかし、原告は、8名に対して、どの情報が秘密に該当するかを告知（advise）する努力を一切行っていなかった。また、原告の記録のなかには、営業秘密に相当する情報のリストや索引も存在しなかった。このため、裁判所は、秘密保持契約の存在は認めながら、「原告は営業秘密を保護するための合理的な措置を講じていない」と判示し、原告の一切の請求（被告による営業秘密の不正取得）を棄却（denied any relief）した。

　このように、「合理的な努力（reasonable efforts）」という概念は、ただ単に秘密保持契約を交わせばよいということを意味せず、むしろ日常的な管理の積み上げを要すること意味する動態的な概念である。合理的努力の有無の判定には、制定法の下でも、コモン・ローの判断基準である「六つの要素によるテスト（six-factor test）」（第5章注41参照）が多く用いられているが、これとても絶対的なもの（bright-line test）ではない（Quinto & Singer "Trade Secrets" id. at 16）ことに留意する必要がある。

29　たとえば、K. Anita Dodd, Esq. id. at 2/17

第4節　秘密保持義務の概念

1　秘密保持義務の意義

　秘密保持契約に基づく秘密保持義務は、当事者間の合意（契約）によって発生し、契約の修正・消滅に至るまで変動しないのが原則である。この秘密保持義務は、「秘密情報を無断で開示する行為の禁止（不作為）」つまり「秘密を守る義務の賦課」を内容とするものであり、その行為が不正競争行為類型に該当するか否かとは無関係である[30]。事業活動との関係で見れば、情報という経営資源をめぐる利益調整のための一つの法的手段を提供するのが秘密保持義務だと言われている[31]。

　しかし、秘密保持義務の法的検討は十分なされておらず、契約法（民法）の中で秘密保持義務の意義を体系的に論じているものとしては、平井宜雄著「債権各論（Ⅰ上）　契約総論」（弘文堂2008年）が、現時点における唯一の存在と思われる。やや難解であるが、ここで、その要点を概観することにしたい（以下、言及する場合には、「平井理論」という）。

①「組織型契約」（企業などの組織における継続的な取引。たとえば業務委託契約）の場合、契約当事者の関係は、説明義務・秘密保持義務等によって結ばれた法律的に緊密な関係である。契約に関係する個人も、組織型契約を行う場合、組織の論理に服する以上、契約の規範的解釈として、当然に秘密保持義務を負う（116頁、117頁、118頁、122頁）。

②説明義務（たとえば、フランチャイザーの負う説明義務）に基づいて、営業上の秘密を説明する場合、他方当事者が、その説明に関してなんらの義務も負わないと解するのは交換的正義に反し、公平ではなく、交渉中の義務として秘密保持義務を負わせるべきである（135頁）。

---

[30] 土田道夫稿「競業避止義務と守秘義務の関係について」（「労働関係法の現代的展開」（信山社2004年所収）198頁。なお、第5章4節2(5)参照。
[31] 坂井岳夫「秘密保持義務の法的構造—ドイツ法・アメリカ法の特色と日本法への示唆」（「日本労働法学会誌12号（2008年10月）所収」123頁

③秘密保持義務違反の性質は、信義則上の義務違反による契約上の債務不履行である（135頁）。一方当事者に信義則上の義務違反が存在すれば、仮に明示の合意又は契約書の条項を欠いていても、他方当事者は解除（解約）の告知ができると解すべきである（252頁）。
④秘密保持契約は、「契約の準備段階」、「契約の交渉中」、及び「確定契約の成立後」のいずれの過程（プロセス）においても生じる義務である（135頁、138頁、143頁、163頁）。
⑤交渉中に交換され共有された情報についての秘密保持義務は、確定契約の成立・不成立にかかわらず認められるべき義務（「独立的合意」）である（143頁）。
⑥組織型契約においては、存続期間が満了し、又は更新拒絶の定めがある場合に拒絶の意思表示がなされても、直ちに契約が終了すると解すべきではなく、法律論としては、なお「相当の期間」契約は存続すると解すべきである。また、「相当の期間」とは、「当該取引に投下した対価の回収に必要な期間」を意味する。なお、契約を直ちに終了させ、契約に基づく義務を免れるには、未回収の投下額を相手方に提供することが必要である（253頁）。

　要するに、組織型契約の場合には、「相手方から身を守るためには前もって秘密保持契約を結んでおく必要が生じる」（116頁）、というのが平井理論である。また、組織型契約の場合、「仮に明文の取り決めはなくても、組織に属する個人は、組織に属する以上、当然に秘密保持義務を負う」（122頁）とも述べられている。つまり、米国で言われている「信頼関係（confidential relationship）」の法理と同じものであり、当事者の一方は、相手方から信頼を受けている場合、相手方の利益を念頭において行動しなければならないということを指摘している。

　結論として、この考え方には説得性と納得性があり、取引契約と秘密保持義務の関係を考える上で参考になる点が多い。ただし、契約終了後における秘密保持義務の残存期間については、これを「相当な期間」、すなわち「信

義則」又は「余後効」としてとらえる従来の議論の域を脱していないので、さらなる検討が必要だと考える。

なお、秘密保持義務という場合、秘密保持義務が「秘密情報の目的外使用を禁止する義務」や「競業避止義務」などを含む「広義」の概念として解釈されることがある[32]。また、秘密保持契約は、秘密保持義務と目的外使用禁止義務の二大義務をカバーする契約だと解する見解もある[33]。しかし、秘密保持義務は、本来、秘密情報の不開示（不作為）を義務づけるものであり、理論的には、それぞれ別の概念だと考える。したがって、本稿で「秘密保持契約」又は「秘密保持義務」と呼称する場合は、特に断わらない限り、「秘密情報の目的外使用を禁止する義務」や「競業避止義務」などを含まない秘密保持契約又は秘密保持義務を念頭において用いていることを付言しておきたい。

2　秘密保持義務の対象

秘密保持契約に基づく秘密保持義務の対象は、すでに述べた「秘密情報の特定」の手順によって特定された営業秘密やその他の企業秘密である。具体的には、①仕様書、顧客名簿、金型の図面のような有形のものと、②データ、技術情報及びそれらを取り扱った従業員等の知識・経験・ノウハウのような無形のもの、の二つの形態がある。しかし、最終的には「情報」という共通の概念で統一できるので、秘密保持義務の対象となる情報は、企業の秘密性を有する情報、つまり営業秘密などの企業秘密に帰結することとなる（第2章の〈図表1〉参照）[34]。

---

[32] 東京地判平成16・2・24「猫砂事件」（LEX/DB 文献番号28090896）、東京地判平成14・8・30「ダイオーズサービシーズ事件」（労働判例838号32頁）など参照。なお、「共同研究開発契約の理論と実務（第3回）」（NBL969号　2012・1・15）70頁は、秘密保持義務の目的には、技術的に価値ある情報が第三者に流出してしまうことを避けるということと、相手方による目的外の利用を防ぐ、という大きな二つ目的がある　と述べている。

[33] 加藤正彦稿「秘密保持契約書に関する考察」（「JCA ジャーナル」58巻4号2011・4所収）は、秘密保持契約を、秘密保持義務と目的外使用禁止義務の二大義務を対象にした契約であると述べている。

[34] 升田純稿「守秘義務の機能と裁判（1）」（「NBL」916号（2009・11・1）10頁以下が示唆に

3 秘密保持義務の対象からの情報の除外

秘密保持義務の対象から一定の情報を除くことがあるが、その場合の方法としては、大別して、次の二つの方式が存在する。

(1) 秘密情報それ自体からの除外

そもそも秘密情報に該当しないものを契約書上で具体的に定義・列挙し、それを秘密保持義務から除外することが、実務では一般的に行われている。その事例を示せば、下記のとおりである[35]。

第○条
　次の各号のいずれか一に該当する情報は、秘密情報から除外する。
1) 開示者から開示を受ける以前にすでに保有していた情報で、被開示者がその事実を立証できるもの
2) 開示者から開示を受けた時点ですでに公知であった情報
3) 開示者から開示を受けた後に被開示者の責めに帰すべき事由によることなく公知になった情報
4) 正当な権原を有する第三者から秘密保持義務を負うことなく開示された情報で、被開示者がその事実を立証できるもの
5) 被開示者が、本契約で定める秘密情報とは無関係に独自に開発した情報

(補足説明)

上記事例の1)と4)については、立証責任の負担を明確にした表現にしておくことが実務的には必要である[36]。また、この契約条項は、もともと秘密性の乏しい情報自体を秘密情報のカテゴリーから除くという趣旨で設けられるものであって、次に述べる「秘密保持義務の適用除外」とは次元が異なるので、混同しないように留意する必要がある。

米国の場合も、"Exceptions to Confidential Information"の見出しのもと

富む。
35　永野周志・砂田太士・播磨洋平・前掲書（本章注13）153ページ、「ビジネスロー・ジャーナル」2010年6月号26頁、花野信子・前掲書（本章注20）105頁、中島憲三「共同研究・開発の契約と実務（第2版）」（民事法研究会2006年）141頁など
36　「ビジネスロー・ジャーナル」(2010年6月号）27頁

で、同様のことが行われている。

（2）秘密保持義務の適用除外

下記例示のような状況に該当する場合、情報自体は秘密性を留保しているが、秘密保持契約上、秘密保持義務の適用対象から除外することが多い。この方式は、本節3（1）の「補足説明」で指摘したように、情報自体を秘密情報のカテゴリーから除外するものではないので、混同しないよう留意する必要がある[37]。実務では、ほとんど例外なく行われている。

なお、米国の場合も、"Permitted Disclosure" の見出しのもとで、同様のことが行われている。

第〇条（秘密保持義務の適用除外）
　第〇条に定める秘密保持義務は、次の場合には適用しない。
1）当事者の事前の書面による承諾があるとき
2）法令の定めにより被開示当事者が本件秘密情報の開示を義務づけられているとき
3）裁判所又は被開示当事者の監督官庁から本件秘密情報の開示を命じられたとき
4）弁護士、公認会計士等の専門家（ただし、法律により秘密保持義務を課されている者に限る）の意見を求めるために、被開示当事者が本件秘密情報を開示する場合

4　秘密保持義務と秘密情報の使用行為の関係

本節1でも言及したように、秘密保持義務は、本来、秘密情報の不開示（不作為）を義務づけるものであって、義務者に対して、秘密情報の目的外使用を禁止するものでもなければ、秘密情報の目的外使用を解禁するものでもない[38]。この点が争いになった事案も存在する[39]。

37　永野周志・砂田太士・播磨洋平・前掲書（本章注13）156頁は、混同している事例がしばしば見られる旨を指摘している。
38　永野周志・砂田太士・播磨洋平・前掲書（本章注13）160頁以下

秘密情報の目的外使用行為を禁止する場合には、秘密保持契約のなかに、下記に示したような禁止条項を別途設ける必要がある。

なお、米国の場合も、"Permitted Use"の見出しのもとに、同様に扱われている。

第○条（秘密情報の使用禁止）
　　従業員は、在職中において、第○条に定める秘密情報を会社の業務を遂行する目的以外のために使用してはならない。
２．従業員は、会社を退職した後においても、第○条に定める秘密情報を利用してはならない。

5　比較法的視点からの検討

米国の場合、秘密保持契約に基づく秘密保持義務は、一般に次のように説明されている[40]。

（引用）

「営業秘密に関連する法は、判例法、連邦統一営業秘密モデル法に準拠した州制定法及びリステートメントに基づいてなされていろいろな判決（pronouncement）に由来（derive）している。営業秘密に関する一連の法の集合体（body）に加えて、秘密保持契約による追加的な保護がしばしば用いられる。企業は、秘密情報へのアクセスについて、従業員に対し、その秘密情報を他に開示せず（not to disclose）、また、退職後においても、その情報を会社と競合する形で使用しない（refrain from using that information to compete with the employer）ことを約束（promising）する契約（agreements）に署名することを要求（require）するのが一般的（routinely）である。同時に、他社と取引関係を結ぶ企業は、取引関係を通じて知得した秘密情報を当事者が不正な目的に使用しないようにするため、通常、契約に基づく秘密保持義務（contractual confidentiality obligations）[41]を相互に要求（require）す

39　東京地判平成16・2・24「猫砂事件」（LEX/DB 文献番号28090896）
40　Deborah E. Bouchoux, id at 443. 訳文は筆者による。

る。この契約（「秘密保持契約」や「守秘義務契約」などと呼ばれている）の条件や侵害については、通常、契約法の標準的な原則によって律しられる。」

　上記のように、秘密保持契約には、雇用者と従業員（退職者を含む）の間で結ばれるものと、取引企業間で結ばれるものがある。契約法に基づく秘密保持義務は、契約相手との関係において生じる相対的な義務（relative obligations）とされている[42]。この義務は、情報の開示を受けたときから秘密保持契約が終了するまでの間、契約に基づいて存在するのが原則である。

6　その他の根拠に基づく秘密保持義務

　わが国には、秘密保持契約に基づく秘密保持義務以外にも、法令に基づくもの（legal obligations）及び信義則（fair and trust principle）によるものなどがある。また、米国には、これらの他に、事実たる慣習（conventional custom）や特定の業界慣行（particular custom）などによるものが存在している。しかし、これらは本稿の主題に直接関連がないので、ここでは、その存在の指摘にとどめる。

第5節　秘密保持契約による保護の対象にできる秘密情報

　秘密保持契約による保護の場合の最大の利点は、営業秘密による場合よりも、保護対象にできる秘密情報の幅が相対的に広い点である。

1　保護対象にできる情報

　営業秘密の場合と違って、秘密保持契約が対象にできる情報は、「技術上」

41　*Black's Law Dictionary* は、"contractual obligation" について、"契約から生じた義務（an obligation arising from a contract or agreement" と説明している。その内容は、契約当事者に各自の約束の履行を迫る法的要請を意味する。

42　Deborah E. Bouchoux, *id.* at 456

又は「営業上」の企業秘密に限定されないので、選択の対象にできる幅や種類は、営業秘密の場合に比べて相対的に広い。

　しかし、当事者間の合意によるからといって、企業が主観的に秘密にしておきたい情報が、すべて秘密保持契約の対象になるわけではない。たとえば、有害物資の垂れ流し（公害）、詐欺行為、欠陥商品、社会の安全を脅かす事故や怠慢、違法な事業計画、二重帳簿に関する情報などは、正当な事業活動に係るものではなく、そもそも企業秘密に該当せず、まして営業秘密たりえない。法的・社会的に保護に値しないからである。

2　保護対象にできる情報に必要な要件

　しからば、秘密保持契約の対象にできる企業の情報には、どのような要件が必要であろうか。それは、次のように要約できる。また、これらの要件をすべて満たすことが必要である。

①適法又は正当な事業活動（企業活動）に係るものであること。すでに述べたように、法令違反の情報は、法的保護の要件に欠けるので、対象外である。

②信義則や公序良俗に反する情報でないこと。明文の規定に抵触しない場合でも、信義則や公序良俗に反する情報は、いかに私的自治とはいえ、対象外である。

③情報に法律上の保護に値する財産的な価値があること。その情報が自己と他者を差別化する上で欠かせないものであり、万一、これが競業会社（ライバル会社）に漏れた場合、相手方を労なくして利するものでなければ、保護の対象にする価値がない。自由競争が原則だからである。

④社会通念上保護の必要性があること。私的自治とはいえ、保護の必要性のないものまで秘密保持契約による保護の対象にしたのでは際限がない。「取引を通じて知り得た一切の情報」のような対象の特定の仕方では、保護の必要のないものまで混入するおそれがあるので、原則として避けるべきである。

3 保護対象にできるか否かの個別的検討

ボーダラインに位置しているために、過去に争点となったいくつかの代表的な例を取り上げて、秘密保持契約の対象にできる秘密情報に該当するか否か、個別に検討を試みることとする。

検討結果を先に概括すれば、それらは、①制度設計上、最初から営業秘密制度による保護の対象外であるが、秘密保持契約の対象にして差し支えない事例、②営業秘密の要件を欠くため営業秘密による保護から漏れた情報であるが、事業経営上又は財産的価値があるので、秘密保持契約の対象にして差し支えない事例、③非公知性に欠けるなど、その性質上、秘密保持契約の対象にならない事例、④法律上又は社会通念上、妥当性を欠く情報で、当然、秘密保持契約の対象にもならない事例、の四つに大別される。このうち、①と②に該当する事例が相対的に多いので、秘密保持契約は、営業秘密による保護から漏れた秘密情報を下支え（backup）する重要な役割を果たす存在である、と評価できる。

（1） 技術上又は営業上の情報でないため、営業秘密には該当しないが、事業の遂行上の秘密情報として、秘密保持契約の対象にして差し支えない事例

①自社の資金繰り情報・銀行からの借入情報（財務情報）

資金繰りがおもわしくない、売上不振が続いているなどが事実であっても、その情報が外部に広がったのでは、銀行からの資金調達に支障が生じる。また、重要な取引先の離反のおそれも生じる。しかし、これらは内部的な財務情報（資金の調達・運用の状況を表わしている情報）であって、営業上又は技術上の秘密情報ではないので、営業秘密としての前提条件に欠ける。しかし、正当な事業活動の遂行上、保護の必要性が認められるので、秘密保持契約の対象にできる。

②報道機関のニュースソース

しばしば問題になるが、営業上又は技術上の秘密情報ではないので、営業秘密としての保護（差止請求など）は受けられない。しかし、ニュースソースは、いわゆる「職業の秘密」であり（最一小決定平成12・3・10「電

話機回路図（新聞報道）事件」最高裁民事判例集54巻3号1073頁参照）、一定の保護（証言拒否、文書又は書類の提出拒絶）を受けることができる企業秘密である（民事訴訟法197条1項3号、同220条、不正競争防止法7条）。したがって、秘密保持契約の対象にできる。

③個人情報・機微情報

個人情報保護法でいう個人情報（氏名、住所、生年月日など）には、公開されているものも多い。したがって、非公知性がなく、一般的には営業秘密には該当しないこともある。しかし、それらを組み合わせて独自にデータベース化し、有用な財産的価値のある情報の集積体として、企業が秘密管理している場合がある[43]。したがって、個人情報であっても、不正競争防止法（2条6項）が求めている要件を満たす場合は営業秘密に該当する。実務では、一括して企業秘密として取り扱い、秘密保持契約の対象にしている場合が多い。

④人事・給与情報

人事情報、労使関係に関する情報なども、外部には知られたくない企業秘密である。給与水準などの情報も、人材のリクルートに関連する重要な情報である。事業活動の遂行上は、いずれも重要な情報であり、秘密保持契約の対象にできる。しかし、営業上又は技術上の秘密情報ではないので、営業秘密ではない。

⑤取引先（貸付先）の非公開財務情報

秘密保持を条件に、銀行が貸付先から提供を受け、貸付先の利益を守るために秘密として管理している情報である。したがって、秘密保持契約の対象とすることは差し支えない。ただし、職業の秘密には当たらないので、文書提出命令などを拒絶する対象にはできない（最二小決平成20・11・25「貸付先非公開財務情報事件」判例時報2027号4頁）。また、技術上又は営業上の情報にも該当しないので、営業秘密としての保護対象ではない。

---

[43] 第1章で言及したベネッセコーポレーションから外部流出した個人情報は、まさにこれに該当する営業秘密である。

⑥銀行の自己査定資料（分析評価情報）

　自己査定資料とは、銀行が融資先を分析して、その信用度を査定した情報である。一般的には職業秘密文書に当たるが、職業秘密としての保護に値するかどうかは、民事事件の証拠としての必要性など、諸事情を比較考量して決すべきものであるとされている（東京高決平成20・4・2「自己査定資料事件」金融法務事情1843号102頁、最二小決平成20・11・25　前掲）。この資料は、銀行自体の「営業上の情報」に該当するので、営業秘密の法律要件を充足する場合が多いと思われるが、仮に「営業上の情報」に該当しない場合でも、銀行事業の遂行上、要保護性のある秘密情報であり、秘密保持契約の対象とすることは差し支えない。

⑦　弟子が在職中に体得した特別な知識・経験・コツ以外の知見

　のれん分けなどで、親方から弟子に伝承される秘伝やコツ以外の知見は営業秘密ではないが、秘密保持契約の対象にできる。

(2)　営業秘密のいずれかの要件を欠いているが、いずれも秘匿にしておきたい事業遂行上の情報に該当するので、秘密保持契約の対象にして差し支えない事例

①薬局・薬品リスト

　本件薬局・薬品リストは、データとしてコンピュータに保存されていたが、アクセスに必要なパスワードは設定されておらず、その印刷も禁止されていなかったので、営業秘密の要件を欠いているとされた（東京地判平成17・2・25「わかば薬局・薬品リスト事件」(判例時報1897号98頁)。しかし、営業戦略上の情報であり、秘密保持契約の対象にできる。

②健康食品の通販に係る顧客データ

　本件データは、事務所にいる者であれば誰でも見ることができ、また、これらの者との間に秘密保持契約も締結されておらず、秘密として管理されていたとはいえないとされた（東京地判平成14・4・23「健康食品通販顧客データ事件」(LEX/DB文献番号28070858)）。しかし、営業上重要な情報であり、秘密保持契約に対象にすることはできる。

③製袋機に係る技術ノウハウ

　本件ノウハウに関して、秘密保持契約などに基づいた具体的な秘密管理

第5節　秘密保持契約による保護の対象にできる秘密情報　197

が行われていたとは認定できず、また、就業規則に従業員の秘密保持に関する義務が定められていたが、それは一般的なものに過ぎず、本件ノウハウについて個別的な秘密管理が行われていたことの根拠にはならないとされた（大阪高判平成15・1・28「製袋機に係るノウハウ事件」LEX/DB文献番号28080920））。ただし、技術上の情報であり、秘密保持契約の対象にすることは差し支えない。

④給湯設備機器に係る顧客ファイル

　本件顧客ファイルは、顧客の給湯設備機器の点検保守作業をした際に作成された報告書に基づき、データをサーバーに蓄積する形で作成されたものである。しかし、受注の際に作成された受注原票等の情報は、パソコンの端末からサーバーに蓄積された後において、施錠された場所に管理されることもなく、また、上記受注原票等の綴りの表紙等に、これが秘密である旨の表示もなされていなかった。結論として、本件営業情報について、アクセスできる者を制限し、また、アクセスした者をして同情報が秘密であることを認識させ得るような措置がとられていたとは到底いえないと認定され、営業秘密であることは否定された（東京高判平成17・3・22「給湯設備機器顧客ファイル事件」LEX/DB文献番号28100671）。基礎データは営業上有用な情報であり、秘密保持契約の対象にできるが、相応の情報管理が必要となる（契約の対象にしたからと言って、自動的に保護されるわけではない）。

⑤顧客の商品の購入傾向に関する情報

　顧客の商品の購入傾向に関する情報は、時期によっても変化するものであり、営業秘密として管理の対象とすることができる性質の情報ではないとされた（大阪地判平成15・7・24「海産物販売顧客情報事件」LEX/DB文献番号28082325）。ただし、販売戦略に必要な情報であり、秘密保持契約の対象にすることはできる。

⑥仕入価格の情報

　製薬会社（売主）とドラッグストアー（買主）の間における売買価格は、契約当事者たる売主と買主の折衝を通じて形成されるものであり、当事者にとっては、それぞれ売買契約締結ないし価格の合意を通じて原始的に取

得される情報というべきであり、各自が自分の情報として保有するものというべきである、として、ドラッグストアーが製薬会社からの仕入価格を明示して行った安売り事件について、営業秘密の侵害には当たらないと判示された事件がある。

　この事件の場合、売買契約に秘密保持の特約条項があり、秘密情報は開示しないとの特約があった。裁判所は、買主が、自己の情報である仕入価格を自主的に開示しないと売主に約束しておきながら開示したとすれば、それは、不正競争防止法上の不正競争行為（2条1項7号）にはならないとしても、売主との間で契約上の義務違反を生じることはあり得ると判示している。ただし、本事件の場合、売買契約上の秘密保持義務には、自分の情報の開示を自主的に制限するという特約までは含まれていなかったので、自分の情報である仕入価格を開示したからといって秘密保持義務違反には該当しないと事実認定され、売主である製薬会社（原告）の秘密保持義務違反を理由とする損害賠償請求も棄却された（東京地判平成14・2・5「ダイコク・仕入原価セール事件」判例時報1802号145頁）[44]。

　これに対して、製薬会社は控訴したが、控訴審（東京高判平成16・9・29、判例タイムズ1173号68頁）でも、控訴人の請求は棄却された。また、製薬会社は、買主には原価を公表しないという信義則上の義務があるとして争ったが、法的拘束力を有するほどの商慣習は存在しないと判断され、請求は退けられている。

　以上より、契約当事者間において仕入価格を秘密保持契約の対象にすること自体は可能であるが、その場合には、仕入価格が秘密保持義務の対象である旨の特約の明示が必要である[45]。逆に、特約を明示しない限り、売買契約に基づく仕入価格は秘密保持契約に基づく秘密保持義務の対象にはならない。

⑦ **発熱セメント体に係る秘密情報**

　融雪板をどのような寸法にするかは、当業者の通常の創意工夫の範囲内

---

[44] 「商標・意匠・不正競争判例百選」（有斐閣、別冊ジュリスト188号2007年）194頁～195頁に、本判決についての解説がある。

[45] 花野信子・前掲書（本章注20）109頁参照

第5節　秘密保持契約による保護の対象にできる秘密情報　199

において適宜に選択される事項にすぎないので、有用性は認められないとされた（大阪地判平成20・11・4「発熱セメント体営業秘密事件」判例時報2014号132頁）。だだし、営業上又は技術上の「コツ」であり、秘密保持契約の対象にすることは差し支えない。

⑧販売実績や商品別利益率に係る情報

　マーケティング分析を行う際に、常に必要な情報であるとまではいえないとされた（知財高判平成20・6・24「プリペイドカード代金決済システム事件」LEX/DB 文献番号28141554）。ただし、販売戦略に必要な情報であり、秘密保持契約の対象にすることは差し支えない。

⑨マニュアル

　フランチャイジーに提供されているクレープの調理方法についてのマニュアルが、出来上がったクレープの品質・食感・風味等にどのような効果があるか不明であるとして、有用性を否定した事例がある（東京地判平成14・10・1「クレープ作成マニュアル事件（クレープ販売フランチャイズ・チェーン事件）」LEX/DB 文献番号28072954）。営業上又は技術上の情報であり、非公知性を維持できている限り、秘密保持契約の対象にできる。

⑩営業日誌

　営業秘密としての三要件を具備しているとは言えないので、営業秘密には該当しないが、取引先の秘密が含まれているので、雇用契約上の秘密保持義務の対象とされた事例がある（東京地裁平成19・3・9「日産センチュリー証券事件」LEX/DB 文献番号28131239）。

⑪営業活動で取得した名刺

　名刺自体は、顧客名簿の基礎情報となるものではあるが、通常、営業担当の従業員の管理に委ねられているので、雇用者が「秘密として管理」している情報とは言えず、したがって、営業秘密には該当しないとされた（東京地判平成19・10・30「不正競争行為差止事件」LEX/DB 文献番号28132354）。しかし、営業上の有用な情報源であることは確かであり、雇用契約や秘密保持契約で、退職時に現物を会社に引き渡すよう取り決めることは差し支えないと考える。逆に、何の取り決めもなければ、従業員は、退職後、個人のものとしてそれを自由に使用することができる。

(3) 秘匿にしておきたい情報には該当するが、非公知性を欠くため、営業秘密ではなく、秘密保持契約の対象にもできない事例

①街路灯設置計画

街路灯設置計画に関する情報の営業秘密性（非公知性）について争われた事件（東京高判平成12・7・29「街路灯事件」LEX/DB 文献番号28051622）である。秘匿にしておきたい有用な情報に該当するが、非公知性がない場合、通常、秘密情報たりえないので、秘密保持契約の対象にすることもできない。

②訴訟の準備書面に含まれている秘密

秘密保持命令発令後、裁判所に提出された準備書面に含まれている秘密の一部が、当業者の技術的常識又は一般的知見に属するとして、「非公知性」が否定された事件が存在する（大阪地判平成20・12・25「秘密保持命令取消決定申立事件（LED 事件）」（判例時報2035号136頁））。非公知性がない以上、秘密保持契約の対象にしても無意味である。

③刊行物への掲載情報

非公知性に欠けるとされた事件（東京地判平成10・11・30「ダブルライニング工法事件（給水管更生技術）」LEX/DB 文献番号28041769、大阪高判平成13・7・31「無洗米製造装置事件」LEX/DB 文献番号28061614）などである。秘密保持契約の対象にしても無意味である。

④パンフレット・取扱説明書等への記載情報

いずれも、非公知性に欠けるとされた事案である（東京地判平成9・10・26「潰瘍治療剤事件」LEX/DB 文献番号28030685、大阪地判平成10・9・10「水処理装置にかかる設計図等差止請求事件」判例時報1656号137頁[46]、東京地判平成12・9・28「医療器具顧客名簿事件」判例時報1764号104頁）。非公知性がない以上、秘密情報とはいえないので、秘密保持契約の対象にして保護すべき必要性に乏しい。

⑤商品の効能に関する情報

非公知性を有する情報ではない（東京高判平成11・10・13「つぼきゅう弾

---

[46] 第5章第2節4(2)2)参照

事件」LEX/DB 文献番号28042351）ので、秘密保持契約の対象にして保護すべき必要性に乏しい。

⑥**特許公報で開示されている情報**

公開によって非公知性が否定される、とされた（東京地判平成18・7・31「JCN 認証技術事件」LEX/DB 文献番号28111645）ので、秘密保持契約の対象にして保護すべき必要性に乏しい。

⑦**従業員が体得した一般的知識・経験・記憶・熟練、コツ**

秘密保護の基本原理として、一般的知識・経験・記憶・熟練を用いることは自由であり、秘密保護の領域外にある[47]。フォセコ・ジャパン事件（奈良地判昭和45・10・23判例時報624号78頁）の判決は、従業員がその地位において習得した一般的知識や技能は、当該従業員の人格と不可分であり、このような一般的知識の利用を禁じるような合意の効力は認められないと判示している。これと同趣旨の判決例は、ほかにも存在する[48]。従業員が、その業務の遂行過程で、自然に獲得し身につけた技量や経験は、その従業員の人格と切り離せないものであり、営業秘密や企業秘密とは無関係な情報ということになる[49]。したがって、これらは、秘密保持契約の対象外である。

(4) **法律上又は社会通念上、妥当性を欠くため、秘密保持契約の対象にもできない情報**

次に掲げるものは、法律上又は社会通念上、妥当でない情報であり、そもそも企業秘密又は営業秘密以前の情報である。したがって、内部告発などで情報が新聞などによって公になっても、企業としては、不正競争防止法による差止請求や損賠請求ができない[50]。公序良俗に反するので、秘密保持契約による保護の対象外でもある。

①**二重帳簿に係る情報**

二重帳簿を作成し、それに基づく情報を営業に活用するなどのシステム

---

[47] 松本重敏稿「実務からみた営業秘密保護立法の意義と問題点」（「ジュリスト」962号、1990年9月1日所収）59頁
[48] たとえば、大阪地判平成15・1・22「新日本科学事件」（「労働判例」846号39頁）
[49] たとえば、小野昌延・松村信夫・前掲書（第2章注10）320頁
[50] 長内　健・前掲書（第2章注2）148頁

は、法による保護に値する正当な行為ではなく、このよう情報は、そもそも企業の秘密情報でも営業秘密でもないとされた（東京地判平成11・7・19「油炸スイートポテト営業システム事件（明商二重帳簿営業秘密事件）」LEX/DB 文献番号28041438）。秘密保持契約による保護の対象外である。

②公共入札への不正参加に関連する情報

公正な入札手続を通じた適正な受注価格の形成を妨げるもので、営業秘密として保護に値する社会的利益を有していないとされた（東京地判平成14・2・14「土木工事設計単価表事件（公共入札不正参加事件）」LEX/DB 文献番号28070351）。秘密保持契約による保護の対象外である。

③コンプライアンス（法令順守）上、秘匿が許されない情報

粉飾決算、脱税、談合、環境汚染物質のたれ流し、インサイダー取引、食品の品質偽装などの行為などの関する情報。秘密保持契約による保護の対象外である。

④反社会的な行為に係る情報

禁制品の製造方法、脱税の手口など、正当な事業活動とは無縁な情報。秘密保持契約による保護の対象外である。

⑤企業内の不祥事件に関する情報

役員・幹部社員の個人的なスキャンダル、使い込みなどの不祥事件、セクハラ事件などに係る情報などは、企業として外部には知られたくない情報である。しかし、経験則上、これが、純粋な個人の問題のとどまらず、企業のガバナンスや正常な活動に直接・間接影響を及ぼす場合が多い。これらは、社会通念上、秘密保持契約の対象として、秘密保持義務を課してまで保護すべき必要性に乏しいので、秘密保持契約の対象外と考えるべきである。有用性にも欠けるので営業秘密でないことは明白である。

⑥係争事件情報

訴訟事件、巨額のクレームや製品のリコール事件などに関する情報は、経験則上、法令違反の前触れとなる場合が多い。これらも、企業にとって外部に知られたくない情報ではあるが、コンプライアンス上又は社会通念に照らして問題含みの情報であり、なかには、公益通報の対象となるものが含まれている場合もある。したがって、秘密保持契約の対象外と解して

対処すべきだと考える。

本章の小括

　本章での検討から明らかなように、秘密保持契約による保護には、営業秘密という法定の制度に比べて要件が緩やかであり、秘密保持義務の対象にできる情報の幅も相対的に広い。秘密保持契約には当事者の私的自治も認められているうえに、企業の業種や規模にも左右されない。経営の意思決定によって活用する否かを決めることができる。また、沿革的にみても、企業等が有する秘密情報は、秘密保持契約や不法行為法で基礎的に支えられて管理・保護され、その後、その土台の上に、「営業秘密」という法による保護体制が構築されたものである。いわば、企業の秘密情報を管理・保護する「本家本元」は、秘密保持契約や不法行為である。にもかかわらず、現状を一瞥すると、営業秘密という制度が導入されて以来、訴訟においては営業秘密による保護が主座を占め、秘密保持契約による保護の重要性に対する認識が薄れているように思われる。

　しかし、後に第9章でも指摘するように、基礎となる取引関係や契約関係のある相手先との紛争処理の場合に、常に営業秘密による保護を優先しなければならない必然性はないので、秘密情報保護の基礎的な手段・方法である秘密保持契約の役割を再認識し、今後、秘密保持契約を広く活用してしかるべきだと考える。この判断は、米国の制度や実務との比較からみても、決して誤っていない。

　反面、先行研究や実務の現状を直視すると、秘密保持契約に関しては、さらに研究と解明を要する重要な問題が残されている。たとえば、秘密保持契約終了後における秘密保持義務の残存期間（duration of the post-Term rights and obligations）は、秘密保持契約の重要な契約条項の一つであるが、これに関する検討や研究は、わが国ではほとんど行われていない。これらを明確にせずに、秘密保持契約の活用を進めることはできない。

　よって、次章においては、実際に交わされている秘密保持契約の実態にも触れながら、秘密保持義務の存続、特に、契約終了後における秘密保持義務

の残存期間をどう扱うべきかについて、いろいろな角度から、さらに具体的に掘り下げて検討することにしたい。

第7章　秘密保持義務の残存期間

　本章では、企業間における秘密保持契約を中心にして、基礎的な取引関係（取引基本契約やライセンス契約など）が終了した後、どれだけの期間、秘密保持義務を残存させるべきかという、秘密保持契約の最も重要な条項について検討する。なお、企業と従業員等の間における雇用契約が終了した後における秘密保持義務の残存に関する固有の問題については、次章で検討する。

第1節　残存期間の意義とその重要性

1　問題の所在

1）残存期間の必要性　基礎的な取引関係又は契約関係（取引基本契約やライセンス契約など）が終了した瞬間から、それまで営業秘密として扱われてきた秘密情報が、何の規制もなく自由に使用されたのでは、長年にわたって蓄積してきた情報の財産的価値が一挙に失われ、市場における競争力も低下するなど企業経営にいろいろな弊害・支障が生じる。したがって、基礎的な関係が終了した後、一定の期間、秘密保持契約に基づく義務を有効なものとして残存させることは必要であり、その取扱いは、契約上もきわめて重要な問題である。

　この問題に対しては、通常、次の二つのうちのいずれかの方法による措置が講じられている。その一つは、基礎的な関係の終了後も秘密保持義務を有効に残存させるために、その基礎的な契約のなかに特別の条項をあらかじめ設けることがしばしば行われる。これが、一般に「残存条項（survival clause）」と呼ばれているものであり、契約条項の一つである。この残存条項は、契約全体が終了した後において、秘密保持義務という特定の事項に限って契約を終了させないという特別又は例外的な条項である。また、これに

よって残存することになった期間が「残存期間（survival time of period）」である。その二は、一般に「秘密保持契約」と呼ばれている契約を別に用意し、当該秘密保持契約の終了日を基礎的な契約の終了日に合わせるとともに、その秘密保持契約のなかに「残存条項」を設け、その残存条項によって、当該基礎的契約の終了後の一定の期間、営業秘密などの秘密情報の維持・確保を図る方法である。どちらの方法であっても、法的な効力に変わりはない。企業の技術上のノウハウのような情報は、公開されてしまえば財産的価値を失うので、その秘密性を維持するためのこれらの措置には、必要性・合理性が認められている。

2）残存期間を合理的に定めることの困難性　しかしながら、秘密保持義務の「残存期間」を具体的にどのように定めるかについては、今のところ基準も定説も存在しない。たとえば、企業間の秘密保持契約の場合、後に述べるように、契約書上では「引き続き有効に存続する」などと表現しているものが多数を占めている。この表現の意味するところは曖昧で、秘密保持義務の残存期間に具体的な期限を設けず、将来の状況変化に従って弾力的に対応する趣旨と解釈できないわけではないが、当事者（少なくとも情報の開示者）の意思は、どちらかと言えば、秘密保持義務の残存期間を「無期限（unlimited）」と定めることに重きがあるように思われる。この背景には、第6章第3節8（2）で指摘したように、秘密保持義務について、「期間を設けることには慎重な対応が求められる」「安易な期間の設定は、かえって会社の秘密の保護を弱めてしまいかねない」という考え方が存在しているように思われる。

なお、企業と従業員との秘密保持契約においても、退職者の退職後における秘密保持義務の残存期間をどのように定めるかが問題となるが、これにも基準や定説はない。

3）秘密保持義務の残存期間について明示的な規定がない場合も多い　そもそも秘密保持義務の残存について明示的な規定が存在しない場合も多い。これは、企業間における秘密保持契約についてだけではなく、企業と従業員等との間における秘密保持契約にも共通する問題である。この場合、秘密保持義務は、当該契約の終了とともに消滅すると解釈すべきか、それとも、契約終了後、一定期間又は期間の定めなく残存すると解釈すべきか、見解が分

かれることになる。

4）保護の必要性に乏しい情報まで残存義務の対象にする可能性がある　残存の対象にする情報を個別にみると、①契約終了後も、長い期間、秘密を保持する必要がある情報（経年劣化が起こりにくい情報）、②一定の期間内に陳腐化が避けられない情報、③すでに秘密性が失われている情報、の三つが混在している。しかし、実際にはその識別が困難なため、一律に秘密保持義務の対象に含める場合が多い。その結果、秘密保持義務の残存期間を無期限又は長期にした場合、特に、上記②（陳腐化が避けられない情報）及び③（すでに秘密性を失っている情報）との関係をどのように調整するかが問題になる。そこに登場するのが、秘密保持義務の残存期間をどのように取り扱うかという難問・難題である。

　以上のように、いろいろな問題が複雑に絡み合っているので、これを一つ一つ整理しながら検討を進める必要がある。

2　明示的な定めが存在しない場合の取扱い

　その第一は、企業間の取引又は契約において、秘密保持義務の残存について明文の定めがない場合の扱いである。企業間の場合、基礎となる契約の終了後に、どれだけの期間にわたって秘密保持義務を残存させるかは、基本的には企業間の交渉、すなわち当事者の私的自治に委ねられ、その内容に合理性が認められる限り、その合意どおりの効果を認めるというのが基本である。したがって、何の取り決めもなければ、秘密保持義務は、基礎となる契約の終了に伴って消滅するのが原則である。平井理論（第6章第4節1参照）に従えば、余後効や信義則の効果が及ぶ期間、契約及び義務は存続することになるが、それは、特定の目的の範囲（たとえば、投下した対価の回収に必要な期間）[1]に限られる。ただし、相手方から開示を受けたノウハウなどの情報

1　継続的な契約（販売店契約など）の解除・解約の場合には、解除・解約の合理性を確保するために、このような法理が判例で認められている。詳しくは、加藤新太郎編「継続的契約の解除・解約（改訂版）」（新日本法規2014年）376頁以下などを参照されたい。

については、契約期間満了後においても、その情報が秘密性を有する限り、その期間、信義則上、秘密保持義務を負うと解する見解も存在している[2]。会社が解散決議後も、清算目的の範囲内で存続する、という理屈とよく似た見解である。

その第二は、企業と従業員等との契約の場合の扱いであるが、雇用契約が終了した後の秘密保持義務について定めがないときでも、雇用契約の信義則の一種である「余後効」として、秘密保持義務を認めた判決例がある[3]（後述第4節1参照）。

信義則は、民事法を貫く大原則である。不正競争防止法に営業秘密制度が導入されたことにより、信義則を発動する余地が狭まったことは確かである。法が定めている不正競争行為類型に該当する場合、在職中か退職後であるかは問わず、不正競争防止法（2条1項4～9号）が適用されるからである。しかし、たとえば、退職後に適用される明文の契約・特約等が雇用契約上にない場合で、①秘密情報の性質（営業秘密かそれ以外か）、②秘密情報を保有する者の利益、③退職者の職業選択の自由、④公共に及ぼす影響、の四要素を比較考量した結果、信義則の発動に依存せざるを得ない場合がないとは断言できない。この意味で、信義則に基づく義務の存続を全面的に否定することはできないと考える。

このように、企業と従業員等との間では、信義則や余後効のような個人を拘束する法理が作用する一方、「職業選択の自由」など、退職（雇用契約終了）後における個人の自由を認める法理が同時に働くことにも留意する必要がある。

3　企業間における秘密保持義務に関する留意点

本章第2節で詳しく分析するが、現状では、秘密保持契約を交わしている企業は全体の約56％であるが、その約75％が、秘密保持義務の残存期間について期限を設けていない。しかし、技術革新や情報のデジタル化・インター

---

[2]　野口良光「特許実施契約の実務（改訂増補版）」（発明協会2002年）319頁
[3]　大阪高判平成6・12・26「ポリオレフィン発泡体事件」事件（判例時報1553号133頁）

ネット化が日進月歩のペースで進歩し、情報の陳腐化（秘密性の低下に伴う財産的価値の喪失）が避けられない今日、契約終了後における秘密保持義務を積極的に永久（無期限）と定めることや、その残存期間を定めずに成り行きに委ね、事実上無期限にする対応は現実的ではない。たとえば、情報の開示後相当な年月（たとえば10年以上）が経過して後において、開示された情報の使用をめぐって争いが生じた場合、原告として無期限であることの合理性について立証の義務を果たすことは、決して容易ではない。原告が「無期限で合意している」と主張しても、裁判所は、無期限であることを公序良俗に反する（無効）と判断するかもしれない。一方、被告は、「そもそも期限については最初から合意が存在しない、つまり、期限の定めがない契約である」として、一定の予告期間のある催告で当該秘密保持契約が解約できる主張し、裁判所によってそれが認容されるかもしれない[4]。技術上の情報であれば技術の進歩とともに陳腐化すること、顧客名簿であれば時間の経過とともに顧客の顔ぶれが大きく入れ替わることなどの事情によって、競争市場における情報の陳腐化や秘密性の劣化などが客観的に避けられない場合が多い。これらの事情も考慮に入れても、なお残存期間に期限を設けないことに合理性が認められるか否かが争点になろう。いずれにしても、原告側の主張・立証責任は重いものとなる。

一方、残存期間の期限が明確に定められていれば、当事者が合意している期間自体の妥当性（時間の経過による事情の変化など）をめぐる争いとなるので、期限の定めがまったくない場合とは異なる展開になると考えられる（一般論として、すでに合意している内容を変更するには、それ相応の客観的な状況の変化が必要になる）。したがって、期間の定めがある場合、その終了又は短縮を主張する被告側の主張・立証負担は重いものにならざるをえない。

さらに、秘密保持義務の残存期間を明確に無期限と定めた場合には、独占禁止法との関係にも留意する必要がある。公正取引委員会から「知的財産の利用に関する独占禁止法上の指針」（平成22年1月1日改訂）が示されているものの、基礎的な取引（契約）が終了した後、合理的な期間を超えて相手方当事者を拘束することは、独占禁止法上の「不公正取引」との関連で問題を

4　岩崎恵一稿・前掲書（第6章注3）471頁は、このように指摘している。

生じるリスクが否定できない。

　このほか、同一の秘密情報を法制度（営業秘密）と契約（秘密保持義務）で二重に保護している場合、裁判で認められた差止期間が終了した[5]のに、契約によって無期限に拘束されるというのは、いかにも奇妙である。逆の場合もありうる。この間の調整をどのように図るかという問題も潜在的に存在している[6]。

　このように見てくると、秘密保持義務の残存期間に期限を設けなくてもよい例外は、企業が秘密として維持・保有する非公知の個人情報についてのみということになるかもしれない。公知でない個人情報（その定義は、個人情報保護法2条1項によることになる）が、当該本人の存命中に陳腐化（経年劣化）することはないからである。また、企業の存立そのものと不可分一体な戦略的な営業秘密（たとえば、コカコーラの原液成分の情報）は、そもそも開示されるとは考えられないので、残存期間の期限の議論になじまない。しかし、仮にライセンス契約などで開示されることがあれば、同様に例外（無期限又は50年100年というような超長期）として扱うことになろう。

4　企業と従業員等との間における秘密保持義務に関する留意点

　明文の定めの有無にかかわらず、従業員等が在職中に企業に対して秘密保持義務を負うのは、職務専念義務や忠実義務との関係から当然のこととされ

---

[5]　企業の秘密情報を営業秘密として不正競争防止法によって保護する場合、営業秘密を保護するための差止期間を**有限**にすることは、明文の規定は存在しないものの、解釈上、問題ないとされている。牧野利秋・飯村敏明編「不正競争防止法をめぐる実務的課題と理論」（青林書院2005年）189〜197頁参照。

[6]　日本知的財産協会（2009年度ライセンス第2委員会第一小委員会）稿「技術情報の開示にかかる秘密保持契約のドラフティングに関する一考察」（知財管理60巻9号　2010）1531頁には、「不競法上は、営業秘密に関する保護期間の年限を設けておらず、企業が情報を秘密に管理する限りにおいては永久に秘密として保護を受けることはできる」と述べている。しかし、すでに指摘したように、わが国の裁判官のなかには、米国のように、営業秘密に基づく差止期間でも合理的な必要期間に制限できる、という見解も存在しているので、果たして、この小委員会の指摘が妥当であるか疑問がある。開示されていない営業秘密ならばともかく、いったん開示され、差止請求の対象となった情報が永久に保護されるという根拠を不正競争法に求めることには、無理があるように思われる。それは、諸般の事情を総合考量して、差止命令で決められるべき問題だと考える。

ている[7]（通説）。一方、雇用契約終了後も退職従業員に秘密保持義務を負わせる規定（holdover clause）や契約は、場合によっては他社への転職の自由（基本的人権）を不当に制限すると解されるリスクもあるので慎重な対応が必要である。しかし、現状では、明確な基準が存在していない。

　秘密保持義務は、秘密情報の漏洩のみを規律する内面的・精神的な義務であり、競業避止義務のように職業選択の自由（転職の自由を含む）と物理的に抵触する側面がないため、期間の限定や代償措置などの要件は、競業避止義務の場合に比べてゆるやかに解されている[8]。裁判所も、秘密保持義務の残存期間が仮に「無期限」の場合であっても、そのことだけを理由に、別建ての秘密保持契約又は秘密保持条項を直ちに無効にはせず、その内容の合理性については当事者の主張・立証に委ねている[9]。しかし、企業と従業員等との間の契約の場合には、転職の自由などとの兼ね合いから、企業間の場合のような大幅な私的自治は認められず、期間の限定や代償措置など、いろいろな制限があることに留意する必要がある。

5　米国の場合との比較

　米国の場合でも、秘密保持義務の残存条項や残存期間は重要な問題として論じられている。基礎となる取引関係や契約関係が終了した後、その契約に含まれている秘密保持義務、又はそれに附随する別建ての秘密保持契約（Non-disclosure Agreement、略してNDA）に基づく秘密保持義務をどれだけの期間残存させるかについては、"Post-Terminating Rights and Obligations"や"Survival"などの見出しのもとに論じられている。

　第一に、企業間における秘密保持契約の例としては、ノウハウのライセン

---

[7] 我妻栄「債権各論中巻2（民法講義V₃）」（岩波書店1962年）595頁
[8] 土田道夫・「労働契約法」（第5章注2）617頁
[9] 升田純稿「現代型取引をめぐる裁判例（36）」（「判例時報」1708号所収30頁）は、「秘密保持契約は、競業避止契約と異なり、有効期間の定めがないか、あるいは長期の有効期間が定められていることがあるが、この有効期間を長期間とすることは、秘密の種類、内容に照らして判断すべきであり、保護の必要が高い場合には、2年、3年といった期間を相当に超える期間を有効期間として定めても合理性があり、有効であると解することができよう」と述べ、判決例の立場を基本的に支持している。

ス契約を挙げることが多い。ライセンスの期間が10年だと仮定した場合、秘密保持義務の残存条項（survival or survival provision）は、「契約終了後も10年間存続（survive）する」というように規定することが多い。ノウハウ等の情報は公開されてしまうと価値を失うから、ライセンス契約に秘密保持条項の規定は絶対に欠かせない。このため、秘密保持義務の残存期間を無期限とする例も皆無ではない。この関係で、よく例に出されるのが、コカコーラ社の原液成分表やケンタッキー・フライドチキンのレシピである。ライセンシーに無期限（indefinite）の秘密保持義務を課すことが許されるとしたら、それは、このような創業以来門外不出として秘密を守ってきた文字どおりの「営業秘密「trade secrets」」に限られるというのである[10]。言い換えれば、この論旨は、秘密保持義務の残存期間を無期限にすることは例外として許されるとしても、日進月歩する分野の情報を永久的に秘密保持義務の対象にすることは無意味だということであり、秘密保持義務の残存期間は、秘密情報の内容・性質などを踏まえた当事者間の交渉・協議によって具体的に決めるべきだということを示唆している。したがって、目安又は基準となる期間をどのように定めるかが、必然的に議論の中心を占めることになる。

第二に、企業と従業員等との秘密保持契約の場合も、同様に、秘密保持義務の残存期間をどのように設定するかは重要な問題とされている。米国の場合、雇用関係に基づく秘密保持義務は、雇用契約の存続中のみならず、その終了後においても存続すると解されているが[11]、通常、雇用契約と並存する形で秘密保持契約が交わされており、また、退職時にも別途特約を交わすのが一般的な慣行とされている。ただし、秘密保持義務を理由に退職後における転職の自由を制限することは、競業避止義務で転職の自由を制限するのと同様に制約を受ける。

第三に、企業間の秘密保持契約の場合、秘密保持義務の残存期間の合理性は、①使用者の事業の保護のために合理的に必要とされる範囲を超えるものでないこと、②相手方に不当な不利益を課すものでないこと、及び③公共の利益を害するものでないこと、の要件をクリアしたものでなければならな

---

10 たとえば、K. Anita Dodd, Esq. *Id.* at 2/18
11 Deborah E. Bouchoux *id.* at 447

いと解されている¹²。企業と従業員等との秘密保持契約の場合も、同趣旨の要件が必要とされており、無期限の秘密保持義務の残存が無条件で認められているわけではないので留意する必要がある¹³。

第四に、退職後における秘密保持義務の残存期間が雇用契約又は別途に交わされた秘密保持契約上に明記されていないからといって、それを理由に、その雇用契約や秘密保持契約が直ちに無効になることはないとされている¹⁴。その理由は、秘密保持義務が転職の自由を直接かつ物理的に制限するものではないということにある。この点は、我が国の場合と同じである。しかし、一方で、秘密保持義務が過重であるとの理由で、裁判所が合理的と判断する期間に秘密保持義務を限定し、又は、秘密保持契約に法的拘束力がないとみなす場合がある¹⁵ので、わが国におけるこの問題を検討する際の参考にする必要がある。

6 まとめ

営業秘密をめぐる訴訟で原告となるのは、原則として当該情報の保有者である。また、裁判所は、残存期間の合理性を要求する（courts reruire that the time period be reasonable）¹⁶。したがって、情報の保有者は、営業秘密に該当すると判断している秘密情報を開示する際には、①秘密保持契約を交わすこと（又は基礎的な契約に「秘密保持義務条項」を設けること）、②情報の種類（技術情報か営業上の秘密情報かなど）や秘密の度合（極秘、社外秘、部外秘など）にふさわしい秘密保持義務の合理的な残存期間を明確にしておくこと、が必要かつ賢明だと考える。言い換えれば、秘密保持義務の残存期間に合理的な期限を設けることの利益（メリット）は、最終的には情報を開示する側（原告）にあることを正しく理解する必要がある。「秘密保持義務の残

---

12 第5章注38参照。第5章第5節6（1）で概観した裁判例の場合でも、一般の人々（公衆）に与える利害関係（public interest）を明確に判断要素に含めて判示している。
13 第8章7節1（2）4）参照
14 不正競争防止法リステートメント（第三次）41条参照
15 浅井敏雄・前掲稿（第6章注12）105頁
16 Richard Stim & Stephen Fishman *id.* at 3/10

存期間は長いほど望ましい（as long a time as possible）」「期限を設ける必要はない」などという見解もあるが、本章第3節で述べるように、法的な争いになった場合を含めて総合的に考えれば、決してそうではないことを指摘しておきたい。

「釣りは鮒で始まり、鮒で終わる」と言われるが、「秘密保持義務は残存期間で始まり、残存期間で終わる」と言っても過言ではない。

第2節　企業間の秘密保持契約における残存期間の実態

前節で指摘したように、秘密保持義務の残存期間は、「自社の情報資産の性質（技術情報か顧客情報か、個人情報か）を踏まえた期間設定を行うべきである」という抽象論・一般論で済まされる問題ではない。

よって、本節では、わが国において現実に交わされている企業間の秘密保持契約が、秘密保持義務の残存期間をどのように扱っているかについて、実態調査に基づき、概観することにしたい。

1　使用したデータの出所

対象にしたデータは、2008年10月〜2014年1月（5年4ヶ月）の間に、筆者が契約書審査の業務を通じて実際に触れた企業間の契約で、秘密保持義務の残存期間に関する条項を有するもの（合計150件）である。調査は、初回（2008年10月〜2011年3月：対象95件）、第2回（2011年4月〜2013年1月：対象34件）、第3回（2013年2月〜2014年1月：対象21件）の3回に分けて実施した。

事例数に限りはあるが、実態を把握するうえで参考になると判断し、あえて記述することにした。その理由は、第4章で概観した「調査①」には、残念ながら、「秘密保持義務の残存期間」についてのデータがごくわずかしか存在しない（「調査②」にはまったく存在しない）からである。また、この類の実証的な調査が他に見当たらないからである。

2 調査結果の要約

調査の結果は、下記に示したとおりである。

〈図表9〉 秘密保持義務の残存期間に関する調査結果

期間不確定	件数	期間確定	件数	期間自動延長	件数
「永久」と積極的に明示	2件(1%)	残存期間1年	2件(1%)	自動延長条項	9件(6%)
「契約終了後も、引き続き有効に存続する」など、期間の特定なし	95件(63%)	2年	5件(3%)		
「合理的な期間」、「情報の秘密性が失われるまでの期間」など、抽象的な存続期間の確認	11件(9%)	3年	16件(11%)		
残存期間について、まったく言及なし	0件	5年	7件(5%)		
		10年	3件(2%)		
合計 150件	108件		33件		9件
	100% 72%		22%		6%

3 調査結果の概要説明

①残存期間に明確な期限を設けている事例が33件(22%)存在する反面、108件(72%)の事例は、残存期間を、事実上、半永久的な表現で規定している。

②残存期間を年数で表わしている33件のなかでは、3年が16件(11%)で相対的に多い。

③秘密保持義務の根拠となる秘密保持契約終了に伴って秘密保持義務も同時に終了する連動制(自動延長方式)を取っている事例が9件(6%)存在する。この方式のもとでは、一定の期間(たとえば3年間)が経過した後、

当事者双方のいずれにも異議がなければ、1年ごとに、自動的に期間が延長される旨の条項が設けられている。
④残存期間を年数以外の形で抽象的に表現している事例が11件（9％）存在する。これは、公知になるまでは有効という当然のことを確認しているに等しく、事実上、期限を定めていないものと解される。
⑤ちなみに、初回調査（94件）の内訳は、期限の定めがないもの72件、年数で期限を定めているもの15件、自動延長8件、第2回調査（34件）の内訳は、期限の定めがないもの22件、年数で期限を定めているもの11件、自動延長1件、第3回調査（21件）の内訳は、期限の定めがないもの14件、年数で期限を定めているもの7件、自動延長0であった。初回の調査と比べると、傾向として、期限を設けるものが相対的に増加し、全事案の22％（5件に1件）が、残存期間について年数による期限を設けた契約となっている。

4　実態調査の結果明らかとなった問題点と対応策

（1）残存条項と確認条項の混在

　契約書に「契約終了後も、引き続き有効に存続する」と規定されている契約条項には、「残存条項」と「確認条項」の二つが混在している。このことが明らかとなった。
　両者は、下記のように、本来異なる性質の存在である。にもかかわらず、区別されずに同一のものとして扱われている。一般に「残存条項」と呼称されているものには、文字どおりの「残存条項」と「確認条項」の2種類が混在しているとの指摘はすでに存在しているが[17]、この調査結果は、その指摘を裏づける結果となっている。
①「残存条項（survival）」とは、契約終了後における「効力継続条項（continuous right clause）」のことであり、いわば「本来の意味における残存条項」である。「秘密保持義務」や「競業避止義務」などは、その効力の源泉である契約が終了すれば、本来、その時点で効力を失うものであるが、この効力

17　堀江泰夫稿「いわゆる存続条項の問題点」（「NBL」959号）86頁以下。堀江泰夫「契約業務の実用知識」（商事法務2010年）151頁も参照されたい。

を例外として存続・残存させる（意図的又は創設的に残存させる）ところに、この条項の意味がある。契約書に明示の条項がなくても、契約終了後の一定期間、契約の効力が当然に存続・残存するという、いわゆる「余後効 (post-termination effect)」又は「継続効 (remain effect)」という信義則上の概念が存在するが、この余後効又は継続効を、契約上の特約条項として当事者間で明確にしたものが、「本来の意味での残存条項」である[18]。例外的に設けた条項である以上、それが何時まで残存するのかという「期限」を明確にする必要がある。なお、本稿で論じる「残存期間」は、いうまでもなく「本来の意味での残存条項」である（以下、単に「残存条項」と表現する）。

② これに対して、「確認条項 (confirmation)」とは、事実関係の再確認のために設ける契約条項を意味する。たとえば、「製造物責任」「瑕疵担保責任」「債務不履行責任」などは、もともと、その基礎となった契約の有効期間中に原因が生じていれば、その契約が終了した後においても、その効果が契約終了後も存続することを前提としているので、その効力は、契約終了後も、時効で消滅するまでの間、当然に残存する。したがって、契約書の上で、これにわざわざ言及する必要のない条項である。にもかかわらず、「契約終了後も、なお有効に存続する」という条項を設けてこれに言及する趣旨は、「念のため」「確認のため」だと解さざるを得ない。

③ 現象的に見れば、両者とも、基礎となった契約が終了した後においても効力が続くという意味で共通性を有している。しかし、その本来的な法的性質はまったく異なるので、両者は、契約上、別種の条項として峻別して扱われるべきものである。

(2) 混在の実態

① この調査のなかで、「契約終了後も、引き続き有効に存続する」と報告されている95件は、すべて「残存条項」と「継続条項」が峻別されずに、一つの契約条項（「残存条項」という見出を付されている場合が多い）のなかで混在した形となっている。

② 調査対象となった契約のなかには、全条項の半数を超えるものを「残存条

---

18 堀江泰夫・前掲稿（本章注17）87頁

項」の対象に含めている事例も存在していた。この場合、対象とされた条項がすべて「本来の意味の残存条項」だとすれば、「何のための契約終了か」、「契約は本当に終了しているのか」という根本問題に直面することになる。

③さらに、たとえば「損害賠償責任」を「本来の意味の残存条項」の趣旨で「契約終了後も、引き続き有効に存続する」のように定めたと仮定すると、これは損害賠償責任を無期限に存続させる特約ということになり、時効（10年）を予め放棄することに該当する。しかし、この特約は、無効（民法146条）であって無意味である。したがって、わざわざ条項を設ける趣旨は、念のための条項、つまり「確認条項」であると解さざるを得ない。同様のことが、「瑕疵担保責任」や「製造物責任」にもあてはまる。

④「合意管轄（agreed jurisdiction）」についても「契約終了後も有効に存続する」と定めている場合が多い。これは、合意管轄が契約締結時に合意される関係から、契約の終了と運命をともにするという考え方に由来するものである。しかし、個別取引にかかる紛争は、当該取引にかかる契約終了後でも起きるので、この合意は、「契約の有効期間中に実行した個別取引（契約の履行）に係る第一審の裁判管轄は、契約の有効期間にかかわらず、合意した裁判所とする」という点に意味がある。したがって、この条項は、契約の終了や解除によって影響を受けないと解すのが当事者の意思に合致すると考える[19]。つまり、これも「確認条項」である。

⑤以上のように、この実態調査から見ると、秘密保持義務の残存期間について期限を設けない事案が全体の72％を占めているのは、残存条項と確認条項の違いを認識することなく、漫然と両者を一括りに扱う契約実務にも一因があるように思われる。むしろ、これが主因かも知れない。仮に秘密保持義務の残存期間を無期限と定める場合であっても、本来の残存条項と確認条項を契約書上一括りにして扱うのは誤った契約実務であり、改める必要がある。このような規定の仕方では、そもそも秘密保持義務の残存期間定めたことになるのか疑義を招く原因にもなりかねない。

19　堀江泰夫・前掲稿（本章注17）91頁参照

（3） 今後の契約実務の在り方

　結論として、「残存条項」は、契約終了後も効力を継続させる例外的な条項に限定し、かつ、その数も必要最小限に絞るべきだと考える[20]。また、それぞれの該当条項の文言の末尾に、「なお、本条（たとえば秘密保持義務）の規定は、本契約終了後も〇年間、有効に存続する」のように記載し、当該条項が本来の残存条項であることを明確にする形式にすべきである。一括りにまとめて記載するよりは、個別に記載する方が誤解や混同を招かないからである。

　一方、「確認条項」を契約書に記載するか否かは任意であるが、記載する場合には「残存条項」とは峻別した別の契約条項として表示し、かつ、その記載内容から、一見して「確認条項」であることが分かる表現を用いる必要がある。たとえば、「第Ｘ条、第Ｙ条及び第Ｚ条の規定は、当該規定に定める権利の行使又は義務の履行が終了する日まで、本契約が終了した後もなお有効に存続する」と記載し、一見して「確認条項」であることが判別できるように工夫すべきである。

5　実務書（刊行物）での扱い

　実務の指南役である関連の刊行物は、秘密保持義務の残存期間の問題をどのように取り扱っているであろうか。参考までに概観することにする。紙数の関係で個々の事例の掲載は割愛するが、「企業間における秘密保持契約書」25例を無作為に通覧した結果を要約すれば、そのおおまかな傾向は下記のとおりである。

①基礎的な取引契約などとは別に作成される秘密保持契約の場合、秘密保持義務の残存期間については、年数による制限を設けている例が相対的に多い。

②基礎的な取引契約などに組み込まれている秘密保持条項の場合には、「引き続き有効に存続する」のような表現が使われ、かつ、確認条項と秘密保持義務条項を一括りにして取り扱っているものが相対的に多い。

20　堀江泰夫・前掲稿（本章注17）87頁参照

③最近（2010年以降）の企業間における秘密保持契約の「ひな型」では、秘密保持条項を確認条項と区分し、かつ秘密保持義務の残存期間に期限を設けているものが多くなりつつあるように思われる。すなわち、25例（全数）のうち、2010年以降の12例についてみると、期間を3年としているものが2件、5年が2件、10年が2件、自動延長が2件、期間は定めるが例示なしが2件、期間を定めないが2件となっている。

なお、「企業と従業員等との秘密保持契約」の場合には、経済産業省の「営業秘密管理指針」のガイドラインに従って、残存期間に期限を設けている「ひな型」が多い[21]。

第3節　残存期間に関する先行研究

本節では、秘密保持義務の残存期間が、先行研究のなかでどのように取り扱われているかについて検討する。代表的な見解を列挙（順不同）すれば、、下記のとおりである。

1　秘密保持義務の残存期間に期限を設けるべきであるとする見解

(1)　企業と従業員等（退職者を含む）との秘密保持契約の場合
　　経済産業省「営業秘密管理指針」（2013年8月16日改訂版）（第3章2(3)②(イ)(b)「秘密保持期間」）

> 「秘密保持義務の存続期間については、可能な限り期限を設定することが望ましいが、期間を設定することが困難な場合（法令上の理由、ライセンサーより無期限の秘密保持を設定されているなど）も存在する。
> 　秘密保持契約において、期限設定が可能な場合はその期限を、困難である場合には営業秘密性が失われるまでと明記し、秘密保持義務の存続期間とする。」

---

[21]　たとえば、岡伸浩・前掲書（第5章注2）125頁では、「退職時の秘密保持契約」について、2年間を例示している。

(補足説明)

　これは、秘密保持義務の残存期間について、「原則として、期限を設けるべきである」という立場の代表的な見解である（「**期限設定必要説**」）。

　無期限の秘密保持義務もありうることを認めながら、企業と従業員等との契約の場合、秘密保持義務の残存には期限を設けるよう勧めている。従業員等との秘密保持契約は、通常、雇用契約のなかで若しくはこれとは別に、又は退職時に締結される場合がある。このため、秘密保持契約に基づく秘密保持義務の残存期間に期限を設け、基礎となる雇用契約の終了との関係を明確にするよう推奨している。なお、ここで「期限」とは、年数、月数などによる期間の限定のことを意味する。

　次に、期限を設けるよう勧めている実質的な理由は明らかにされていないが、行政（所管官庁）としては、①個人（特に退職者）を必要以上に拘束するのは、職業選択（転職）の自由などの関係からトラブルの原因になりやすいこと、②期限が明確であれば、仮にトラブルが発生しても、解決が容易であること、などを考慮してのことではないかと推察される。

（2）　企業間の秘密保持契約の場合

1）経済産業省「営業秘密管理指針」（2013年8月16日付改訂版）（第3章2（3）②（オ）(b)「事業者間の秘密保持契約の内容（ⅲ）」）

> 「事業者間の秘密保持契約では、契約期間よりも秘密保持義務の存続期間を長く設定する場合がある。
> 　これは、契約期間は、契約に規定された目的を達成するのに必要な期間であり、全ての規定の遵守を求めるものであるのに対し、秘密保持義務の存続期間は、契約条項の中でも、秘密保持義務についてのみ、より長期の存続を求める場合があるからである。」

(補足説明)

　企業間の秘密保持契約に盛り込む内容に例示として、①対象となる情報の範囲、②秘密保持義務及び付随義務、③例外規定、④秘密保持期間、⑤義務違反の際の措置が挙げられている。

　個人の場合と異なり、「指針」は、秘密保持義務の存続期間の期限につい

て、直接的な言及をしていないが、企業間の秘密保持契約の場合も、契約期間とは別に、秘密保持義務の存続期間（契約終了後の残存期間を含むトータルの期間）を設けるべきであるという立場を明確にしている。期限について明言していない理由は明らかではないが、企業間では、当事者間の交渉で秘密保持義務の残存期間が決まるので、その期限の問題も取引慣行に委ねればよいとの考え方によるのではないかと推察される。

ちなみに、「営業秘密管理指針」（2010年4月改訂版）に添付されている各種契約書等の参考例のなかには、秘密保持義務の残存期間に期限を設けたものが含まれている（ただし、期間はブランクとなっている）。

2）菅　尋史稿「NDA（秘密保持契約）」（「Business Law Journal」58号 2013年1月　レクシスネクシス・ジャパン所収）51頁

> 「秘密保持契約においては、3種類の期間が想定されるので、混乱しないように注意すべきである。一つ目は、情報の開示期間である。二つ目は、契約の有効期間である。一つ目と二つ目の期間が一致している場合も多い。三つ目は、秘密保持義務が存続する期間である。単に、契約の有効期間後も秘密保持義務は存続する旨を規定する場合もある。その場合は、秘密情報が公知になるまで義務が存続するという趣旨であると解されよう。通常は、ビジネスの性格に合わせて契約の有効期間後に秘密保持義務が存続する月数・年数を決める場合が多い。なぜなら、両当事者にとって義務がいつまで続いているのかが明確にならないからである。
>
> 　この秘密保持義務の存続期間が、長すぎる場合や、公知になるまでである場合、受領側としては、当該情報が陳腐化されてきたと思っていても期間が経過するまで利用できないことになる。そのうちに、開示者だけではなく第三者も独自にその情報を開発するなどして、当該情報を利用したビジネスについて3番手以降に出遅れるというリスクもある。適切な義務の存続期間を定めるべきである。」

（補足説明）

残存期間についての法的な対応を誤ると、実務面はもとより、経営的にもリスクの増大を招くので、実態に相応しい残存期間を設けるべきである、というのがこの論旨である。極めて妥当な見解である。なお、ここでの「存続

期間」とは、文脈からみて、「契約終了後の残存期間」を含むトータルの「存続期間」を指していることは明らかである。

3) 英文の秘密保持契約の場合
岡本　幹輝「実例　英文秘密保持契約」（商事法務1988年）265頁

> 「契約の中において"期間"を定めた場合、通常は、その契約の"期間"だけ、契約当事者は契約で定めた権利を行使でき、義務に服すると考えられますので、"期間"が終了すれば、契約の拘束から一切自由になることを意味します。しかしながら、いろいろな種類の契約の中で、果たして全てに契約の期間を設けることに意味があるのか、あるとしても、一つの契約には一つの期間しかないものか、などといった問題が出てきます。……（中略）……。つまり、契約全体の期間を一つだけと考えるのではなく、規定ごとに考えて、期間の定めを要しない規定と、期間の定めを要する規定とを分けて、期間の定めを必要とする場合には、その規定の中で期間を定めればよいのではないかという考え方です。……（中略）……仮に、共同開発契約の中で、契約当事者間の提携関係を律する期間、つまり共同開発期間を契約期間と称して、"秘密保持義務は契約期間満了後も有効に存続する"との規定を設けたとした場合に、この秘密保持義務を縛っている契約条項自体は契約ではないのかという疑問も出てきます。」

（補足説明）

　英文の秘密保持契約に関して、今から20年以上前に述べられたものである。契約期間とは別に残存期間を設けることに賛成の立場を取りながら、"秘密保持義務は契約期間満了後も有効に存続する"という契約条項の定め方そのものに疑問が提起されている。つまり、「契約期間」という曖昧な概念は用いずに、「秘密保持義務は、本契約終了後○年間、有効に存続する」と、当該条項に明確に規定することを推奨している。ちなみに、同書では、例示として10年又は5年が提示されている。

　なお、その後、同氏が雑誌「発明」（1991年3月号75頁以下）に投稿された「秘密情報管理と秘密保持契約について」では、個人の場合には退職後10年間、企業の場合には製造委託取引終了後3年間、秘密保持義務を負う旨のひな型が例示されている。

2．秘密保持義務の存続期間に期限を設けるかどうかは、情報の性質によって決めればよいとする見解

浜辺陽一郎「コンプラインアンスの基本がわかる本」（PHP研究所2002年）200〜201頁

> 「秘密保持義務を負う期間の長さはいろいろあるようです。秘密保持義務を負う期間というのは、必ずしも限定する必要はありません。これに比べて、同種の営業や仕事をしてはいけないという「競業避止義務」は、職業選択の自由を制限することになりますから、期間を限定しなければならないと考えられています。しかし、秘密保持は、別に何か職業選択の自由をを害するというわけでもないので、それこそ「秘密は墓場までもっていけ」といった契約もありうるわけです。
> 　とはいえ、陳腐化することがわかりきっている情報までいちいち秘密保持で縛っているのでは、お互いにわずらわしくてしかたがないということもあります。そこで、契約によっては、秘密保持義務を負う期間をあらかじめ何年かに区切っておくこともあります。
> 　ただ、やはり秘密としての価値がある限り、秘密保持義務を負わせたいということであれば、期間を限定せず、永久に秘密としておく方が無難のようです。

（補足説明）

　情報は、公知となることによって必然的に秘密性を失うから、「秘密保持義務については、原則として、存続期間に期限を設ける必要はない」という立場（期間限定不要説）を代表する見解である。ただし、陳腐化が明確に予測できる場合、その存続期間について期限を設けてもよい、としている点で、「相対的不要説」又は「折衷説」である。

　多くの識者（学者・実務家）の論述は、ほとんどがこれと同旨であり、契約書作成の実務に適した考え方である。たとえば、加藤正彦・前掲稿（第6章注33）11頁は、契約の有効期間を一律に定めるのではなく、個々の契約条項ごとに、有効期間の必要性を確認しながら、適切な期間を定めてゆくのが望ましい、特段定める意味を見い出せない場合は、有効期間を定める必要は

ない、と述べている。また、野口良光・前掲書（本章注2）319頁は、解釈上の疑義を避けるために、契約期間満了後におけるノウハウの使用の可否について規定しておくことが望ましい、実際の契約では、契約満了後におけるノウハウの使用を無期限又は一定期限を限って禁止又は制限するのが普通である、と述べている。

　しかし、契約終了後、長期間（たとえば10年）が経過した場合に、秘密保持義務者が、「無期限に義務を課す契約条項は、公序良俗に反する」として、「債務不存在確認の訴え」などで、「義務の消滅」を主張してくる可能性は十分考えられる。このような事態の場合、どのような考え方に基づいて「永久」や「無期限」との折り合いをつけるのか、上記の論述からはその方向が明らかではなく、理論的な説得力に乏しいと言わざるを得ない。

3　秘密保持義務の存続期間に期限を設ける必要はないとする見解
　永野周志・砂田太士・播磨洋平「営業秘密と競合避止義務の法務」（ぎょうせい2008年）

> 「秘密情報は秘密である限り保護されるべきであるから、……（中略）……『開示当事者から開示を受けた後に被開示当事者の責めに帰すべき事由によることなく公知になった情報』を秘密情報から除外する旨の規定を定めていれば、秘密保持義務の存続期間に制限がないことがもたらす不都合は解消される。したがって、『狭義の秘密保持契約』については、契約期間を定める必要もない。」（164頁）

（補足説明）

　情報が公知になれば、必然的に秘密でなくなるので、「秘密保持義務の残存期間に期限を設ける必要は全くない」という立場を代表する見解である。期限を設ける必要性は全くないとしている点で、「**絶対的不要説**」である。

　しかし、「公知」であるかどうかをめぐっては、後日、無用な争いを生じる危険性が大きい。したがって、「公知」を基準にして判断するのであれば、このようなトラブルを避けるために、「公知」をどのようにして相互に認識

するのか、その手順を契約のなかで同時に定める必要がある[22]。たとえば、「秘密保持義務者が、当該情報が「公知である」と認識した場合には、情報開示者に照会できる。照会があった場合、両者でその取り扱いを誠実に協議する。協議が整わない場合は、仲裁によって解決する。」などの具体的な定めを設けることが必要である。

しかしながら、論者は、情報が「公知」となった場合、秘密保持義務者は、その旨を積極的に情報開示者に通知することが必要である、と指摘するのみで、手順などの明記等については何も言及していない。

さらに、期間の定めのない秘密保持契約が過度に相手方（情報の被開示者）を拘束する場合、それは、債務不存在の確認の訴えや相手方からの一定の予告期間を設けた催告などによって解約されるおそれがあるが、これへの対応についても何も言及していない。

「紛争の発生の予防」が契約の大きな役割の一つである。にもかかわらず、このように、将来、秘密保持義務をめぐって紛争の火種が残るような契約条項の決め方では意味がないと考える。

4 まとめ（本稿の立場）

秘密保持契約に基づく秘密保持義務による秘密情報の保護は、現実には、訴訟における「予備的請求」の形で、法（営業秘密制度）による保護の補完を目的にしている場合が多い。この場合、秘密保持義務の残存期間を明確にする必要がないというのでは、争いが発生した場合、秘密保持契約による保護又は解決を事実上放棄することになる。これでは、何のために秘密保持契約を交わすのか意味がなく、法制度による保護の補完という役割を果たすこともできない。その意味で、秘密保持義務の残存期間には期限を設け、秘密保持契約がこの役割を果たせるようにすることが、理論的にも実務的にも必要かつ妥当だと考える。

---

22 経済産業省「営業秘密管理指針」（第2章注29）第3章2（3）②（イ）(b)「秘密保持期間」参照

第4節　秘密保持義務の残存条項に対する裁判所の判断

　本節では、秘密保持義務の残存条項について、裁判所がどのように判断しているか概観する。

1　信義則に基づく余後効[23]として、残存条項の有効性を認めた判決
　大阪高判平成6・12・26（「ポリオレフィン発泡体事件」判例時報1553号133頁）（最二小判平成10・6・22上告棄却）……営業秘密制度導入前の事件

1）事件の概要
①設計図面、金型図面、輸出の相手方に提供する設備の組立・運転のための技術ノウハウに関する資料などの秘密保持義務の有無をめぐる事件である。
②就業規則等にも、秘密保持義務の残存期間について取り決めがなかったので、退職・退任後に秘密保持義務が残るかどうかが争点になった。

2）判旨
①控訴裁判所（大阪高裁）は、設計図面等を、営業秘密（企業秘密）と認めた。
②大阪高裁は、内部規程や雇用契約などに取り決めがなくても、退職、退任による契約関係の終了とともに、秘密情報に対する秘密保持義務もまったくなくなるとするのは相当ではなく、退職、退任による契約関係終了後も、信義則上、一定の範囲において、その在職中に知り得た会社の秘密情報をみだりに漏洩してはならない義務を引き続き負うものと解するのが相当である、と判示している。

23　契約が終了した後も効果が継続するという趣旨であれば、「余後効」ではなく、「**継続効**」と呼ぶべきではないかという見解がある（加藤雅信「契約法」（有斐閣2008年）112頁、382頁）。「**存続効**」と呼ぶ見解もある（飛翔法律事務所編「ビジネス規約書書式100例」経済産業調査会2010年90頁）。

3）寸評 この判旨から判断できるように、契約終了後の秘密保持義務について残存条項を設けること自体は問題ないと解される。また、その必要性は実務でも認められている[24]。

問題は、その残存期間をどう決めるかであるが、裁判所は具体的な基準を示していない。ただし、「一定の範囲」と判示している以上、無期限でないことだけは確かである。

米国の裁判所が営業秘密に基づく差止期間の計算に用いている基準を参考にすれば、ここでいう「一定の範囲」とは、「善意の競業者が、原告の技術情報に相当するものを独自に開発し、原告と同様の製品を市場に送りだすのに要する期間」（事件名に因んで、「ウィンストン事件法則」[25]と呼ばれている）ということになるのではないかと思われる。

2　特段の事情がない限り、残存条項の特約は有効と認めた判決

大阪地判平成20・8・28　「ツインカートリッジ型浄水器事件」（LEX/DB 文献番号28141876、知財管理 Vol. 59　No. 6　2009　679頁以下）

1）事件の概要

①原告は、「ツインカートリッジ型浄水器」に関する本件特許権を有しており、特許侵害を理由に、被告が製造販売する製品の販売差止、侵害組成物品の廃棄及び損害賠償等を請求した。

②本件の特許は、もともと被告との間の「開発委託契約」に基づくものであり、原告との間で交わされた開発委託契約には、「共同出願条項」が設けられていた。

③しかし、被告の申出により、この開発委託契約が中途で合意解約されたため、その時点までに出願可能な程度に完成していた発明について、原告は単独で出願して特許権を取得した。

24　経済産業省「営業秘密管理指針」（第2章注29）第3章2（3）②（イ）(a)参照

25　たとえば、Winston Research Corporation v. Minesota Mining and Manufacturing Co., 350 F. 2d 134（9th Cir. 1965）、K-2 Sky Corporation v. Head Sky Co., Inc. 506 F. 2d 471（9th Cir. 1974）など

④開発委託契約には、工業所有権（産業財産権）の取扱いについて残存期間（当該工業所有権の存続期間中有効）の定めがある。被告は、この残存条項に違反する原告の特許出願には、特許法123条1項2号及び38条の無効理由があると主張（抗弁）した。

2）判旨
①裁判所は、開発委託契約が合意解約された場合であっても、残存条項は有効に存続すると判示し、共同出願条項の有効性を認め、被告の主張を認容した。
②その理由として、合意解約の対象となった契約の中に、契約の終了後も特定の条項の効力を存続させる旨の条項が存在する場合、その条項の適用を特に排除する合意など特段の事情がない限り、同条項に従って契約を終了させるとの合意がなされたものと推認するのが、当事者の通常の合理的意思に合致するというべきである、と判示している。
3）寸評　判決は、残存条項の有効性を認めている。契約の合意解約時点において出願可能な程度に発明が完成していた場合、残存条項に基づいて、共同出願条項の有効性を認め、被告の主張を認容することは、「開発成果に対する利益の衡平な分配」という意味で妥当と考える。

反対に、契約の合意解約の時点において発明が完成しておらず、その後、原告が独自に開発業務を継続し、その結果、原告が発明を完成させた場合には、契約に残存条項が存在するからといって、被告の共同出願は認められないと思われる。この場合、被告は、発明の完成に寄与していないからである。

第5節　残存条項として用いられている契約文言の個別的検討

秘密保持義務の残存条項も、契約条項の一つである以上、公序良俗（民法90条）や権利の濫用（民法1条3項）などに抵触するものであることは許されない。また、当事者の権利又は義務を明瞭かつ具体的に表現したものでなければならない。さらに、事実を正確に反映したものでなければならない。

このような契約条項としての基本的な三要件を踏まえつつ、〈図表9〉の

実態調査において対象にした契約書に基づき、当該契約書のなかで実際に使用されている秘密保持義務に関する契約条項の文言を素材にして、以下、類型ごとに検討することにしたい。

1 契約期間の自動更新文言（自動延長条項）

(1) 意義・目的

秘密保持契約には、基本的に2種類の期間が予定されている。その一つは秘密保持契約自体の有効期間であり、もう一つは、契約終了後における秘密保持義務の残存期間である。

この自動更新文言は、秘密保持契約の有効期間について自動延長制を導入し、秘密保持契約自体の有効期間とは別に、秘密保持義務について残存期間を設けない仕組みを前提にしている。したがって、秘密保持契約の終了と同時に秘密保持義務も消滅する形式となっており、**「期限設定無関係説」**ともいうべき方式である。秘密保持契約の有効期間とは別に秘密保持義務の残存期間を設けると、当事者間における権利義務を不明確にするおそれがあるので、これを避けるために、実務上の便宜から考え出された方式である。実務書において、これを推奨している例も少なくない[26]。また、実務のニーズに対応できる実践的な方式である。

(2) 契約書上の扱い

この方式は、①秘密情報の性質やライセンス契約やその他の継続的な取引（たとえば、販売店契約）などとの関係で、残存期間の期限を合理的・具体的に見積ることが困難な場合、②契約終了後にも残存させたい条項が多数ある場合、③秘密保持契約自体を長期にわたって存続させる場合、などに有益である。また、自動延長にしておけば、秘密保持義務の基礎となっている秘密保持契約自体が、相手方からの予告期間（たとえば3ヶ月）を設けた催告（解約告知）によって、自動的に解約に追い込まれるおそれはない。なお、

---

26 たとえば、雑誌「ビジネスロー・ジャーナル」2010年6月27号30頁。2010年4月9日改訂「営業秘密管理指針」の「関係資料2」に収められている契約書の例（業務提携時における秘密保持契約書）は、その有効期間に「自動更新」を取り入れている。

秘密保持契約書上の「有効期間」に関する文言は、通常、次のようになる（例示）[27]。

> 第○条（有効期間）
>   本契約の有効期間は、本契約締結の日から5年間とする。ただし、期間満了の2ヶ月前までにいずれか一方から相手方に対して申出（意思表示）がない場合は、期間は、さらに1年間自動的に延長されるものとし、以降についても同様とする。いずれか一方による申し出があれば、当事者間で協議し、その後の取り扱いを決定する。

(3) 法的有効性

裁判所（札幌高裁）は、自動更新の約定がある期間1年の販売店契約について「有効期間1年とする旨の約定は、契約の継続を前提として、1年経過後に契約条項を見直すという程度の意味である」として、1年を契約の存続期間とは解さず、自動延長条項の有効性・有用性を認め、この方式は、一定の期間経過後は、毎年定期的に契約の延長・終了について、当事者間で見直しをすることに意味があると解釈している[28]。また、すでに述べた「平井理論」（第6章4節参照）では、この決定を、「組織型契約の特質を無意識のうちに明らかにしていると評すべきであり、今後、裁判所がこのような解釈上の根拠を自覚的に採用することが期待される。」と評価している[29]。

(4) 問題点

この方式に、問題がないわけではない。理屈上、秘密情報の被開示者が延長に反対の意思表示をすれば、自動延長にはならないので、秘密保持契約は終了する。このように理解しないと、秘密保持義務の存続期間に終期を設けた意味がなくなる。また、いったん契約すれば、事実上永久に拘束されるという結果を招くことも適当ではない。

しかし、上記(3)の裁判所の「決定」にも見られるように、自動更新文言付の契約の場合、契約当事者の一方（情報の被開示者）が契約の終了を希望

---

[27] 「ビジネスロー・ジャーナル」2010年6月号30頁参照
[28] 札幌高決　昭和62・9・30　「農機具販売店契約更新事件」（「判例時報」1258）76頁
[29] 平井宜雄「債権各論（Ⅰ上）　契約総論」（弘文堂2008年）253頁参照

する場合、文言通り契約を終了させることができるか否かについては疑問がある。協議が整えば問題はないが、協議が整わない場合、秘密情報の開示者の側としては「秘密保持義務存続の確認」を求める訴訟を、秘密情報の被開示者の側としては「契約終了の確認」を求める訴訟を、それぞれ提起せざるを得ない。その場合、被開示者の意向どおりに秘密保持契約が解消されるとは限らず、その後も、一定期間、契約が有効なものとして存続し、情報の被開示者が、依然として秘密保持義務に拘束される事態も、理論的にはあり得る[30]。

また、この自動延長条項については、終了措置の失念により、事実上無期限に存続する危うさがあるので望ましくない、という批判もある[31]。このような事態を回避するためには、「なお、自動延長は、○年○月○日までの最長○年間とする。」と上限を定め、自動延長も無期限でないことを明示することが必要となろう。

(5) 比較法的視点からの検討

石田佳治著「欧米ビジネスロー最前線」(民事法研究会1991年186頁)によると、「自動延長条項 (automatical renewal clause)」は、わが国に固有のものであり、欧米の契約書には、例外的な場合を除いて、通常存在しない、とのことである。

秘密保持契約の場合も、これと同様だと言ってよい。わが国の場合のように、「一定の契約期間」+「1年ごとの自動延長」の組み合わせによる契約条項は、事実上、「不確定期間」を意味することになるので、合弁事業契約などの特別の場合を除いて、一般には見られない。米国の場合、契約終了後における秘密保持義務の残存期間は、一般に5年を超えない (In general, confidentiality provisions extending beyond a period of five years may not be enforceable) と説明されていることが多い[32]。

---

[30] 継続的な契約関係の解約は、簡単ではない。田路至弘「もう一度学ぶ民法(契約編)」(商事法務2009年) 186頁以下参照。「信頼関係破壊の理論」も、これに関係すると思われる。
[31] 加藤正彦・前掲稿 (第6章注33) 10頁
[32] Brandon Baum *id* at p 34

2 期間無限定文言（「有効に」「無期限に」）

(1) 意義・目的

秘密情報は、秘密（非公知）である限り保護されるべきであり、秘密保持義務の残存期間に期限を設ける必要はないとする立場を具体化した形式であり、すでに紹介した「期間限定不要説」に相当するものである。

この文言を使用している事例は、すでに説明した〈図表9〉の実態調査が示しているように、全体の70％を超えていると推測される。

(2) 契約上の扱い

この文言を使用した場合、秘密保持契約の契約期間（有効期間）の条項は、通常、下記のように表現される。他の確認条項と一括りで扱われている例が多い。

> 第〇条（契約期間）
> 本契約の有効期間は、本契約締結に日から〇年とする。ただし、第〇条（損害賠償請求）及び第〇条（秘密保持義務条項）は、契約終了後も、有効に存続する。

（注）「有効に存続する」は、「残存期間は無期限である」ことを意味する。

(3) 法的妥当性

裁判所は、職業選択（転職）の自由を制限する競業避止契約の場合と異なり、秘密保持義務の残存期間に期限が設けられていないという理由だけで、その契約自体又はその契約条項を直ちに無効とはせず、主張・立証と事実認定の問題として取り扱っている[33]。

しかし、秘密保持義務の対象になる企業の秘密情報は、よほど特殊な情報でない限り、その中身が日々更新されるものであり、また、技術の進歩や年月の経過とともに陳腐化してゆく性格のもので構成されている。したがって、秘密保持契約が終了して相当の期間（たとえば10年）が経過した時点で、契約上秘密保持義務を負っている被開示者が、「期間の定めのない契約」を

---

[33] たとえば、東京地判平成14・8・30「ダイオーズサービシーズ事件」（「労働判例」838号32頁）参照

理由に、相当の予告期間を設けた解約告知をしてくる可能性は否定できない。情報開示者がこれに応じなければ、事案が被開示者を原告とする訴訟に移行する可能性も十分あり得る。

訴訟になれば、原告は、「期間の定めのない継続契約は、相当の予告期間を設けた通知で解約できる」という法理[34]のほか、事情変更の原則や公序良俗違反などを理由に、「もはや秘密情報は存在しない」として「秘密保持義務不存在の確認」を求めることになろう。

この場合、被告（秘密情報の開示者）としては、「秘密保持義務の存続期間に期限の定めがない以上、秘密保持契約は依然として有効である」と主張・反論することになろう。しかし、裁判所が、この程度の被告の主張・反論を有効な抗弁として認容してくれる保証はない。むしろ、被告は、秘密保持義務によってカバーされる情報が陳腐化しておらず、当業者（その分野に属する知識を有する専門家）の常識にもなっていないことを積極的に反証するよう求められると推測される。特に、秘密保持義務の対象となる秘密情報のなかに、誰が見てもすでに秘密情報と思われないものが含まれていると、無効を主張する絶好の口実を原告に与えることになる。このように考えると、秘密保持義務について期限の定めのない秘密保持契約は、秘密情報の開示者（被告）にとってリスクの大きい契約であることがわかる。また、大企業（被告）と下請企業（原告）の場合のように、被告と原告の力関係に大きな差があり、被告が、市場における競争制限などの目的のもとに原告に対し無期限の秘密保持義務を課して拘束しているような事実又はそれに近い事実があれば、すでに述べたように、独占禁止法上の「不公正取引」（2条9項6号ニ）と判断される危険性も皆無ではない。

以上により、実務としては、多少長め（たとえば10年）であっても、合理的な説明のできる範囲で秘密保持義務の残存期間に期限を設定するか、又は、すでに述べた自動延長条項による方法を用いるのが、情報の開示者にと

---

[34] 田路至弘・前掲書（本章注30）186頁以下、川越憲治「継続的取引契約の終了」（商事法務「NBL別冊」No. 19　1988年4月）18～33頁など参照

って賢明な選択であり、開示者の利益にも合致すると考える。秘密保持義務の残存期間に期限を設けることは情報の開示者にとって不利益であるという見解をよく耳にするが、訴訟を含む紛争処理までをトータルで考えた場合、この見解は必ずしも妥当ではない。期間を限定しない契約文言には法的にも問題が多いので、契約条項としての使用は原則として避けるべきだと考える。

(4) 情報管理上の問題点

秘密情報の管理面から見ても、この文言には問題がある。たとえば、当業者にとってすでに常識化している情報についても、秘密保持契約の期間内であれば、秘密情報の被開示者は、その情報を秘密として管理しなければならず、不必要な義務（管理事務）の負担を強いられることになる。また、公知になれば、秘密保持義務から解放されるのは当然であるが、公知とは、一体どのような状態をいうのか、公知を覚知した場合、当事者としてどのような手続を必要とするのかなどを同時に契約上明確にしておかないと、公知をめぐって、かえって争いを大きくする危険性さえある。このことについては、本章第3節3ですでに指摘したとおりである。

3 合理的期間文言（秘密性が失われるまでの期間）

(1) 意義・目的

この文言は、「公知になれば、秘密情報でなくなる」という当然のことを、別の言い方で表現しているに過ぎず、基本的には「**期間限定不要説**」に属するものである。言い換えれば、秘密情報として保護される期間は「有限であって、永久ではない」ということを、注意的に表現したに過ぎず、創設的に期限を設ける趣旨ではない。言い換えれば、年数等で明確に期限を定める方法に代替できる表現方法ではない[35]。

(2) 契約書上の扱い

この文言を採用した場合、秘密保持義務の存続期間は、通常、下記のよう

---

35 ただし、経済産業省「営業秘密管理指針」（第2章注29）第3章2(3)②(イ)(b)は、期間設定が困難な場合は、「営業秘密性が失われるまでと明記」することことを奨励している。

に表現される。

> 第○条（契約期間）
> 　本契約の有効期間は、本契約締結に日から○年とする。ただし、第○条に定めた秘密保持義務は、契約終了後においても、対象となる情報の秘密性が失われるまでの合理的な期間、なお有効に存続するのもとする。

4　期間限定文言

(1)　意義・目的

　期間限定文言は、秘密情報の保護にとって、最も望ましい表現形式だと考えられる。その理由としては、①情報が時間の経過や技術の進歩によって陳腐化し、次第に経営的又は財産的価値を失う性格を有していること、②不必要に契約に拘束されて情報の利用ができず、競争に乗り遅れるかもしれないリスクを回避できること、③訴訟になった場合の立証負担を軽減できる余地が大きいこと、④契約条項の必要要件である明確性と安定性を備えていること、などを挙げることができる。

(2)　法的妥当性

　残存期間に明確な期限が設けられているということは、契約当事者間で協議や交渉が行われた結果であると解するのが、当事者の意思に合致する。したがって、その期限が公序良俗や社会通念に反するような異常なもの（たとえば50年とか100年というように、過度に自由な経済活動を制約するもの）でない限り、当事者の合意は、合理的意思として尊重され、裁判でも認容される可能性が高いと考えられる。現実に、10年という長期間の、かつ、地域の限定のない秘密保持義務が有効とされた事例も存在する[36]。また、〈図表9〉の実態調査のなかにも10年の事例が含まれている。さらに、実務書で例示されている「契約書のひな型」のなかには、「取引完了後20年」としているもの

36　たとえば、東京地判昭和63・3・10「アイ・シー・エス事件」（「判例時報」1265号103頁）、東京地判平成11・9・30「特殊洗浄事業サブライセンス契約事件」（「判例時報」1724号65頁）など参照。

さえ存在する[37]。

　そもそも、秘密保持義務の根拠（基礎）となる契約が終了しているのに、それに基づく義務が残存するという理屈は、「土台が無くなったのに、その上に建っていた建物は依然として存続している」とみなすに等しく、契約の事後的効果を擬制した「例外条項」と位置づけるほかない。例外、すなわち特別条項であれば、契約当事者の認識の違いがもたらす紛争が将来において発生しないよう慎重な対応と配慮をするのは当然であって、そのためには、秘密保持義務が何時まで残存するか明確にすることが必要である。また、契約条項の基本要件である「5W1Hの原則」からみても、期限の設定は、契約条項の必須の要素だと考える。

　〈図表9〉の実態調査でみると、全体の約2割が秘密保持義務の存続期間に明確な期限を設定しているが、さらなる啓蒙によって、この比率をさらに高める必要があると考える。

（3）　契約書上の文言

　この方式を採用した場合、秘密保持義務の残存期間は、通常、下記のように表現される。（秘密保持義務を定めている条項の文言の末尾に、「但し書き」として、残存期間の期限を記載する場合もある）。

第○条（契約期間）
　本契約の有効期間は、本契約締結に日から○年とする。ただし、第○条（秘密保持）に定めた秘密保持義務は、本契約終了後においても○年間、なお有効に存続するのもとする。

---

[37]　北河隆之編「契約書様式文例」（日本実業出版2003年）319頁参照

第6節　秘密保持義務の残存期間の在り方に関する考察

1　残存期間に対する考え方の日米比較

(1)　わが国の現状

　一度人に伝わったもの、又は人が記憶したものを取り戻すことは現実的に不可能であるが、情報を知り得た者に対して、使用の禁止や他社への開示を制限することによって情報の秘密性を保持することは可能である。秘密保持義務は、まさにそのための一つの手段である。このように、秘密保持義務が重要であることは十分認識されている。しかし、その義務の残存期間に期限を設けるべきかどうかについては、本章第3節の先行研究で概観したように見解が分かれており、秘密保持契約が終了した後、その情報についての秘密保持義務をどれだけの期間にわたって残存させるかについては、「自社の情報資産の性質に見合った期間」、「合理的な期間」という以上の定説は存在していない。また、本章第2節の実態調査からも明らかなように、契約実務における秘密保持義務の残存期間の扱いも分かれている。

　情報の開示後、永久に秘密性を失わない情報も理論的にはあり得るので、その場合には「永久」「半永久」も「合理的」の範囲に入ることになる。また、「裁判において、秘密保持期間について、公序良俗の面から一律に合理的な期間を設定して、その有効・無効を議論するのは、合理的な根拠がない」と主張している論者も存在している[38]。このように議論は分かれ、一定の方向に収斂する動きは今のところ見られない。これがわが国の現状である。

(2)　米国の現状

　秘密保持契約はいろいろな局面において交わされている[39]が、秘密保持契

38　山本孝夫稿「秘密保持契約・ライセンス契約における秘密保持条項の研究とリスクマネジメント」(「知財管理」第56巻2号2006年所収) 194頁

39　Richard Stim & Stephen Fisshman id at 4/2～4/37は、その代表例として、①雇用契約に附帯するもの、②契約(取引)の交渉・検討に伴うもの、③工場見学者等と交わすもの、④就職希望者との面接時にかわすもの、⑤ソフトウエア(プログラム)の試験者との間で交わす

約終了後における秘密保持義務の存続に期限を設けるべきか無期限とすべきかについては、米国でもいろいろな議論がある。代表的な議論を挙げれば、下記のとおりである（順不同）。しかし、秘密保持義務の残存期間が完全に無期限・不確定でよいとする議論はほとんどみられず、多くは、何らかの形でその残存期間に制限（limit）を設けることの必要性を指摘している。

①秘密保持契約は、当該情報が公知になるまでに限って秘密保持義務を課すために交わされるものであるから、営業秘密の使用又は開示の禁止について明示の期間限定がなされていないからといって、秘密保持義務に関する特約自体が直ちに無効になるわけではない[40]。

②秘密保持契約自体に秘密保持義務の存続期間（duration）を設けないことがあるが、期限を設けない不確実性（contingency）は避けるのが望ましい[41]。

③秘密保持義務契約の期間は極めて重要であり、その期間は、秘密情報を開示する者の利益保護にとって十分なものでなければならない。ただし、秘密情報の受領者に過度（unduly）の負担をかけるものであってはならない[42]。

④秘密保持契約の有効期間と秘密保持義務の存続期間が同一である必要はないが、両者とも、秘密保持契約において特定（specify）する必要がある。ただし、年月で特定する必要はない[43]。

⑤期限は5年が望ましい。例外にすべきは、秘密情報のなかの営業秘密（trade secret）のみである[44]。

のの、⑥ソフトウエアに関するライセンス契約の交渉過程で交わすもの、⑦研究調査を行う学生との間で交わすもの、⑧顧客リスト及びメーリングリストの公開に先立って交わすもの、の八つを挙げている。

40　不正競争リステートメント（第三次・1995年）§41、R. Milgrim *id*. §4.02、金春陽・前掲書（第2章注43）117頁参照

41　Richard E. Neff "*Demystifying the Nondisclosure Agreement*" (June 17, 2010: Reprinted and/or reposted with the permission of Dally Journal Corp.) (http://nefflaw.com/2010/06/17/demystifying-the-nondisclosure agreement)

42　"*Confidential Agreement* (*BitLaw*)" (http://www.bitlaw.com/forms/nda.html)

43　Mark J. Hanson; Joe R. Thompson; Joel J. Dahlgren, "*Overview of Confidentiality Agreements*" (hppt://www.extenson.iastate.edu/agdm/wholefarm/html/c5-80.html)

44　Richard E. Neff *ibid*.

⑥一般に、残存期間は5年を限度とすべきであるが、ノウハウのような高度に秘密性の高い技術的な秘密については、特に対象となる情報を特定して、「公知になるまで」とすることができる[45]。

⑦個人との秘密保持契約の場合、情報の残存期間については、"Post-Terminating Rights and Obligations"の見出しのもとに、一般的には、契約終了後2年〜5年とするのが適切（appropriate）である[46]。

⑧契約終了後の残存期間は交渉によって決まるが、一般には5年とされている。理論的には、できるだけ長いほうが望ましいが、裁判所によっては、秘密保持契約の解釈に当たって「合理性（reasonable）」を要求する。この合理性は、主観的（subjective）なものであり、かつ、その秘密の内容や業種によっても異なる。たとえば、ソフトウエアやインターネットの産業であれば、5年よりも短いのが合理的かもしれないが、コカコーラの原液成分情報（formula）であれば、100年以上（for over a cenrury）にわたって秘密として保護されることが合理的ということになろう[47]。

2　企業間の秘密保持契約における残存期間の合理的な決め方

(1)　残存期間について期限を設ける理由

第一に、情報資源をめぐる利益調整のための一つの法的手段を提供するのが、秘密保持義務であるという意見[48]を踏まえるならば、合理的な秘密保持義務の残存期間とは何かを明確にするための工夫・努力が必要となる。

第二に、残留情報との関係で考えると、残存期間は現実に必要である。残留情報（residual information or knowledge）とは、業務への従業者（自然人）が在職中に獲得・蓄積した知識や経験で、記憶として頭脳に残った情報を意味する。

残留情報を人間の脳から消去することは不可能であり、これを使用するこ

45　Brandon Baum *id.* at 32
46　K. Anita Dodd, Esq. *id.* at 2/17
47　Richard Stim & Stephen Fishman *id* at 3/10
48　坂井岳夫・前掲稿（第6章注31）123頁

とは基本的に自由である[49]。しかし、残留情報であることを理由に、重要なビジネス上のノウハウ等を退職後に何の制限もなく自由に使用されたのでは、企業として秘密の維持ができなくなる。秘密保持契約が事実上骨抜きになることを避けるために、情報の保有者である企業は、退職者に対して「残留情報といえども自由に利用できない」旨の確認条項を設けることを強く求める。反対に、退職者は、退職後の自由を確保するために、「残留情報は秘密保持義務の対象外である」旨の残留情報条項（residual clause）を設けるよう主張するので、そこには綱引きが起こる。

その結果、取引契約の終了後における残留情報の自由利用による影響の軽減・稀薄化を目的にして、情報の被開示者に対する秘密保持義務を一定期間残存させる契約条項が生まれたと考えられる[50]。つまり、秘密保持義務の残存期間は、被開示者が有する残留情報をクールダウン（公知化、陳腐化、経年劣化）させるために設ける期間に相当する、ということができる。したがって、秘密保持義務を残存させる期間は、クールダウンのために必要な期間であれば理論的には十分な筈であり、残留情報が存在することを理由に、その残存期間を無期限にしなければならない必然的な理由は存在しない。

なお、米国でも、在職中に体得し知識や経験のうち、退職後に自由に利用できる情報の範囲はどこまでかに関連して、同様に「残留情報」という概念が存在している（第9章第2節2（1）参照）。

第三に、「秘密情報の範囲の確定」との関係で、秘密保持義務の残存期間を契約上で限定する必要がある。秘密保持義務の残存期間（survival term）が確定期間でなくても、その秘密保持契約自体が有効であることは肯定されている。しかし、秘密保持義務の対象として選定された情報について秘密保持義務をいつまで存続させるのかの長さ（期間）の部分が不明確のままでは、秘密保持義務の対象となる情報の範囲がいつまでも確定しないことになる。このように、秘密保持義務の残存期間の限定は、「秘密情報の範囲の確定」と密接な関係があり、秘密保持義務の対象となる情報を確定するために

---

[49] 奈良地判昭和45・10・31「フォセコ・ジャパン事件」（「判例時報」624号78頁）、佐藤孝幸「実務契約法講義（第4版）」（民事法研究会2012年）56頁、

[50] 佐藤孝幸・前掲書（上記注49）56頁、岩崎恵一・前掲稿（第6章注3）472頁

も不可欠な方法である。

　以上の視点から、秘密保持義務の合理的な残存期間をどのようにして決めるべきかについて検討することとする。

（2）　残存期間の見積りに際して考量すべき指標

　自由競争が原則である以上、秘密保持義務を残存させて情報利用の自由を制限することが必要であるにしても、その制限は、必要最小限度で、かつ合理的なものでなければならない。

　そのことを考慮すれば、合理的な残存期間の見積りは、下記の各指標を総合的に考量して行うべきだと考えられる。
る。

1）米国の指標　米国の場合、秘密保持義務の合理性の要件を、①情報開示者の利益、②情報被開示者の利益、及び③公衆（公共）の利益のバランスに求める考え方が判例で明確に定着しており、上記1（2）で述べたところから明らかなように、企業間における秘密保持義務の残存期間については、5年というのが標準的な目安といわれている。なお、米国においても、秘密保持契約に基づく秘密保持義務を無期限（perpetuity）とすることは避けるべきであり、無期限よりは自動延長条項（automatic extention or renewal clause）が望ましい（advisable）とする見解が存在している[51]ことに留意する必要がある。

2）わが国の現行の法制のなかで参考にすべき指標　わが国の現行の法制の中に手掛かりを求めるとすれば、民法170条（3年の短期消滅時効）、169条（5年の短期消滅時効）、167条（10年の消滅時効）、民法724条（20年の除斥期間）などが参考となろう。言い換えれば、秘密保持契約の終了時から3年（短期）、5年（標準）、10年（長期）、20年（上限）が、秘密保持義務の合理性な残存期間を検討する際の目安になると思われる。

3）わが国の実務で用いられている指標　〈図表9〉の実態調査によれば、残存期間に期限を設けている事例では、3年が最も多く、次いで5年、2年、10年、1年の順になっている。この調査による限り、3〜5年が一つ

---

[51] Brandam Baum *id.* at 33

の目安になる。

4）自由競争の観点から、理論上、あるべき指標　自由競争を前提に考えた場合、秘密保持義務について残存期間を設ける実質的な理由は、秘密保持義務の対象となっている情報が公知になるまでの間、その情報の保有者の優位性を保護することにある。具体的に言えば、その優位性を保護すべき期間は、「技術情報（たとえばノウハウ）の場合であれば、善意の競業者が当該技術情報と同等のものを独自に開発し、同等の製品を市場に送り出すまでに要する期間」（「**ウィンストン事件法則**」）[52]ということになる。また、顧客情報（たとえば顧客名簿）の場合であれば、「顧客を発掘し、安定した顧客とした取引関係を樹立できるまでに要する時間」ということになろう。したがって、基礎研究等に長期間を要する技術情報（たとえば、医薬品の開発）の場合と営業情報の場合とで、その残存期間に違いがあっても、それによって、期間の見積りの合理性が損なわれることにはならない。むしろ、その期間を一律に機械的に決めたのでは、かえって合理性が失われる。なお、残存期間の起算は、秘密情報保有者の優位性を一定期間保護するためのものである以上、秘密保持契約の終了時点を基準として行うこととなる。

3　企業と従業員等との秘密保持契約における残存期間の合理的な決め方

　これについては、次章にて検討するが、転職の自由との関係もあり、退職者については、一般的には、雇用契約終了後1〜3年の期間を設定することが多い。

　なお、第4章の「調査①」の対象企業（製造業）からヒアリングした結果のなかには、秘密保持義務の期間を「係長以下は退職後2年、それ以外は退職後3年を限度にしている」と報告されている事例がある（経済産業省知的財産政策室編・前掲書（第4章注2）72頁）。

52　本章の注25参照。なお、土井輝生・前掲書（第2章注37）134〜136頁及び金春陽・前掲書（第2章注43）79〜82頁に、この判決の解説がある。

第7節　残存期間の在り方に関する提言

　契約終了後における情報利用の制限は、契約当事者のみならず、当該取引又は契約に利害関係のある第三者にとっても合理的（reasonable）なものでなければならない。しかし、「合理的な期間」や「自社の情報財産の性質に見合った期間」というような抽象的な説明では、実務の指針たり得ない。よって、企業間における秘密保持契約に基づく秘密保持義務の残存期間の指針は、具体的なものでなければならず、次のように取り扱うのが妥当だと考える。

1　企業間の秘密保持契約における残存期間の取扱い（原則）

①残存期間には、月数・年数又はこれと同視できるものを用い、期限（time limit）を明確に記載する。
②期間の合理的な見積は、米国に倣って、5年を標準的な目安にし、情報の内容・種類、秘密の程度、ウィンストン事件法則、経験則、業界慣行等を総合的に勘案して個別に調整して、その期間を具体的に決定する。
③「無期限」又はこれに準ずる表現（たとえば「秘密性が失われるまでの期間」、「担当者の記憶に残存する間は秘密保持義務を負う」）は使用しない。

2　例外

①技術の進歩や年月の経過に伴って秘密が陳腐化（当業者にとって常識化）することは明らかであるが、年数等を合理的・客観的に見積もることが困難な場合には、「自動延長条項」を積極的に活用する。
②技術の進歩や年月が経過しても容易に陳腐化（経年劣化）しないもの（たとえば、企業で保有している非公開の個人情報）の場合も、「自動延長条項」にて対応する。
③さらに、企業の存立そのものと一体化している戦略的な情報（たとえばコ

カ・コーラの原液成分表）など、期限を設けることになじまない特別又は特殊な秘密の場合にも、「自動延長条項」にて対応する。

3 契約実務の在り方

上記に合わせて、契約実務においても、秘密保持義務の対象にする情報の特定の仕方と秘密保持義務の残存期間を抜本的に見直し、必要な是正を図るべきだと考える。

すなわち、情報自体の特定は、第6章第3節5で述べたように、記述方式と媒体方式を併用し、また、本章第2節4（2）で指摘したように、契約上、「残存条項」と「確認条項」を一括りにして取り扱う契約実務も、早急に改めるべきだと考える。

本章の小括

わが国の判決例は、当事者自治の尊重、実態重視などの立場から、秘密保持義務の残存期間について「期限」の定めが不存在でも契約自体の成立を認め、その条項の効力や適用は、当事者の主張・立証に委ねる姿勢を採っている。このことが明らかとなった。

一方、筆者独自の調査に基づいて、企業間の秘密保持契約の秘密保持義務の残存期間の現状を実証的に検討した。

その結果、企業間における秘密保持契約においては、秘密保持義務の残存期間に期限を設けない事案が、およそ4分の3を占めていることが判明した。これがわが国の実態に近いと推測される。また、このような結果になっている最大の理由が、秘密保持義務の残存条項が、契約の効力の継続を確認するに過ぎない「確認条項」と一括りに扱われ、「秘密保持契約が終了した後も有効に存続する」として扱う実務に由来していることも明らかになった。この契約実務は、「確認条項」と「残存条項」とを混同する誤った理解に基づくものであり、早急に改める必要がある。

他方、米国では、次の第8章で指摘するように、秘密保持義務の存続を無

期限とする場合、そこに合理的理由が必要であると明確に判示している控訴審判決がすでに存在していることに留意する必要がある。合理的理由が必要であることは、わが国の場合にもあてはまるので、実際に秘密保持義務の残存期間を決める際には、この判旨を十分参考にする必要がある。

次章では、企業と従業員等との間における秘密保持契約について若干の考察を試みることにしたい。この契約には、企業間の秘密保持契約には見られない重要かつ特有な問題が存在しているからである。

第8章　企業と従業員等との間の秘密保持契約

本章では、企業と従業員等との間の秘密保持契約に特有な問題を中心に検討する。

第1節　二つの形態の秘密保持契約の相互補完性の確保

1　企業秘密の流通経路

正当な権原（理由・根拠）に基づいて企業秘密が開示される場合、その秘密にかかる情報は、次の経路で伝わるのが一般的である。また、情報の流通は、「人」を介して行われる（以下、企業の「人」を、役員・退職者を含めて「従業員等」と総称する）。

（正常な流通経路）

> ①情報開示者たるA社⇒②A社の担当者（従業員等）⇒③被開示企業（一次取得者）たるB社⇒④B社の担当者（従業員等）⇒⑤被開示企業（二次取得者）たるC社⇒⑥C社の担当者（従業員等）⇒⑦被開示企業（三次取得者）たるD社……（以下、同じ）

2　企業秘密の流通と秘密保持契約との対応関係

上記1の情報の流通経路との対応で、秘密保持契約の形態は、通常、次のようになる。

（1）　A社とB社の間及びB社とC社の間

①A社は、営業秘密等の秘密情報の開示に当たり、B社との間で秘密保持契約を締結する。これは、「企業間の秘密保持契約」に相当する。

②B社が正当な権原に基づいてC社に秘密情報を開示する場合も、同様に「企業間の秘密保持契約」が締結される。

（2） A, B, C各社と各社の担当従業員の間

①A社とA社内の秘密情報を取り扱う担当の従業員（以下「担当従業員」）との間で、通常、秘密保持契約が交わされる。これが、「企業と従業員等との間の秘密保持契約」に相当する。

②A社は、B社に対する秘密情報の開示に当たり、B社に対してB社内の担当従業員と秘密保持契約を交わすよう義務づけるのが普通であり、通常、B社とB社内の担当従業員との間でも秘密保持契約が交わされる。これも、「企業と従業員等との秘密保持契約」に相当する。

③B社が正当な権原に基づいてC社に秘密情報を開示する場合も、同様にC社に対してC社内の担当従業員と秘密保持契約を交わすよう義務づけるのが普通であり、C社は、C社内の担当従業員と秘密保持契約を交わすのが普通である。これも、「企業と従業員等との秘密保持契約」に相当する。

　この経路と手順が、現実には、この図式どおりに行われないため問題が発生し、又は問題が発生した際の対応が複雑となるのである。

3　二つの秘密保持契約の相互補完関係

（1）　相互補完の重要性

　「企業間の秘密保持契約」と「企業と従業員等との秘密保持契約」の二つの契約は、ともに一連の流れの中に存在するので、もともと密接に関連するものである。しかし、この二つの契約の間の連係性が確保され、両者が相互に補完し合う関係になっていなければ、どちらの秘密保持契約も、その所期の目的を達成することができない。その理由は、下記のとおりである。

①A社とB社の間における秘密保持義務がいかに厳格に定められていても、A社とB社のそれぞれの企業内で、当該契約に係る秘密情報を取り扱う担当従業員との間が"管理不在"の状態であれば、秘密情報は簡単に外部（第三者）に漏れてしまう。法的に見ても、B社内の担当従業員は、A

社・B社間の秘密保持契約の当事者ではなく、その契約により直接義務を負う立場にないので、A社・B社間の秘密保持契約の趣旨や内容がB社内の担当従業員まで浸透する保証はない。したがって、A社は、秘密情報の開示に際してB社の間で秘密保持契約を交わす場合、B社に対しB社内の担当従業員との間で秘密保持契約を交わすことを義務づけ、A社とB社の間で交わされた秘密保持契約の趣旨や内容がB社の担当従業員にも十分浸透し、その契約が有効に機能するよう工夫する必要がある[1]。

②万一、A社がB社の内部における情報管理について何らの義務づけもせず、かつ、B社内部における情報管理がきわめて杜撰の場合、そのことがA社に跳ね返り、A社自体の情報管理のレベルが、営業秘密の最大の要件である「秘密管理性」を欠いていると判断される要因になるおそれが否定できない。特に、USB等の媒体による情報の持ち出しやSNS(ソーシャル・ネットワーク・サービス)を通じた情報の外部流出(いわゆる「つぶやき」)などが容易になっている現下の情勢を考慮すれば、情報の開示者であるA社としては、その被開示者(一次取得者)であるB社に対して、当該開示に係る秘密情報を取り扱う担当従業員の限定と当該担当従業員に対する情報の具体的な取扱いについての説明義務を課し、また、物理的・技術的・人的な管理体制の整備についてB社の表明・保証を求めることを検討すべきである[2]。このような義務づけをしていたにもかかわらず、B社から秘密情報が第三者に流出した場合であれば、A社の情報管理レベルの評価に影響を及ぼすことはないと思われる。

③一方、A社からの要請にもかかわらず、B社が社内の担当従業員と秘密保持契約を交わさないうちに当該本人がB社を退職し、その際にA社の営業秘密を持ち出した場合、当該営業秘密の秘密管理性が欠けているという

---

1 経済産業省の営業秘密管理指針(第2章注29)(第3章2(3)②(オ))は、この点を明確に指摘しているが、先行研究は、この点についてほとんど言及していない。他方、浜辺陽一郎「個人情報・営業秘密・公益通報Q&A」(第6章注13) 151頁は、企業間の秘密保持契約において、相手方当事者に対して、その従業員から秘密保持義務に関する誓約書等を取得するよう義務づけることについて、「努力目標にするなど、消極的に対応すべきである」との見解を述べている。しかし、誓約書等を直接取得することはともかく、義務づけについてまで消極的に対応しなければならない特別な理由はないと考える。

2 花野信子・前掲書(第6章注20) 164～166頁

理由で、B社は当該担当従業員の行為を差し止めできない可能性がある。また、秘密保持契約が存在しないとなると、退職者は完全に「赤の他人」(第三者)とみなされ、契約違反(債務不履行による損害賠償)の責任を問うこともできない。結果として、B社は、適切な秘密管理体制を構築しなかったという理由(債務不履行)で、A社に対して損害賠償の責任を負う場合があり得る[3]。

　これに対して、B社が、A社との秘密保持契約の約定どおりB社内の担当従業員との間で秘密保持契約を結び、それなりの管理体制を構築していたら、情報の漏洩・外部流出は起きなかったかもしれない。また、仮に情報の漏洩・外部流出が起きても、B社としては、差止請求や当該担当従業員に対する損害賠償責任の追及ができる。B社のA社に対する責任は、B社内における当該情報の管理に過失があったか否かで決まるが、B社が担当従業員と秘密保持契約まで交わして通常の情報管理を行っていた場合には、過失がなかったとして債務不履行責任を免れる可能性が相対的に大きくなる。

④さらに、B社からA社の営業秘密がC社に漏れた場合、理論的には、A社がC社に対して、営業秘密の侵害を理由に、当該情報の使用の差し止めを直接請求することが可能である。この場合、C社に漏れた情報が営業秘密に該当するか否かは、A社における当該情報の「秘密としての管理」だけではなく、B社における「秘密としての管理」も含めて、総合的に審理されることになる。このことに思いを致せば、A社にとっては、自社における「秘密としての管理」の励行が必要であるばかりか、B社における情報の「秘密としての管理」も、決して他人事ではない。

(2) 相互補完関係の欠落と情報の漏洩事件

　秘密情報の漏洩に「人」が介在していることは周知のとおりであるが、これを法的にみると、多くの場合、企業間の秘密保持に関する取り決めはしていても、当該企業内における「契約法的管理」に問題がある場合が多い。すなわち、秘密情報を取り扱う担当従業員等との秘密保持に関する取り決めが

---

[3] 経済産業省「営業秘密管理指針」(第2章注29)(第3章2(3)②(オ))参照

完全に欠落しているか又は不完全であることが、不祥事の主因になっている。たとえば、第1章（はじめに）で言及したベネッセコーポレーションにおける営業秘密（個人の氏名、住所、生年月日などの個人顧客の情報）の複製・持ち出し事件を想起すれば、二つの秘密保持契約の相互補完の重要性は容易に理解できる。この事件の内容はまだ部分的にしか明らかになっていないが、ベネッセコーポレーション（X社）は同社のデータベース（DB）の保守作業をY社に業務委託契約し、Y社は、その業務をZ社に再委託し、Z社から作業担当者Aを受け入れて受託業務を処理していた模様である。関係者の間でどのような秘密保持のための措置が講じられていたか、今のところ不明であるが、①X社とY社の関係、②Y社とZ社の関係、③Z社とA個人との契約、④Y社とA個人との関係、のそれぞれが、どのような内容で契約され、かつ、それらが連係の取れたものになっていたか否かが、今後、Y社のX社に対する責任、Z社のY社に対する責任、A個人のX社、Y社及びZ社に対する責任の認定に影響を及ぼすことは確実である。なお、個人情報を漏洩された個人（X社の顧客）が、善管注意義務違反を理由にして、X社に対して損害賠償を請求できることはいうまでもない。その損害賠償額は200億円に達するともいわれている。X社は、個人情報保護法上、「個人情報取扱業者（同法2条3項）」としての責任も負わなければならない。いずれにしても、これは「対岸の火事」ではない。

（3）事件から学ぶ教訓

　上記(2)の事例が示しているように、秘密情報の授受に伴って締結する企業間の秘密保持契約はもとより重要であるが、これと連係がとれた形で、それぞれの企業が、内部において、秘密情報を取り扱う担当従業員との間で秘密保持契約を締結する必要がある。これは、営業秘密における「秘密としての管理」の要件を満たすためだけではない。特に、担当従業員が退職する際に契約の締結を怠ると、当該担当従業員は、退職後は「第三者」すなわち「赤の他人」となる。その結果、営業秘密などの重要な秘密情報を持ち出されたことが後日判明しても、その責任を追及できる手段が要件の厳しい営業秘密の侵害又は不法行為に限定され、要件の比較的ゆるやかな秘密保持契約違反に基づく債務不履行責任の追及ができなくなる。

秘密保持契約を結んでおけば、元従業員のような雇用契約が切れている者についても、これを「契約関係のある者」のカテゴリーに引き戻すことが可能となる。秘密保持契約には、このような機能がある。また、契約関係のある者を対象にする場合であれば、営業秘密の侵害だけではなく、秘密保持契約違反に基づく債務不履行の責任も選択的に追及できるので、保護手段の厚みが増すことにもつながる。このメリットは大きい。

4　今後の研究のあるべき方向

　日米いずれにおいても、営業秘密をめぐる紛争は、秘密情報の保有者である企業等を退職した者が介在した事案によって、その多くが占められている[4]。また、わが国の場合、秘密保持契約についてのこれまでの研究は、もっぱら企業と従業員等の間における秘密保持契約を対象に、労働法（雇用契約）の分野で、しかも、限られた学者や研究者[5]によって行われてきた。

　しかし、そもそも秘密保持契約は、①民法（契約法）、②民法（不法行為法）、③契約法の特別法である労働契約法、及び④不法行為の特別法である不正競争防止法（知的財産である営業秘密）と完全に交錯する領域に位置している。いわば「スクランブル交差点」の「ど真ん中」に位置しているような存在である。したがって、秘密保持契約については、「関連する四大法領域との交錯」という問題意識をもってアプローチすることが必要である。にもかかわらず、今まで、「企業間の秘密保持契約」と「企業と従業員等との間の秘密保持契約」に関する研究はバラバラに行われており、両者の相互補完関係の重要性にまで研究は及んでいない。したがって、今後の研究のあるべき方向は、秘密保持契約を労働法独自の問題としてとらえるのではなく、契約法、不法行為法、不正競争防止法との相互関連のなかでとらえ、特に、二

4　詳しくは、添付した【資料編】1及び2を参照されたい。
5　たとえば、土田道夫・前掲書（第5章注2）189頁以下、片岡曻稿「企業秘密と労働者の責任」（「知的財産法制」東京布井出版1996年所収）193頁以下。逆に、労働法の標準的な解説書である菅野和夫「労働法（第十版）」（弘文堂2012年）の場合、「秘密保持義務」についての記述はみられるが、「秘密保持契約」なる用語は登場していない（同書93頁には、「個別的な特約」という表現が用いられている）。

つの秘密保持契約を相互補完的な視点で位置づけてゆくことが重要だと考える。

第2節　従業員等との秘密保持契約

1　企業と従業員等との間の秘密保持契約の性質

　企業と従業員等との間の秘密保持契約又は秘密保持義務条項は、企業が従業員等に秘密保持義務を課し、企業内の秩序を維持するための措置であるが、その法的性質は、「企業間の秘密保持契約」の場合（第6章第1節1）と変わらない。しかし、すでに第4章で概観した「調査①」及び「調査②」からも明らかなように、秘密情報の漏洩に関しては、退職者（定年・中途）や在籍従業員によるものが、取引先による秘密情報の漏洩や外部からの侵入による漏洩を大きく上回っている。したがって、企業と従業員等との間における秘密保持契約の場合、企業間の秘密保持契約の場合と異なる措置又は工夫が必要である。

2　従業員等との秘密保持契約締結に当たっての留意点

（1）　一般的な留意点

　従業員等と締結する秘密保持契約については、次の諸点を踏まえて対応する必要がある。

　第一に、情報は、最終的には、人の知識・経験・記憶として残留し蓄積される。しかし、人の記憶に残った事実状態を除去することは困難であり不可能である[6]。しかも、従業員等には、退任・退職・転職、さらに最近ではグローバルな移動という事実が加わるので、これらへの対応も必要になる。このように、企業と従業員等との間の秘密保持契約には、企業間における秘密保持契約の場合と大きく異なる事情が存在する。

6　佐藤孝幸・前掲書（第7章注49）56頁

第二に、従業員等は、委任や雇用などの契約及び所属企業の内部規程（就業規則など）により、当該企業に対する誠実義務（duty of royalty）の一環として、秘密保持義務を負っている（通説）[7]。しかし、このような契約や規程の定めは総じて抽象的であり、それだけでは、どの情報が具体的に営業秘密などに相当する重要な秘密情報であるかは、従業員等にとって必ずしも明らかではない。したがって、秘密保持契約などの別途の措置によって秘密情報の範囲を明確にし、その周知徹底を図らなければ、秘密情報の管理と保護の実効は期待できない[8]。

　第三に、従業員等との秘密保持契約は、雇用管理や労務管理という狭い範囲にとどまるものではなく、すでに述べたように、企業間で締結される秘密保持契約と相互補完又は相互連動の関係を維持することを必要とする重要な契約である。

　第四に、企業における業務従事者には、いわゆる「正規従業員」だけではなく、「有期雇用契約」に基づく契約社員やパートタイマー、労働者派遣法に基づいて受け入れた「派遣労働者」や業務委託契約又は請負契約に基づいて受け入れている「作業従事者」などのいわゆる「非正規従業員」が多数存在する。したがって、こうした非正規従業員との間における秘密保持義務の取り決めをどう処理するかということも、実は重要な課題である[9]。これに関連する個人情報の流出事件が過去に、また最近でも起きている[10]。

　第五に、秘密保持契約を結ぶタイミングとしては、大きく①入社時、②在職時（特定のプロジェクトへの参加時など）、③退職時、の三つが考えられる

---

[7] 土田道夫・前掲書（第5章注2）109頁、東京高判平成12・4・27「オフィスコーヒー事件」（LEX/DB 文献番号28050878）（原審：横浜地裁平成11・8・30）

[8] 経済産業省「営業秘密管理指針」（第2章注29）第3章2（3）（イ）参照

[9] 浜辺陽一郎・前掲書（第6章注13）147頁。直接の雇用関係のない者から、秘密保持に関する誓約書等を直接取得し、又はこれらの者との間で秘密保持契約を直接交わすことは、法令（職業安定法44条等）に違反するおそれがあるので、あくまでも、**任意**を前提に行うべきである、と指摘している。

[10] 古い事件としては、「宇治市住民基本台帳データ漏洩事件」（大阪高判平成13・12・25、雑誌「判例地方自治」265号10頁）。なお、最一小決平成14.7・11で上告が棄却され、住民勝訴が確定している。また、最近では、第1章及び本章第1節3で言及したように、ベネッセコーポレーションのデータベースの保守作業を受託していた業者から大量の個人情報が外部に流出した事件が発生し、社会問題化している。

が、すでに第4章で概観した実態調査が示しているように、退職者（中途・定年）による情報の漏えいは全体の約6割に達している。この実態を考えれば、退職時における秘密保持契約の締結が最も重要である。ただし、退職時に、突然、誓約書の提出や秘密保持契約の締結を持ち出したのでは、退職者に拒否され困難を極める事態が十分予想されるので、退職時に秘密保持契約を締結するルールになっていることを、入社時又は在職中に、すなわち平素から周知徹底しておく必要がある。なお、退職時の具体的な手順については、米国の「退職時面接」（後述）を参考にして、標準化を急ぐ必要がある。

（2） 残留情報の扱い

第7章6節2(1)でも指摘したように、従業員等が在職中に体得した一般的な知識・経験・記憶・熟練、コツ等の無形的な情報は、当該従業員等から切り離すことができないので、これを一般に「残留情報」と呼んでいる。

残留情報は、退職者の固有の知識や経験と混然一体化しているため、不正な方法で入手したものを除いて、原則として退職後に自由に用いることができる。基本的には秘密保持義務による保護の対象外となる存在である[11]。したがって、秘密保持契約のなかに、これを秘密情報から除外する旨の条項（残留情報条項）が存在しなくても、真に「残留情報」に該当する情報であれば、自由に使用できると解される[12]。

しかし、実際には残留情報かどうかの線引きが困難を極める。このため、特に重要な秘密（秘匿にしておきたい技術情報や経営戦略上の情報など）にかかわった退職者との間では、一般的には、秘密保持の対象にする情報をピンポイントに近い形で特定する一方、秘密保持義務の残存期間（長さ）を相対的に長く設定する（たとえば退職後10年間）などの方法で調整が図られている。

なお、米国の場合も、雇用者と従業員等との雇用契約に、雇用されている間に正当に取得・記憶した一般的知識、技術、情報を退職後に使用することを禁止する旨を定めても、当該条項に拘束力はないと解されている[13]。残留

---

[11] 松本重敏稿「実務からみた営業秘密保護立法の意義と問題点」（「ジュリスト」962号、1990年9月1日所収）59頁

[12] 小野昌延・松村信夫・前掲書（第2章注10）310頁

[13] Scott M. Kline and Mathew C. Floyd, "*Managing Confidential Relationship in Intellectual Property Transactions: Use Restrictions, Residual Knowledge Clauses, and Trade Secrets*"

情報については、どうやら、退職後の一定期間について秘密保持義務を残存させ、そのクールダウン（公知化・陳腐化・経年劣化）を待つほか有効な方法はないようである。

第3節　企業と従業員等との秘密保持契約の対象にできる情報

1　秘密保持契約による保護の対象にできる情報

企業と従業員等との秘密保持契約は、不正競争防止法上の「営業秘密」の要件を備えている秘密情報（たとえば、技術情報、顧客情報、営業戦略情報）だけではなく、マーケット情報、経営状況、収支予想など、「営業秘密」の要件を備えていない経営上の情報も、その保護対象にすることができる。この点は、企業間の場合と同様である。詳細は、該当箇所（第6章第5節）を参照されたい。

2　対象から除外される情報

次に掲げるもの（例示）は、秘密保持義務の対象外である[14]。従業員等に転職の自由があることから、企業間の秘密保持契約の場合と異なる特有のものも存在している。
①従業員等が業務を通じて取得した一般的知識・技能等（既述のとおり）
②そもそも秘密性のない事項に関する情報（当然のことである）
③退職者の在職中の地位・職務と関係のない事項に関する情報（企業と従業員等との秘密保持契約に特有のものである）
④法令、公序良俗、社会通念に反するもの（当然のことである）

(The review of Litigation by The University of Texas Law School, 2006.3) at 311
14　小野昌延・松村信夫・前掲書（第2章注10）319頁、土田・前掲書（第5章注2）617頁

3 秘密保持義務の対象となる情報の範囲の確定

　この問題は、基本的には、第6章第3節で述べたとおりである。すなわち、秘密保持契約の対象となる情報の範囲（幅×長さ）を、できるだけ具体的に定め、関係者が正確に秘密情報であることを認識できるようにする必要がある[15]。また、在職中と退職後で、対象となる情報のメリハリをつけ、特に、退職時には、別途、誓約書や契約書等の書面を交わし、対象となる情報をより明確にしておくことが、その後における紛争を防止するために必要である。

　なお、特殊な例としては、「のれん分け」などの場合に伝授される秘伝やコツなどの営業秘密である。その秘密の多くは、日常的な業務を通じてすでに伝授され、被伝授者の技能等と不可分一体となっていると思われるが、親方と弟子との間では、その秘密を外部に漏らさないことが暗黙の了解事項になっているので、営業秘密の要件の一つである「非公知性」は維持されていると解される。

第4節　在職者（personnel in service）の秘密保持義務

1 秘密保持義務の発生根拠

　在職者の在職中における秘密保持義務は、労働契約や雇用契約[16]、委任契約などに随伴する誠実義務の一環として、当然に発生すると一般に解されている（通説）[17]。判例もこれを認めている[18]。

15　「ビジネスロー・ジャーナル」（No 42、2011年9月号）（レクシスネクシス・ジャパン）34頁参照。なお、松村信夫「新・不正競業訴訟の法理と実務」（民事法研究会2014年）489頁は、「包括的合意であってよい」「争いになったときには、雇用者にその主張・立証をさせればよいからである」と述べているが、紛争の予防のために契約を交わすことを考えれば、この見解には賛成しかねる。

16　両者は、同一の概念である。

17　土田道夫・前掲書（第5章注2）109頁、片岡曻・前掲稿（本章注5）201頁、菅野和夫・前掲書（本章注5）81頁、荒木尚志「労働法（第2版）」（有斐閣2013年）259頁、両角道代他「労働法」（有斐閣2013年）226頁など、多くの論者がこれを認めているので、通説と言ってよい。

18　東京高判昭和55・2・18「古河鉱業事件」（「労働関係民事裁判例集」31巻1号49頁）。

2　雇用契約に基づく秘密保持義務

上記1のように、在職中の従業員等に対する秘密保持義務の根拠について争いはないが、入社時に交わされる雇用契約やそれに随伴する誓約書・念書等における秘密保持義務の条項は、下記の〈記載例〉のように、その対象となる秘密情報の範囲の記載が抽象的・一般的であることが多く、個別性・具体性に欠けることは否めない。

〈記載例〉

「業務上知り得た営業上及び技術上の秘密は、在職中はもちろん退職後も一切漏らさないものとする」（雇用契約）

「私は、在職中はもちろん退職後も、会社の秘密情報を自ら使用せず、また、他に洩らしません。」（雇用契約に附帯する念書）

このため、問題が顕在化した場合、雇用契約や委任契約の秘密保持条項や上記の誓約書などを拠り所にして、果たして従業員等の義務違反の責任を実際に追及できるか疑問が残る[19]。したがって、従業員等の秘密保持義務に実効性を持たせるためには、就業規則等の内部規程に一般的な義務の規定が存在する場合であっても、秘密保持義務の対象となる秘密情報の範囲を明確かつ具体的に記述した「誓約書の提出」や「秘密保持契約の締結」などの措置を別途講じることが必要である[20]。取得や締結のタイミングとしては、一般に次のようにするのが望ましいといわれている。

①異動時や昇進時（取り扱う秘密の範囲が変わる）

②特定のプロジェクトへの参加時と終了時（重要な秘密を取り扱う場合が多い）

---

[19] 東京高判平成15・10・21「無線航空機事件」平成15年(ネ)1010号（LEX/DB 文献番号28083044）。この判決は、「入社時の誓約書、労働基準法、信義則、公序良俗等を列挙した上で、……条理上の秘密保持義務の成立及びその違反を主張する趣旨とも解されるが、上記契約のような秘密保持の対象となる情報を特定しない秘密保持条項に基づいて……秘密保持義務を負わせることは妥当でないと考えられる」と述べている。

[20] 浜辺陽一郎・前掲書（第6章注13）138頁、「ビジネスロー・ジャーナル」（No 42、2010年9月号）34頁

③定期的に全従業員から取得（たとえば、入社3年ごと）

3　不正競争防止法との関係

　従業員等は、在職中・退職後を問わず、不正競争防止法が定めている不正競争行為（2条1項4号～9号）について禁止義務を負っている。したがって、この各規定が定める要件に該当する行為を行えば、雇用契約や就業規則等に秘密保持義務の定めがなくても、また、雇用契約終了後における秘密保持義務の存続（信義則）を持ち出すまでもなく、当然に同条が適用される。ただし、不正競争防止法は、民法による請求を排除していないので、営業秘密を侵害された者は、不正競争防止法上の請求（3条・4条）とするか民法上の請求（415条、709条）にするかの選択が可能と解されている[21]。もっとも、第3章第3節2（2）で述べたように、営業秘密による救済を主位的請求とし、これを補完するために不法行為（民法709条）による救済を予備的請求にした選択的併用の場合、当該予備的請求は、営業秘密による主位的請求で想定されていない「特段の事情」がない限り認容されないので留意する必要がある。なお、秘密保持契約違反（民法415条債務不履行）による予備的請求の選択的併用には、不法行為による場合のような「特段の事情」による制限は存在しない。しかし、秘密保持義務の対象となる情報の明確化と当該情報に対する最小限の秘密管理（秘密情報であることの平素からの注意喚起や周知徹底など）が必要である。このことは、すでに第6章第3節7で指摘したとおりである。

4　正当な理由がある場合

　秘密情報の開示に正当な理由がある場合（たとえば、裁判などにおける自己防衛の目的のために弁護士に情報を開示した）、雇用契約や秘密保持契約に明文の定めがなくても、例外的に秘密保持義務違反が否定されることがある[22]。

---

[21]　通商産業省知的財産政策室編著「逐条解説不正競争防止法（23・24年改正版）」（有斐閣2012年）111頁。

5 雇用契約と秘密保持義務の残存期間の関係

秘密保持義務は、通常、雇用契約が終了する時点で終了する。したがって、退職時点であらためて特約を結び、それによるのが本来的な対処である。このため、雇用契約のなかに、退職後における秘密保持義務の取扱いについて、何らかの条項を設けておくのが賢明である。たとえば、退職時には、改めて、秘密保持契約等を交わす義務があることの予告又は事前の承諾を得ておくことである。これは、退職時に急に契約の締結を持ち出しても特約が結べない事態もありうるからである。

なお、雇用契約のなかで退職後における秘密保持義務の残存期間まで定めることは、転職の自由を不当に制限するものとして無効とされるおそれがあるので留意する必要がある。

第5節　退職者（former employees）の秘密保持義務

1　秘密保持義務の発生根拠

雇用契約などが終了すれば、元役員・元従業員（以下、「退職者」という）は、元の使用者・雇用者に対して契約上の義務を負わないのが原則である。

これに対して、就業規則のなかに秘密保持に関する具体的な規定が存在すれば、退職時に別途契約を締結する必要はなく、雇用契約などの余後効（継続効）として、又は信義則によって、秘密保持義務の残存を認める見解（契約不要説・義務肯定説）が存在する[23]。しかし、雇用契約上の義務は、雇用契約の終了とともに消滅するのが原則である以上、別途、特約を交わすことが

22　東京地判平成15・9・17「メリルリンチ・インベストメント・マネージャーズ事件」（「労働判例」858号57頁）。

23　田村善之・前掲書（第3章注22）347頁、西谷敏「労働法」（日本評論社2009年）192頁など。判例としては、大阪高判平成6・12・26「ポリオレフィン発泡体事件」（判例時報1553号）133頁、東京地判平成11・2・15「千代田生命事件」（労働判例755号）15頁などがある。経済産業省「営業秘密管理指針」（第2章注29）も、基本的には、この立場に立っている（第3章2（3）②（イ）(a)）。

必要であり（契約必要説・義務否定説）、また、労働者保護の観点からも、必要説が適切だと考える（多数説）[24]。

2 退職後における秘密保持義務の残存期間

退職後における秘密保持義務の残存期間は、当該従業員等の役職や取り扱っていた情報の内容、代償措置（秘密保持手当に相当する金員）の有無などにもよるので、一律に決めることはできない。しかし、①転職の自由を不当に制限してはならないこと、②後述の「競業避止義務」の存続期間が契約日から1～3年とされていること、③企業間の秘密保持契約では5年が残存期間の一つの目安と考えられることなどを総合考量すれば、最長でも5年、通常1～3年が合理的なところと考えられる。また、転職の自由（民法626～628条）が基本的人権（憲法22条）に由来していることを考えれば、企業間の秘密保持契約の場合に許されている10年間又は20年間という長期の秘密保持義務を退職者に課すことは許容されないと考える。このような超長期間、義務を課すことについて合理的な理由を見出し難いからである[25]。

なお、滝澤和子・前掲稿（第6章第2節1（2）参照）91頁は、契約の特性を踏まえ、秘密の長期的な保護は秘密保持義務に委ね、短期的な営業秘密の保護は競業避止義務に委ねるという使い分けを推奨している。しかし、競業避

---

[24] 土田道夫・前掲書（第5章注2）616頁、佐藤孝幸・前掲書（第7章注49）390頁、小畑史子「営業秘密の保護と雇用関係」（日本労働研究雑誌384号1991年所収）48頁、荒木尚志・前掲書（本章注17）259頁、両角道代他・前掲書（本章注17）227頁、片岡曻・前掲稿（本章注5）204頁、松村信夫「新・不正競業訴訟の法理と実務」（民事法研究会2014年）488頁などを参照されたい。退職者との特約の有効性に関する裁判例としては、仙台地判平成7・12・22「バイクハイ事件」（「判例タイムズ」929号237頁）や、東京地判平成14・8・30「ダイオーズサービシズ事件」「労働判例」838号32頁）がある。

なお、厚生労働省・労働契約法制研究会最終報告（平成17年9月15日付）も、「労働者に退職後も秘密保持義務を負わせる場合には、労使当事者間の書面による個別の合意、就業規則又は労働協約による根拠が必要であることを法律で明らかにすることが適当である。」（第3（労働関係の展開）9（2）ウ（秘密保持義務））と述べ、必要説を支持している。

[25] 片岡曻・前掲稿（本章注5）205頁は、「労働関係終了後に守秘義務・競業避止義務の存続を認める特約については、有効要件として、上述のように地域・期間・対象に関し合理的制約が設けられていること、及び労働者の被る不利益を補填し得る十分な代償措置が講じられていること、が必要と解される」と指摘しているが、具体的な期間は示していない。

止義務は、あくまでも「転職の制限」を本来の目的とするものであり、秘密の確保という効果は、反射的なものにすぎない。したがって、秘密保持義務を競業避止義務契約に委ねる、という考え方は、便法としてはともかく、残存期間の問題を抜本的に解決できる方法ではない。

秘密保持義務の対象となる秘密情報の範囲も、できる限り具体的に取り決め、かつ、書面による特約（形式は、契約書又は差入書のいずれでもよい）にする必要があることは言うまでもない。

3 退職時の特約と不正競争防止法との関係

不正競争防止法は、在職中か退職後かに関係なく、営業秘密に該当する秘密情報であれば、それを保護の対象にしている。したがって、退職時に、退職後秘密保持義務を負わない旨の特約をした場合には、その特約の有効性が問題になる。しかし、公序良俗に反するとまでは言えないので、その特約は有効と考える。

退職者（転職者）を受け入れた会社も、営業秘密をめぐる紛争が訴訟になった場合、転職者を介した営業秘密の不正取得者として、訴訟の当事者（被告）にされる場合がほとんどである。このような場合のリスク（いわゆる「コンタミネーション」）を軽減・回避するために、転職者を受け入れる会社としては、転職者から、元の会社の営業秘密を所持していないこと、正当に取得した営業秘密であっても、秘密保持義務から解放されるまで開示しないこと、などを約する誓約書等を取得しておく対策が必要である[26]。

4 競業避止契約に基づく義務との関係

すでに第3章第4節4で、その意義や役割について述べたので、以下では、秘密保持義務と比較した場合の異同や留意点などを指摘するにとどめる。

---

[26] 川瀬幹夫稿「秘密保持契約」（辻本・武久編「知的財産契約の理論と実務」日本評論社2007年所収）153頁、経済産業省「営業秘密管理指針」（第2章注29）第3章2（3）②（エ）

第 5 節　退職者（former employees）の秘密保持義務　263

① 競業避止義務は、秘密保持義務とは別種の義務であり、その法的性質は不作為義務である。履行を強制する方法は、間接強制か将来のための適当な処分に限られ、差止請求という方法は、原則として認められない。
② 競業避止義務の適否は、転職を禁止する職種の限定、禁止期間や禁止地域の限定など、いろいろな要素を総合考量して判断され、禁止期間の長短だけでその適否が決まるものではない。たとえば、フランチャイズ契約に基づいて洗車場を経営していたフランチャイジーが、フランチャイザーが客観的な根拠のある売上予測の情報の提供を求めたにもかかわらず、これに応じないので、フランチャイザーは、フランチャイズ契約を解除し、その後も洗車場を経営していたフランチャイジーに対して、フランチャイズ契約上の競業禁止条項（契約終了の日から 5 年間）を盾に取って、競業避止義務違反の訴を提起した。（大阪地判平成22・5・12「競業禁止に係る損害賠償請求事件」（判例時報2090号50頁）。しかし、裁判所は、競業禁止期間（5年）については、「やや長めではあるものの、不当に長期間にわたるとはいえない」と判断し、フランチャイザーの損害賠償請求を認容することは、信義則に反して許されないとして退けた。
③ 退職者に対しては、競業避止と秘密保持の両方の義務を課す場合が一般的である。競業避止義務が秘密保持義務の確保（実効性）を担保する役割を反射的に果たすからである。しかし、秘密保持義務のみを課す場合又は競業避止義務のみを課す場合も、もちろん存在する。
④ 転職希望者を中途採用する場合、採用会社は、当該転職希望者について、前職における競業避止義務の有無を確認する必要がある。採用後に、競業避止義務違反をめぐる裁判などのトラブルに巻き込まれる危険性を避けるためである。
⑤ 競業避止義務の存続期間は、秘密保持義務の残存期間より長く設定することも短く設定することもできる。ただし、現実には、秘密保持義務の残存期間よりも短く設定されているものが多い。実務書等に収録されているモデル契約書の条項では、職業選択の自由などとの関係を考慮して、2 年前後の期間を設けているものが多い[27]。
⑥「退職後に同種営業を開始し、開業の宣伝活動の一環として、従前の顧客

のみを対象とすることなく、従前の顧客を含めて開業の挨拶をすることは、特段の事情がない限り、自由競争の原理に照らして、許されるものというべきである」として、営業秘密の侵害を理由とする請求を棄却した裁判例が存在する[28]。ここで、「特段の事情」とは、雇用契約上に特別の定めがある場合又は退職時に何らの特約がある場合などを意味していると解される。

⑥なお、競業避止義務を負っていない転職者であっても、元の会社の相当数の従業員の一斉引き抜きを行い、競業会社（ライバル会社）に転職させる行為は、元の会社が有する秘密や競争上の地位の相当な部分を奪うことになるので、原則として不法行為を構成するとされている[29]。

第6節　その他の業務従事者の秘密保持義務

1　受入派遣者の秘密保持義務

受入派遣者（派遣従業者）は、労働者派遣法（24条の4）により、その業務上取り扱ったことについて知り得た秘密を他に洩らしてはならない法律上の義務を負っている。したがって、派遣者を受け入れている企業（派遣受入企業）が派遣従業者（個人）と秘密保持契約を直接締結して、あらためて当該派遣従業者に秘密保持義務を課すことは、必ずしも必要ではない。ただし、派遣元企業と派遣受入企業との間の契約で、派遣従業者の秘密保持義務の残存期間を、派遣終了後5年と定めるものが多い。

派遣受入企業が、派遣従業者から秘密保持誓約書の差入などを直接求めている事例があると言われているが、派遣受入企業が、派遣元の従業員である派遣従業者に秘密保持誓約書の差入などを強要することは、法令（職業安定法4条6項）に抵触するおそれがある[30]ので避けるべきである。仮に差入れ

27　たとえば、長内健・前掲書（第2章注2）383頁のモデル契約は、「退職後2年以内」としている。また、「フォセコ・ジャパンリミテッド事件」（奈良地判昭和45・10・25「判例時報」624号78頁）は、競業行為を禁止する旨の特約（退職後2年間）を有効と認めている。

28　仙台地判平成7・12・22「バイクハイ事件」（判例タイムズ929号）237頁。

29　東京地判平成3・2・25「ラクソン事件」（判例時報1399号69頁）

を求める場合でも任意[31]を前提にすべきである。

2 業務委託先の作業従事者の秘密保持義務

業務の委託企業が、業務委託契約などに基づいて現場で受け入れる作業従事者との間で、秘密保持契約を直接締結して義務を課すことについては、消極的な見解が多い。職業安定法第44条、職業安定法施行規則4条1項（4要件）及び昭和61・4・17労働省告示37号などとの関連で、いわゆる「偽装請負（請負を偽装した派遣の意味）」を生じ、労働者派遣法に抵触する可能性があるというのがその根拠とされている[32]。また、委託企業が、受け入れている個々の作業従事者と任意に秘密保持契約を締結した場合でも法に抵触する、という解釈も存在するので、留意する必要がある[33]。なお、業務委託先との業務委託契約に基づく秘密保持義務の残存期間は、委託契約が終了した時点から5年と定めているものが一般的である。

3 出向者の秘密保持義務

出向者には、派遣出向者及び受入出向者の二つの形態が存在する。いずれの場合にも、出向先企業と出向元企業の間の「出向に関する契約」のなかで、「出向先で知り得た秘密は、出向元に復帰した後も秘密として保持する」旨を取り決めておく必要がある。出向に関する契約のなかで定められている復帰後における秘密保持義務の残存期間は、5年前後とするものが多い。

30　経済産業省知的財産政策室編著「企業における適切な営業秘密管理」（経済産業調査会2006年）86頁
31　浜辺陽一郎・前掲書（第6章注13）147頁
32　浜辺陽一郎・前掲書（第6章注13）149頁
33　浜辺陽一郎・前掲書（第6章注13）150頁。

第7節　米国の概況

1　秘密保持義務の無期限の残存を認容した一審判決が棄却された事案

(1)　概説

　第6章第2節2で述べたように、米国の場合、企業と従業員等との間で秘密保持に関する取り決め（契約・誓約）をすることは、ごく普通のこととされている。また、退職者とは、退職に先立ち、「**退職時面接（exit interview）**」を行い、退職後に秘密を保持すべき情報の範囲や秘密保持の期間などを具体的に取り決める手続や様式が慣行として定着している[34]。

　このような慣行を踏まえて、雇用契約終了後における秘密保持義務の残存期間については、明確な期限を設ける方式を用いるのが一般的であるが、企業間の場合とは異なり、特に明確な期限を設けず、「その秘密情報が営業秘密である限り（for so long as such confidential information remains a trade secret）」と定めるか、又は「情報の開示者が被開示者に対して、秘密保持義務からの解放を通知するまで（until Disclosing Party sends Receiving Party written notice releasing Receiving Party from this Agreement）と定める場合もある[35]。秘密保持契約は、転職の自由そのものを物理的に制限しないので、抽象的な期限の設定や通知基準などが用いられているものと思われる。

　秘密保持契約に基づく秘密保持義務を無期限とした契約の有効性に関連する裁判例があるので、以下で紹介することとする。本事案において、連邦地方裁判所は、秘密保持義務の残存期間を無期限（indefinite）としている秘密保持契約を有効と判断し、それを前提とした期限を定めない本案的差止め（permanent injunction）を認容した。しかし、連邦控訴裁判所（第8巡回区）はこれを棄却して、連邦地裁に差し戻した。これが事案の経過である。

34　Richard Stim & Stephen Fishman *id.* at 2/11～2/12 に、その手順と使用される様式の紹介があるが、参考になる。

35　Richard Stim & Stephen Fishman *id.* at 2/5, 3/5 and 4/4

（2）裁判例

1）事件名　Sigma Chemical Company, Appellee v. Foster Harris, Appelant 794 F. 2d 371（8th Cir. 1986）（LEXIS 26498）

2）事案の概要

①Harris（一審被告）は、ミズリー州東部地区連邦地方裁判所（District Court for Eastern District of Missouri）において、Sigma Chemical（一審原告）から、退職後における秘密保持義務違反を問われて敗訴した。これを不服として、連邦控訴裁判所第8巡回区（8th Circuit Courts of Appeals）に控訴した事件である。

②一審被告が一審原告と交わしていた秘密保持契約には、秘密保持期間の定めがなく、退職後2年を経過した後、一審被告はライバル会社に転職し、一審原告の会社時代に身につけた知識や情報を活用したところ、一審原告から、営業秘密保持義務違反を理由に、当該情報の使用の差止めを受けた。

③一審被告であるHarrisは、Sigma社の経験豊かな原料購買の担当者（purchasing agent）であったが、退職2年後に、Sigma社のライバル会社の一つであるICN社に、購買担当者として転職した。

④一審原告であるSigma社は、40年以上にわたって、16000種に及ぶ秘伝的な化学品（研究、製造、分析に用いられる試薬）を独特の配合で販売してきた。また、営業上のノウハウを記録した原料仕入先のファイルを維持してきた。これらは、営業秘密に該当する情報であると原告は主張したが、被告は、公知の情報が多く、また、原告の秘密維持のための努力（reasonable efforts to maintain the secrecy of trade secrets）は不十分であり、営業秘密ではないと主張して争った。

3）判旨　ミズリー州東部地区連邦地裁は、契約上、秘密保持期間を永久とすることも有効であり、期限を定めない差止めを認めないと、差止めによって被告が受ける損害を上回る損害を原告が受けるおそれがあるという理由で、原告に期限の定めのない本案的差止めを認めた（605 F. Supp. 1253 E.D. Mo 1985）。

4）控訴審の判旨……原審を破棄・差し戻し　控訴裁判所は、営業秘密

に基づく差止めは、「第三者が合法的な手段で、その営業秘密を再製（duplicate）するのに必要な期間に相当する限度に制限されるべきである」と判示し、必要な限度を超えた期間の差止めは、被控訴人（原審原告）に対して、"たなぼた（windfall）"的な保護を与えるに等しく、競争を促進せんとする公の利益に反し、また、従業員の知識と能力のフル活用にも反するとして、退職後の秘密保持期間が永久であることを前提にした永久の差止めを認めず、原判決を破棄し、連邦地裁に差し戻した（794 F. 2d 371、8th Cir. 1986）。

5）寸評 控訴審判決は、秘密保持義務の残存期間には、契約条項の表現に係わらず、差止めの必要性を支えるだけの合理性（reasonableness）が必要不可欠であることを示唆している。判決は無期限の秘密保持期間の有効・無効について直接言及していないが、秘密保持契約に基づく秘密保持義務の残存期間を考える上で注目すべき判決である。

2 退職者の秘密保持義務の残存期間

上記1（1）のように、退職後における秘密保持義務の残存期間について明確な期限を定めない場合もあるが、合理性がない限り、無期限の秘密保持義務の残存は認められていない。一般には、競業避止義務や転職の自由との関係もあり、退職後1～3年の期間が設定されている。また、退職に際しては、同一の書面による契約（written agreement）で、秘密保持義務と競業避止義務に関する取り決めを同時に結ぶことも多い。この競業避止義務に関する取り決めが、秘密保持義務を担保する役割を果たすからである。このため、同一の契約のなかで競業避止義務と秘密保持義務が定められている場合、秘密保持義務の残存期間は、特段の定めがない場合、競業避止義務の存続期間にスライドするものとして扱われている。

3 退職後の競業避止契約

競業避止契約に基づく退職後における競業避止義務は、退職後における秘密保持義務とは異なる存在である。このことは、わが国の場合と同様であ

る³⁶。ただし、退職後に競業をしないという退職者の約束の見返りとして、使用者が何らかの形で対価（代償）を支払わなければ、競業避止契約は拘束力を有するものとはならない³⁷。つまり、必ず約因（consideration）を必要とするというのが米国の原則である。わが国の場合でも、契約の内容（競業制限の程度など）によっては、代償措置が契約の効力発生の要件とされる。競業避止義務の期間については、州により異なるが、ニューヨーク州では1年、ルイジアナ州やサウスダコタ州では2年を超える契約には強制力が認められない³⁸。その他、直接競合する業務や秘密情報の開示が避けられない業務への転職（就労 assume the new position）を禁止する競業避止契約も有効と認められている（inevitable disclosure doctrine 不可避的開示論）が、それ以外の転職制限は認められず、また地域を特定（specify）することも要求される場合が多い。総じて、競業避止契約の内容は、合理的なものであること（must be reasonable）を強く要求されている³⁹。カリフォルニア州では、競業避止契約は原則として認められないと言われている。転職の自由を制限するためというのが、その理由とされている（Deborah E. Bouchoux id. at 448）。なお、米国の不可避的開示論（Inevitable Disclosure Doctrine）については、David W. Quinto and Stuart H. Singer "Trade Secrets"（前掲）107-119頁に詳しい説明があるので、適宜参照されたい。

　ちなみに、この不可避的開示論は、わが国の裁判（たとえば、東京地決平成7年10月6日の「東京リーガルマインド事件」）（第3章注39参照）にも登場しているので留意する必要がある。この理論は、不正競争防止法上の「営業秘密」の保護を目的とする場合、就業規則又は契約上の根拠がなくても、差止

36　金春陽・前掲書（第2章注43）103頁
37　金春陽・前掲書（第2章注43）158頁
38　Richard Stim & Stephen Fishman *id*. at 7/9
39　Richard Stim & Stephen Fishman *id*. at 7/9. なお、この「不可避的開示論」は、Pepsico, Inc. v Redmond, 54 F. 3d 1262（7ᵗʰ Cir. 1995）判示されたのが最初だと言われている。Redmondの転職先における職務の内容から見て、Pepsicoの営業秘密を使用することが避けられないと判断し、Redmondに対して、期限を定めることなく営業秘密の使用・開示を禁じる差止命令を発した第一審の判決を、控訴審が支持した事案である。同時に、Redmondは、6ヶ月間、新しい職務での就労も差し止められた。樫原義比古「企業の営業秘密の保護と競業禁止契約—アメリカにおける不可避的開示の法理をめぐって—」（摂南法学36号、37号　2007所収）が参考になる。

請求が認められることを拡大解釈して、退職者が営業秘密の使用・開示を不可避的に余儀なくされるような職務に転職した場合には、就業規則又は契約上の根拠がなくても、営業秘密の保護のために、元の雇用者には競業への就労を禁止できる権利（物権的な差止請求権）が生じる、という考え方である。しかし、不正競争防止法（2条1項7号）が認めている差止請求は、あくまでも営業秘密の「不正使用・開示」という不正競争行為の防止を目的とするものであって、競業や転職を阻止するためではない。つまり、この理論には飛躍がある。米国でいろいろな議論があるように、わが国でもこの理論に対する支持は広がらず、学説・判例とも、競業を禁止するための差止めには明確な根拠が必要だとの立場を採っている。

本章の小括

　第一に、企業間の秘密保持契約と企業と従業員等との間の秘密保持契約は、相互に連動した補完関係を保つことによって、初めて秘密情報の保護にとって有効な手段・方法となるものである。今まで、この点についてほとんど論じていないが、忘れてはならない重要なポイントである。

　第二に、退職者との間で秘密保持契約又はこれに相当する特約を交わすことは、在職者に対する場合に勝るとも劣らず重要である。第4章の「調査①」によって、秘密情報の漏洩事件の6割に退職者（中途・定年）が絡んでいる実態が報告されている。また、情報の漏洩先の約1割がライバル関係にある外国企業であるとの結果も報告されている。さらに、製造拠点が海外に移り、退職した技術者が海外で働く事例が増加している事実などをこれに重ね合わせて考えると、退職者との秘密保持契約締結の促進は、今後ますます重要な課題となることは疑いない。なお、退職時における秘密保持契約の確保については、米国の例（退職時面接）などを参考に、その手続や様式などの手順の標準化を急ぐ必要がある。

　第三に、退職者の退職後における秘密保持義務の存続期間は、競業避止義務契約や企業間の場合における残存期間との兼ね合いを考慮すると、最長でも5年、通常1～3年を目安にするのが妥当と思われる。

第四に、受入派遣者個人と派遣受入企業間で直接特約している事例はほとんど存在しないが、派遣元企業と派遣受入企業間の契約では、当該者に関する秘密保持義務を3〜5年と定めて、その間に秘密情報の漏洩があれば派遣元企業が責任を負うと定めているものが多い。委託作業者や出向者の場合も、同様の取扱いが行われている。

　第五に、競業避止契約には秘密保持義務の実効性を担保する機能があるので、退職者との間では、代償措置とのバランスなどを考慮しつつ、可能な限りこれを締結するのが望ましい。しかし、その内容が退職者の職業選択の自由を不当に制限するものであってはならない。

　以上で、企業と従業員等との間における秘密保持契約に関連する重要事項の検討がほぼ完了したので、次章では、ここまでの考察を踏まえて、営業秘密の管理と保護に関する重要な課題と今後の対応について総括することにしたい。

第9章　本研究の重要な課題の再確認と今後の対応

　本章では、第8章までの検討で明らかとなった問題点を踏まえて、営業秘密に関する制度上・解釈上をはじめとするいろいろな課題と今後の在り方について、比較法的視点も踏まえて総合的な考察（総括）を行うこととする。

第1節　営業秘密にかかる制度上及び解釈論上の課題と今後の在り方

　本節では、ここまでの考察で明らかとなった営業秘密の制度設計にかかる重要な課題又は問題点を踏まえて、営業秘密制度の今後の在り方について検討する。

1　営業秘密の定義に内在する問題点と今後の対応策

（1）　問題の所在
1）「秘密」の定義が不在である　　営業秘密は、「営業」＋「秘密」で成り立っている概念であるが、何にもまして「秘密」でなければならない[1]。しかし、第2章第1節3（2）1）で指摘したように、「秘密」の概念は、不正競争防止法2条6項が定めている営業秘密の定義の中では明確にされていない。この「秘密」の定義の不在が、次の2）及び3）で述べる問題を招来する根源になっている。

2）営業秘密の概念構成が複雑かつ難解である　　「秘密として管理されている」という場合の「秘密」は、「営業秘密」という場合の「秘密」よりも上位概念の筈である。にもかかわらず、「営業秘密とは、秘密として管理さ

---

[1] Henry H. Perritt, Jr. *"Trade Secrets (Second Edition)" id.* §4:1

れている……情報であって、……」と法文上定義され、上位概念である「秘密」が概念定義されないまま「下位概念である営業秘密」の定義のなかに組み込まれ、重ねて「秘密」を用いるという同義語反復（tautology）的な概念構成になっている[2]。この点は、第2章第1節3（2）1）で指摘したとおりである。このように、同一の用語である「秘密」が上位概念と下位概念の両方で使われているため、営業秘密であることを主張する者（原告）は、その情報が「秘密」[3]であること（概念要件としての秘密管理性）、及び「秘密としての管理」が行われていること（保護要件としての秘密管理性）、の両方の秘密管理性について立証（証明）を行う必要がある。これは、原告にとって相当に重い負担である[4]。争いの対象である情報は原告自身が保有していたものであり、それが実質的に「秘密」に該当することの立証は比較的容易かもしれない。しかし、情報が漏れたから争っているのに、「秘密としての管理に抜かりはなかった」と、結果と逆のことを原告自身が主張・立証することには、かなりの困難が予想される。「秘密としての管理」の十分性の立証責任をすべて原告の負担にする制度設計は、原告にとってそもそも酷だということもできる。反対に、被告側から「落度があったから、情報が漏れたに違いない。にもかかわらず、秘密としての管理は十分だったといって救済を求めるのはいかがなものか」[5]と反論される可能性は十分あり得る。事案によって

---

[2] 当初の原案（答申案）で、「財産的情報とは、秘密として管理されている……情報……」となっていたものが、国会における審議過程で「営業秘密」に置き換えられたため、同義語反復的な表現になったとも言われている。小野昌延・松村信夫・前掲書（第2章注10）81頁参照。

[3] 秘密とは、公開されていないこと、秘密保持の意思があること、及び秘密を維持又は保持することに財産的な価値又は利益がある無形のものをいう（「法令用語辞典第八次改訂版2003年630頁参照）。また、小野昌延「営業秘密の保護（増補）」（信山社2013年535頁）は、法律上の秘密について、「限定された者の範囲において成立する」主観的概念であり、概念の基準として、一般に、①公開されていないこと、②秘密保持の意思、③秘密保持の利益が挙げられると指摘し、これを「相対的秘密」と定義している。本稿が対象にするものが相対的秘密であることはいうまでもない。なお、最二小決昭和52・12・19（国家公務員法違反事件、刑集第31巻7号1053頁）は、「秘密とは、非公知の事実であって、実質的にもそれを秘密として保護するに値すると認められるものをいう」と判示している。

[4] 小野昌延・松村信夫・前掲書（（第2章注10）は、この点を指摘し、また、立法論的には、「秘密としての管理」の要件を営業秘密の定義要素から除き、これを情報の漏洩者の立証責任（侵害阻却事由）に改めるべきだと提唱している（82〜84頁）。

は、被告の反論（抗弁）の方に説得力があるかもしれない。

3）現行法の定義は「最初に秘密管理性ありき」である 　　第2章第1節3（2）1）でも指摘したように、現行の不正競争防止法のもとにおける運用では、多くの場合、「秘密として管理されている（秘密管理性）」という管理的な要件によって、「入口」の段階で、情報を「秘密」と「非秘密」に仕分けるアプローチが採られている[6]。これは、営業秘密の「定義」（不正競争防止法2条6項）における「秘密としての管理」の位置づけが適切でないことに原因の一端があるように思われる。

わが国の現行法（不正競争防止法2条6項）を見ると、「秘密として管理されている」の文言は、条文の冒頭に置かれており、「生産方法、販売方法その他の事業活動に有用な技術上又は営業上の情報であって、公然と知られていないものをいう」というように条文全体を修飾する上位の場所に位置している。したがって、この文脈を、「生産方法、販売方法その他の事業活動に有用な非公知の技術上又は営業上の情報で、かつ、秘密として管理されている情報」というように、「秘密としての管理」を他の要件（有用性・非公知性）と並列的なものとして読み替えることは不可能である。言い換えれば、「最初に秘密管理性ありき」がわが国の営業秘密の定義であり、米国の場合のように（第2章3節及び4節参照）、他の要件と並列的な関係に位置づけられていない。

いまさら指摘するまでもなく、営業秘密制度の本来の目的は、経営的又は財産的価値があり、かつ、有用で簡単に入手できない情報の中で、「秘密」として合理的に管理されている情報を、特に法律で保護することにある。このことを考えると、情報の価値を考慮せずに、入口の段階で情報の仕分けを可能とするわが国の規定（制度）の設計は、本来の在り方とは全く逆のアプローチを行っていることになる。

5　座談会「営業秘密をめぐる現状と課題」（「ジュリスト」1469号所収）（小泉直樹教授）も、このことを指摘している（同24頁参照）。

6　小野昌延「営業秘密の保護（増補）」（信山社2013年）の資料編「判例目録」に収められている営業秘密制度導入後の否認判例（累計69件）のうち、秘密管理性の不在のみで営業秘密性を否定した案件は32件、有用性又は非公知性を審理した後、営業秘密性の不在を理由に営業秘密性を否定した案件は13件と報告されている。この数字から、秘密管理性が、事実上、営業秘密の第一要件となっていることは明らかである。

（2） 今後の在り方

1）当面は、現行法を弾力的に解釈・運用する　現行法が、営業秘密の要件について、訴訟における審理の順番まで規定しているわけではないので、有用性又は非公知性のいずれかの実質的な要件から審理に入り、最後に「秘密としての管理」すなわち「秘密管理性」について判断する運用が可能である。現に、有用性と非公知性を肯定したが、秘密管理性が欠如しているとして、営業秘密性を否定した判決例も存在している[7]。保護要件としての秘密管理性を踏まえた視点から、最終的に営業秘密性を否定する場合があるになるにしても、原則として、このような順序での審理が正当だと考える。特に、第1章で言及したような営業秘密にかかる本来的な事案（たとえば親日鐵住金v. 韓国POSCO社）の場合、このような順序によらなければ十分な審理を尽くしたことにはならないと考える。また、第2章第1節3（2）で述べたように、その情報が営業秘密たり得るか否かを見極める段階で求められる「秘密管理性の程度」と、それを法的に保護すべきか否かを判断する際に求められる「秘密管理性の程度」には差があるので、その違いを明確に認識して、条文の解釈と運用にあたるべきだと考える[8]。

2）営業秘密の「秘密管理性」の位置づけを、規定上改める必要がある　営業秘密の「秘密としての管理」の要件にいくつかの検討すべき事項があることは、第2章第1節3（2）で言及したとおりであるが、その最大の問題点は秘密管理性要件の立ち位置である。

すなわち、「秘密とは秘密の情報である」という同義語反復的な現行の営業秘密の定義を改める必要がある。具体的には、米国の定義のように、営業

7　たとえば、東京地判平成14・4・23「健康食品通信販売顧客データ事件」（LEX/DB文献番号28070858）。判決は、①通信販売業において、顧客データは、ダイレクトメールを効率的に送付するために有用な情報であることは疑いない、②このような情報は、一般に、各事業者において独自に保存され、他に公開されないものである、と認定した後、③コンピュータで管理されていた当該データへのアクセスについてはパスワードなどによる制限はされておらず、事務所にいる者なら誰でもデータを見ることができる状態にあったとして、秘密管理性を否定し、結果として、営業秘密性を否定している。秘密管理性で最初に否認し、「その余の営業秘密の要件を検討するまでもなく……」と判示している多くの判決に比べれば、このような丁寧な審理が、本来あるべき姿ではないかと考える。

8　座談会「営業秘密をめぐる現状と課題」（本章注5）29頁に、三村量一弁護士の同趣旨の発言がみられる。

秘密として保護に値するか否かにかかる要件（保護要件）を営業秘密としての性質・属性を有するか否かを決定する要件（概念要件）から分離し、保護要件と概念要件を並列的に規定し、状況に応じて、裁判所が保護要件に対する立証責任の負担を弾力的に配分することができるように改める必要があると考える[9]。また、このように改めれば、秘密管理性の要件が営業秘密の定義の第一要件として前面に出過ぎ、実質的に保護すべき財産的価値を具備している情報が営業秘密に該当しないと解釈される危険性も、おのずから解消できる。

3）法改正の必要性　　上記1）の弾力的な運用をもってしても、営業秘密（秘密管理性）に関する立証責任の軽減・転換の問題は解決できないと思われる。したがって、抜本的には法改正が必要と考える。この点については、後に述べる（第3節2参照）。

2　先行研究の問題点と今後の研究課題

(1)　問題の所在

1）手続法的な視点からの議論が不足している　　わが国には営業秘密に関する独立の法律は存在せず、不正競争防止法の一部に関連規定が設けられた形式となっている。しかし、この規定の現実的な役割は、紛争や違法行為が発生した場合に備えた**裁判規範**である[10]。したがって、営業秘密に関する体系的な議論は、最終的には、紛争の処理、すなわち、不正競争行為に係る

9　座談会「営業秘密をめぐる現状と課題」（本章注5）29頁で、清水節判事は、同趣旨の提言をしている。また、高部眞規子「営業秘密保護をめぐる民事上の救済手続の評価と課題」（「ジュリスト」1469号所収）（29頁）も、同趣旨の提言をしている。

10　田中成明「法理学講義」（有斐閣2004年）53頁、三木茂「要件事実原論」（悠々社2003年）15頁、山田晟「法学（新版）」（東大出版会2008年）19頁、渡辺洋三「法とは何か（新版）」（岩波新書2011年）3頁などは、「社会規範としての法（law）は、基本的には、**行為規範**としての機能と**裁判規範**としての機能を有する層的に重なった複合体（重層構造体）である」と述べている。しかし、「法は、裁判規範であって、行為規範としての機能は、裁判規範としての機能の反射的効果に過ぎない」とする見解もある。たとえば、兼子一「実体法と訴訟法（民事訴訟の基礎理論）」（有斐閣昭和32年）58頁以下、坂本恵三「新要件事実論」（悠々社2011年）6頁以下など参照。ただし、本稿は、法の本質・機能を論じることを目的とするものではないので、これ以上言及しない。

裁判又は訴訟手続との関連を重視した形で論じられてしかるべきである。しかし、現実にそのような視点から論じられているものは限られている[11]。たとえば、主張・立証責任の負担などについての論述は体系書のなかにはほとんど見られず、議論の多くは、営業秘密の概念の説明に向けられている。また、秘密管理のための重要な手段・方法に関して論じているものも見当たらない。物理的、技術的な措置について体系的に論じているものも少ないが、法的な管理、すなわち秘密保持契約について論じているものは、きわめて限られている[12]。総じて、営業秘密に関する独立の専門書が少なく[13]、かつ、今までの議論が営業秘密の概念の説明に終始してきた感が否めない。

2) 相対的認識説か絶対的認識説かの議論をこれ以上続けても無意味である

すでに第2章第1節3(2)2)で述べたように、秘密管理性をどのようにとらえるかについて、いまだに相対的認識説と絶対的認識説の議論が存在している。

すなわち、相対的認識説は、過去の判例を分析して、その基本的な流れを、①2003年ごろまで（相対説・緩和期）、②2003年ごろから2007年ごろまで（絶対説・厳格期）、③2007年以降（相対説・揺り戻し期＝再度の緩和期）、と指摘し[14]、秘密管理の要件でいう「管理」は、「秘密を直接取得する者（不競法2条1項4号）、あるいは秘密を直接示される者（2条1項7号、2条1項8号括弧書きの義務違反者）にとって秘密にしなければならないと認識できる程度に管理されていれば足りる」[15] と結論づけている[16]。

---

11 めぼしいものと言えば、富岡英次稿「営業秘密の保護」（牧野利秋・飯村敏明編「新裁判実務大系（4）・知的財産関係訴訟法」青林書院2001年所収、472頁以下）、大江忠「要件事実知的財産法」（第一法規2002年）などである。
12 たとえば。土田道夫・前掲書（第5章注2）106頁
13 深く掘り下げた独立の体系書といえば、小野昌延「営業秘密の保護（増補）」（信山社2013年）と千野直邦「営業秘密保護法」（中央経済社2007年）くらいである。
14 田村善之・前掲稿（第2章注9）83〜91頁、座談会「営業秘密をめぐる現状と課題」（本章注5）25〜26頁（田村善之発言）、及び、田村善之稿「営業秘密の秘密管理性に関する裁判例の変遷とその当否（その1）」（「知財管理」64巻5号所収）623頁以下参照
15 田村善之稿「営業秘密の秘密管理性に関する裁判例の変遷とその当否（その2・完）」（「知財管理」64巻6号所収）792頁参照
16 松村信夫稿「営業秘密をめぐる判例分析」（「ジュリスト」1469号所収）は、「判断の過程で示された基準をことさらに一般化・抽象化し、判例の傾向を論じることは、個々の判決の評価を誤るおそれがあるだけではなく、判例の分析方法としても妥当ではない」と述べている

相対的認識説に対して、裁判所は、絶対的認識説を基本としているものの、すべての企業に対して一律に厳格な秘密管理体制を求めるような硬直的解釈は取らず、企業の規模や職務内容に応じた基準で対処するという弾力的な姿勢をとっている。たとえば、現職のA裁判官は、弁護士との定期的な協議会のなかで、秘密であるかどうかの認識の問題は、「従業者、外部者から見て客観的に秘密として管理されていたということが一つの規範的なメルクマールです」と指摘する一方、事業規模と秘密管理性については、小規模の企業と大規模の企業の場合の管理体制の要件が同一である必要はなく、「実質的な管理がされているかということを考慮すべきだと思います」と明言している[17]。また、同A裁判官は、退職した元従業員が情報を持ち出した事件を例にして、アクセス制限については「会社の規模が非常に小さく、対外的に持ち出されないような管理体制を構築すれば一応の秘密管理体制が構築されていると評価できる場合も往々にあります」、「会社の規模が小さいような場合は、対内的なアクセス制限がなされていない場合であっても合理性のある秘密管理方法が取られていたと評価できる場合もあると思います」とも発言している[18]。

さらに、現職のB裁判官は、別の座談会のなかで企業における情報の管理体制について、「何が営業秘密であるかを全従業員に周知徹底して、管理意識を高めることが必要」、「営業秘密を扱う人員を少数に限定することが必要」、「日常の保守管理体制としては、当然、パソコンでのパスワードの設定、入退室の管理制限、保管場所の施錠などが重要になってくる」と述べる一方、「組織と設備が完備した大企業であればともかく、一般の中小企業では、このような秘密管理性をすべて徹底して行うことは事実上困難ではないか」と指摘し、中小企業などにおいては、「できるだけ扱う人を少なくして、パスワードを設定するとか、施錠、定期的な点検管理程度は最低限実施する必要がある」と述べ、「不正競争防止法の制定趣旨を考えると、営業秘密侵

(35頁)。そのとおりだと考える。
[17] 「大阪地方裁判所第21・26民事部と大阪弁護士会知的財産委員会との協議会(平成25年度・平成25年10月31日)」(「Law & Technology」64号2014・7所収)10頁〔西田昌吾判事の発言〕
[18] 同上(上記注17)の協議会における西田昌吾判事の発言(同9頁)

第1節　営業秘密にかかる制度上及び解釈論上の課題と今後の在り方　*279*

害訴訟において、どんな企業に対しても一律に厳格な秘密管理体制を求めるのではなく、企業の規模や職務内容に応じた相対的な基準で対処するという考え方もある」と締め括っている[19]。

　以上から明らかなように、裁判所は、概念要件と保護要件を峻別して判断する論理思考を形のうえでは明確にしてはいない。しかし、その大勢は、①当該情報にアクセスした者がそれを秘密と客観的に認識できるようにしていること、②当該情報にアクセスできる者を制限していること、の二つの秘密管理性の認識基準（東京地裁平成12年9月28日判決）[20]に基づき、客観的な認識の可能性、すなわち、従業者、外部者からみて秘密として管理されていると認識できたかという予見可能性を維持する一方、この認識が事業規模の違いなどからもたらされる情報の保守管理体制と密接な関連があることを認め、管理体制に形式上の不足があっても、実質的に秘密としての管理がなされているかどうかで判断する柔軟なアプローチを行っている[21]。つまり、概念要件としての「秘密管理性」も営業秘密として保護の要否の判断に必要となる保護要件としての「秘密管理性」も、ともに形式にとらわれず、実質的に判断するのが現在の裁判所の大勢と言ってよい。したがって、多くの裁判所の立ち位置と相対的認識説が主張している考え方の間には、結果として問題にするほどの実際的な差は見られない。

　結論として、両説の違いを敢えて挙げるとすれば、相対的認識説の方が、事業規模、業種、情報の性質、侵害の態様、侵害者の属性等の諸般の事情を総合考量する判断手法に親和性（affinity）が強いということである。しかし、絶対的認識説に立脚していると思われる判決においても、個別的な事情を十分考慮した弾力的な運用が現実に行われている[22]ので、相対説か絶対説かの講学上（as academic studies）の議論をこれ以上続けても、現実にはあまり意味がないと考える。肝心なことは、「秘密としての管理」が実質的に

19　座談会「営業秘密をめぐる現状と課題」（本章注5）24頁及び29頁（清水節判事の発言）
20　本稿第2章第1節3（2）2）参照
21　このことは、古河謙一稿「営業秘密の各要件の認定・判断について」（第3章注26）341頁によっても裏づけられる。
22　本稿に添付した【資料編】1　わが国の判例分析・秘密管理性調査結果一欄（要約表）を参照されたい。

存在したと言えるか否かで判断することである。

(2) 今後の在り方

米国の場合、「Trade Secrets」と題した著作物は、第5章5節5(2)で指摘したように、Roger M. Milgrim "*On Trade Secrets*" をはじめとして、David W. Quinto & Stuart H. Singer "*Trade Secrets*" や Henry H. Perritt Jr. "*Trade Secrets*"、James H. A. Pooley "*Trade Secrets*" など数多く存在し、手続論を含めて論じられている。また、解釈論についても、これといった議論の混乱も見られない。さらに、営業秘密と秘密保持契約との関係についても、相当のページを割いて論じられている[23]。

1) 営業秘密の管理方法を包摂した総合的・体系的な解釈論の展開が必要である 研究として今後進むべき方向は、営業秘密の概念の説明にとどまらず、米国の場合のように、営業秘密の管理の手続(秘密管理性と秘密保持契約の関係を含む)を包摂した総合的・体系的な解釈論の展開を図ることが必要だと考える[24]。また、第5章第4節2(6)で指摘したように、営業秘密が、民法をはじめとする他の法律の領域と交錯している場所(いわばスクランブル交差点)の「ど真ん中」に位置していることを考えれば、この必要性は極めて高い。

2) 実務に示唆と刺激を与えるような実践的な論述が望まれる James H. A. Pooley は、上掲の著書"Trade Secrets"のなかで、数人の従業員で事業をスタートした際に最小限必要な情報管理の措置は、次の三つであると指摘している[25]。われわれにとって必要なものは、このような示唆であって教科書的・硬直的な管理要件ではないと考える。

①雇用契約のなかに、企業の財産的価値のあるデータの保護とアイデアの開示に関する秘密保持義務条項を設ける。

---

[23] たとえば、今でも最も権威ある体系的解説書といわれている R. M. Milgrim "*On Trade Secrets*" *id.* は、「契約による保護」について223頁を当てている。「法による保護」に当てられている44頁の5倍であることに驚かされる。

[24] 米国のこの分野の複数の実務家(弁護士)の話を総合すると、Roger M. Milgrim "*On Trade Secrets*" は、現在でも、営業秘密の概念・手続の両方をカバーする総合的・体系的な標準手引書だとのことである。わが国でも、これに相当する体系書が望まれる。

[25] James H. A. Pooley "*Trade Secrets*" *id.* at 88 参照

②事業計画書、顧客名簿、図面その他の技術的資料には、「秘密」の表示をする。
③仕入先、顧客、潜在的なライセンシーなどとは、簡単な秘密保持契約を結ぶ。

3　従業員が在職中に自ら開発した情報の取扱い

(1)　問題の所在

1)　明文の規定がなく、論点も十分に整理されず、解釈が分かれる原因となっている　現行法に明文の規定がないため、従業員が、在職中に業務（職務）に関連して自ら知得・開発した顧客情報等が不正競争行為（2条1項7号）でいう「示された」営業秘密に含まれるか否かをめぐって、学説・判例[26]の見解は分かれている。これは、①「秘密」と「秘密としての管理」の関係、②営業秘密の帰属と秘密保持義務の関係、③「秘密としての管理」と秘密保持義務の関係などについての議論が十分整理されていないことに起因していると考えられる。

この問題に対するこれまでの議論は、「本源的所有者という概念を使う見解」「帰属を基準とする見解」「示される立場になり得るかどうかで判断する見解」「開示という物理的な行為があったかどうかによる見解」「企業が管理していることが「示された」に相当すると解する見解」などに分かれている[27]が、おおむね次の三つに整理できる[28]。

---

[26]　2条1項7号への該当性を肯定する代表的な判例としては、大阪地判平成10・12・22「フッ素樹脂シートライニング事件」（LEX/DB文献番号28050257）がある。また、2条1項7号への該当性を否定する代表的な判例としては、東京地判平成13・12・27「バイアグラ個人輸入事件」（LEX/DB文献番号28070082）がある。

[27]　吉澤昭人「不正競争防止法における『営業秘密』からの人的資源管理理論への示唆」（早稲田大学CEO総合研究所「法と創造」（8巻1号・通巻29号2011・12）252～253頁

[28]　学説は、「原始帰属説」、「修正帰属説」「帰属否定説」などに分かれている。小野昌延・村松信夫・前掲書（第2章注10）332頁以下、大寄珠代稿「営業秘密をめぐる差止請求権の帰属主体—従業員が自ら開発・取得した営業情報の利用・開示を企業が差し止めることはできるか—」（牧野利秋ほか編『知的財産法の理論と実務【3】』新日本法規2007年所収）346頁以下を参照されたい。なお、帰属否定説については、田村善之・前掲書（第3章注22）342頁～349頁、及び林いづみ稿「営業秘密をめぐる従業者・会社間の法律関係」（日本弁理士会中央

その一は、その情報が原始的に誰に帰属したかで決定すべきだとする見解である（**原始帰属説**）。つまり、開発者自身が有する情報は、不正競争防止法（2条1項7号）でいう「示された」情報に該当しない、という解釈である。したがって、退職後、その情報を転職先で使用・開示しても、不正競争行為（違法行為）にはならないことになる。この見解は強く批判され、現在、この説を主張する者は見当たらない。

その二は、不正競争防止法（2条1項7号）でいう「示された」については、その情報が原始的に誰に帰属していたか（**原始帰属説**）で判断するのではなく、営業秘密であるとして争われている情報を、保有者が「自己の秘密として管理していたか否か」という「管理の有無」を基準にして判断すべきであるとする見解である（**修正帰属説**）[29]。開発者（従業員）の開発行為の背景には、開発者が開発資金の全面的な援助を受けるなどの事情や状況があり、企業側から直接開示を受けたと実質的に同視できる場合が多い、というのがその論拠である。この見解に従えば、情報の開発者が誰であれ、その保有者又は保持者において「秘密として管理されている」情報を、退職後に無断で使用すれば、不正競争行為（営業秘密の侵害）に該当することになる。

その三は、「示された」の要件を「事実」の問題としてとらえ、現実に示されていなければ企業への帰属を否定する一方、開発者である従業員から当該情報を所属企業に譲渡・移転する旨の明示的な意思表示（契約）があれば、その定めによるとする見解で、その定めに違反した場合には、民法に基づく損害賠償請求はもとより、差止請求もありうるという立場である。また、明示的な意思表示がなくても、当該企業の就業規則や雇用契約に秘密保持義務に関する定めがあれば、信義則上、その情報について従業員には秘密保持義務が発生していると解する見解である。しかし、明示的な意思表示も就業規則等の定めもなければ、開発者である従業員に帰属すると解する見解である（**帰属否定・契約説**）[30]。

知的財産研究所編「不正競争防止法研究」レクシスネクシス2007年所収）362頁〜365頁などを参照されたい。

29　牧野利秋・飯村敏明編・前掲書（第3章注18）181頁、大寄珠代・前掲稿（本章注28）358頁

30　鎌田　薫稿「『財産的情報』の保護と差止請求権（5）」「Law & Technology」11号1990年

2）比較法的視点からの検討が不足している　米国には、営業秘密の保護に関する有名な判決として、1917年に連邦最高裁判所が下したE.I. DuPont de Nemours Power Co. v. Masland事件（244 U.S. 100 Supp. Ct. 1917）が存在している。これは、雇用されている期間中に学んだ人工皮革の製法（工程）を、元従業員（被告）が使用・開示することを差し止めるために訴訟が提起された事件である。被告（Masland）は、製法の秘密性を否定して争ったが、ホームズ判事は、それまで主流であった財産理論（property theory）に疑問を投げかけ、被告の原告に対する信頼関係理論（confidential relationship theory）に基づいて、原告の請求を認容した。

　ホームズ判事は、営業秘密が法律に「権利」「財産」の形で認知されていないことに着目し、この問題は、その情報の秘密性という事実状態の保護を目的にした当事者間の信頼義務への違背の有無で判断すべきであると判示したのである。

　この点に関連して、James H. A. Pooleyは、従業員が在職中に開発した情報（特に技術情報）が従業員に帰属する場合があることを一方で認めながらも、他方で、それは、所属企業の施設、原材料、時間、財産的価値のあるデータなどをまったく利用せずに、しかも、担当職務と無関係に行われた場合に限られると述べ、ほとんどの場合、このような開発は、職務の一環として行われるか、それとも勤務時間、所属企業の施設や情報などの資源を使用した開発であり、所属企業との関係を離れて存在し得ないものであり、所属企業にショップライト（その成果を使用できる権利）が生じると述べている（*"Trade Secrets" id.* 8～9頁）。

　わが国の場合は、上記3（1）1）で見られるように、財産理論＝帰属論の枠内で、これを何とか合理的に説明できないかと腐心している現状にある。しかし、営業秘密の中身は情報であり、「人」に随伴し、又は「人」を介して流通する性質の存在である。したがって、「秘密の保持」の観点からみた場合、どちらかというと財産理論＝帰属論との親和性が薄く、人と人の関係＝信頼性理論の方に親和性があると考えられる。

(2) 今後の在り方

　従業員開発型の紛争で対象となる情報には「営業情報」と「技術情報」があるが、わが国の裁判所は、いずれも従業員が秘密保持義務を負っていることを明確に意識していたかどうかで、不正競争防止法2条1項7号該当性の有無を判断している[31]。今後の在り方としては、次の二点が重要である。

1）何が保護対象であるかをよく見極めて判断する必要がある　比較法的視点も踏まえると、営業秘密の制度は、「秘密として管理されている状態そのもの」を保護対象にしていると考えられる。したがって、「示された」の意味は、営業秘密としての管理の有無を重視して判断する必要がある[32]。また、不正競争防止法の構成を見ても、2条1項7号～9号が、もっぱら営業秘密を利用する行為者の認識を基準にして不正競争行為であるか否かを判断する構成を採っていることにも留意する必要がある。

　以上から判断して、従業員が在職中に自ら開発・知得した情報については、誰が情報の原始的（本源的）な取得者・帰属主体であるかで判断するのではなく、当該情報の保持者の秘密としての管理状況と当該情報の開発者の当該管理状況に対する認識の程度を比較考量して判断する修正帰属説が妥当だと考える[33]。

2）信頼関係理論の考え方も参考にする必要がある　信頼関係理論を斟酌すれば、この問題の合理的な説明が比較的無理なく可能になると思われる。営業秘密の侵害に当たるか否かの判断は、情報の原始的な帰属、契約、就業規則等の定めの有無という形式だけで決まるものではなく、雇用者と従業員の間の信頼関係（暗黙の了解を含む）における義務違背の有無という実質に大きく影響を受けるものだと考える。もちろん、信頼関係への義務違背の有無にかかる実質的な判断に、契約や就業規則等の存否が関わってくるこ

31　この立場で7号該当性を認容した裁判例は、営業情報に関する事案としては、知財高判平成24・7・4「投資用マンション顧客情報事件」（LEX/DB 文献番号25444731号）が、技術情報に関する事案としては、大阪地判平正10・12・22「フッ素樹脂シートライニング事件」（LEX／DB 文献番号280650257）が、それぞれ挙げられる。

32　松村信夫「営業秘密をめぐる判例分析─秘密管理性要件を中心として」（「ジュリスト」1469号）37頁

33　山根崇邦「不正競争防止法2条1項7号の『その営業秘密を示された場合』の再構成」（Law & Technology 61号2013年10月）65頁

とは言うまでもない。

第2節　営業秘密の管理と保護にかかる課題と今後の在り方

　営業秘密の漏洩・外部流出の6割以上の事案に退職者（元従業員）が関係している。この現実を踏まえ、本節では、営業秘密の管理と保護（予防対策）にかかる今後の重要な課題について検討する。

1　秘密保持契約の位置づけと活用

(1)　問題の所在
1)　秘密保持契約が有する機能や利点が十分理解されていない　　第一に、営業秘密の漏洩・外部流出が完全なる第三者との間で引き起こされている事案は、全体の4％にすぎない。それ以外は、取引関係又は契約関係のある者（退職者やライセンスの開示先や共同研究開発先など）との間で引き起こされている（第4章第1節2(9)）。にもかかわらず、わが国の営業秘密に関する体系書のなかで、このことがほとんど論じられていない。このこと自体が、そもそも問題である。

　第二に、企業秘密の管理と保護の「本家本元」が秘密保持契約であることを再認識する必要がある。また、秘密保持契約は、取引関係又は契約関係が何らかの形（明示又は黙示）で認められる場合、営業秘密を含む企業の秘密情報の管理と保護にとって重要な手段・方法である。このことは、多くの実務家が等しく認めているところである[34]。しかし、その割には、この点が営業秘密に関する体系書のなかでほとんど論じられておらず、秘密保持契約が有する機能や役割が十分理解されていない。

　第三に、わが国で用いられている秘密保持契約、特に企業内で交わされて

---

[34] たとえば、綜合警備保障会社・田辺総合法律事務所編著「実践営業秘密管理」（中央経済社2012年）193頁以下、肥塚直人・前掲書（第1章注8）48頁以下、経営法友会法務ガイドブック等作成委員会編「営業秘密管理ガイドブック（全訂第2版）」（第2章注41）59頁以下など参照

いる特約は、「秘密保持誓約書」などの名称で、差入形式を採る場合が多く、その内容も、企業が、相手方（従業員等）に秘密保持義務を一方的に課す形になっていることが多い。したがって、秘密保持契約の内容は、原則として片務契約（unilateral contract）である。この内容と形式で十分か否かの再検討が必要である。

　第四に、営業秘密による保護を受けるには秘密管理性をはじめとする厳しい要件をクリアーする必要があるが、この現実を直視する視点が欠落している。ほとんどの場合、秘密保持契約を交わせる潜在的な条件は存在しているので、法定の要件をクリアーできない場合を想定した予備的な対応として、秘密保持契約の活用を考えるのが現実的である。

2）契約体系全体における秘密保持契約の位置づけが明確でない　秘密保持契約の契約体系全体のなかにおける位置づけが明確ではない[35]。先行研究を見る限り、秘密保持契約は、労働契約又は雇用契約を補完する附随的な契約ととらえられ、企業内における秩序維持のための存在として、主として労働契約法の分野で論じられてきた[36]。

　しかし、ライセンス契約や共同研究開発契約の場合に見られるように、事業活動の多様化（オープン・イノベーションなど）やグローバル化に伴い、秘密保持契約は、企業内の従業員等との契約にとどまるものではなく、企業間においても必要な存在となっている。松村信夫氏が、「共同事業の相手方や取引の相手方に対して契約に付随して秘密情報を開示するときには、対象となる情報の特定とともに相手方に対する明確な秘密保持義務の賦課がなければ、契約上の秘密保持義務が生じないだけではなく、契約上の相手方以外の第三者との関係においても営業秘密としての非公知性や秘密管理性が失われる可能性がある」[37]と指摘していることに留意する必要がある。このような指摘が今までほとんど見られなかったことからも明らかなように、秘密保持契約に関する先行研究と現実のニーズとの間には、大きなギャップが存在しているように思われる。

35　本稿第5章4節（先行研究の現状）参照
36　本稿第5章4節（先行研究の現状）参照
37　松村信夫前掲稿（本章注32）39頁

(2) 今後の在り方

1) 秘密保持契約を双務的なものとして活用する

米国の場合、秘密保持契約は、相手方の信頼利益（reliance interest）又は期待利益（expectation interest）の保護を基礎に、「相互権利義務（reciprocal right and duty）」的な信頼関係（confidential relationship）を創設又は確認する視点で交わされていると解する法理が定着している。わが国においても、賃貸借などの継続的契約や信託契約、ライセンス契約などには、このような法理がすでに実在し機能している[38]。市場における競争に必要な財産的価値のある秘密情報を相手方に開示する以上、相互の信頼関係は重要な要素であり、米国との比較を待つまでもなく、今後の秘密保持契約は、情報保有者の利益のために相手方に一方的な義務を課すだけではなく、契約当事者間における信頼関係の創設を視野に入れた双務的なもの（bilateral or reciprocal）でなければならないと考える。

2) 取引関係又は契約関係が存在する場合の営業秘密の保護において、秘密保持契約の活用を否定すべき合理的理由がない

「取引関係における秘密情報の保護は、一般不法行為責任として処理すればよく、これをあえて契約責任として構成する必要はない」という見解がある[39]。

しかし、原則として不法行為に差止請求を認めていないわが国の現在の法制を考慮すれば、契約関係のある当事者間における秘密情報について、契約責任の追及すなわち、履行強制（民法414条）の一環として差止請求も可能な秘密保持契約による保護を排除すべき合理的な理由は見当たらない[40]。また、すでに第3章第3節2（3）で検討したように、不正競争（営業秘密の侵害）として保護されない行為を一般不法行為（民法709条）によって保護するには「特段の事情」の存在が要求されるので、一般不法行為による予備的請求が認容される可能性は、秘密保持契約による場合に比べて相対的に低いこ

---

[38] 内田貴「契約の再生」（弘文堂2005年）231～247頁、加藤新太郎「継続的契約の解除・解約（改訂版）」（新日本法規2014年）19頁など参照
[39] 平野浩之「いわゆる『契約締結上の過失』責任について」（「法律論叢」61巻6号1989年）87頁以下
[40] 田村善之教授は、「契約構成に依拠したからと言って、保護が劣ることはない」と、明確に指摘している。前掲稿（第2章注9及び第3章注37）参照。

とも忘れてはならない。

2　残留情報の扱いと秘密保持義務の残存期間の関係

　第4章の実態調査には登場していないが、秘密保持義務の残存期間と残留情報（residual information）をどのように関連づけて扱うかという重要な課題がある。

（1）　問題の所在
1）残留情報には、自由に利用できるものとできないものが混在しているため、その取扱いがむずかしい　第7章第6節2（1）で述べたように、秘密保持契約に基づく秘密保持義務の残存期間と「残留情報」は密接に関連している。フォセコ・ジャパン事件に関する判決は、残留情報に関連して、次のように述べている[41]。重要な指摘を含んでいるので、多少長くなるが、引用することとする。

　（引用）
　「被用者が他の使用者のもとにあっても同様に修得できるであろう一般的知識・技能を獲得したにとどまる場合には、それらは被用者の一種の主観的財産を構成するのであって、そのような知識・技能は、被用者は雇用終了後大いにこれを活用して差しつかえなく、これを禁ずることは単純な競争の制限に他ならず被用者の職業選択の自由を不当に制限するものであって公序良俗に反するというべきである。
　しかしながら、当該使用者のみが有する特殊な知識は使用者にとり一種の客観的財産であり、他人に譲渡しうる価値を有する点において右に述べた一般的知識・技能と全く性質を異にするものであり、これらはいわゆる営業上の秘密として営業の自由と共に保護されるべき法益というべく、そのために一定の範囲において被用者の競業を禁ずる特約を結ぶことは十分合理性があるものと言うべきである。」

---

[41]　奈良地判昭和45・10・31「フォセコ・ジャパン事件」（「判例時報」624号78頁）。この判決については、石橋洋「競業避止義務・秘密保持義務」（信山社2009年）18頁にコメントがある。また、「労働判例百選［第8版］」（有斐閣）170頁以下も参考になる。

この判決は、営業秘密制度が導入される以前の事案に対するものである。しかし、これは、「残留情報」を二つに区分し、退職後といえども個人が自由に使用できない情報が残留情報のなかに存在していることを指摘した意味ある判決である。

　この判決を前提にする限り、「残留情報」であることを理由に、退職後において、残留情報のすべてを自由に使用することはできないことになる。しかし、どの情報が自由に使用できない残留情報であるかは、実際には必ずしも自明ではなく、その特定（線引き）は事実上困難である。ここに、残留情報の取扱いにおける悩ましい問題が存在している。

　米国の場合も、退職者が有する情報のうち、雇用されている間に、生計を立てるために（to gain one's livelihood）[42]正当に取得・記憶した経験、熟練、技術、一般的知識等は「残留情報」には含まれず、退職後これを使用することを禁止する契約を結んでも、その条項に拘束力はないとされている[43]。退職者は、前の雇用者の営業秘密を自分自身のものとして使用・開示・侵害しない限り、また、前の雇用者との間の信頼関係（relationship of trust）に基づく信任義務（fidelity obligations）に反しない限り、自分の固有の能力の上に、雇用されている間に自然に取得・記憶した経験、熟練、技術、一般的知識等を加え、結合して使用することは妨げられない[44]。一般的知識とは、業界慣行などに関する知識や業務のやり方、業界知識などを意味する。したがって、米国における残留情報に対する扱いは、わが国の場合と大同小異である。

２）残留情報（人の記憶に残った情報）を消去できる決め手がない　　退職者によって記憶された秘密情報を完全に消去（isolate）すること、又は、

42　R. M. Milgrim *id* § 5.02、及び梅田勝監修・橋本虎之助訳・前掲書（第２章注39）27頁参照
43　文献としては、Scott M. Kline and Mathew C. Floyd, "*Managing Confidential Relationship in Intellectual Property Transactions: Use Restrictions, Residual Knowledge Clauses, and Trade Secrets*"（The review of Litigation by The University of Texas Law School, 2006. 3）at 311 がある。裁判例としては National Rejectors, Inc. v. Trieman 409 S.W. 2d 1 (Mo. Supp. Ct. 1966) 参照　なお、土井輝生・前掲書（第２章注37）144頁に、この判例の解説がある。このほか、秘密保持契約を交わしていた元従業員との間で争われた Lamb v. Quality Inspection Services Inc. 398 So. 2d 643 La. App. (1981) などがある。
44　R. M. Milgrim, *id.* § 5.02

残留情報を自由に利用できるものとできないものに区分することは、事実上不可能である。したがって、この問題には次善の策（second best）で対応するほかない。

（2）　今後の在り方
1）次善の策として、残留情報のクールダウンのために秘密保持義務について一定の残存期間を設ける　　人の頭脳に記憶された情報の価値の陳腐化（obsoleteness）や記憶の減退（cool down）を待つ方法である。これは、時間の経過（elapse）によって問題の解決を図る方策で、具体的には、記憶のクールダウン（公知化、陳腐化、経年劣化）を図るために、一定の冷却期間（a period of cooling time）を設ける対応である[45]。

2）秘密保持義務の残存期間がクールダウンのための期間であることを認識して対応する必要がある　　残留情報の視点から見た場合、秘密保持義務の残存期間は、同時に、クールダウンのために必要な期間でもある。したがって、秘密保持義務の残存期間に制限を設けないということは、本来自由に使用できるものを含むすべての残留情報の使用を永久に禁止することを意味する。これは、転職の自由を間接的に制限するものである。この点からみても、秘密保持契約における秘密保持義務の残存期間に「期限」を設けることには合理的な理由がある。

なお、退職者の秘密保持義務の残存期間の定め方については、必要に応じて、第8章第5節2を参照されたい。

3　契約法的な人材管理の整備・拡充

（1）　問題の所在
1）秘密情報を取り扱う「人」への対応が十分とは言えない　　営業秘密などの企業秘密に羽が生えて、それが第三者のところへひとりでに飛んで行くことはあり得ない。したがって、相応の情報管理を内部的に実施すれば、

---

[45] 経済産業省「営業秘密管理指針」（第2章注29）は、転職の自由を必要以上に制約することがないようにするため、個人との秘密保持契約における秘密保持義務の存続については、期間を設けるよう薦めている（2013年8月16日改訂版第3章2（3）②（イ）参照）。

秘密情報の漏洩はそれなりに防げる筈である。しかし、第1章で指摘した重大事件には、いずれも元従業員が関係しており、総じて、秘密情報を扱う「人」の内部管理に問題があることを示している。

2）契約法的な人材管理の視点が欠けている　契約法的な人材管理の中核になると考えられるのは、秘密保持契約である。しかし、その締結率は、第4章第1節2（2）の実態調査から明らかなように、従業員1001人以上の企業で8割近くに達しているものの、100人以下の企業では4割に満たず、全規模の平均でも6割には達していない。特に問題となるのは、全規模平均で約2割に相当する企業が、情報の秘密管理（区分管理）と秘密保持契約の締結のいずれも行っていない管理不在の状態にあるという事実である（第4章1節2（5））。さらに、実際に発生した情報漏洩の6割が退職者に起因し、しかも、その情報の漏洩先の約6割がライバル会社であるという事実を深刻に受け止める必要がある（第1章1節2（9）（10））。「人」の契約法的管理の重要性は、営業秘密制度が導入された当時から言われていたことである[46]。

さらに、秘密保持契約を交わしている企業の場合でも、退職者との締結率は50％弱で、半分にも達していない事実に留意する必要がある。

(2)　今後の在り方

1）秘密情報の管理と保護の一環として秘密保持契約の締結の促進が必要である　第一に、どんなに物理的管理や技術的管理を強化しても、秘密情報を管理している従業員（担当者）や退職者が会社を裏切ってしまえば、その保護は画餅に帰してしまう。したがって、企業内においては、技術情報や顧客情報などの秘密性の高いものを取り扱う担当者や退職者と秘密保持契約を結び、秘密情報の重要性に対する意識又は認識の高揚を図らなければならない。このような地道な努力の積み上げこそ、米国で言われている「秘密保持のための合理的な努力（reasonable efforts to maintain the secrecy）」にほかならない。また、このような合理的努力は、労働市場の流動化やグローバル

---

[46] 鎌田　薫稿「『財産的情報』の保護と差止請求権（1）」（「Law & Technology」第10号、1990年10月所収）25頁参照。なお、この趣旨は、営業秘密法制度の導入に際して答申された「財産的情報に関する不正競争行為についての救済制度の在り方について」（平成2年3月16日　産業構造審議会　財産的情報部会）の第四章にも明記されている。

化を考慮すれば、これからの人事管理や労務管理に含まれると受け止めるべきである[47]。さらに、秘密保持のための合理的な努力を側面から支えるものは、秘密保持の重要性に対する認識を高めるための継続的（continuous）な教育・研修であり、これを欠かすことはできない[48]。同様のことが、取引先（仕入先、得意先、ライセンシーなど）との関係にもあてはまる。したがって、秘密情報の管理のためのコストが増大することも覚悟する必要がある。残念ながら、営業秘密などの秘密情報の管理に王道はなく、「重荷を負うて、遠き道を往くが如し」[49]のようである。

　第二に、従業員及び取引先との秘密保持契約の締結率を高めることにより、足元を固めることである。足元を固めておけば、万一、情報の漏洩が訴訟になった場合でも、この契約の存在によって、営業秘密の最も重要な法的要件である「秘密管理性」の充足性の判断にプラスに作用する効果が期待できる。また、紛争の対象となった情報が、法律上の「営業秘密」として訴訟で認容されない場合でも、契約による救済を予備的に得られる可能性が生まれ、管理不在の空白領域を圧縮することにもつながる。さらに、契約による保護を強化することによって、もともと「営業秘密」に該当しない秘密情報（たとえば、人事情報や財務情報）などの漏洩からの保護も可能となる。企業が保有している情報には、競合他社には知られたくない有形・無形のさまざまな情報が存在するが、すべてがすべて営業秘密としての保護対象になるとは限らないので、契約による保護を強化することは、営業秘密による保護の限界を克服する意味でも、有効な対策となる。

2）きめ細かい基礎的な情報管理を並行して励行する　秘密保持契約の予防効果にも限界があるので、次のようなきめ細かい基礎的な情報管理（内部管理）を並行的に励行する必要がある。

47　長内健・前掲書（第2章注2）54頁

48　判例も、教育・研修の実施が「秘密管理性」の判定の肯定要素となることを認めている。たとえば、東京地判平成16・5・14「三井企画ダイレクトメール用顧客情報事件」（LEX/DB文献番号28091608）。また、米国でも、James Pooley id. at 63 は、繰り返さなければ効果が上がらないので、従業員に対する営業秘密の分野における教育（education in the trade secret area）は、継続的でなければならない（must be continuous）と指摘している。

49　徳川家康の「遺訓」と伝えられている。

①保有している情報を仕分けし、企業秘密とそれ以外の情報に区分して管理する
②企業秘密については、その秘密性のレベルに応じて、「極秘」、「秘」、「社内限り」などの格付管理（rating）を行う[50]。
③「秘」以上の情報を取り扱う個人（担当者）との間では、「秘密保持契約」又はこれに相当する誓約を交わし、秘密情報管理の基礎を固める。
④その上で、「極秘」及び「秘」の中から、特に厳格に管理する情報を選択し、それを営業秘密に指定して、特に入念な物理的・技術的な情報管理（情報へのアクセス制限、情報の複製制限、施錠管理、入退室管理等）を行う。

3）代償措置を伴った競業避止契約の活用も考慮する　ライバル会社に技術ノウハウなどの営業秘密が漏れることは、企業にとって最大のリスクである。したがって、特に技術情報の取扱いに長期間関与した退職者との間においては、「競業避止契約（non-compete agreement）」の締結率を高める努力（予防対策）も必要である。競業避止契約には、秘密保持義務の実効性を担保する役割が期待できるからである。また、この契約によって、営業秘密が漏れるリスクが回避でき、又はそのリスクの発生を先に延ばすことができれば、それは大きなメリットである。ただし、競業避止契約の締結に際しては、相応の代償措置を考慮するなど、退職者の転職の自由を侵害しないよう十分配慮する必要がある。

中小の企業で、これらをすべてカバーすることは事実上困難と思われるが、組織と施設の整っている大企業では、ここまで徹底する必要がある。

4　情報の漏洩・外部流出の緊急事態に備えた危機対策

これは予防対策の一態様である。

---

[50] 「共同研究開発契約の理論と実務」（「NBL」969号（2012・1・16）73頁によれば、「**契約秘**」という概念を設け、秘密保持契約に基づく他社の秘密を区分管理する方法がある、と指摘している。

(1) 問題の所在

1) 総じて、危機管理の視点が欠けている　営業秘密の法定要件の一つである「秘密としての管理」を整備・拡充することは、営業秘密などの秘密情報の漏洩・外部流出を防ぐことに役立つものである。しかし、「秘密としての管理」は、危機管理、すなわち営業秘密などの秘密情報の漏洩・外部流出の防止そのものを直接の目的とするものではない。したがって、情報の漏洩・外部流出を防ぐ危機管理（予防対策）を強化するためには、営業秘密の「秘密としての管理」とは別に、危機管理を重畳的（overlapped）に実施する必要がある。

2) 大量の情報を取り扱う企業でも危機対策が不足している　第1章で言及したような規模が大きく、かつ取り扱う情報量が大きい企業（たとえば、新日鐵や東芝）の場合は、基礎的な情報管理とは別に、予防対策としての危機管理・危機対策を実施する必要がある。それ以外の会社においても、自己の「身の丈」にあった危機管理は必要である。基礎的な情報管理と緊急事態発生に備えた危機管理は、ともに予防対策として「車の両輪」のような関係にある。また、このバランスが不均衡な場合に不祥事が起きていることに留意する必要がある。

(2) 今後の在り方

1) 発想の転換が必要である　第2章第2節2で指摘したように、秘密情報の漏洩防止のための危機対策においては、無権限者による不正な情報へのアクセスから如何にして情報を守るかという「秘密としての管理」のレベルから一歩踏み出し、アクセス権限を正規に認められた者による不祥事（営業秘密にかかる文書の不正持ち出し・不正複製などを含む）を如何にして未然に防ぐかに向けた発想の転換が必要である。

2) 技術的な措置の強化が必要である　営業秘密の外部流出などの緊急事態は、文書の外部流出という形態よりは、電子化されたデータの漏洩の形で発生する場合が多い。したがって、電子化されている営業秘密にかかる情報については、技術的な措置を二重・三重に強化することにより、「人」が不正を働こうとしても、それに自動的に歯止めがかかる技術的な仕組みを導入することが必要である。たとえば、秘密情報の保存してあるサーバーに市

販されている USB などの記憶媒体を接続しても、情報を抜き取れないような技術的措置を講じる、ファイルを暗号化する、渡したファイルの閲覧回数を制限するなどである。アクセスが不正な目的で行われた場合はもちろん、自宅にデータを持ち帰って仕事をするというような目的の場合[51]であっても、USB を途中で紛失する、インターネット上に漏れるなどのリスクがあるので、同様に制限する必要がある。なお、第 2 章第 2 節も、適宜参照されたい。

　本稿は、情報の漏洩・外部流出の防止対策を論じることを直接の目的とするものではないが、営業秘密をはじめとする秘密情報の安全の確保には、法的次元の「秘密としての管理」とは別に、技術的な仕組みを中心にした別途の危機管理が不可欠であることを指摘しておきたい。

第 3 節　訴訟手続上の課題と今後の在り方

　本節では、ここまでの考察を踏まえて、営業秘密の訴訟にかかる問題点の再確認と今後の対応について検討する。

1　営業秘密の要件を審理する順序

（1）　問題の所在
　営業秘密の要件を審理する順番を見直す必要がある。
　過去の裁判例を見ても、「その余の要件については判断するまでもなく……」として、争いの対象となった情報を「秘密管理性」という要件によって、「入口」の段階で仕分けている事案が圧倒的に多い。このことは、本章第 1 節 1（1）3）で指摘したとおりである。これでは、実質的に営業秘密であるものが「秘密管理性」で除外され、原告が営業秘密としての保護を得られない結果を招く危険性があり、適切とは言えない。

---

[51]　このように自分用に持ち出す事例も、決して少なくないと伝えられている（たとえば、2014 年 8 月 24 日付の日本経済新聞朝刊34面）。

(2) 今後の在り方

有用性又は非公知性の要件から審理に入るべきである。

現行法の枠内における運用として、秘密情報の有用性と非公知性などの経済的又は財産的価値を先に吟味したうえで実質的に営業秘密であるかどうかをまず判断し、実質的に営業秘密であると判断されたものについて、法的に保護する必要があるかどうかを「秘密管理性」という保護要件としての管理要件によって決める手順を取るべきである。これは、本章第1節1（2）1）で指摘したように、解釈上も運用上も何ら問題はないと判断する。現に、このような順序に基づいて審理された判決例も、少数ではあるが存在している[52]。むしろ、これが本来の姿だと考える。

2 秘密管理性に関する立証責任

(1) 問題の所在

秘密管理性にかかる立証責任の適正な配分ができない。

営業秘密の法定要件についての主張・立証責任は、基本的には原告が負わなければならならず、なかでも、原告にとっては秘密管理性の立証負担が重い。秘密情報が漏れたということは、その保有者（原告）の管理に何らかの欠陥があったことを物語っている。にもかかわらず、「秘密としての管理は十分行われていた」との立証を原告に求めるのでは、最初から勝負が決まっているようなものである。これは、いささか原告に酷だと言わざるを得ない。勝訴率が20～25％にとどまっている一因は、ここにもあるのではないかと思われる。

(2) 今後の在り方

現行法の枠内における運用にも限界があるので、早期の法改正が望ましい。

秘密管理性に関する立証責任の配分問題は、現行法の枠内でも、ある程度

---

52 たとえば、東京地判平成14・4・23「健康食品通信販売顧客データ事件（LEX/DB 文献番号28070858）。また、本章の注6で指摘したように、このような事例は、数は限られているが、ほかにも存在している。

第3節　訴訟手続上の課題と今後の在り方

までは運用で可能と思われる。

　たとえば、原告が有用性及び非公知性の点から実質的に営業秘密であることを立証できた場合、その情報が「秘密として管理」されていたと事実上推定できることが多いと思われる。このような立証が原告によってなされたと裁判所が判断した場合、裁判所が被告に対して積極的に働きかけ、秘密として管理されていなかったという積極的な反証（defense or disprove）を求める運用は、当事者間の衡平に反せず、現行法の枠内でも許容されると考える。しかし、一歩踏み込んで、「秘密管理性」の立証の程度を蓋然性（probability or reasonable doubt）にとどめ、原告に合理的な疑いのない証明（beyond a reasonable doubt）までは求めない立証責任を軽減する運用は可能であろうか。また、裁判所の判断で、秘密管理性に関する立証責任の一部を被告側に転換する運用は許されるであろうか。原告は、営業秘密が漏れたという事実のもとで、「秘密としての管理に問題がなかった」ということを主張・立証しなければならない厳しい状況に置かれているのである。訴訟当事者間の実質的な衡平を考えれば、原告側の立証責任を軽減又は転換することが必要な場合もあると考えられる。しかし、現行法の規定内容から判断する限り、法改正によらなければ、ここまでは不可能だと考えられる[53]。

　ちなみに、米国の場合は、「秘密保持のための合理的な努力」が、営業秘密の定義のなかで他の要件と並列的に位置づけられ、裁判所による秘密管理要件の弾力運用が可能となるように最初から制度設計されている。このため、原告に対して過度に法外な（overly extravagant）な立証は要求されず、「その状況下において合理的なものであればよい（"reasonable under the circumstances" standard）」とされ、原告の立証責任を軽減（mitigate）した弾力的（flexible）な運用（operation）がなされている[54]。わが国における運用及び今後の制度設計も、これを参考にすべきだと考える。

53　小野昌延・松村信夫・前掲書（第2章注10）83頁は、同様の指摘をしている。
54　たとえば、Zemco Manufacturing v. Navistar Int'l Transp. Corporation, 795 N.E. 239 (Ind. Ct. App. 2001)（インディアナ州控訴裁判所の判決）

3　紛争解決の手段の選択と今後の在り方

(1)　問題の所在

1)　費用対効果の点から、営業秘密による保護だけを当てにはできない。　第4章で概観した実態調査（「調査②」）と並行して実施された「ヒアリング調査」のなかに、次の報告が含まれている。訴訟による紛争の解決がなぜ少ないかについて、きわめて示唆に富み、かつ、参考になるものが含まれているので、下記の引用を参照されたい（経済産業省「平成20年度知的財産の適切な保護・活用等に関する調査研究」Ⅲ分析・考察　5-4（2）「中小企業における漏洩後の対応問題」参照）。

（引用）

「第一に、中小企業にとって取引先を失うということは非常に大きなリスクであり、それが大手企業などの主要取引先であればなおのことである。中には売上の大半が1つの大手企業で占める場合もあり、取引先から自分達のノウハウや重要な情報が漏れたからといって、法的手続きに踏み切ることは考えにくい。自分達は商取引上の弱者であり、取引先に対し法的手続きを取るなどといったことは考えられない。」

「第二に、裁判費用やそれに対する時間である。概してこのような漏洩問題を扱う裁判は長期化する傾向にある。民事裁判で数年にわたり続けていく裁判にかかる諸々の費用を払い続け、かつ経営者や従業員の時間も割かれるといったことがデメリットでしかなく、そのような対応を取るぐらいであれば、新しい技術開発や取引先の開拓を行ったほうが良いと考えている。」

「第三に、現行の法制度とのギャップがある。民事裁判では費用・時間共に非常に負担が大きいので、刑事裁判で対応しようと試みても、刑事裁判公開の原則により、公の場での対審により重要情報が更にさらに漏洩してしま可能性も十分に考えられる。また、前述したが、営業秘密を不正取得した者に対しても「使用開示」を突き止めなければならないなど、立証すべき点が現実に比べて非常に高いレベルに設定されている点なども、中小企業が法制度を利用した対応を取ろうと考えられない点である。」

この引用のように、営業秘密に関する訴訟案件が少ないのは、日本人が伝統的に「訴訟きらい」だからではない[55]。その直接的な原因は、立証負担の労力・結審までに要する時間・費用の割に[56]、それに見合うだけの効果・メリットが期待できないなど、制度の「使い勝手の悪さ」にあると考えられる。また、勝訴率が低いことも、「営業秘密制度は当てにできない」などの印象や評価を招き、これらが、訴訟を利用しない流れを一層増幅しているように思われる。このほか、訴訟（公開が原則）による情報の秘匿性低下の懸念や、上場企業の場合であれば株価下落への懸念なども訴訟を躊躇させる要因になっていると考えられる。

2）訴訟方針の再考　現実に有効な秘密保持契約が存在するにもかかわらず、営業秘密を常に主位的請求とする訴訟方針には再考の余地がある。

営業秘密は法制度であり、もともとその法定要件には厳しいものがあり、裁判所によって営業秘密として認容されるものと原告が営業秘密だと認識して出訴に及ぶものとの間には、大きなギャップがある。このことは、勝訴率が20～25％であることからも明らかであり、訴訟は当てにできないというのが、原告の実感ではないかと推察される。

しかし、現状では、仮に従業員、退職者又は取引先との間に有効・適切な秘密保持契約が存在していても、営業秘密を主位的請求とし、不法行為又は秘密保持契約違反を予備的請求にする実務慣行が一般に行われている。

退職者の転職先のように、相手が実質的な第三者であれば、営業秘密によ

---

[55] 日本人の「裁判回避」の原因については、①裁判ごとをためらう日本人の法意識（legal consciousness）に求める説（**文化説**。川島武宜「日本人の法意識」（岩波書店1967年）、②過小な法曹人口・高額な訴訟費用・裁判の渋滞などの制度上の不備（institutional incapacity）が原因だとする説（**費用説**。ジョーン・ヘーリー著・加藤新太郎訳「裁判嫌いの神話（上）（下）」判例時報902号、907号）、③訴訟になった場合の結果の予測可能性（predictability）が高いので、訴訟によらなくても話し合いで合理的（rational）に解決することが可能であることを挙げる説（**予測可能性説**。マーク・ラムザイヤー「法と経済学――日本法の経済分析」弘文堂1990年）などが主張されている。この三つのなかでは、②の費用説がもっとも有力である。

[56] 営業秘密に係る訴訟は、他の知的財産権（たとえば、特許権や著作権）の場合と同様に、①営業秘密が存在するか否かの判断（**特定論**）、②営業秘密の存在を前提にした侵害発生の有無と差止請求の要否の判断（**侵害論**）、③侵害の存在を前提にした損害賠償額の判断（**損害論**）の、三つの段階を経て進められる。このため、多くの時間、労力及び費用の負担が避けられない。

る救済を主位的請求にすることには合理的理由がある。しかし、秘密保持契約を交わしている従業員、退職者又は取引先との争いであれば、契約違反（債務不履行）を選択する方が負担も軽くて済む筈である。故意・過失の立証責任を被告に転換することができるからである（通説。民法415条の解釈）。にもかかわらず、なぜか、秘密保持契約違反（債務不履行）に基づく請求が有効に活用されていない。この選択には合理性・必然性がないので、再検討が必要だと考える。

　もっとも、営業秘密による保護（主位的請求）を否認した後、秘密保持契約違反による予備的請求を認容することについて、裁判所によっては若干の混乱があるようにも見受けられる。たとえば、第5章2節4（2）で検討した営業秘密に関する大阪地判平成10・9・10「水処理装置設計図面等差止請求事件」の判決に、そのような状況が見られる。念のため、留意しておく必要がある。

（2）　今後の在り方

秘密保持契約違反（債務不履行）を訴訟における請求原因として積極的に活用すべきである。

　第一に、秘密保持契約が活用できる状況にある場合、秘密保持義務の対象となる秘密情報の範囲を的確に特定した契約を積極的に交わし、万一の事態が発生した際には、秘密保持契約違反をむしろ主位的請求にできるよう日頃から準備しておくことが重要である。

　次に、従来、営業秘密（主位的請求）に対する予備的請求としては不法行為がより多く用いられてきたように思われるが（第5章2節〈図表7〉参照）、不正競争防止法による営業秘密の侵害が否定された行為について不法行為による救済を得るためには、「特段の事情」が必要である。これが裁判所の基本的な姿勢であることは、すでに繰り返して述べたとおりである。

　したがって、仮に営業秘密による保護を主位的請求にする場合でも、秘密保持契約が実質的に存在するならば、故意過失の立証責任の転換が可能で（第5章3節参照）、かつ、「特段の事情」も不要な秘密保持契約違反（債務不履行）を予備的請求として選択すべきだと考える。これを躊躇する合理的理由は見当たらない。

第4節　営業秘密にかかる今後の立法上の課題

　すでに、立法上のいくつかの問題には言及したが、それ以外の重要な立法課題について私見を述べれば、下記のとおりである。

1　立証責任の合理的な配分に関する法改正

　営業秘密による保護・救済を受ける場合、原告は、最初に、営業秘密であること（特定論）の立証をしなければならない。これ自体も相当な負担であることは、すでに、本章第3節で言及したとおりであるが、これがクリアーできても、その営業秘密が不正に取得されたこと（侵害論）の立証という、次の高いハードルをクリアーしなければならない。さらに、それが使用されて損害が発生している（損害論）という至難の立証（因果関係の証明）もしなければならない。これら三つは、いずれも原告にとって重い負担である。このことは、現職の裁判官も認めている[57]。したがって、立証の緩和や立証責任の一部を被告に転換して、原告の負担を軽減するなど、立証責任の合理的な配分に関する法改正（制度設計の変更）は、真剣に検討されて当然だと考える（なお、2015年3月13日に閣議決定された改正案では、この点について若干の手当てがなされている）。

2　証拠収集手続をさらに容易にするための法改正

　営業秘密の侵害事案については、一定の程度において、強制的に証拠収集ができる体制の整備が必要である。第1章で言及した事件が示唆しているように、高度の技術情報の漏洩など大型の本格的な民事事件になれば、捜査機関との連携が必要になると思われる。刑事事件が先行している事案については、事件終結後であれば、何人も刑事記録を閲覧・謄写できる仕組みを積極

57　座談会「営業秘密をめぐる現状と課題」（本章注5）29頁（清水節判事）

的に活用することができる（刑事訴訟法53条1項)[58]。また、手順を踏めば、事件が継続中（進行中）であっても、当該事件の被害企業は刑事記録を閲覧・謄写ができる（犯罪被害者救済法3条)[59]。この制度の活用がさらに容易にできるように改めることが、現実的な対応だと考える。

3　外国に流出した営業秘密への立法対策

(1)　問題の所在

　グローバル化がさらに進む情勢でありながら、営業秘密の侵害が国を跨いだ場合の準拠法や裁判管轄が必ずしも明確でなく、裁判例の蓄積にも乏しい。わが国の国際的裁判管轄を肯定した事件は、東京地判平成元・5・30「グールド・インク損害賠償債務不存在確認請求事件」が存在するにとどまる（判例タイムズ703号240頁参照）。また、米国カリフォルニア州の連邦地方裁判所が下した判決のわが国における執行を求める訴訟事件（アナスタシア事件又は眉トリートメント事件と呼ばれている）について、2014年4月24日、最高裁第一小法廷は、「間接管轄」に関する原審（東京高裁）の審理が不十分であるとの理由で、原審に差し戻す判決を下している（民集68巻4号329頁）。差し戻された東京高裁における審理が注目されるが、控訴人（上告人）が管轄問題で勝訴する保証はない。

　第3章第4節5でも検討したが、上記のように、外国との関係で解決を迫られる基本的な課題として、外国に流出した営業秘密に対して、どのように対応するかという難題が目の前にある。たとえば、次のような隘路が挙げられる。いずれも原告の自助努力だけでは乗り越えられない問題である。
①外国籍の相手との国際裁判管轄が、そもそもわが国に存在するのか争いになる。
②仮にわが国における訴訟で勝訴しても、外国で執行できる保証がない。
③営業秘密の不正取得事件に、どこの国の法律が適用されるか判然としない

58　高部眞規子・前掲稿（本章注9）49頁も、同様の提言をしている。
59　なお、栗原佑介稿「営業秘密侵害罪における被害企業の保護と訴訟記録へのアクセスの調和に関する一考察」（「パテント」67巻6号2014所収）27頁以下が参考になる。

(行為地か結果発生地か、それとも秘密情報の管理地の法令かなど)。
④侵害行為の立証が困難を極める。すなわち、相手(被告)が、公知になった技術を入手したなど、営業秘密の「不正取得」の事実がないと反論してきた場合、原告として、それに再反論できるだけの証拠の確保がきわめて困難である。

第1章で述べた新日鐵住金と韓国ポスコ社の訴訟も、その提起から満3年以上が経過したにもかかわらず、依然として非公開の準備的口頭弁論(民訴法164条以下)が続いており[60]、訴訟がかなり難航しているのではないかと推測される[61]。また、和解の協議も並行して行われている模様である。ただし、この件に限って言えば、裁判管轄権の問題については、韓国ポスコ社の恒久的施設がわが国にあるので争いはない(ただし、2015年9月30日に和解が成立)。

(2) 最近の法改正作業の動き

第1章で述べたように、2015年3月13日、不正競争防止法の改正案が閣議決定さ、国会に提出された。改正法案によれば、罰則の強化、非親告罪化、原告の立証責任の一部軽減などが盛り込まれ、外国に流出した営業秘密への対応についても、それなりに配慮されていることは随所で述べたとおりである。これは、一歩前進ではあるが、今回の改正案によって、すべての課題が一挙に解決されるとは思われない。経済産業省は、こうした動きに呼応して営業秘密に関する管理指針の改定に着手し、秘密と認める要件(秘密管理性)を緩める方向で検討に入り(2014年9月30日付日本経済新聞朝刊4面)、今般、改訂された管理指針を公表した。それによれば、秘密管理性を満たすには、当該秘密情報にアクセスした従業員が秘密であることを合理的に認識できる可能性を担保するための管理措置が必要であり、従来、判断基準の一つとされていた「アクセス制限」は、秘密管理措置の一手段として位置づけ、秘密管理性＝秘密管理措置に近い考え方が示されている(平成27年1月27日全部

---

60 日刊産業新聞(鉄鋼・非鉄金属業界の専門紙)2015年5月15日参照。
61 中田行彦稿「東芝VSハイニックス事件からの教訓」(雑誌「ボイス(Voice)PHP 2014年6月号所収」)92頁によれば、被告の一員とされている元新日鐵の技術者は、30年以上も本件にかかる鋼板の開発に従事した者で、頭の中にある知識と情報を使える状況にあったため、技術情報の流出が違法であると認定するのも証拠を得るのも難しい、と述べている。

改訂「営業秘密管理指針」2（1）〜（4）参照）。この改訂により、秘密管理性という管理要件が、営業秘密の性質・属性を決定する概念要素から除外されたわけではないが、概念要素に占めるそのウエイトが従来よりも軽くなったことは確かである。

この管理指針に法的拘束力はないが、従来から裁判でも参考資料とされており、ときには、「管理指針に記載されている対策が抜けている」などの理由で、被害企業側（原告）に不利に作用するとも言われているので、今後の成り行きを注視する必要がある。

（3） 今後の対応策……原告の立証負担の軽減と証拠開示制度の見直し

上記（2）のように、今回の法改正では、原告の立証責任の一部軽減が盛り込まれているが、目玉は、罰則の強化と公訴提起における非親告罪化である[62]。しかし、これだけでは現行法の延長にすぎない。罰則の強化だけで問題が解決できると考えるのは早計である。部屋の外部から鍵を壊し又は窓ガラスを割って侵入するような行為は「犯罪」として刑事罰則による抑制に委ねるほかないとして、その他の不正又は違法な行為に対する抑制は、知的財産に共通している差止請求や損害賠償などの民事的な措置によるのが本筋ではないかと考える。その意味で、今回実施されようとしている措置は、あくまでも、改正の第一歩に過ぎないと受け止めるべきである。それよりも重要なことは、外国企業により被害を受けたわが国企業（原告）が営業秘密の漏洩や盗用の立証をより容易にできるような制度設計に改めることである[63]。

このためには、たとえば、米国の場合のように、「訴状と答弁書のやり取り（訴答 pleading）」をした後、原告と被告が、「法廷での本審理（trial）」の前に、裁判所の関与のもとで、有利・不利を問わず、自ら進んで又は相手方の要請に基づいて、訴訟に関連するすべての情報を開示する義務を負う「証拠開示（ディスカバリー）」（米国民事訴訟規則26条）[64]のような手続を導入しな

---

[62] 閣議決定された改正法案によると、外国に秘密を漏らした者には国内の場合よりも厳しい刑罰や罰金を科すこと（海外重課）が盛り込まれている。

[63] York Faulkner・中村小裕・田中亜希稿「営業秘密保護強化のための法制度に関する考察——主に米国実務を参考として——」（「NBL」1026号2014・6・1所収）31頁は、罰則強化が必ずしも賢明な策とはいえない、と指摘している

[64] Edward H. Rippey, Darien S. Capron. 結城大輔稿「米国ディスカバリのすべて・第1回米国

ければ、実効性のある制度にはならないと考える。現に、知的財産戦略本部「知的財産による国際競争力強化・国際標準化専門調査会」では、制度導入の是非や長所短所等について議論を行っていると伝えられている（鎌田純一稿「営業秘密の現状と課題」（「立法と調査」参議院常任委員会調査室・特別調査室刊2014・7　345号所収）66頁）。

　言い換えれば、この「証拠開示」の制度は、訴訟に関連する情報を当事者双方に強制的に開示させる手続きで、わが国の「準備的口頭弁論（民訴164条以下）」や「文書提出命令（民訴223条）」を拡充したような手続である。したがって、営業秘密にかかる立法上の課題は、その定義の修正や立証責任の軽減又は転換といった現行法の延長上の問題にとどまらず、より抜本的な改革を求められる段階におかれていると考える。

　国際間の問題としては、二国間の刑事共助条約の締結と活用などをさらに進め、外国における捜査資料の収集を容易にすることも必要だと考えられる[65]。

　なお、米国その他の国々の現状及び今後の動きについては、棚橋祐治監修「不正競争防止の法実務（改訂版）」（三協法規出版2013年）306頁以下が参考になるので、必要に応じて参照されたい。

本章の小括

　本章では、第8章までの検討で明らかとなった問題点を踏まえて、営業秘密制度に関する制度上・解釈上をはじめとするいろいろな課題と今後の在り方について、秘密情報の安全管理の視点及び比較法的視点も踏まえて、総合

訴訟の概要とディスカバリ」（「国際商事法務」41巻5号（2013）所収）704頁以下に、ディスカバリについて分かりやすい解説がある。ディスカバリの手続の中には、「質問書（interrogatory）」による回答要求や「証言録取（deposition）」など、相手方に対して関連情報を要求できるさまざまな手段が用意されている。米国の場合、訴状を受け取った後の証拠の保全義務は範囲も広く、その負担は重い。このため、連邦裁判所に係属する民事事件については、負担の軽減が検討されている模様である（日本経済新聞2014年6月2日朝刊15面参照）。なお、土井悦生・田邊政裕「米国ディスカバリの法と実務」（発明推進協会2013年）が参考になる。

65　York Faulkner・中村小裕・田中亜希・前掲稿（本章注63）30頁

的・総括的に考察を行った。また、立法上の課題についても言及し、今後の在り方についても私見を述べた。

　営業秘密制度の立法的な改革や裁判での運用の是正については、時間を要すると考えられるので、今後の推移を注意深く見守る必要がある。

　それ以外の課題で、営業秘密の管理及び保護について明らかになったことを要約・列挙すれば、次の五点である。

①訴訟における勝訴率などからみて、営業秘密制度（法制度）による管理と保護だけでは限界があること、

②取引関係又は契約関係のある相手との場合、営業秘密の管理と保護を補完する最も具体的・現実的な方策は、秘密保持契約の活用による保護であること。また、小規模企業が圧倒的に多いわが国企業の実態からみて、秘密保持契約の活用が重要であること、

③しかし、秘密保持契約自体には、秘密保持義務の残存期間やその義務の対象にする情報の特定などについて研究を要する課題が残されていること、

④秘密保持契約の締結率は必ずしも高くないので、その普及と啓蒙にさらに一段の努力が必要であること、

⑤特に技術情報の取扱いに長期間関与した退職者等との間においては、代償措置を伴う合理的な内容の「競業避止契約」（秘密保持義務を担保する役割がある）の締結を進める努力も必要であること、

　これら五つの課題は、いずれも、契約に深く関連した事項であるが、企業経営者が決断し、事業活動のなかで努力すれば、いずれも解決可能な課題である。言い換えれば、可能・不可能の問題ではなく、実行するかしないかの問題である。

　以上により、本研究でなすべき課題の検討には、一つの区切りがついたと考える。よって、次章では、これらを踏まえて、本研究の終章として結論を述べることにしたい。

第10章　結　論──本研究の終章

本研究が到達した結論は、下記のとおりである。

1　営業秘密の「管理」と「保護」の在り方について

　第一に、営業秘密のような企業の生殺を左右するような重大な企業秘密にかかる情報の安全を確保するためには、予防対策と事後処理対策のバランスが重要である。予防対策の基礎となるのは、保有している種々雑多な情報を秘密情報と非秘密情報に区分し、さらに、秘密情報に対して「極秘、秘、社内限り」などの格付けを行う日常的な情報管理である。一方、「営業秘密」の制度は、本質的には事後処理対策、すなわち、秘密情報の不正取得・使用などの侵害が発生した後、原状の回復、損害の拡大防止などを円滑かつ確実に行うための法定の枠組みである。したがって、営業秘密制度のみをもって、企業が保有しているすべての秘密情報の安全をカバーすることは、そもそも不可能である。この認識が重要である。

　第二に、情報の安全確保のための「予防対策」には、①秘密情報を日常的に管理する基礎的管理のほかに、②秘密情報の漏洩・外部流出に備えた危機管理が必要である。①は、すべての企業に必要な基礎的な対策である。業種、企業規模、保有している情報の量・質と関連・比例しない対策だからである。これに対して、②の危機管理は、予防対策とはいえ、業種、企業規模、保有している情報の量・質と密接に関連しているので、必要性を見極め、自分の「身の丈」にあったものにする必要がある。たとえば、従業員10人以下の企業と1000人以上の企業が同じ危機対策を必要としないことは自明である。また、危機対策には、高度の技術的措置や多大な時間と費用が必要となるので、「費用対効果」を十分考慮する必要がある。

第三に、事後処理対策の一環として、秘密保持契約を活用（併用）し、法定の制度でカバーできない部分の補完を図る必要がある。営業秘密が秘密情報の安全確保に有用かつ必要な法定の制度であることは言うまでもないが、反面において、法定の制度であるため、要求される要件（たとえば秘密管理性）が厳しく、この制度による保護から漏れる事案が避けられない。新聞記事などの表現を借りれば、「被害があった企業が訴えても、管理が甘いとの理由で裁判所に取り合ってもらえない」(2014年9月30日付日本経済新聞朝刊4面の記事) ということになる。仮に訴えが裁判所に係属しても、勝訴できる見込みは20〜25％と低い。したがって、たとえば、相手が、取引先（販売先・仕入先）、ライセンスの供与先などのように契約関係又は取引関係がある場合、重要な情報の開示に際しては、秘密保持契約を交わし、仮に営業秘密制度による保護から漏れても、契約違反（債務不履行）の契約責任が追及できる二重・三重の措置を講じておくことが重要である。現実に起きている営業秘密の漏洩事件を見ても、その多くに契約関係又は取引関係のある者が関連・関与しているだけに、取引関係又は契約関係のある当該相手に対しては、秘密保持契約の活用（併用）を怠らないようにすることが肝要である。

契約には、当事者自治が認められており、弾力性があり小回りも利く。業種や規模に関係なく利用ができる利点もある。

第四に、契約法的な人材管理が重要である。情報の漏洩・外部流出は、内部の「人」によって引き起こされる「人災」である。したがって、情報の安全確保には、「人」、すなわち、従業員、退職者などの内部関係者に対する管理を欠くことはできない。具体的には、秘密保持契約や競業避止契約の締結管理の充実・促進を図る必要がある。

秘密保持契約や競業避止契約の締結は、本来的には、事故が発生した後の処理を円滑かつ確実に実行するためのものであり、営業秘密の制度と同様に、基本的には事後処理対策に属するものである。しかし、契約を結ぶことによって、当該本人に対する心理的牽制としての反射的な効果も期待できる。つまり、内部関係者との契約締結の促進は、秘密情報の安全管理（内部管理）のための予防対策としても機能するので、いわば「一石二鳥」であ

る。したがって、内部関係者との間においては、営業秘密制度はひとまずわきに置き、秘密保持契約の活用を第一に考えるべきである。強いて言えば、「営業秘密という法制度は、相手が完全な第三者で、それに依存せざるを得ない場合の最後の手段」というように受けとめて対処すべきだと考える。このように対処することによって、結果として、「法と契約の相互補完的な態勢」を確保することが可能となるのである。また、法人との関連で言えば、わが国の活動法人約253万社の85％が資本金1000万円以下の企業で占められている現実を離れて考えることはできない。この現実を考慮すれば、営業秘密の「管理」と「保護」にとって実施可能にして実効性のある手段・方法は、法定要件の厳しい営業秘密による保護ではなく、可能な限り、秘密保持契約を積極的に活用し、又は営業秘密制度との併用を図ることだと考える。

　第五に、危機管理（予防）の態勢整備を通じて秘密情報の物理的管理・技術的管理を強化すること、及び秘密保持契約の積極的な活用を通じて「取引先や従業員・元従業員などの内部関係者」に対する契約法的管理の質の向上を図ること、の二つは、結果として、営業秘密の「秘密としての管理」にもプラスをもたらすものである。したがって、営業秘密の「管理」と「保護」の充実を図り、その高度化のためにも、今後、この危機管理と契約法的管理の整備・強化をさらに進めるべきだと考える。

2　今後の課題について

　最大の課題は、外国に流出した営業秘密にどう対処するかである。これは、実に難題・難問である。現時点で、これに対する決定的な答えは持ち合わせていないが、少なくとも営業秘密の侵害については、明文の「推定規定」を設けるべきだと考える。たとえば、原告が、対象となる秘密情報をわが国において営業秘密として管理していたことを立証できれば、被告が、①争点の情報は原告の管理下から不正に持ち出されたものでないこと、②争点の製品は当該情報を使用したものでないこと、③原告の損害と争点となっている情報との間には因果関係がないこと、の三点について立証できない限

り、原告が「推定規定」によって救済される仕組みの導入が必要だと考える。また、わが国の裁判管轄に服する者は、わが国に住所・居所、支店・営業所などの恒久的施設（permanent establishment）を有しているかどうかの形式基準ではなく、わが国で営業活動を行っているか否か（doing business）の実質基準で判断する規定を設ける必要があろう。いずれにしても新しい立法措置を待つほかないので、今後の動向を注意して見守る必要がある。

おわりに

　企業などの組織において情報の安全管理の体制がその機能をフルに発揮できるかどうかは、個々バラバラな管理ではなく、権限と責任を明確にした管理組織の確立と、統制のとれたトータルとしての組織的管理の実行にかかっていることを肝に銘じる必要がある。多田晶彦氏（1996年当時、関西電力株式会社常任監査役）は、今から約20年前の1996年当時において、「法務部門と他部門と間の情報の双方向交流体制の確立」が必要であるとすでに指摘している[1]。このことは、今日においてもいささかも変わりがない。具体的には、管財、知的財産、法務、情報システム等の関連部署を横断的に所管・統括する機能的な組織の確立と、秘密保持契約などの契約による「人的管理」を重視する管理方針の確立が必要である。

　これ以外の個別の課題に対する対応については、第9章で総括的に述べたので、必要に応じて該当箇所を参照されたい。

　経済産業省は、2003年1月以来、「営業秘密管理指針」を策定し、以後、必要に応じた改定を行い、主務官庁として、営業秘密の管理の在り方についてのガイドラインを提示し、その中で、秘密保持契約の重要性についても指摘している。しかし、この管理指針は、秘密保持契約の詳細について言及していない。したがって、講学的な視点から秘密保持契約に関する重要な留意点を明確にすることを試みた本研究は、この管理指針と相互に補完し合って、企業（特に中小規模企業）における営業秘密の管理と保護に確実にプラ

1　多田晶彦稿「営業秘密に関する企業法務部門の役割」（北川善太郎編「知的財産法制」東京布井出版1996年所収）261頁参照

スに作用すると考える。第9章4節3（2）でも言及したように、今般、営業秘密の秘密管理性に関する要件を緩める方向で営業秘密管理指針が見直されたが、本研究が、このような動きと相俟って、企業における営業秘密の管理と保護の強化にいささかでも役立てば幸いである。また、そのようになることを期待して、本稿の結びにしたい。

(完)

補　論　不正競争防止法の一部改正（営業秘密関連）の概要

　2015年3月13日に閣議決定され、今（第189回）国会に提出されていた不正競争防止法の一部改正が2015年7月3日可決成立し、2016年1月1日から施行される運びとなった。
　今回の改正は営業秘密の侵害対策に関するものであり、また、本稿（9章）で述べたところとも密接に関連しているので、補足の意味を兼ねて、その内容について概観することにしたい。

1　民事関連

①技術上の秘密情報を悪用して生産された物の譲渡・輸出入の制限（2条1項10号・新設）…不正競争行為類型の新設・追加

　　従来の規定では、営業秘密（技術上の情報）が国外に持ち出され、それを悪用して国外で生産された製品・商品であることが明白であっても、その輸入などの流通をすばやく差し止める有効な手段が存在しなかった。なお、この行為に対する刑事罰則も新設された（後述）。

②営業秘密の不正使用行為の推定（5条の2・新設）

　　営業秘密の侵害を理由に差し止めや損害賠償などの法的救済を受けるには、イ）侵害された情報が営業秘密であること、ロ）その侵害が不正競争行為に該当すること、ハ）侵害と損害の間に因果関係があること、の三つの要件が必要となる。しかも、それぞれの段階における立証は、原告にとって決して容易ではなく、特に、第三段階における因果関係の立証は、証拠開示制度のないわが国では至難の業である。

　　このような事情を考慮して、技術上の秘密情報（物の生産方法、設計図面等）が関係する事案に限り、

　1）　被告が、「故意または重大な過失」により、一定の技術上の営業秘密を不正に取得したこと

2) 被告が、当該営業秘密の使用が疑われる物の生産等の行為をしたこと

の二点について原告が立証できた場合、「被告が不正取得した営業秘密を使用して、当該物の生産等をした」と推定し、原告の立証責任を軽減する規定を新たに設けたものである。

　この措置によって、盗まれた（又は国外に持ち出された）技術上の秘密を使用したと疑われる製品・商品にかかる争いについては、今後、早期決着を期待できる素地が確保された。最も緊急を要する問題に対して一定の手当てがなされた点は評価できる。しかし、営業秘密の秘密管理性に関する立証責任の軽減については、依然として手つかずのままである。

③差止請求権の除斥期間の拡大（15条・一部改正）

　法律関係の「早期安定」の観点から、民法上の規定（20年）とは別に、10年間の除斥期間が特別に設けられていた。しかし、営業秘密が国外に持ち出され、その時点から10年を経過した後に表面化する事案等が十分あり得るので、被害者救済の観点から規定を見直すことにはそれなりの理由がある。また、営業秘密の侵害は、実質的に民法上の不法行為の延長線上に位置づけることができる存在である。これらを考慮して、改正が行われたものと思われる。

2　刑事関連

本稿の主題ではないので、項目だけの指摘にとどめる。

（1）　処罰範囲の拡大

①技術上の秘密情報を悪用して生産された物の譲渡・輸出入等（21条1項9号・新設）

②営業秘密の転得者（3次取得者以降）による使用・開示（21条1項8号・新設。従来は、2次取得者までが対象）

③国外サーバー等で管理されている営業秘密の不正取得・領得（21条6項・国外犯処罰の拡大）（21条6項・改正）

④未遂行為の処罰（21条4項・新設）
⑤営業秘密侵害罪の非親告罪化（21条5項・改正）
今回の改正の重点項目の一つである。

（2）　罰金の上限額の引き上げ
①罰金の上限の引き上げ（21条1項及び2項の改正）
②国外における営業秘密の不正取得・使用の重罰化（21条3項及び22条1項〜3号の新設）
上記の二つは、今回の改正の最重点項目である。

3　今後に残された課題

　上記のように、今回の改正は、刑事関係がその中心を占めている。このため、本稿（第9章）で指摘した問題点の多くは、残されたままである。したがって、今回の改正は、あくまでも立法による問題解決の第一歩に過ぎない、と受け止める必要がある。また、知的財産は、事業活動に使用されるものであり、その侵害に対する救済は、差止請求や損賠賠償請求によるものが本筋である。営業秘密の侵害に対する救済や抑制が、刑事罰則の適用範囲の拡大と強化だけで達成できるものでないことを、この際あらためて再確認する必要がある。

　なお、法改正直後であり、改正された営業秘密に関連する論考は、本稿の脱稿時点においてはほとんど見られない。しかし、雑誌 Law & Technology 68 号（2015年7月）に収載されている「営業秘密に関する不正競争防止法の改正（座談会）」は、今回の法改正の背景、改正案がまとまる過程での議論の内容、改正にかかる重要規定の意義、今後に残された課題などについて、情報を満載している。参考になる点が多く含まれているので、一読をお勧めする。

（追記：脱稿後、小倉秀夫「不正競争防止法—平成27年改正法の全容」（レクシスネクシス・ジャパン 2015）が上梓された。）

(添付資料1)

主要参考文献（単行本）

著者名	書名	出版社	発行年
青山紘一	不正競争防止法（第6版）	法学書院	2010
浅井　隆	労働契約の実務	日経文庫	2008
荒木尚志	労働法（第2版）	有斐閣	2013
石田佳治	欧米ビジネスロー最前線	民事法研究会	1991
石橋　洋	競業避止義務・秘密保持義務	信山社	2009
伊原　宏	国際事業提携	商事法務	2001
内田　貴	契約の再生	弘文堂	1990
内田　貴	契約の時代	岩波書店	2000
梅田勝監修、橋本虎之助訳 Mary Ann Capria 著	アメリカにおけるトレード・シークレットの保護	発明協会	1991
遠藤　誠	中国知的財産法	商事法務	2006
大江　忠	要件事実知的財産法	第一法規	2002
大村敦志	基本民法Ⅱ（第2版）債権各論	有斐閣	2005
岡　伸浩	会社と社員で結ぶ秘密保持契約書のつくり方	中経出版	2005
岡本幹輝	実例英文秘密保持契約書	商事法務	1988
奥田昌道・池田真朗	法学講義民法5　契約	悠々社	2008
長内　建	企業秘密保護の理論と実務（第4版）	民事法研究会	2010
長内　建	企業秘密防衛の理論と実務（第5版）	民事法研究会	2011
小野幸二	債権各論	八千代出版	1990
小野昌延・松村信夫	新・不正競争防止法概説	青林書院	2011
小野昌延・山上和則	不正競争の法律相談	青林書院	2010
小野昌延	営業秘密の保護	有信堂	1968

小野昌延	営業秘密の保護（増補）	信山社	2013
小野昌延	知的所有権（第5版）	有斐閣	2000
小野昌延編著	新・注解不正競争防止法（第3版）上巻	青林書院	2012
小野昌延編著	新・注解不正競争防止法（第3版）下巻	青林書院	2012
小野昌延先生古稀記念論文集	知的財産法の系譜	青林書院	2002
小野昌延先生還暦記念論文集	判例不正競業法	発明協会	1992
大矢息生	知的所有権と営業秘密の保護（改訂版）	税務経理協会	1994
近江幸治	民法講義Ⅳ（第3版補訂）	成文堂	2010
大渕哲也編	知的財産とソフトロー	有斐閣	2010
加藤新太郎編	継続的契約の解除・解約（改訂版）	新日本法規	2014
金井高志	民法でみる知的財産法（第2版）	日本評論社	2012
金井重彦・山口三恵子・小倉秀夫編	不正競争防止法コンメンタール（改訂版）	レクシスネクシス	2014
金子　一	実体法と訴訟法（民事訴訟の基礎理論）	有斐閣	1957
川島武宜	民法総則	有斐閣	1965
北川善太郎	債権総論（第3版）	有斐閣	2004
北川善太郎	債権各論（第3版）	有斐閣	2003
北川善太郎編	知的財産法制	東京布井出版	1996
木下　毅	英米法の理論（第2版）	東京大学出版会	1985
金　春陽	営業秘密の法的保護	成文堂	2007
久保利英明・内田晴康	著作権ビジネス最前線（第6版）	中央経済社	1997

経済産業省知的財産政策室	「一問一答不正競争防止法」	日本評論社	2005
経済産業省知的財産政策室	逐条解説不正競争防止法（平成23・24年度版）	有斐閣	2012
経済産業省知的財産政策室	企業における適切な秘密管理～平成17年不正競争防止法改正・営業秘密管理指針改訂	経済産業調査会	2006
経済産業省知的財産政策室	営業秘密保護のための競業避止義務の締結の方法	経済産業調査会	2013
経営法友会法務ガイドブック等作成委員会	営業秘密管理ガイドブック（全訂第2版）	商事法務	2010
国税庁	「税務統計から見た法人企業の実態」（標本調査）		2012
後藤巻則	契約法講義（第3版）	弘文堂	2013
肥塚直人	「技術流出」リスクへの実務対応	中央経済社	2014
小塚荘一郎	フランチャイズ契約論	有斐閣	2006
小林覚著（共著）	独占禁止法の法律相談（新訂版）	青林書院	2010
寒河江孝允	不正競争防止法の法律相談	学陽書房	2005
寒河江孝允	知的財産権の知識（第2版）	日経文庫	2007
坂本恵一	新要件事実論	悠々社	2011
佐藤孝幸	実務契約法講義（第4版）	民事法研究会	2012
潮見佳男	不法行為法Ⅰ　（第2版）	信山社	2009
篠塚昭次・前田達明	新・判例コンメンタール民法6講義　債権各論	三省堂	1981
杉浦秀樹	米国ビジネス法	中央経済社	2007
渋谷達紀	知的財産法講義Ⅲ（第2版）	有斐閣	2008
渋谷達紀	不正競争防止法	発明推進協会	2014
設楽隆一・飯村敏明	知的財産関係訴訟	青林書院	2009

新企業法務研究会	営業秘密管理	新日本法規	1992
菅野和夫	労働法（第十版）	弘文堂	2013
鈴木　淳司	アメリカ法律ノート	日本評論社	2007
全　理其（ぜん　りき）	営業秘密の刑事法的保護	嵯峨野書院	2004
総合警備保障株式会社・田辺総合法律事務所編著	営業秘密管理	中央経済社	2012
高林　龍	標準特許法（第5版）	有斐閣	2014
高林　龍	標準民事手続法	発明推進協会	2012
高林　龍・三村量一・竹中俊子代表編集	現代知的財産法講座Ⅰ　知的財産法の理論的探究	日本評論社	2012
同上	現代知的財産法講座Ⅳ　知的財産法学の歴史的鳥瞰	日本評論社	2012
高部眞規子編	裁判実務シリーズ8　著作権・商標・不競法関係訴訟の実態	商事法務	2015
竹田　稔先生傘寿記念	知財立国の発展へ	発明推進協会	2013
田淵義朗	秘密保持契約がよ〜く分かる本	秀和システム	2007
田中英夫	英米法総論上	東大出版会	1980
田中英夫編	英米法辞典	東大出版会	2010
田中成明	法理学講義	有斐閣	2004
棚橋祐治監修	不正競争防止の法実務（改訂版）	三協法規出版	2013
田路至弘	もう一度学ぶ民法（契約編）	商事法務	2009
田村善之	不正競争法概説（第2版）	有斐閣	2003
千野直邦	営業秘密保護法	中央経済社	2007
茶園成樹編	不正競争防止法	有斐閣	2015
土田道夫	労働契約法	有斐閣	2008
通商産業省知的財産政策室監修	営業秘密—逐条解説　改正不正競争防止法	有斐閣	1990

楪（チョウ）博行	アメリカ民事法入門	勁草書房	2013
辻本勳男・武久征治編	知的財産契約の理論と実務	日本評論社	2007
土井輝生	トレード・シークレット法	同文館	1989
土井悦生・田邊政裕	米国ディスカバリの法と実務	発明推進協会	2013
東京弁護士会財産権法部編	特許・商標・不正競争関係訴訟の実務　入門	商事法務	2012
戸田知行	信頼責任の原理	信山社	2004
中嶋士元也先生還暦記念編集刊行委員会	労働関係法の現代的課題	信山社	2004
永野周志・砂田太士・播磨洋平	営業秘密と競業避止義務の法務	ぎょうせい	2008
中島憲三	共同研究・開発の契約と実務（第2版）	民事法研究会	2006
中島憲三	英文ライセンス契約書の書き方	民事法研究会	2003
西谷　敏	労働法	日本評論社	2009
日本弁理士会中央知的財産研究所	不正競争防止法研究	レクシスネクシス	2007
西口　元・木村久也・奈良輝久・清水建成	フランチャイズ契約の法律相談（改訂版）	青林書院	2009
根本尚徳	差止請求権の理論	有斐閣	2011
野口良光著・石田正康補訂	特許実施契約の実務（改訂増補版）——ノウハウ実施契約を含む契約書詳説	発明協会	2002
長谷川俊明	ローダス21　最新法律英語辞典	東京堂出版	2007
花野信子	ビジネス契約書の基本知識と実務（第2版）	民事法研究会	2012
浜辺陽一郎	個人情報・営業秘密・公益通報・Q&A	労務行政	2008

浜辺陽一郎	コンプライアンスの基本がわかる本	PHP研究所	2002
平井宜雄	債権各論Ⅰ上（契約総論）	弘文堂	2008
平本正則・住吉健一	営業秘密管理の実務	中央経済社	2011
淵邊善彦編著	提携契約の実務（第2版）	商事法務	2014
堀江泰夫	契約業務の実用知識	商事法務	2010
牧野利秋・飯村敏明	新・裁判実務体系4・知的財産関係訴訟法	青林書院	2001
牧野利秋監修・飯村敏明編集	不正競争防止法をめぐる実務的課題と理論	青林書院	2005
牧野利秋・三村量一・飯村敏明・末吉亙・大野聖二・編	知的財産法の理論と実務　第3巻〔商標法・不正競争防止法〕	新日本法規	2007
マーク・ラムザイヤー	法と経済学——日本法の経済分析	弘文堂	1990
松坂佐一	民法提要債権総論	有斐閣	1982
村林先生傘寿記念	知的財産権侵害訴訟の今日的課題	青林書院	2011
松村信夫	新・不正競業訴訟の法理と実務	民事法研究会	2014
両角道代ほか	労働法（第2版）	有斐閣	2013
山本庸幸	不正競争防止法（第4版）	発明協会	2006
山本孝夫	ライセンス契約入門（第2版）	三省堂	2008
ロバート・A・ヒルマン・笠井修編著	現代アメリカ契約法	弘文堂	2000
我妻栄	新訂民法総則	岩波書店	1965
渡邊肇	ライセンス	中央経済社	2009
The American Law Institute	Restatement of the Law Third Unfair Competition	The American Law Institute	1995

Allan Farnsworth	Contracts (fourth edition)	Aspen Publisher	2004
Brain M. Malsberger	Trade Secrets State — by-State Survey (Fourth Edition) Volume I	BNA Books	2011
〃	Trade Secrets State — by-State Survey (Fourth Edition) Volume II	〃	2011
Bryan A. Garner	Black's Law Dictionary (Eighth Edition)	Thomson, West	2004
Brandon Baum	Non-Disclosure Agreements Line by Line	Aspatore Books	2004
Charles Fried	Contract as promise	Harvard University Press	1981
David Quinto & Stuart Singer	Trade Secrets Law & Practice	Oxford University Press	2009
Doniel John Hoekman	Modern Judicial Interpretations of U.S. Trade Secret Law	DocuMech	2010
Deborah E. Bouchoux	Intellectual Property for Paralegals (Third Edition)	Delmar Cengage Learning	2009
Henry H. Perritt Jr	Trade Secrets (Second Edition)	Practicing Law Institute	2009
Jerry Cohen & Alan, S. Gutterman	Trade Secrets Protection and Exploitation (Supplement)	BNA Books	1998 (2000)
James H.A. Pooley	Trade Secrets	Amacom	1987

Louis Altman	Callmann on Unfair Competition (Fourth Edition) (Vol. 2)	West, Thomson business	2004
Kazumasa Soga	The Legal Protection of Trade Secrets in Japan	Seibundo（成文堂）	2003
K. Anita Dodd	Learn to Review and Negotiate Non-Disclosure Agreements	Contracts 101 Seminars	2009
Margreth Barret	intellectual Property (Third Edition)	Wolter Kluwer	2012
Patrick Atiyah	The Rise and Fall of Freedom of Contract	Clarendon Press	1979
Richard Stim & Stephen Fishman	Nondisclosure Agreements: Protect Your Trade Secrets and More	Nolo	2001
Roscoe Pound	The Spirit of Common Law History	Marshall Jones	1921
Roscoe Pound	Interpretation of Legal History	Macmillan	1923
Roger M. Milgrim	On Trade Secrets	Mathew Bender	1996

（注）

　米国の判例については、Westlaw International 及び LexisNexis の Research System を使用して検索した。

（添付資料２）

主要参考論文

浅井　敏雄	「英文秘密保持契約」（「パテント」第66巻7号2013所収）
飯塚　卓也	「営業秘密の国際的侵害行為に関する適用準拠法」（高林龍ほか編集代表「現代知的財産法講座Ⅳ知的財産法学の歴史的鳥瞰」（日本評論社2012年所収）
石田　信平	「営業秘密保護と退職後の就業規制――アメリカにおける不可避的開示論の形成と展開を踏まえて――」（同志社法学58巻5号―7号　2007所収）
石田　正泰	「知的財産としての営業秘密」（「特許研究」42号2006年9月所収）
井上　泰人	「営業秘密の特定と閲覧制限」 （「Law & Technology」59巻2013年4月所収）
今川　嘉文	「営業秘密の概念と不正競業の商事法上の責任」 （神戸学院法学41巻1号、2012・5所収）
岩崎　恵一	「秘密保持契約」 （「知的財産契約の理論と実務」（日本評論社2007年所収）
一原亜貴子	「営業秘密侵害罪に係る不正競争防止法の平成21年改正について」（「岡山大学法学会雑誌」（60巻3号2011年2月所収）
梅林　啓	「情報流出（情報漏洩・持ち出し）に悩まされる企業」 （「NBL」（947号2011年2月15日所収）
梅林　啓	「『秘密』の保護と『情報』の保護、現行制度で十分か」（西村あさひ法律事務所刊「リーガル・アウトゥック」（2011年3月16日号所収）
エドワードH. リッピー、ダリエンS. カプロン、結城大輔	「連載米国ディスカバリのすべて。第1回　米国訴訟の概要とディスカバリ」（「国際商事法務」41巻5号2013年所収）
王　凌紅	「営業秘密保護の諸問題」 （千葉大学「社会文化科学研究」第5号2001・2所収）
大寄　麻代	「営業秘密をめぐる差止請求権の帰属主体について――従業員が自ら開発・取得した営業秘密の利用・開示を企業が差し止めることはできるか」（牧野利秋ほか編「知的財産法の理論と実務　第3巻」新日本法規2007年所収）
岡本　幹輝	「秘密保持契約と準拠法」 （「白鷗大学論集」7巻2号1993所収）

岡本　幹輝	「米国判例にみるトレード・シークレット保護の動向」
	(「白鷗大学論集」5巻2号1990所収)
岡本　幹輝	「秘密情報管理と秘密保持契約について」
	(発明協会　雑誌「発明」1991年2月号及び3月号所収)
生沼寿彦・小林寛治・松井保仁	「共同研究開発契約の理論と実務（第3回）」
	(NBL969号2012年1月15日所収)
小畑　史子	「営業秘密の保護と雇用契約」
	(「日本労働研究雑誌」384号1991年所収)
小畑　史子	「営業秘密の保護と労働者の職業選択の自由」
	(「ジュリスト」1469号所収)
樫原義比古	「企業の営業秘密の保護と就業禁止契約──アメリカにおける不可避的開示の法理をめぐって──」（摂南法学36号、37号　2007所収)
片岡　昇	「企業秘密と労働者の責任」
	(北川善太郎「知的財産法制」(東京布井出版1996年所収)
加藤新太郎訳ジョーン・ヘンリー著	「裁判嫌いの神話」(上)（下）（「判例時報」902号、907号所収)
加藤　正彦	「秘密保持契約に関する考察」
	(「JCAジャーナル」58巻4号　2011年2月15日所収)
加藤　幸江	「営業秘密（不競法による保護と不法行為）」(村林隆一先生傘寿記念「知的財産侵害の今日的課題」青林書院2011年所収)
鎌田　薫	「営業秘密の保護と民法」
	(「ジュリスト」962号1990年9月1日所収)
鎌田　薫	「『財産的情報』の保護と差止請求権（1）～（5）」(「Law & Technology」第7号～12号、1990年4月、6月、8月、10月、12月号、所収)
鎌田　純一	「営業秘密の現状と課題」(「立法と調査」衆議院事務局企画調整室編集・発行2014・7　354号所収)
川角　由和	「現代民法学における《関係的契約理論》の存在意義」
	(「島根大法学」37巻4号、38巻1号、同3号及び39巻2号所収)
河村明・志知俊秀	「営業秘密の保護と主張・立証責任」
	(北川善太郎「知的財産法制」(東京布井出版1996年所収)
木原　浩之	「「英米法における新たな法典化運動」の展開──契約法及びその周辺領域を中心に──」（横浜国際経済法学第20巻3号2012年3月所収)
木村　貴弘	「退職後の守秘義務・競業避止義務規定のポイント」

	（「ビジネスロー・ジャーナル」（No. 42 、2011年9月号所収）
金　春陽	「アメリカにおける営業秘密の差止命令」
	（「AIPPI」48巻10号2003年）
金　春陽	「アメリカにおける退職後の競業避止特約」
	（「同志社法学」55巻2号所収）
金　春陽	「アメリカにおける営業秘密事件の差止命令」
	（「AIPPI」48巻10号（2003）所収）
久須本かおり	「契約法理論の再構成を目指して（一）」
	（「名古屋大学法制論集」169号1997年所収）
栗原　佑介	「営業秘密侵害罪における被害企業の保護と訴訟記録へのアクセスの調和に関する一考察」（「パテント」67巻6号2014所収）
経済産業省	「平成20年度知的財産の適切な保護・活動等に関する調査研究」
	（業務受託先：株式会社帝国データバンク）
経済産業省	「営業秘密の管理実態に関するアンケート」（平成24年12月11日付確報版）」（業務受託先：株式会社帝国データバンク）
経済産業省	「営業秘密の管理に関するアンケート調査と裁判例調査の結果分析」
	（平成21年9月）
小泉　直樹	「営業秘密の管理と不正使用」
	（「ジュリスト」1464号2014年3月所収）
古河　謙一	「営業秘密の各要件の認定・判断について」（牧野利秋ほか編「知的財産法の理論と実務（第3巻）」新日本法規2007年所収）
小島　立	「アメリカにおける営業秘密保護について」
	（『不正競争防止法研究』レクシスネクシス2007年所収）
小塚荘一郎	「営業秘密をめぐる契約上の諸問題」
	（「日本工業所有権法学会年報」第28号2004年所収）
小塚荘一郎	「『差止請求権の行使制限』をめぐる三つの『誤解』」
	（「知財フォーラム」98巻所収）
五味　由典	「不法行為における差止請求の可否」
	（国士舘大学『比較法研究』30号2007年所収）
近藤　岳	「秘密管理性要件に関する判例研究──裁判例の「揺り戻し」について」（北海道大学「知的財産法政策学研究」25号（2009）所収）
坂井　岳夫	「秘密保持義務の法的構造──ドイツ法・アメリカ法の特色と日本法への示唆」（日本労働法学会誌12号（2008年10月）所収）
佐藤嵩一郎・仁戸田一之・田中義敏	「判例からみた日米における営業秘密保護」（発明協会　雑誌「発明」109巻1号、2012所収）

佐藤力哉・海野圭一郎	「営業秘密をめぐる刑事上の保護について」 (「ジュリスト」1469号所収)
渋谷　達紀	「文献紹介」(「日本工業所有権法学会年報」14号1991年所収)
渋谷　達紀	「不正競争防止法────一般不法行為による補完────」 (民商法雑誌93巻臨時増刊号（2）1986年3月20所収)
下田　範幸	「アメリカ・カリフォルニア法実務講座」──トレードシークレット(「国際商事法務」32巻7号～9号2004年所収)
鈴木　薫	「秘密管理性の判断における情報の重要性・秘密性の考慮」 (「パテント」66巻12号所収)
高田　寛	「技術情報の流出における企業責任────退職者の技術情報漏洩防止対策を中心に────」(「企業法学研究」(富山大学)第2巻1号2013年所収)
高部眞規子	「営業秘密保護をめぐる民事上の救済手続の評価と課題」 (「ジュリスト」1469号所収2014年)
滝澤　和子	「営業秘密に関する人的管理────秘密保持契約と競業避止義務契約に関する一考察────」(早稲田大学WBS研究センター「早稲田国際経営研究」45巻　2014所収)
棚橋　祐治	「日本の不正競争防止法における営業秘密の保護の強化と日米欧の比較」(高林龍ほか編集代表「現代知的財産法講座Ⅳ知的財産法学の歴史的鳥瞰」日本評論社2012年所収)
田村　善之	「営業秘密の不正利用行為をめぐる裁判例の動向と法的な課題」 (「パテント」66巻6号2013年所収)
田村　善之	「営業秘密の秘密管理性要件に関する裁判例の変遷とその当否(その1)」(「知財管理」64巻5号　2014　所収)
田村　善之	「営業秘密の秘密管理性要件に関する裁判例の変遷とその当否(その2・完)」(「知財管理」64巻6号　2014　所収)
高橋　利昌	「企業間提携契約としての技術ライセンス契約とその条項」 (「判例タイムズ1329号」2010年10月15日所収)
多田　晶彦	「営業秘密の保護に関する企業法務部門の役割」 (北川善太郎「知的財産法制」(東京布井出版1996年所収)
辰巳　直彦	「不正競業法の指導原理と民法不法行為法(上・下)」 (「NBL」531号及び532号所収)
茶園　成樹	「退職者の機密保持義務の範囲と不正競業」(小野昌延先生還暦記念論文集「判例不正競業法」発明協会2000年所収)
土田　道夫	「競業避止義務と守秘義務の関係について」 (中嶋士元也先生還暦記念論集「労働関係法の現代的展開」信山社2004年所収)

土田　道夫	「商品仕入先情報について『営業秘密』該当性を否定した事例」 （「知財管理」60巻5号2010所収）
富岡　英次	「営業秘密の保護」（「新・裁判実務体系4・知的財産関係訴訟法」青林書院2004年所収）
特許庁	「2010年度産業財産権制度問題調査報告書」 （業務受託先：三菱UFJリサーチ＆コンサルティング株式会社）
苗村　博子	「営業秘密侵害事件の侵害事実の立証、秘密管理性の程度――技術流出にどう対処するか――」（「知財管理」62巻10号2012年所収）
苗村博子・重冨貴光	「営業秘密について」（「パテント」55巻1号2002所収）
西谷　敏	「日本における企業秘密の労働法的保護」（松本博之ほか編「ンターネット・情報社会と法」信山社2002年所収）
西田　昌吾	「営業秘密侵害行為」（高部眞規子編「裁判シリーズ8　著作権・商標・不競放関係訴訟の実務」商事法務2015年所収）
日本知財協会 （ライセンス第2委員会）	「技術情報の開示にかかる秘密保持契約のドラフティングに関する一考察」（「知財管理」60巻9号　2010所収）
日本知財協会 （知的財産管理第2委員会）	「営業秘密と知的財産管理」 （「知財管理」54巻10号2004年所収）
根岸　哲	「ライセンス契約によるノウハウ保護」 （北川善太郎編「知的財産法制」東京布井出版1996年所収）
野田　容朗	「製造委託契約・OEM契約」（辻本勳男・武久征治編「知的財産契約の理論と実務」日本評論社2007年所収）
林　大介	「国際知財産法研修基礎講座――営業秘密の法的保護」 （「国際商事法務」39巻8号2011年所収）
林　いずみ	「営業秘密の不正利用行為に関する実務上の観点」（竹田稔先生傘寿記念論文集「知財立国の発展へ」発明推進協会2013年所収）
林　いづみ	「営業秘密をめぐる従業者・会社間の法律関係」（日本弁理士会中央知的財産研究所編「不正競争防止法研究」レクシスネクシス2007年所収）
平野　浩之	「「いわゆる『契約締結上の過失』責任について」 （「法律論叢」61巻6号1989年所収）
フェアトレード委員会（2008年度）	「営業秘密管理における実務的課題」 （「知財管理」第59巻6号2009年所収）
藤岡　康宏	「不法行為と権利論」――権利論の二元的構成に関する一考察

		(「早稲田法学」80巻3号2005年所収)
堀江	泰夫	「いわゆる存続条項の問題点」
		(「NBL」959号2011年8月15日所収)
松村	信夫	「文書提出命令と営業秘密の保護」
		(「Law & Technology」13号2001年10月所収)
松村	信夫	「『営業秘密』における秘密情報の管理と帰属」
		(「Law & Technology」26号2005年1月所収)
松村	信夫	「営業秘密をめぐる判例分析」(「ジュリスト」1469号所収)
松村信夫・藤原正樹		「営業秘密の特定とプログラム著作物の著作権侵害訴訟における主張・立証」(「知財管理」61巻1号所収)
松本	重敏	「実務からみた営業秘密立法の意義と問題点」
		(「ジュリスト」962号1990年9月1日所収)
升田	純	「現代型取引をめぐる裁判例(36)〜(42)」(「判例時報」1708号、1710号、1711号、1713号、1714号、1719号、1720号所収)
升田	純	「守秘義務の機能と裁判例(1)(2)」
		(「NBL」916号2009年11月1日、918号12月1日所収)
三村	量一	「秘密保持命令をめぐる訴訟手続の運用について」(日本弁理士会中央知的財産研究所編「不正競争防止法研究」レクシスネクシス2007年所収)
盛岡	一夫	「米国におけるトレード・シークレット保護の変遷」
		(小野昌延先生古稀記念論文集「知的財産法の系譜」青林書院2002年所収)
矢倉	信介	「企業における営業秘密保護」(「知財管理」64巻4号2014年所収)
山尾昭一郎		「労働契約終了後における営業秘密侵害に関する判例考察」
		(「パテント」60巻3号2007所収)
山田	真紀	「最高裁重要判例解説(北朝鮮著作権事件)」
		(「Law & Technology」56号2012・7所収)
山根	崇邦	「不正競争防止法2条1項7号の『その営業秘密を示された場合』の再構成——投資用マンション事件を契機として——」
		(「Law & Technology」61号2013年10月所収)
山本	孝夫	「秘密保持契約・ライセンス契約における秘密保持条項の研究とリスクマネジメント」(「知財管理」56巻2号2006年所収)
ヨーク・フォークナー・中村小裕・田中亜希		「営業秘密保護強化のための法制度に関する考察——主に米国実を参考として——」(「NBL」1026号2014・6・1所収)

吉澤　昭人	「不正競争防止法における『営業秘密』から人的資源管理論への示唆」（早稲田大学「企業法制と法創造」総合研究所編「企業と法創造」8巻1号（通巻29号，2011年12月所収）
座談会	「大阪地方裁判所第21部・26民事部と大阪弁護士会知的財産委員会との協議会　平成25年度」（「Law & Technology」64号2014年7月所収）
座談会	「営業秘密をめぐる現状と課題」（「ジュリスト」1469号2014年所収）
座談会	「営業秘密に関する不正競争防止法の改正」（Law & Technology 68号2015年7月所収）
Christopher Rebel J. Pace	"*The Case For A Federal Trade Secret Act*" 8 Harvard Journal Law & Tech 427 (1995)
David S. Almeling	"*Seven Reasons why Trade Secrets are increasingly important*" (Berkeley Law Journal Vol. 27 p1091)
David S. Almeling	"*Four Reasons to Enact Federal Trade Secrets Act*" (Fordham International Property, Media & Entertainment Law Journal Vol. 19 2009)
David S. Almeling	"*A Statistical Analysis of Trade Secrets Litigation in State Courts*" (Gonzaga Law Review Vol. 46 2010/11) p 57-101
David S. Almeling	"*A Statistical Analysis of Trade Secrets in Federal Courts*" (Gonzaga Law Review Vol. 45 2009/10) p 291-334
Jay Dractler	"*Trade Secrets in the United States and Japan: A Comparison and Prognosis*" (14 Yale Journal of International Law Prognosis 1989 p 68)
Marina Lao	"*Federalizing Trade Secrets in an information Economy*" 59 Ohaio Street Journal 1663 (1998)
Scott M. Kline, Mathew C. Floyd	"*Managing Confidential Relations in Intellectual Property Transactions: Use Restrictions, Residual Knowledge Clause, and Trade Secrets*" (The Review of Litigation, The University of Texas School of Law, May 1, 2006)

(添付資料3)

本文中に引用した判例（一欄）

（判決日）	（裁判所）	（事件名）	（出典）	本文頁
昭和37・6・26	最三小判	家屋明渡等請求事件	民事判例集18巻6号1220頁	158
昭和41・9・5	東京高決	ワウケシャ事件（仮処分）	判時464号34頁	1
昭和40・6・26	東京地判	大日本印刷（刑事）事件	判時419号4頁	2
昭和45・10・31	奈良地判	フォセコ・ジャパン事件	判時624号78頁	288
昭和48・2・19	東京地判	日経マグロウヒル事件	判例時報713号83頁	188
昭和52・12・19	最二小決	国家公務員法違反事件	刑集第31巻7号1053頁	273
昭和55・2・18	東京高判	古河鉱業事件	労働関係民事裁判例集31巻1号49頁	257
昭和56・1・19	最二小判	不動産管理委託契約解除事件	民事判例集35巻1号1頁	158
昭和61・9・29	名古屋地判	美濃窯業事件	判例時報1224号66頁	2
昭和61・10・30	大阪地判	縫製用ハンガーシステム事件	判例タイムズ634号151頁	2
昭和62・3・10	東京地判	鋳造ロボット事件	判例タイムズ650号203頁	2
昭和62・9・30	札幌高決	農機具販売店契約更新事件	判例時報1258号76頁	231
昭和63・3・10	東京地判	アイ・シー・エス事件	判例時報1265号103頁	236
昭和63・7・1	東京地判	東洋楽器事件	判例時報1281号129頁	2
平成元・5・30	東京地判	グルード・インク事件	判例タイムズ703号240頁	302
平成3・2・25	東京地判	ラクソン事件	判例時報1399号69頁	264
平成6・12・26	大阪高判	ポリオレフィン発泡体事件	判例時報1553号133頁	227

(添付資料3) 本文中に引用した判例（一欄） *331*

平成7・10・16 東京地判	司法試験予備校事件（東京リーガルマインド事件）	判例時報1556号133頁	64
平成7・12・22 仙台地判	バイクハイ事件	判例タイムズ929号83頁	261
平成8・4・16 大阪地裁	男性用かつら販売業の顧客名簿事件	判時1588号139頁	18
平成9・10・26 東京地判	潰瘍治療剤事件	LEX/DB 28030685	200
平成10・9・10 大阪地判	水処理装置設計図等差止請求事件	判例時報1656号137頁	126
平成10・11・30 東京地判	ダブルライニング工法事件	LEX/DB 28041769	200
平成10・12・22 大阪地判	フッ素樹脂シートライニング事件	LEX/DB 28050257	20
平成11・2・15 東京地判	千代田生命事件	労働判例755号15頁	260
平成11・7・19 東京地判	明商二重帳簿営業秘密事件	LEX/DB 文献番号 28041438	23
平成11・7・23 東京地判	美術工芸品顧客名簿事件	判例時報1694号138頁	48
平成11・9・30 東京地判	特殊洗浄事業サブライセンス契約事件	判例時報1724号65頁	236
平成11・10・13 東京高判	つぼきゅう弾事件	LEX/DB 文献番号 28042351	25
平成12・3・10 最一小決	電話機回路図事件	最高裁民事判例集54巻3号1073頁	194
平成12・4・27 東京高判	オフィスコーヒー事件	LEX/DB 文献番号 28050878	254
平成12・6・16 大阪地判	キョウシステム事件	LEX/DB 文献番号 28052586	64
平成12・7・29 東京高判	街路灯事件	LEX/DB 文献番号 28051622	26
平成12・9・28 東京地判	医療器具顧客名簿事件	判例時報1764号104頁	15
平成12・10・31 東京地判	放射線測定器具販売差止	判例時報1768号107頁	52

			事件		
平成12・11・13	東京地判		墓石販売営業情報事件	判例時報1736号118頁	25
平成13・7・31	大阪高判		無洗米製造装置事件	LEX/DB 文献番号 28061614	26
平成13・12・25	大阪高判		宇治市住民基本台帳データ漏洩事件	雑誌「判例地方自治」265号10頁	254
平成13・12・27	東京地判		バイアグラ個人輸入事件	LEX/DB 文献番号 28070082	281
平成14・2・5	東京地判		ダイコク・仕入原価セール事件	判例時報1802号145頁	198
平成14・2・14	東京地判		土木工事設計単価表事件	LEX/DB 文献番号 28070351	23
平成14・3・19	東京地判		壁面墓地事件	LEX/DB 文献番号 28070562	24
平成14・4・23	東京地判		健康食品通販顧客データ事件	LEX/DB 28070858	115
平成14・5・29	東京高判		秘密保持義務存在確認等請求控訴事件	判例時報1795号138頁	182
平成14・8・30	東京地判		ダイオーズサービシーズ事件	労働判例838号32頁	63
平成14・10・1	東京地判		クレープ販売フランチャイズ・チェーン事件	LEX/DB 文献番号 28072954	57
平成14・12・24	福岡地判		半導体全自動封止機械装置設計図事件	判例タイムズ1156号225頁	23
平成15・1・22	大阪地判		新日本科学事件	労働判例846号39頁	201
平成15・1・28	大阪高判		製袋機に係るノウハウ事件	LEX/DB 文献番号 28080920	197
平成15・2・27	大阪地判		セラミックコンデンサー設計図事件	LEX/DB 文献番号 28081388	23
平成15・7・24	大阪地判		海産物販売顧客情報事件	LEX/DB 文献番号 28082325	197

(添付資料3) 本文中に引用した判例（一欄） 333

平成15・9・17	東京地判	メリルリンチ・インベストメント事件	労働判例858号57頁	260
平成15・10・21	東京高判	無線航空機事件	LEX/DB 文献番号 28083044	258
平成16・2・24	東京地判	猫砂事件	LEX/DB 文献番号 28090896	188
平成16・4・13	東京地判	バートランドミュージック事件	判例時報1862号168頁	19
平成16・5・14	東京地判	三井企画ダイレクトメール用顧客情報事件	LEX/DB 文献番号 28091608	292
平成16・5・20	大阪地判	昇降機顧客情報事件	LEX/DB 文献番号 28091616	26
平成16・9・30	東京地判	ペットサロン顧客名簿事件	LEX/DB 文献番号 28092603	52
平成17・2・25	東京地判	わかば薬局・薬品リスト事件	判例時報1897号）98頁	20
平成17・3・22	東京高判	給湯設備機器顧客ファイル事件	LEX/DB 文献番号 28100671	197
平成17・5・24	大阪地判	工業用刃物等の顧客名簿事件	LEX/DB 文献番号 28131300	57
平成17・6・27	東京地判	中国野菜輸入先・顧客名簿事件	LEX/DB 28101320	25
平成17・8・25	大阪地判	自動車部品に係る利益侵害事件	判例時報1931号92頁	56
平成18・7・31	東京地判	JCN 認証技術事件	LEX/DB 文献番号 28111645	24
平成19・3・9	東京地判	日産センチュリー証券事件	LEX/DB 文献番号 28131239	199
平成19・5・24	大坂地判	水門閉鎖装置事件	判例時報1999号129頁	58
平成19・10・30	東京地判	不正競争行為差止事件	LEX/DB 文献番号 28132354	199

(添付資料3) 本文中に引用した判例 (一欄)

平成20・3・13	名古屋地判	産業用ロボット事件	判例時報2030号107頁	18
平成20・3・27	横浜地判	顧客カード持ち出し事件	LEX/DB 文献番号 25463347	57
平成20・4・2	東京高決	自己査定資料事件	金融法務事情1843号102頁	196
平成20・6・24	知財高判	プリペイドカード代金決済システム事件	LEX/DB 文献番号 28141554	199
平成20・8・28	大阪地判	ツインカートリッジ型浄水器事件	LED/DB 28141876	228
平成20・10・30	東京地判	ポイントカード秘密保持契約事件	LEX/DB 文献番号 25421305	119
平成20・11・4	大阪地判	発熱セメント体営業秘密事件	判例時報2041号132頁	199
平成20・11・26	東京地判	ダンス・ミュージック・レコード事件	判例時報2040号126頁	123
平成20・11・25	最二小決	貸付先非公開財務情報事件	判例時報2027号4頁	195
平成20・12・25	大阪地判	秘密保持命令取消決定申立事件	判例時報2035号136頁	26
平成21・7・16	仙台地判	パチンコ出玉率事件	特許ニュース12621号	69
平成21・10・23	大阪地決	モリクロ競業避止義務仮処分事件	労働判例1000号50頁	64
平成22・3・4	東京地判	派遣社員一斉引抜き事件	LEX/DB 文献番号 25442017	46
平成22・3・25	知財高裁判	駒込大観音事件	判例時報2086号114頁	55
平成22・3・25	最一小判	三佳テック事件	最高裁判所民事判例集62巻2号562頁	58
平成22・5・12	大阪地判	競業禁止に係る損害賠償請求訴事件	判例時報2090号50頁	263
平成23・9・27	知財高判	PC樹脂装置図面不正開示事件	LEX/DB 文献番号 25443820	17

平成23・12・8 最一小判	北朝鮮映画放送事件	民集65巻9号363頁	59
平成24・1・13 東京高判	メットライフアリコ生命保険事件	労働判例ジャーナル8号9頁	64
平成24・3・5 知財高判	業務禁止等請求事件	LEX/DB 文献番号25444331	122
平成24・6・14 知財高判	不正競争差止請求事件	LEX/DB 文献番号25444653	59
平成25・4・11 大阪地判	中古自動車顧客情報事件	判例時報2210号94頁	52
平成25・7・4 知財高判	投資用マンション顧客情報事件	LEX/DB 文献番号25444731	284
平成25・7・16 大阪地判	ソースコード使用差止請求事件	LEX/DB 文献番号25445745	17
平成25・9・25 大阪地判	マツイ事件	LEX/DB 文献番号25502050	65
平成26・4・24 最一小判	アナスタシア（眉トリートメント）事件	最高裁民事判例集68巻4号329頁	302

〈米国判例〉

Kewanee Oil Co. v. Bicron Corp.	416 U.S. 470 (1974)	31
John Vickery v. Jonas Weich	36 Mass. 523 (1837)	32
Bonito Boats Inc., v. Thunder Craft Boats Inc.	489 U.S. 141 (1989)	31
Aronson v. Quick Point Pencil Co.	440 U.S. 257 (1979)	31
Matallurgical Industry, Inc. v. Fourtek, Inc.	790 F2d 1195 USPQ 945 (5th Cir. 1986)	35

Zemco Mfg., Inc. v. Navistar International Transportation Corporation	759 N.E. 2d 239, 246 (Ind. Ct. App. 2001)	36
Tele-Court Engineering Inc. v. Pacific Tel & Tel Co.	168 Cal. App. 3d 455 (1985)	36
Coca-Cola Bottling Co. of Shreveport, Inc. v. Coca-Cola Co.	107 F.D.R. 288 D.C. Del 1985	37
K-2 Sky Corporation v. Head Sky Co., Inc.	506 F. 2d 471 (9th Cir. 1974)	75
Revere Transducers, Inc. v. Deere & Co.	595 N.W. 2d 751, (Iowa 1999)	77
Service Centers of Chicago, Inc. v. Minogue	180 Ill. App. 3d 447 (1989)	77
Acas Acquisition (Precitech), Inc. v. Hobert	923 A. 2d 1097 (N.H. 2007)	78
Kadis v. Britt,	224 N.C. 154, 29 S.E. 2d 543 (1944 Supreme Court of North Carolina),	148
Irvington Varnish & Insulator Co. v. Van Norde	138 N. J. Eq. 99 46 A. 2d 201 (1946 Court of Errors and Appeals of New Jersey	148
Vascular Health Sciences, LLC v. Daniels Health Sciences, LLC	710 F. 3d 579 (2013 U.S. App)	150

eBay Inc. v. Merc Exchange, LLC	126 S Ct 1837, 78 USPQ 2d 1577 (U.S. 2006)	152
RRK Holding Co. v. Sears, Roebuck and Co.	563 F. Supp. 2d 832 (N.D. ILL, 2008)	154
Allen-Qually Co. v. Shellmar Products Co.	31 F. 2d 293 (N.D. Illinois 1929)	154
Wilson Certified Foods, Inc. v. Fairbury Food Prod. Inc.	370 F. Supp. 1081 D. Nebraska (1974)	156
Electro-Craft Corp. v. Controlled Motion, Inc.	332 N.W. 2d. 890 Minn. 1983	156
Motorola, Inc. v. Fairchild Camera and Instrument Corp.	366 F. Supp. 1173 (D. Ariz. 1973)	185
Winston Research Corp. v. Minesota Mining and Manufacturing Co.	350 F. 2d 134 (9th Cir. 1965)	228
Sigma Chemical Company v. Foster Harris	794 F. 2d 371 (8th Cir. 1986)	267
Pepsico, Inc. v Redmond	54 F. 3d 1262 (7th Cir. 1995)	269
E.I. du Pont de Nemours Powder v. Masland	244 U.S. 100 Supp. Ct. 1917	283
National Rejectors, Inc. v. Trieman	409 S.W. 2d 1 (Mo. Supp. Ct. 1966)	289
Lamb v. Quality Inspection Services Inc.	398 So. 2d 643 La. App. (1981)	289

【資料編】1　わが国の判例分析・秘密管理性調査結果一欄（要約表）

No		1	2	3	4	5	6	7	8
判決		大阪地判 H8.4.16 H8(ワ) 4404	大阪地判 H10.12.22 H5(ワ) 8314	東京地判 H11.7.23 H10(ワ) 15960	東京地判 H12.9.28 H8(ワ) 15112	東京地判 H12.11.13 H10(ワ) 18253	東京高判 H13.6.20 H12(ネ) 5926	福岡地判 H14.12.24 H11(ワ) 3694	東京地判 H14.12.26 H12(ワ) 22457
事案の見出し		男性用かつら	フッ素樹脂	美術工芸品	医療器具	墓石販売	放射線機械	自動封止機械	ハンドハンズ
原告		販売業	加工業	販売業	輸入業	販売業	販売業	販売業	人材派遣業
被告		退職者転職先	退職者転職先	退職者転職先	退職者転職先	退職者転職先	退職者転職先	退職者転職先	退職者転職先
営業秘密		○ 2	○ 3	○ 4	○ 5	○ 6	○ 7　8	○ 9	○ 10
漏洩情報		顧客情報	技術情報	顧客情報	顧客名簿	顧客名簿	顧客情報	設計図等の技術情報	営業情報
予備的請求			不法行為 雇用契約違反		不法行為	不法行為 雇用契約違反	不法行為	不法行為	不法行為 雇用契約違反
秘密表示		○	×	?	○	×	×	○	×
アクセス権者特定		×	○	○	×	×	○	○	×
持出制限		×	○	○	○	○	○	○	×
施錠管理		×	×	○	○	○	?	○	○
パスワード		×	×	○	○	○	×	○	○
秘密保持契約	在職時	×	○ 誓約書	○ 誓約書	×	×	○ 誓約書	×	○
	退職時	×	○	○	×	×	○	○	○
	取引先	×	×	×	×	×	×	○	×
就業規則		×	×	○	×	×	○	○	×
教育研修		×	×	×	×	○	×	○	○

【資料編】1 わが国の判例分析・秘密管理性調査結果一欄（要約表）

No	9	10	11	12	13	14	15	16
判決	大阪地判 H15.2.27 H13(ワ) 10308	東京高判 H16.4.22 H16(ネ) 424	東京地判 H16.5.14 H15(ワ) 5711	東京地判 H17.6.27 H16(ワ) 24950	大阪地判 H19.5.24 H17(ワ) 2682	名古屋地判 H20.3.13 H17(ワ) 3846	大阪地判 H20.6.12 H18(ワ) 5172	大阪高判 H20.7.18 H20(ネ) 245
事案の見出し	コンデンサー	エンジニア	作務衣	中国野菜輸入	水門閉鎖装置	産業ロボット	出会系サイト	和風袋物製造
営業秘密	○ 11	○ 12	○	○ 13	○ 14	○ 15	○ 16	○ 17
原告	製造業	人材派遣業	販売業	輸入販売業	製造業	製造業	サービス業	製造販売業
被告	退職者 転職先	退職者 転職先	競合会社	退職者 転職先	退職者 転職先	退職者 転職先	退職者 転職先	退職者 転職先
漏洩情報	設計図等の技術情報	営業情報	顧客名簿	顧客目録 輸入先目録	技術情報 営業情報	設計図 価格表	顧客情報（電子データ）	営業情報
予備的請求		損害賠償請求			不法行為		不法行為	不法行為
秘密表示	?	該当なし	?	○	×	×	紙媒体なし	?
アクセス権者特定	○	○	○	○	×	○	○	?
持出制限	○	○	○	○	○	×	?	?
施錠管理	○	?	○	○	×	×	?	?
パスワード	○	○	○	○	×	○	○	?
秘密保持契約 在職時	×	×	×	○ 誓約書	×	×	×	○ 誓約書
秘密保持契約 退職時	×	×	×	×	×	×	×	○
秘密保持契約 取引先	×	×	×	×	×	○	×	?
就業規則	×	○	○	○	○	×	?	?
教育研修	×	×	○	○	×	×	?	?

【資料編】1　わが国の判例分析・秘密管理性調査結果一欄（要約表）

No		17	18	19	20	21	22	23	24
判決		東京地判 H22.3.4 H20(ワ)15238	東京地判 H22.3.30 H18(ワ)4916	東京地判 H22.4.28 H18(ワ)29160	大阪地判 H22.6.8 H20(ワ)7756	東京地判 H10.11.30 H8(ワ)11258	東京地判 H11.5.31 H8(ワ)4002	大阪地判 H11.9.14 H10(ワ)1403	名古屋地判 H11.11.17 H10(ワ)3311
事案の見出し		人材派遣	樹脂製造装置	製薬基礎原料	電話占い	カットナイフ	化学品輸出	会計顧問先	昇降機装置
営業秘密		○ 18	○ 19	○ 20	○	× 21	× 22	× 23	× 24
原告		人材派遣業	製造業	製造業	サービス業	販売業	貿易業	会計事務所	製造業
被告		退職者 転職先	退職者 転職先	退職者 転職先	退職者 請負人	退職者	退職者	退職者	退職者
漏洩情報		営業情報	製造装置図面	基礎原料それ自体	顧客情報	顧客名簿	輸出先の営業情報	顧客名簿料金表	販売先等の営業情報
予備的請求		不法行為		不法行為	違約金の請求				
秘密表示		×？	○	×	？	×	×	×	×
アクセス権者特定		○	○	○	○	×	×	×	×
持出制限		○	○	？	○	×	×	×	×
施錠管理		○	×	○	○	×	×	×	×
パスワード		○	×	×	○	×	×	×	×
秘密保持契約	在職時	○ 誓約書	×	×	×	×	×	×	×
	退職時	○	×	×	×	×	×	×	×
	取引先	×	×	×	×	×	×	×	×
就業規則		○	×	×	×	○	×	×	×
教育研修		○	×	×	×	×	×	×	×

【資料編】1　わが国の判例分析・秘密管理性調査結果一欄（要約表）　　341

No	25	26	27	28	29	30	31	32
判決	東京地判 H12.12.7 H11(ワ) 19224	京都地判 H13.11.1 H11(ワ) 903	大阪地判 H14.9.26 H13(ワ) 13897	東京地判 H15.5.15 H13(ワ) 26301	東京地判 H16.4.13 H15(ワ) 10721	大阪地判 H16.5.20 H14(ワ) 3030	大阪高判 H17.2.17 H16(ネ) 2672	東京高判 H17.2.24 H16(ネ) 5334
事案の見出し	車両運行管理	人口歯の原型	契約管理台帳	訪問販売	ノックス	昇降機メンテ	高周波装置	ペットサロン
営業秘密	×25	×26	×27	×28	×29	×30	×31	×32
原告	サービス業	製造販売業	販売業	販売業	イベント企画	サービス業	製造業	サービス業
被告	退職者	退職者	退職者	退職者	退職者	下請先	退職者	退職者
漏洩情報	顧客情報	技術情報（石膏歯）	OA機器の顧客情報	会員情報仕入先情報	顧客情報	顧客情報	技術情報 顧客名簿	顧客名簿（紙媒体）
予備的請求		不法行為	競業避止義務違反	不法行為		不法行為	不法行為（転職の勧誘）	不法行為 雇用契約違反
秘密表示	×	×	×	×	○	×	×	×
アクセス権者特定	×	×	×	×	×	×	×	×
持出制限	×	×	×	×	×	×	?	×
施錠管理	×	×	×	×	×	×	×	×
パスワード	×	対象外	対象外	×	×	対象外	○	対象外
秘密保持契約 在職時	×	×	×	×	×	×	×	×
秘密保持契約 退職時	×	×	×	×	×	×	×	×
秘密保持契約 取引先	×	×	×	×	×	×	×	×
就業規則	×	○	×	×	×	×	○	×
教育研修	×	×	×	×	×	×	×	×

342 【資料編】1 わが国の判例分析・秘密管理性調査結果一欄（要約表）

No		33	34	35	36	37	38	39	40
判決		大阪地判 H17.5.24 H15(ワ) 7411	東京地判 H18.7.25 H16(ワ) 25672	東京地判 H19.5.31 H17(ワ) 27477	東京地判 H20.7.30 H19(ワ) 28949	東京地判 H20.11.26 H20(ワ) 853	東京地判 H21.11.27 H20(ワ) 16126	大阪地判 H22.10.21 H20(ワ) 8763	東京地判 H23.9.14 H22(ワ) 29497
事案の見出し		工業用刃物	訪問看護	酒類・雑貨	馬券予想	ダンスミュージック	投資用マンション	不動産契約台帳	服飾品
営業秘密		× 33	× 34	× 35	× 36	× 37	× 38	× 39	× 40
原告		販売業	サービス業	販売業	サービス業	通信販売業	不動産業	不動産業	販売業
被告		退職者	退職者	退職者	退職者	退職者	退職者	退職者	退職者
漏洩情報		取引先情報（紙・電子）	利用者名簿（紙・電子）	顧客情報	顧客名簿（電子・紙）	商品の仕入先情報	営業情報 契約書様式	契約者台帳（電子・紙）	顧客名簿 仕入先名簿
予備的請求		不法行為	不法行為（勧誘行為）		不法行為（備品窃盗）	秘密保持契約違反	信義則違反	秘密保持契約違反	秘密保持義務違反
秘密表示		×	×	×	×	×	×	○	?
アクセス権者特定		×	×	×	×	×	×	×	×
持出制限		×	×	×	×	×	×	×	×
施錠管理		×	×	×	×	×	×	×	○
パスワード		○	×	×	○	×	×	?	×
秘密保持契約	在職時	×	×	×	×	○	×	○ 誓約書	×
	退職時	×	×	×	×	○	×	○	×
	取引先	×	×	×	×	×	×	×	×
就業規則		×	×	×	×	×	×	○	○
教育研修		×	×	×	×	×	×	×	×

1 この判決以前に、「丸棒矯正機事件」(平成4・4・30大阪地判　判例時報1436号104頁)が存在する。実質的には営業秘密の侵害に関する事案であるが、営業秘密に関する保護制度発足以前の案件だったため、著作権法に基づいて判断されている。
2 情報の管理状況をほとんど問題にせず、情報にアクセスした者が秘密と認識したか否かを基礎にして秘密管理性を肯定する「相対的認識」の原型的な事案といわれている。近藤　岳稿「秘密管理性要件に関する判例研究—裁判例の「揺り戻し」について—」(北海道大学「知的財産法政策学研究」25号 (2009) 所収203頁参照。
3 秘密表示がなかったにもかかわらず、秘密管理性を肯定したこの判決について、末吉亘稿 (下記注4) (113頁) は、「甘いようにみえる」と評している。近藤・前掲稿 (205頁) は、相対的認識に基づいた判決だと解している。
4 末吉亘稿「営業秘密の侵害について」(第二東京弁護士会知的財産法研究会編『不正競争防止法の新論点』(商事法務2006年) 112頁によれば、この判決は、「優等生」の事案と評されている。
5 営業秘密の「秘密管理性」について、「秘密として管理されている」といえるには、①当該情報にアクセスした者が営業秘密であることを認識できるようにしていること、②当該情報にアクセスできる者が制限されていること、の二つが必要であると述べ、秘密管理性についての判断基準を具体的に示した最初の判決である。この基準に基づき、裁判所は、病院リストが営業秘密であることを認めたが、それが不正取得されたとは認められないとして、最終的には原告の請求を棄却した。
6 情報の管理状態よりも、情報の漏洩者が秘密であることを知悉していたことを重くみているので、相対的認識に立つものと思われる。近藤・前掲稿207頁は、「秘密管理性を相対的に把握する立場を前提にゆるやかに判断したもの」と解している。
7 外川英夫稿「技術情報保護と秘密管理」(日本弁理士会中央知的財産研究所編『不正競争防止法研究』(雄松堂出版2007年) 291頁は、これを、「秘密管理性の判断に関する具体的基準を示した最初の判決である」としているが、時間的な流れからみても、上記 (注5) の判決が最初の事例だと判断する。
8 情報の媒体にマル秘の表示がなかったにもかかわらず、秘密管理性が認められているので、近藤・前掲稿207頁は、相対的に秘密管理性を把握したものと解している。しかし、この判決は、二つの基準を踏まえて、情報のその他の管理状況を検討した上で判断を下しているので、「絶対的認識」に準拠した判決だと考える。なお、控訴審は、原審 (東京地判平成12・10・31、平成10年 (ワ)4447号) を支持し、控訴を棄却している。
9 判決は、情報の管理状態全体を踏まえたうえで、「営業秘密管理の程度・内容を社内関係者とそれ以外の者と同じくする理由がない」と述べている。これは、「秘密管理性の基準は客観的なものでなければならないが、秘密管理の程度は、一律であることを必要としない」という趣旨を判示しているものと解される。
10 情報にマル秘の表示がないにもかかわらず、他の管理状況を勘案して秘密管理性を認めたものと思われる。末吉・前掲稿113頁は、これを、客観的認識基準の形式要件を緩めた案件の一つだと評している。
11 この判決は、秘密管理性について二基準を前提としながらも、「要求される情報管理の程度や態様は、秘密として管理される情報の性質、保有形態、企業の規模等に応じて決せられるものというべきである」と判示し、形式としての「外部秘等」の表示は、絶対的な必須要件ではなく、相対的な必須要件であるとする立場をとっている。
　これは、秘密管理性の基準 (二基準) を100パーセント満足しなくても、秘密管理性は肯定されることに言及した初めての判決である。従業員10名という小規模企業で、情報の秘密性についての共通認識は容易であること、設計データはもっぱら設計担当者の日常業務に使用されるもの

であること、対内的な管理状況が厳格に行われていたこと（ただし、紙媒体の情報には部外秘等の表示はなかった）などから、部外秘等の形式要件を問題にせず、秘密管理性を肯定したものと思われる。末吉・前掲稿112頁は、上記の「注4」と同様に、この判決も「優等生」と評している。しかし、部外秘等の表示がなかった事案について、「優等生」とまで言い切れるか若干疑問である

12　やや特異な事件である。すなわち、主位的には、雇用契約上の特約違反（業務上知り得た秘密を第三者に開示しない）に基づく損害賠償請求として、また、予備的には不正競争防止法4条に基づく損害賠償請求として、損害金350万円とこれに対する法定利息の支払いを求めた事件である。裁判所は、本件のデータは、「秘密として管理されている」として、営業秘密に該当すると認めている。ただし、原告が主位的請求において不正競争防止法5条3項の規定（損害額の推定等）の適用又は類推適用を求めたことは、それ自体失当として退けている。また、予備的請求（3条）も、原審原告に損失が発生していないことは明らかであるとして退けられている。なお、原審は、さいたま地判平成14年（ワ）第2320号である。

13　厳格な秘密管理が行われていた事例である。近藤・前掲稿213頁は、「どのような立場であっても秘密管理性が肯定されて然るべき事案といえよう。」と述べている。しかし、このように厳格な管理が行われていても、内部者（元従業員）から情報は漏れるのである。これは、「人」が介在する「秘密管理」がいかに難しいかを示す適例である。

14　この判決を、「相対的認識」の復活（「揺り戻し」）である、と評価する見解がある（近藤・前掲稿181頁）が、裁判所は二基準を踏まえて判断しているので、相対的認識に回帰したという評価は妥当ではない。また、評釈者（千野直邦）は、「この判決は、情報の利用者にとって秘密であるか否かを基準にして相対的に判断をしたものであり、判旨を是とする」と結論づけているが（判例時報（2027号（(2009年）179頁以下）、これも妥当ではない。

　評釈者は、鎌田薫「『財産的情報』の保護と差止請求権（4）」（L&T10号1990・10所収、25頁）が、「当該情報にアクセスした者に、それが営業秘密であることが認識できるような措置が講じられていることが必要である」としている見解を、相対的判断を是とする根拠として引用している。しかし、これは正しくない。鎌田論文は、秘密管理性の要件の充足は「それぞれの事案に応じて個別的に判断していかざるをえない」と述べてはいるが、秘密の認識可能性が相対的でよいとは、どこにも述べていない。

　この事案において、裁判所は、一部の情報が「営業秘密」に該当することは容認したものの、最終的には、不正競争行為に該当する情報の取得・使用の事実は存在しないと認定して、営業秘密の侵害（不正競争行為該当性）を否定している。しかし、上掲の情報の管理状況からみれば、すべての情報について、ストレートに営業秘密としての秘密管理性を否定してもよい事案であったように思われる。

15　情報の管理状態からみるかぎり、営業秘密の秘密管理性が否定されてもおかしくない事案である。しかし、裁判所は、二基準に基づいて判断しているので、これを、「相対的認識」への「揺り戻し」の一例だとする見解（近藤・前掲書188頁）には賛成できない。

16　紙媒体が関係しない営業秘密の場合、管理状況、特に、①データへのアクセスが制限されているか、②制限のためのパスワードやIDが適切に管理されているか、などが、秘密管理性の認定で問題となる。本事案は、このことを示している適例である。情報にアクセスした者の秘密性の認識ではなく、情報の管理状況に基づいて秘密管理性が肯定されている。

17　情報の管理状況からみるかぎり、営業秘密としての秘密管理性が否定されても不思議ではない事案である。しかし、控訴審は、秘密保持契約の存在を重視し、被控訴人による控訴人の営業情報を「営業秘密」と認定している。また、被控訴人が控訴人会社の或る販売先業者名とその取引先に対する販売価格を開示した行為は、秘密保持契約違反（債務不履行）であることを認めてい

る。ただし、これは、予備的請求にはなっていないため、損害賠償請求の計算根拠には組み入れられていない。
18 本件の情報が営業秘密であることは、認容されている。しかし、不正競争行為（2条1項7号）と原告所属のエンジニアの退職の間に因果関係は認められず、不正競争防止法に基づく請求は認められていない。ただし、予備的請求である不法行為（被告が原告会社所属のエンジニア20名を不当に引き抜いた）による損害賠償請求は認容された。
19 情報の管理状況からみれば、施錠管理が不十分であるなど「秘密管理性」を認める上で不足するものがないわけではない。しかし、許可を受けない者が工場の敷地内に立ち入ることは事実上困難であることなどを考慮して、営業秘密としての秘密管理性が認容されたものと思われる。
20 技術情報の対象となる製薬用基礎原料自体の営業秘密性を肯定し、その使用・販売に対する差止と損害賠償を認容しているが、当該基礎原料に関する技術情報（電子データ・書類）については、統一した基準のもとで管理されていないという理由で、秘密管理性が否定されている。
21 情報の管理状態からみて、秘密管理性が否定されて当然の事案だった（近藤・前掲書214頁）。
22 秘密管理性が否定されて当然の事案だった（近藤・前掲書215頁）。
23 裁判所は、「原告の従業員が、公認会計士法や税理士法上の秘密保持義務を負っているとしても、そのことから当然に原告の情報が営業秘密であると解することはできない。現実に秘密として管理されていなければ、当該情報に秘密管理性はない」と述べている。また、この判決は、「被告を含む従業員との関係で、客観的に認識できる程度に、対外的に漏出しないように管理されていたとは認められない」と述べ、秘密管理性について基準らしきものを述べた最初の判決である。秘密管理性にとって、「他の情報との識別」ということは重要な要素であり、正当な指摘だと考える。
24 この判決は、「秘密として管理されているといえるためには、外部者との関係では、本件情報にアクセスした者が秘密であることを認識できるような措置（秘密である旨の表示など）が必要であるが、内部者については、秘密表示だけでは不十分であり、本件情報に接している者が漏らしてはならない秘密であることを認識できるような措置が必要である」と指摘している。つまり、基準自体は、客観的でなければならないが、内部者については、形式ではなく実質的に秘密である旨の措置が講じられていたかどうかで判断する必要があることを指摘し、管理の程度の解釈にあったっては、属人的な要素も考慮する必要があることを指摘している。
25 他の社内文書と大差ない状態で管理されるなど、情報の管理不在に近い状態からみて、秘密管理性が否定されたのは当然である。
26 特別の措置は何ら講じられておらず、秘密であると客観的に認識できる状態で情報（石膏歯や金型の原型）が管理されていたとは思われない。しかし、近藤・前掲稿（220頁）は、「情報にアクセスしていた者の認識可能性を中心に相対的に秘密管理性を把握するのであれば秘密管理性を肯定しうる事案ともいえよう」と述べている。法的保護の要否を判断する際に属人的要素を考慮するのは当然であるが、その情報が秘密であるか否かという情報の性質・属性が、当該情報にアクセスした者の認識で変わるというのは、果たして妥当であろうか。秘密であるか否かの判断には客観性を重視し、営業秘密として保護すべきか否かの判断には主観的要素を重視するというように、分けて考えるべきではないか。
27 原告会社の従業員が4名程度の小規模企業における事案である。判決は、いかに小規模企業であっても、一定レベルの秘密管理が欠けているとして、秘密管理性を否定した。小規模で目が行き届くとはいえ、秘密であれば、他の社内文書と区別した最小限の措置（たとえば、情報媒体の施錠管理など）は必要である。その意味で、この結論は、妥当と考える。
　競業避止義務違反については、雇用契約にそのような特約は存在しない、として退けられている。

28　原告会社の従業員が10名程度の小規模企業における事案である。ミニマムの秘密管理（情報の識別管理）が不在であるとして、秘密管理性が否定されている。なお、近藤・前掲稿220頁は、「情報にアクセスする者の認識からしても本件情報を営業秘密と認識することは困難といえよう。」として、判決の結論に賛成している。

29　紙媒体及び電子データについては、施錠管理やパスワード管理などのミニマムの秘密管理が行われておらず、判決の結論は是認できる。しかし、この判決は、「パソコン内の情報の場合にはこれを消去させ、又は印刷物であればこれを回収し、当該情報を第三者に漏洩することを厳格に禁止する」ことを秘密管理性の判断基準に追加している。従業員が4名程度の小規模企業の原告に、ここまで厳格な事実を求める必要があるかについては疑問がある。なお、別冊ジュリスト188巻　判例百選　有斐閣2007年192頁に、田村善之・津幡笑の本判決の解説がある。論旨として「相対的に判断する従前の裁判例の立場をもって是とすべきであろう。」と述べ、本判決を批判している。

30　取引基本契約に基づき、昇降機の保守点検を行う下請先に対し、顧客の情報を自由に使用させていた。当該契約には、直接取引の勧誘を禁止する条項は存在したが、顧客の情報について秘密保持義務を課す条項はなかった。また、取引終了時に、情報の返却や破棄を求める旨の条項も存在しなかった。営業秘密の侵害は、秘密管理性の欠如により否定されたが、被告に48件の顧客を奪われたことについては不法行為（損害賠償請求）が認容されている。

31　本判決では、マル秘の表示の欠落が秘密管理性否定の理由の一つになっているが、情報の漏洩者が、当該情報を知悉していた元役員・従業員という事情を考えれば、これを秘密管理性不存在の理由にするのはバランスに欠ける。実質的な理由は、情報へのアクセス制限が不十分であるという点に求めるべきだと考える。不法行為（転職の勧誘）に基づく損害賠償請求も認容されていない（なお、原審は、大阪地判平成14年(ワ)9892号である）。

32　秘密として客観的に認識できる程度の情報管理が行われていたとは認めがたい状況にあり、判決の結論は妥当と考える。不法行為に基づく損害賠償請求も認容されなかった（なお、本件の原審は、東京地判平成16・9・20、平成15年(ワ)第16407号である）。

33　紙媒体による情報の秘密管理は不十分であったが、電子データ（刃物の制作図面）の管理は、相応に行われていた。しかし、紙媒体によって情報が開示されてしまえば、電子データの管理を厳格に行っても無意味である。したがって、判決の結論は、是認できる。不法行為に基づく損害賠償請求も認容されていない。

34　従業員の雇用契約には、秘密保持義務の条項が設けられていた。また、登録ヘルパーからは、1年ごとに秘密保持に関する「誓約書」と取り付けていた。しかし、裁判所は、この秘密保持義務や指導教育は、施設利用者の「プライバシーの保護を念頭に置くものと解するのが相当」と判断しているので、営業秘密の保護という視点からの秘密保持契約は、実質的には存在しなかったことになる。また、判決が、「事業者の事業経営上の秘密一般が営業秘密に該当するとすれば、従業員の職業選択・転職の自由を過度に制限することになりかねず、また、不正競争防止法の規定する刑事罰の処罰対象の外延が不明確になる」と指摘し、この点からも秘密管理性の基準を明確にする必要があると述べている点には注目する必要がある。なお、原告は、被告が、業務上を通じて知り得た情報を利用して、原告の登録ヘルパーを勧誘する行為を行ったことや、原告施設の利用者に被告施設の利用の働きかけを行ったのは、自由競争の枠外にある不法行為であると主張した。しかし、裁判所は、社会通念上許される範囲であるとして、これを退けている。

35　情報の秘密管理の状況から判断して、秘密管理性が否定させて当然の事案だったと考えられる。近藤・前掲稿231頁参照。

36　本判決は、従来の二基準に対して、「組織管理性」を三番目の基準としてプラスしている。すなわち、判決は、「会員名簿及び一般名簿につき、当該情報にアクセスした者が、当該情報が営

業秘密であること、客観的に認識できるようにしていることや、当該情報にアクセスする者が制限されていること、そしてそのための組織的な管理が行われていたことを認めるに足りる的確な証拠はない。」と判示している。ここで、「組織的な管理」とは具体的に何を指しているのか、<u>判決からは必ずしも明らかではないが</u>、近藤・前掲稿(233頁)は、この組織管理性を「営業秘密管理指針」(第3章3)がいう「組織的管理」を意味すると指摘している。ここで「組織管理性」とは、個々人がそれぞれバラバラに情報の管理を行うのではなく、組織として、一定の方針・ルールのもとで統制のとれた形で行うことを意味するものと思われる。具体例を挙げれば、朝礼や会議などの場で、従業者に秘密管理の重要性やどの情報が秘密に該当するかなどの周知徹底を図ることなどがこれに該当する。従業員が数名というような小規模企業の場合には、秘密の表示やアクセス制限というような形式的な要件ではなく、むしろ、このような実質的な要件こそ重視すべきだと考える。

37 本事案では、情報の管理実態や本件仕入先情報の秘匿性などが検討されて、秘密管理性は否定されている。予備的に請求された秘密保持契約違反に基づく損害賠償請求も、契約の対象となる情報の具体的な定義が明示的に特定されていない(例示すらない)、いかなる情報が本件秘密合意によって保護の対象となるのか不明といわざるを得ない、いう理由で棄却されている。なお、「知財管理」60巻5号(2010)791頁以下に、本判決例に対する評釈(土田道夫稿)がある。

38 不動産買取業者等の営業情報は、インターネットでも公開されており、非公知性がないと判断されている。また、契約書様式も非公知性を欠くので、秘密管理性ついて判断するまでもなく、営業秘密には該当しないと判断されている。

39 裁判所は、①契約台帳には、契約成立に至った情報などが記載されるが、特別な事項(ノウハウ的なもの)が記載されて後任に引き継がれている様子はない、②誓約書の提出などの形で、秘密保持契約が交わされているが、営業部従業員全員に徹底されないなど、万全とは言い難い、③就業規則には、「退職又は解雇された者は、在職中に知り得た機密を他に洩らしてはならない」との規定が存在するが、この規定は、従業員の意見を聞くなどの手続等を踏まずに、一方的に改正・追加されたもので、法的な拘束力はないと判断し、本件情報は、その内容及び管理状況からみて、退職後において使用が許されないような秘密情報には該当しない、と判断している。なお、被告らが一斉に退職して、原告と競合するマンションの販売を開始したことについて、原告は、自由競争を逸脱した違法行為であると主張したが、裁判所は、一斉退職の背景(過酷なノルマや暴力的行為など、原告に帰責事由がある)などから判断して、原告の主張は失当として退けている。

40 就業規則に秘密保持義務の条項は存在するが、判決は、法的拘束力のある形のものではないと判断している。判決は、原告の顧客名簿の内容及び管理状況からみて、この情報に接した者が秘密として管理されていたと認識できる程度の実体があったとは認めることができないとして、請求を棄却している なお、知的財産高等裁判所は、本件控訴を棄却している(平成24年2月29日平成23年(ネ)第10061号)。

【資料編】2　米国の判例分析・調査結果一欄（要約表）

No	1	2	3	4	5
判決	Sun Digital Corp. v. Rideout, 108A. 2d 442 (N.J. 1954)	K-2 Sky Corporation v. Head Sky Co., Inc. 506F. 2d 471 (9th Cir, 1974)[1]	Armour & CO. v. United Am. Food Processors, Inc. 345 N.E. 2d 795 (Illinois App. Ct. 1976)	Air Products and Chemicals Inc. v. Johnson and Liquid Air Corporation, 296 Pa. Super. 405, 442A. 2d 1114 (Pa. Super. 1982)[2]	Johns-Manville Corp. v. Guardian Industries, 586 F. Supp. 1034, 1072 (E.D. Mich. 1983)
被告	退職者 転職先	競合会社 （第三者）	退職者 転職先	退職者 転職先	退職者 転職先
営業秘密	○	○	○	○	○
漏洩情報	製造技術情報	製造技術情報	顧客名簿	製造技術情報	製造技術情報
秘密保持契約　在職時	△ 黙示の契約で可	× 秘密管理の存在を肯定	○	○	○
秘密保持契約　退職時	△ 黙示の契約で可		○	○	
雇用契約			○	○	
情報の特定性				○	○
業界慣行					
その他コメント	信頼関係違反	相対的秘密の法理	顧客名簿の意義について言及	信頼関係理論を重視	秘密であることの個別通知も必要

1　土井輝生「トレード・シークレット」（同文館1989年）154頁～156頁に、この判決の解説がある。

2　土井輝生・前掲書（上記注1）10頁に説明がある。

【資料編】2 米国の判例分析・調査結果一欄（要約表） 349

No	6	7	8	9	10
判決	Tublar Threading Inc. v. Sam Z. Scandaliato and Associates, Inc. 443 So. 2d 712 (Court of App、La. Fifth Cir. 1983)	In re Innovative Construction Systems Inc. 793 F. 2d 875 (7th Cir. 1986) 3	Surgidev Corporation v. Eye Technology, Inc. 828 F. 2d 452 (8th Cir. 1987) 4	Rockwell Graphic Systems, Inc. v. DEV Industries, Inc. 925 F. 2d 174 (7th Cir. 1990) 5	Elm City Cheese Co. v. Federico 251 Conn. 59, 725 A. 2d 1037, 1049 (1999)
被告	下請会社・エンジニアリング	原告製品の販売会社	退職者転職先	競合会社（第三者）	退職者競合会社設立
営業秘密	○	○	○	○	○
漏洩情報	製造技術情報	素材の配合率	顧客情報	印刷機部品の図面	事業運営上の情報
秘密保持契約 在職時	×厳重なアクセス制限	○口頭（黙示）の契約	○	○	○黙示の合意を肯定
秘密保持契約 退職時			○		
雇用契約					
情報の特定性			○		
業界慣行		○準拠性あり			
その他コメント	物理的管理の状況から請求を容認	従業員とは口頭（黙示）の契約でよい	秘密保持契約の重要性を肯定	総合的な秘密管理の存在を肯定	被告の著しい背信行為を肯定

3 金春陽「営業秘密の法的保護」（成文堂2007）66頁と95頁に、この判決についてのごく簡単な言及がある。"In re"は、当事者が対審関係の構造になっていない手続きにおける事件名を表記する際に用いられる。本件における原告はInnovative社（ウィスコンシン州の会社）、被告はBowen Supply社（ジョージア州の会社）である。
4 金春陽・前掲書（上記注3）83頁に、この判決についてのごく簡単な言及がある。控訴審においても、Surgidev社の主張が認容されている。
5 小島立稿「アメリカにおける営業秘密保護について」（『不正競争法研究』レクシス・ネク

【資料編】2 米国の判例分析・調査結果一欄（要約表）

No	11	12	13	14	15
判決	Playwood Toys, Inc. v. Learning Curve Toys, Inc. 342 F. 3d 714 (7th Cir. 2003)	Hermodyn Corporation v. 3M Corporation, etc. 593 F. Supp. 2d 972 (N.D. Ohio, 2008)	Motorola, Inc. v. Fairchild Camera and Instrument Corp. 366 F. Supp. 1173, 177 USPQ 614 (D. Ariz. 1973)	Wilson Certified Foods, Inc. v. Fairbury Food Products., Inc. 370 F. Supp. 1081 1085-86 (D. Neb. 1974)[6]	Daily International Sales Corp. v. Eastman Whipstock, Inc. 662 S.W. 2d 60, 63 (Tex. Ct. App. 1983)
被告	玩具製造問屋	退職者・原告の原料仕入先	退職者転職先	退職者転職先	ライセンシー（販売業者）
営業秘密	○	○	×	×	×
漏洩情報	玩具のデザイン	製造及び営業の情報	製造技術情報	製造技術情報	製造技術情報
秘密保持契約 在職時	○ 口頭	○	○	×	×
秘密保持契約 退職時			○		
雇用契約					
情報の特定性			× 注意喚起不足		情報媒体にマル秘の表示なし
業界慣行			× 準拠性が不足		
その他コメント	デザインの想像性・新規性を重視	六つの要素テストを適用	秘密情報の個別説明が業界の慣行	情報自体が一般知識であると認定	取引契約に秘密保持条項なし

シス・ジャパン2007年所収）301頁以下に、この判決の簡単な解説がある。

6 金春陽・前掲書（上記注3）60頁に、この判決の簡単な言及がある

【資料編】2 米国の判例分析・調査結果一欄（要約表）

No	16	17	18	19	20
判決	Combustion Engineering, Inc. v. Murray Tube Works Inc. 222 USPQ (BNA) 239 (E.D. Tenn. 1984)	Tel-Count Engineers, Inc. v. Pacific Tel. & Tel. Co., (168 Cal. App. 3d 455 1985)	Alagold Corporation v. Ken Tex Sales, Inc. 20 F. Supp. 2d 1305 (M.D. Ala. 1998) 7	Zemco Mfg., Inc. v. Navistar International Transportation Corporation, 759 N.E. 2d 239, 246 (Ind. Ct. App. 2001)	ConFold Pacific v. Polaris Industries 433 F. 3d 952 (7th Cir. 2006)
被告	ボイラーの修理業者	業務請負先（下請）	退職者転職先	原告の取引先（車両部品販売）	車両製造業者
営業秘密	×	×	×	×	×
漏洩情報	設計図	計算方式	製造技術情報	製造技術情報	コンテナのデザイン
秘密保持契約 在職時	×	×	×	×	× 実質無関係
秘密保持契約 退職時		×			
雇用契約					
情報の特定性	○	（技術ノウハウ）			
業界慣行	× 準拠性がない	× 準拠性がない			
その他コメント	設計図へのマル秘のみでは不十分	秘密の表示は業界慣行である	合理的な秘密管理がまったく不在	六つの基準によるテストを適用	デザインの営業秘密性を否定

---

7 Jerry Cohen and Alan S. Gutterman "*Trade Secrets Protection an Exploitation (2000 Supplement)*" NBA Books p. 21 に、この判決についての簡単な言及がある。

【資料編】 3　連邦統一営業秘密モデル法と州制定法の比較
連邦モデル法とニュージャージー州法との比較

Uniform Trade Secrets Act 連邦統一営業秘密保護法（連邦モデル法） （1985年改正法）[1]	New Jersey Trade Secrets Act ニュージャージー州営業秘密保護法 （2012年1月9日施行）[2]
（§9がこれに該当する）⇒	1. This act shall be known and may be cited as the "New Jersey Trade Secrets Act." 　この制定法は、「ニュージャージー州営業秘密保護法」として周知され、その名をもって引用することができる。
§1　Definitions 第1条　定義[3] As used in this Act, unless the context requires otherwise: 　文脈の前後関係からみて別のことが要求されない限り、この法（モデル法）における用語の定義は、以下のとおりである。 (1) "improper means" includes theft, bribery, misrepresentation, breach or inducement of a breach of a duty to maintain secrecy, or espionage through electric or other means; (1)「不正な手段」とは、窃取、贈収賄、虚偽の表示、秘密保持義務違反若しくは秘密保持義務違反の教唆、又は電子的若しくはその他の手段によるスパイ行為を意味する。	2. As used in this act: 　この法律における用語の定義は、以下のとおりである。 "improper means" includes the theft, bribery, misrepresentation, breach or inducement of a breach of an express or implied duty to maintain the secrecy of, or to limit the use or disclosure of, a trade secret, or espionage through electric or other means, access that is unauthorized or exceeds the scope of authorization, or other means that violate a person's rights under the laws of this State; 「不正な手段」とは、窃取、贈収賄、虚偽の表示、秘密の保持若しくは営業秘密の使用・開示を控えるべき明示又は黙示の義務の違反、又はそのような義務違反

1　この訳文は筆者による。土井輝生「トレード・シークレット法」（同文館1989年）248頁以下に、意訳がある。また、通商産業省知的財産政策室監修「営業秘密」（有斐閣1990年）206頁以下に、訳文と英文が収められている。

2　この訳文は筆者による。ニュージャージー州の制定法を訳した邦文は、（法制定後、日数がさほど経過していないため）現時点では、本稿を除いて、おそらく存在しないと思われる。

	の教唆、電子的若しくはその他の手段によるスパイ行為、無権限の若しくは権限の範囲を越えたアクセス、又はこの州法のもとにおける者（個人・法人等）の権利を侵害するその他の手段を意味する。
(2) "Misappropriation" means: (i) acquisition of a trade secret of another by a person who knows or has reason to know that the trade secret was acquired by improper means; or (ii) disclosure or use of a trade secret of another without express or implied consent by a person who (A) used improper means to acquire knowledge of the trade secret; or (B) at the time of disclosure or use, know or had reason to know that his knowledge of the trade secret; was (I) derived from or through a person who has utilized improper means to acquire it; (II) acquired under circumstances giving rise to a duty to maintain its secrecy or limit its use; or (III) derived from or through a person who owed a duty to the person seeking relief to maintain its secrecy or limit its use; or (C) before a material change of his position, knew or had reason to know that it was a trade secret and that knowledge of it had been acquired by accident or mistake.	Misappropriation" means: (1) Acquisition of a trade secret of another by a person who knows or has reason to know that the trade secret was acquired by improper means; or (2) Disclosure or use of a trade secret of another without express or implied consent of the trade secret owner by a person who: (a) used improper means to acquire knowledge of the trade secret; or (b) at the time of disclosure or use, knew or had reason to know that knowledge of the trade secret was derived or acquired through improper means; or (c) before a material change of position, knew or had reason to know that it was a trade secret and that knowledge of it had been acquired through improper means.
(2)「不正使用行為」とは、次のことを意味する。 （i）不正な手段で入手されたものであることを知っている者又は知り得る理由	「不正使用行為」とは、次のことを意味する。 （1）不正な手段で入手されたものであることを知っている者又は知り得る理由

がある者による他の者の営業秘密の取得（不正取得）、又は （ⅱ）営業秘密の保有者の明示若しくは黙示の同意なしで行われた他人による営業秘密の開示若しくは使用（不正開示・使用）で、次のいずれかの場合に該当するもの （A）その営業秘密を知得するために不正な手段が使用された場合（不正取得者の不正開示・使用行為） （B）開示若しくは使用の時点において、その営業秘密の知得が、次のいずれかの状況に該当することを知っていたか、又は知り得る理由があった場合 （Ⅰ）それを取得するために不正な手段を用いた者から若しくはその者を通じて得たものであること（不正取得者からの転得後における不正開示・使用行為）、又は、 （Ⅱ）その秘密の保持若しくはその使用制限の義務を課せられた状況のもとで得られたものであること（正当取得者の不正開示・使用行為）、又は （Ⅲ）救済を求める者に対して秘密の保持又はその使用に制限について義務を負う者から（若しくはその者を通じて）取得したものであること（秘密保持義務者からの悪意転得後の不正開示・使用行為） （C）置かれた立場に実質的な変化が起きる前に、それが営業秘密であり、かつ、その知得が偶然若しくは過誤によるものであることを知っていたか、又は知るべき理由があった場合（正当保有者からの取得後における事後悪意者の不正開示・使用行為）	がある者による他の者の営業秘密の取得、又は （2）営業秘密の保有者の明示若しくは黙示の同意なしで行われた他人による営業秘密の開示若しくは使用で、次のいずれかの場合に該当するもの （a）その営業秘密を知得するために不正な手段が使用された場合、又は （b）開示若しくは使用の時点において、その営業秘密に関する知得が不正な手段に由来するか若しくはそれを通じて得られたものであることを知っていたか、又は知り得る理由があった場合、又は （c）置かれた立場に実質的な変化が起きる前に、それが営業秘密であり、かつ、それに関する知得が不正な手段によるものであることを知っていたか、又は知っているべきであった場合

(3) "Person" means a natural person, corporation, business trust, estate, trust, partnership, association, joint venture, government, government subdivision or agent, or any other legal or commercial entity. 「者」とは、自然人、法人、ビジネストラスト（事業信託）、エステート（財団）、信託、パートナーシップ（組合）、協会（任意団体・社団）、合弁事業、政府、政府部局若しくは政府機関、又は、その他の法律上若しくは商業上の組織をいう。	"Person" means a natural person, corporation, business rust, estate, trust, partnership, association, joint venture, government, governmental subdivision or agency, or any other legal or commercial entity. 「者」とは、自然人、法人、ビジネストラスト（事業信託）、エステート（財団）、信託、パートナーシップ（組合）、協会（任意団体・社団）、合弁事業、政府、政府部局若しくは政府機関、又は、その他の法律上若しくは商業上の組織をいう。
（州独自の規定）⇒	"Proper means" means discovery by independent invention, discovery by reverse engineering, discovery under a license from the owner of the trade secret, 「適正な手段」とは、独立した考案による発見、リーバース・エンジニアリング（逆分解）による発見、営業秘密の保有者からのライセンス許諾に基づく発見をいう。 "Reverse engineering" means the process of starting with the known product and working backward to find the method by which it was developed so long as the acquisition of the known product was lawful or from sources having the legal right to convey it, such as the purchase of the item on the open market. リバース・エンジニアリングとは、その製品が開発された方法（設計思想・原理など）を突き止めるために、その製品を

	逆行分析・分解する過程を意味するが、その対象となる製品は、たとえば、開かれた市場で製品を購入した場合のように、その取得が適法若しくは正当な権利を有する出所からのものである場合に限られる。
(4) "Trade secret" means information, including a formula, pattern, compilation, program device, method, technique, or process, that: (i) derives independent economic value, actual or potential, from not being generally known to, and not being readily ascertainable by proper means by, other persons who can obtain economic value from its disclosure or use, and (ii) is the subject of efforts that are reasonable under the circumstances to maintain its secrecy.	"Trade secret" means information, held by one or more people, without regard to form, including a formula, pattern, business data compilation, program, device, method, technique, design, diagram, drawing, invention, plan, procedure, prototype or process, that: (1) Derives independent economic value, actual or potential, from not being generally known to, and not being readily ascertainable by proper means by, other persons who can obtain economic value from its disclosure or use; and (2) Is the subject of efforts are reasonable under the circumstances to maintain its secrecy.
「トレード・シークレット」とは、製法（formula）、様式（pattern）、資料・文献の編集物（compilation）、プログラム（program）、装置（device）、方法（method）、技術（technique）、又は工程（process）を含む情報であって、次の性格を有するものをいう。 （ⅰ）その開示又は使用によって経済的価値（economic value）を得ることができる他の者に対して、一般的に知られておらず、かつ、適法な手段によって容易に知り得ない、現実的又は潜在的な独立した経済的価値をもたらす（derive）も	「トレード・シークレット」とは、1人又はそれ以上の者によって保有されている情報を意味し、その形態は問わない。また、それは、製法（formula）、様式（pattern）、事業上のデータの編集物（compilation）、プログラム（program）、装置（device）、方法（method）、技術（technique）、意匠（design）、設計図（diagram）、図面（drawing）、考案（invention）、計画（plan）、手順（procedure）、試作模型（prototype）又は工程（process）を含む情報であって、次の性格を有するものをいう。

の、 (ⅱ) その秘密性を維持するために、当該状況下において、合理的な努力 (reasonable efforts) の対象 (subject) になっているもの。 　　（州の規定の方がやや詳細）⇒	（1）その開示又は使用によって経済的価値 (economic value) を得ることができる他の者に対して、一般的に知られておらず、かつ、適法な手段によって容易に知り得ない、現実的又は潜在的な独立した経済的価値をもたらす (derive) もの、 （2）その秘密性を維持するために、当該状況下 (under the circumstances) において、合理的な努力 (reasonable efforts) の対象 (subject) になっているもの。
§2　Injunction Relief 第2条　差止による救済 (a) Actual or threatened misappropriation may be enjoined. Upon application to the court, an injunction shall be terminated when the trade secret has ceased to exist, but the injunction may be continued for an additional reasonable period of time in order to eliminate commercial advantage that otherwise would be derived from the misappropriation. (b) In exceptional circumstances, an injunction may condition future use upon payment of reasonable royalty for no longer than the period of time for which use could have been prohibited. Exceptional circumstances include, but are not limited to, a material and prejudicial change of position prior to acquiring knowledge or reason to know of misappropriation that render a prohibitive injunction inequitable. (c) In appropriate circumstances, affirmative acts to protect a trade secret may be compelled by court order.	3. a. Actual or threatened misappropriation may be enjoined. Upon application to the court, an injunction shall be terminated when the trade secret has ceased to exists, but the injunction may be continued for an additional reasonable period of time in order to eliminate commercial advantage that otherwise would be derived the misappropriation. b. In exceptional circumstances, an injunction may condition future use upon payment of reasonable royalty for no longer than the period of time for which use could have been prohibited. Exceptional circumstances include , but are not limited to, a material and prejudicial change of position prior to acquiring knowledge or reason to know of misappropriation that render a prohibitive injunction inequitable. c. In appropriate circumstances, affirmative acts to protect a trade secret may be compelled by court order.

(a) 現実の、又はそのおそれがある不正目的使用は、差し止めることができる。トレード・シークレットが存在しなくなった場合、差止めは、裁判所への申立てによって、終りにすることができる。ただし、その不正利用行為から生じる商業的な利益を除去するために、一定の合理的期間、当該差止めを存続させることができる。 (b) 例外的な状況のもとでは、その使用が禁止される期間に対応する適正な使用料を支払うことを条件 (condition) にして、将来使用 (future use) を認める形の差止めをすることが許される。この例外的な状況には、不正目的使用を知り又は不正利用行為を知り得べき以前における立場の実質的及び不利益な変更で、かつ、禁止的差止命令を不公平にするものを含むが、それに限定されない。 (c) 必要・適切な場合、裁判所は、トレード・シークレットを保護するための積極的な行為を命じることができる。	a. 現実の、又はそのおそれがある不正目的使用は、差し止めることができる。トレード・シークレットが存在しなくなった場合、差止めは、裁判所への申立てによって、終りにすることができる。ただし、その不正利用行為から生じる商業的な利益を除去するために、一定の合理的期間、当該差止めを存続させることができる。 b. 例外的な状況のもとでは、その使用が禁止される期間に対応する適正な使用料を支払うことを条件 (condition) にして、将来使用 (future use) を認める形の差止めをすることが許される。この例外的な状況には、不正利用行為を知り又は不正利用行為を知り得べき以前における立場の実質的及び不利益な変更で、かつ、禁止的差止命令を不公平にするものを含むが、それに限定されない。 c. 必要・適切な場合、裁判所は、トレード・シークレットを保護するための積極的な行為を命じることができる。
§3 Damages 第3条 損害賠償 (a) Except to the extent that a material and prejudicial change of position prior to acquiring knowledge or reason to know of misappropriation renders a monetary recovery inequitable, a complainant is entitled to recover damages for misappropriation. Damages can include both the actual loss caused by misappropriation and the unjust enrichment caused by misappropriation that is not taken into account in computing actual loss. In lieu of damages measured	4. a. Except to the extent that cricumatances, including a material and prejudicial change of position prior to acquiring knowledge or reason to know of misappropriation renders a monetary recovery inequitable, a complainant is entitled to recover damages for misappropriation. Damages can include both the actual loss caused by misappropriation and the unjust enrichment caused by misappropriation that is not taken into account in computing actual loss. In lieu of damages measured by any other methods,

by any other methods, the damages caused by misappropriation may be measured by imposition of liability for a reasonable royalty for a misappropriator's unauthorized disclosure or use of a trade secret. (b) If willful and malicious misappropriation exists, the court may award exemplary damages in the amount not exceeding twice any award made under subsection (a). (a) 不正使用行為を知り又は不正目的使用を知り得べき以前において、金銭による賠償を不公平にするような実質的かつ不利益な立場の変更がある場合を除いて、原告は、不正目的使用に対する損害賠償を請求する権利を有する。この損害賠償には、不正目的使用によって被った実際の損害及び実際の損害の算定において考慮されなかった不正目的使用による不当利得（unjust enrichment）の両者を含めることができる。その他の方法による損害賠償の一つの方法として、トレード・シークレットを無許諾で開示又は使用した者に対し、合理的な使用料を支払う責任（債務）を課すことによって、不正目的使用による損害賠償の額を算定することができる。 (b) 故意又は悪意による不正目的使用が存在する場合、裁判所は、上記（a）項に基づく損害賠償額の2倍を超えない範囲で、懲罰的損害賠償を（別に）課すことができる。	the damages caused by misappropriation may be measured by imposition of liability for a reasonable royalty for a misappropriator's unauthorized disclosure or use of a trade secret. b. If willful and malicious misappropriation exists, the court may award punitive damages in the amount not exceeding twice any award made under subsection a. of this section. a. 不正使用行為を知り又は不正目的使用を知り得べき以前において、金銭による賠償を不公平にするような実質的かつ不利益な立場の変更がある場合を除いて、原告は、不正目的使用に対する損害賠償を請求する権利を有する。この損害賠償には、不正目的使用によって被った実際の損害及び実際の損害の算定において考慮されなかった不正目的使用による不当利得（unjust enrichment）の両者を含めることができる。その他の方法による損害賠償の一つの方法として、トレード・シークレットを無許諾で開示又は使用した者に対し、合理的な使用料を支払う責任（債務）を課すことによって、不正目的使用による損害賠償の額を算定することができる。 b. 故意又は悪意による不正目的使用が存在する場合、裁判所は、この項に基づく損害賠償額の2倍を超えない範囲で、懲罰的損害賠償を（別に）課すことができる。
（州独自の規定）⇒	5. A person who misappropriates a trade secret shall not use as a defense to the misappropriation that proper means to

	acquire the trade secret existed at the time of the misappropriation. トレード・シークレットを不正目的使用する者は、当該不正使用行為の時点において、「適正な手段」(独立の考案やリバース・エンジニアリングなど)が存在した旨を抗弁(defense)として用いることができない。
§4 Attorney's Fees 第4条 弁護士費用 If (i) a claim of misappropriation is made in bad faith, (ii) a motion to terminate an injunction is made or resisted in bad faith, or (iii) willful and malicious misappropriation exists, the court may award reasonable attorney's fees to the prevailing party. 万一、(1)不正使用の請求が悪意によってなされた場合、(2)差止請求を終了させる申立が、悪意でなされ、若しくは妨害された場合、又は(3)故意又は悪意の不正使用が存在する場合、裁判所は、勝訴の当事者に合理的な弁護士費用を認める判決を下すことができる。 (州の規定の方がより詳細に) ⇒	6. The court may award to the prevailing party reasonable attorney's fees and costs, including a reasonable sum to cover the service of expert witnesses, if: a. willful and malicious misappropriation exists; b. a claim of misappropriation is made in bad faith; or c. a motion to terminate an injunction is made or resisted in bad faith. For purposes of this section, "bad faith" is that which is undertaken or continued solely to harass or maliciously injure another, or to delay or prolong the resolution of the litigation, or that which is without any reasonable basis in fact or law and not capable of support by a good faith argument for extension, modification or reversal of existing law. 裁判所は、次の場合、勝訴の当事者に合理的な弁護士費用を認める判決を下すことができる。これには、専門家証人(鑑定証人)の役務をカバーするのに必要な金額が含まれる。 a. 故意又は悪意の不正使用行為が存在する場合 b. 不正使用行為に関する請求が悪意によ

【資料編】3 連邦統一営業秘密モデル法と州制定法の比較　　361

	ってなされた場合 c. 差止請求を終了させる申立が、悪意でなされ、若しくは妨害された場合 　この項において「悪意」とは、もっぱら他人に迷惑を及ぼし若しくは悪意で傷つけること若しくは訴訟の解決を遅延又は引き延ばすことを意図し、若しくはそれを継続すること、又は、事実上若しくは法的にも正当な根拠がなく、現存している法の延長、修正、又は破棄のための誠実な議論によっても支持できないことをいう。
§5　Preservation of secrecy 第5条　秘密の保持 In action under this Act, a court shall preserve the secrecy of an alleged trade secret by reasonable means, which may include granting protective orders in connection with discovery proceedings, holding in-camera hearings, sealing the records of the action, and ordering any person involved in the litigation not to disclose an alleged trade secret without prior court approval. 　この法律のもとにおける訴えにおいて、裁判所は、合理的な手段によって、侵害を申し立てられたトレード・シークレットの秘密を保持しなければならない。また、これには、デスカバリー手続（開示手続）に関連する保全命令（protective order）、非公開審理（in-camera hearing）、訴訟記録の封印、及び裁判所の事前の許可なしに、事件として係属しているトレード・シークレットを訴訟関係者が開示しないよう命令できることが含まれる。	7. In action under this act, a court shall preserve the secrecy of an alleged trade secret by reasonable means. There shall be a presumption in favor of granting protective orders in connection with discovery proceedings pursuant to section 4: 10-3 (g) of the Rules of Court as adopted by the Supreme Court of New Jersey, which may include provisions limiting access to confidential information to only the attorneys for parties and their experts, holding in-camera herring, sealing the records of the action, and ordering any person involved in the litigation not to disclose an alleged trade secret without prior court approval consistent with the Rule of Court as adopted by the Supreme Court of New Jersey. この法律のもとにおける訴えにおいて、裁判所は、合理的な手段によって、侵害を申し立てられたトレード・シークレットの秘密を保持しなければならない。こ

	れに関しては、ニュージャージ州最高裁判所が採用しているように、裁判所規則4章10-3（g）に準拠した証拠開示手続として、保全命令を認容するための推定規定が存在している。この規定は、秘密情報へのアクセスを当事者の弁護士（代理人）のみに制限すること、非公開審理の実施、訴訟記録の封印、及び、州最高裁判所が採用している裁判所規則に従った裁判所の事前の許可なしに、事件として係属しているトレード・シークレットを開示しないよう訴訟関係者に命令できることを含むものである。
§6　Statute of Limitation 第6条　消滅時効（出訴期限） An action for misappropriation must be brought within 3 years after the misappropriation is discovered or by the exercise of reasonable diligence should have been discovered. For the purpose of this section, a continuing misappropriation constitutes a single claim. 　不正使用行為に対する訴えは、それを発見したとき、又は合理的な注意を払えば発見できたときから3年以内に提起しなければならない。この項の目的上、継続的な不正使用行為は、単一の請求を構成するものとして扱う。	8. An action for misappropriation shall be brought within three years after the misappropriation is discovered or by the exercise of reasonable diligence should have been discovered. For purpose of this section, a continuing misappropriation constitutes a shingle claim. 　不正使用行為に対する訴えは、それを発見したとき、又は合理的な注意を払えば発見できたときから3年以内に提起しなければならない。この項の目的上、継続的な不正使用行為は、単一の請求を構成するものとして扱う。
§7　Effect on Other Law 第7条　他の法律に対する効果 (a) Except as provide in subsection (b), this Act displaces conflicting tort, restitutionary, and other law of this State providing civil remedies for misappropriation of a trade secret. (b) This Act does not affect:	9. a. The rights, remedies and prohibitions provided under this act are in addition to and cumulative of any other right, remedy or prohibition provided under the common law or statutory law of this State and nothing contained herein shall be construed to deny, abrogate or impair

(1) contractual remedies, whether or based upon misappropriation of a trade secret; (2) other civil remedies that are not based upon misappropriation of a trade secret; or (3) criminal remedies, whether or not based upon misappropriation of a trade secret.	any common law or statutory right, remedy or prohibition except as expressly provided in subsection b. of this section. b. This act shall supersede conflicting tort, restitutionary, and other law of this State providing civil remedies for misappropriation of a trade secret.
（a）次の（b）に定めるものを除いて、この法律は、トレード・シークレットの不正使用行為に対する民事的救済を定めているこの州の不法行為、原状回復及びその他の競合する州法にとって代わるものである。（b）この法律は、次のものには影響を与えない。 （1）契約上の救済。それが、トレード・シークレットの不正使用行為に基づくものであるか否かを問わない。 （2）トレード・シークレットの不正使用行為に基づかないその他の民事上の救済 （3）刑事上の救済。それが、トレード・シークレットの不正使用行為に基づくものであるか否かを問わない。	c. In any action for misappropriation of a trade secret brought against a public entity or public employee, the provisions of the "New Jersey Tort Claims Act shall supersede any conflicting provisions of this act. a. この法律に基づく権利、救済及び禁止は、コモンロー及びこの州の制定法に基づく他のいかなる権利、救済又は禁止に付加された累積的なものである。また、次のb項に明文で定められているものを除いて、コモンロー及びこの州の制定法に基づく他のいかなる権利、救済又は禁止が、この法律によって否定、廃止又は損傷されると解釈してはならない。 b. この法律は、トレード・シークレットの不正使用行為に対する民事上の救済を認めているこの州のこの法律に抵触する不法行為、原状回復その他の法律に取って代わるものである。
（州独自の規定）⇒	c. 公的機関又は公務員に対して提起されたトレード・シークレットの不正利用行為についての訴えの場合、「ニュージャージー州の不法行為損害賠償請求法」が、この法律の抵触している規定に取って代わる。
§8　Uniformity of Application and Construction 第8条　適用と解釈の統一性	⇐（モデル法に特有な規定）

This act shall be applied and construed to effectuate its general purpose to make uniform the law with respect to the subject of this Act among states enacting it. 　この法律は、本法を制定する州間における本法の対象に関して、法律の統一という本法の目的を達成するように適用又は解釈されなければならない。	
§9　Short Title 第9条　本法律の略称 This Act may be cited as the Uniform Trade Secret Act. 　この法律は、「統一営業秘密法」として引用することができる。	（同　上）
§10　Severability 第10条　可分性 If any provision of this Act or its application to any person or circumstances is held invalid, the invalidity does not affect other provisions or applications of this Act which can be given effect without the invalid provision or application, and to this end the provisions of this Act are severable. 　本法の規定自体又は特定の者若しくは状況への規定の適用が無効とされた場合、当該無効は、他の規定や適用には影響を及ぼさない。したがって、本法の規定は可分である。	（同　上）
§11　Time of Taking Effect 第11条　施行期日 This Act takes effect on ＿＿, and does not apply to misappropriation occurring prior to the effective date. With respect to a continuing misappropriation that	10. This act shall take effect immediately, and does not apply to misappropriation occurring prior to the effective date. With respect to a continuing misappropriation that began prior to the effective date, the

began prior to the effective date, the Act also does not apply to the continuing misappropriation that occurs after the effective date. 本法は、　　から効力を有するが、施行日前に発生した不正使用行為には適用されない。施行日前に開始された継続的な不正使用行為の施行日後における行為にも適用されない。	act also does not apply to the continuing misappropriation that occurs after the effective date. 本法は、直ちに（2012年1月5日から）効力を有するが、施行日前に発生した不正使用行為には適用されない。施行日前に開始された継続的な不正使用行為の施行日後における行為にも適用されない。
§12　Repeal 　　　廃止	

連邦モデル法とニュージャージー州法の比較（要約）

ニュージャージー州法は、連邦モデル法に比して、次のような特徴を有している。

①営業秘密の範囲をモデル法よりも広く定義している。
②「適正な手段（proper means）」という概念を新設している。
③不正使用行為の定義のうち、悪意転得に基づく不正開示・不正使用が、モデル法に比べて単純化されている（モデル法の不正利用行為が六類型であるのに対して、州法では四類型である。ニュージャージ州制定法第2条参照）。
④モデル法にならって、不正使用行為の「おそれ」を保護の対象に拡大している。
⑤消滅時効を、コモン・ローの6年から、モデル法にならって3年に短縮している。
⑥制定法に抵触しない限り、コモン・ロー（契約や不法行為）によるトレード・シークレットの保護は否定されない、と明言されている（ニュージャージ州制定法第9条参照）。したがって、現実にこの制定法が適用される事例は、おのずから限られると思われる。

事項索引

《 あ 》

アクセス管理　20
安全対策　29
アンダー・ザ・サーカムスタンス基準　36, 297
異議の申立て　75
意思主義　157
　——の限界　157
異州籍当事者訴訟　98
一基準説　16
一次取得者　9, 45
一段階の運用　40
一段階方式　15
一般的裁判管轄権　98
一般的知識・経験　201
一般的に得られる知識・技能　20
一般不法行為　55, 56, 118
　——性　56
入退室の管理制限　278
因果関係の証明　301
インカメラ審理手続　132
インセンティブ論　10
ウィンストン事件法則　228, 243
受入派遣者（派遣従業者）　264
営業活動で取得した名刺　199
営業行為自体の差止め　52
営業制限の法理　77
営業日誌　199
営業秘密　1, 7, 10
　——が必要とする法定要件　12
　——権　11, 50
　——侵害罪　68
　——侵害罪の非親告罪化　314
　——という法制度　114
　——と秘密保持契約の交錯　115, 116
　——に指定　293
　——についての実態調査　82
　——の概念　8
　——の認否と秘密保持契約の交錯（米国）　140
　——の訴訟が多い裁判所（米国）　103
　——の存続期間　74
　——の定義　11, 33

　——の不正使用　151
　——の不正使用行為の推定　312
　——の要件を審理する順番　295
　——への該当性　8
　——を保護する根拠　41
閲覧制限　131
オープン・イノベーション　286
オープン化とクローズ化　43
公の場での対審　298

《 か 》

概括的な記述による特定（記述方式）　181
外国で執行できる保証　302
外国に流出した営業秘密　65, 309
開示　47
蓋然性　297
概念要件　14, 276
　——としての秘密管理性　273
概念要素　14
開発委託契約　228
回復不能な損害　153
外部流出　107
カウント（Count）　151
格付管理　293
格付区分　82
確認条項　216, 218, 219
過去の損害の賠償　54
瑕疵担保責任　218
貸付先の非公開財務情報　195
過失責任　162
仮処分　145, 152
関係性　159
刊行物への掲載情報　200
間接管轄　302
間接強制　49, 54, 167
完全合意　176
管理　6
　——組織の確立　310
　——の空白　108
　——不在の空白領域　292
　——方針の確立　310
　——要件　14
緩和説　16

事項索引　*367*

機会損失　27
期間限定不要説　224, 233, 235
期間限定文言　236
期間の制限のない競業避止義務　77
危機管理　5, 28, 29, 294, 307
危機対策　29
企業間の秘密保持契約　175, 247
企業間の秘密保持契約（米国）　176
企業と従業員等との間の秘密保持契約（米国）　177
企業と従業員等との間の秘密保持契約　175, 248
企業内の不祥事件に関する情報　202
企業秘密　1, 7, 10
期限　221
　——設定必要説　221
　——設定無関係説　230
　——の定めのない差止判決　51
　——を定めた差止判決　51
　——を定めない本案的差止め　266
擬似契約理論　142, 154, 155
技術上又は営業上の情報　12
技術説明会　22
技術的措置の強化　30
技術ノウハウ　1
記述方式と媒体方式　245
偽装請負　265
帰属否定・契約説　282
基礎的管理　5, 28, 307
期待利益　168, 287
機能的な組織の確立　310
客観的要件　15
競業避止義務　188
　——の存続期間　263
競業避止契約　63, 64, 293, 308
　——の締結状況　92
強制履行　162
共同研究開発契約　168
共同出願条項　228
銀行の自己査定資料　196
金銭による填補賠償　55
禁反言　159
クールダウン　241, 256, 290
　——のために必要な期間　241, 290
区分管理　82
経営資源　1
経済的価値性　34, 35

形式基準　310
刑事共助条約　305
刑事制裁による抑制又は牽制　132
係争事件情報　202
継続効　217, 227
継続的な教育・研修　111, 292
継続的な使用　32
契約違反（債務不履行）　61
契約関係理論　156, 160
契約社員　254
契約自由の原則　159
契約書　169
契約責任　27
契約による救済の活用又は併用　61
契約必要説・義務否定説　261
契約不要説・義務肯定説　260
契約法的管理　5, 20, 28, 30, 31
契約法的な人材管理　179, 291, 308
契約リステートメント　73
結果概念的な側面　133
結果発生地　303
厳格責任　162
厳格説　15
原告の勝訴率（米国）　106, 109
原始帰属説　282
原状の回復　307
原則適用説　56
原則不適用説　57
限定解釈論　124, 161
合意管轄　218
行為規範　276
行為地　303
行為類型規制的保護　56
恒久的施設　310
公衆の利害　52
公正な自由競争秩序　10
公訴時効期間　68
公知でない個人情報　210
口頭の取り決め　151
高度化　7
合理的努力の有無の判定　185
合理的な疑いのない証明　297
合理的な期限を設けることの利益　213
合理的な差止めの期間　75
合理的な残存期間の見積り　242
合理的な努力　185
合理的な弁護士費用の回収　79, 146

効力継続条項　216
顧客情報・営業情報　20
顧客の商品の購入傾向に関する情報　197
顧客名簿　1
国外犯処罰の拡大　313
国際裁判管轄　302
個人情報・機微情報　195
個人情報取扱業者　251
個人の自由を認める法理　208
個人を拘束する法理　208
個別的・具体的な記述による特定　181
コモン・ロー上の原則　141
雇用契約を補完する契約　139
混合契約　168
コンタミネーション　262
コンプライアンス上秘匿が許されない情報　202

《さ》

財産理論　41, 283
最小限の秘密管理　128, 163, 183, 259
在職中における秘密保持義務　257
最初に信頼関係ありき　160
最初に秘密管理性ありき　160, 274
裁判管轄　302
裁判規範　276
裁判件数の推移　92
裁判所が重視している項目（米国）　104
裁判所が特に重視している項目　94
裁判所による秘密管理要件の弾力運用　297
裁判地　146
財務情報　114
債務不存在確認の訴え　51
債務不履行の責任　123
裁量権の濫用　153
作業従事者　254, 265
作為を命じる差止命令　74
差入書　169
差止請求権　49
　　——の確保　130
　　——の発生根拠　49
差止請求の主体　50
差止請求の法的性質　49
差別化　1, 193
産業スパイ法（Espinage Act）　78
三次以降の取得者　45, 70
三次取得者　9

残存期間　206
　　——の合理性　212
　　——の起算　243
　　——の指針　244
残存条項　205, 216, 219
残留情報　30, 240, 255, 288
　　——かどうかの線引き　255
　　——条項　241, 255
仕入価格の情報　197
事後処理対策　29, 31, 307
事実上の推定　47
事実上の必須要件　105
自社の資金繰り情報　194
実質基準　310
実質的一基準説　16
自動延長条項　232, 242, 244
自動延長制　230
「示された」営業秘密　21, 163, 281
謝罪広告　55
主位的請求　55
従業員が在職中に自ら開発・知得した情報　21, 284
従業員等　247
従業員との秘密保持契約　83
従業員の一斉引き抜き　264
州裁判所　98
修正帰属説　282, 284
周知徹底　254
終了措置の失念　232
主観的要件　15
　　——に関する立証責任の転換　130
主張責任　46
出向先企業　265
出向者　265
出向元企業　265
出訴の時効　147
準拠法　302
準備的口頭弁論　303, 305
使用　47
消極的な情報　35
消極的要件　16
勝訴率　55, 93, 94, 109
商品の効能に関する情報　200
情報が記録され媒体による特定（媒体方式）　181
情報の具体性・継続性　34
情報の陳腐化　209

事項索引　　*369*

情報の定義や例示　124
情報の特定　88, 125, 128, 179
情報の流通　247
情報の漏洩者　89
情報を特定する際の前提条件　180
消滅時効　50
将来の損害の賠償　53, 54
将来のための適当な処分　167
職業選択（転職）の自由　64, 125, 208
除斥期間　50
　──の拡大　313
ショップライト（shop right）　283
侵害からの救済　8
侵害行為の立証　303
侵害論　9, 44, 49, 301
新規性　35
信義則　187, 207, 260
親告罪　69
人災　28, 30, 308
人材管理（人的資源管理）　28
人事・給与情報　195
人事情報　114
人証　22
新製品の発売日　34
信任関係　28, 160
信任義務　28, 142
信用回復の措置　55, 132
信頼関係　141, 159, 160
　──の創設　287
　──破壊の法理　158
　──への違背　42, 153
　──理論　41, 155, 159, 283
信頼利益　287
心理的牽制　308
随時告知　183
推定の覆滅　141
スクランブル交差点　139
性悪説的な発想　112
正規従業員　254
請求異議の訴え　51
制限範囲の適正化　179
誠実義務　254, 257
誠実協議　176
（正常な）情報の流通経路　247
性善説的な発想　112
製造物責任　218
制定法とコモン・ローの適用上の順序　141

正当取得　45
誓約書　169
責任追及できる範囲の拡張　130
絶対的認識説　15, 277, 278
絶対的不要説　225
折衷型定義　184
折衷説　224
善管注意義務　118
先行研究　220
選択の併合　124, 168
戦略的な営業秘密　210
総合的・体系的な解釈論　280
相互的な権利義務　157
相互補完関係の重要性　252
相対的（relative）な概念　24, 36
相対的な秘密性　35
相対的認識説　16, 277
相対的不要説　224
相当の期間　187
双務契約　168, 173
組織的な管理の実行　310
組織的な管理要件　20
訴訟以外の紛争解決手段　146
訴訟が多用される米国の社会的背景　109
訴訟の準備書面に含まれている秘密　200
訴訟方針の再考　299
訴訟を躊躇させる要因　299
その状況下において合理的なもの　297
その他の企業秘密　1, 10
損害の拡大防止　307
損害の額の推定等　132
損害賠償請求　53
損害賠償責任　218
損害論　9, 49, 301
存続効　227

《た》

第一次的救済　162
第一の要件　13
第一審の訴状　150
代償措置の存否　65
退職後における秘密保持義務の残存期間　261, 268
退職後の競業避止契約　62, 268
退職後秘密保持義務を負わない旨の特約　262
退職時面接　178, 181, 255, 266

退職者との間の秘密保持契約　179
退職者に対する管理　30
対取引先企業との秘密保持契約　86
たなぼた（windfall）的な保護　268
知的財産権　58
注意喚起　124, 156, 183
　——（朝礼や会議での徹底等）　111
仲裁　146
懲罰的賠償　53, 79, 146, 162
定期的な点検管理　278
ディスカバリー（証拠開示）　145, 304
弟子が在職中に体得した特別な知識・経験・コツ以外の知見　196
転得者　9
填補賠償の原則　53
統一営業秘密法　32
統一モデル法　32
　——に対する修正状況　39
当業者　234
　——自治　159
　——自治の原則　132
特段の事情　57, 117, 259
特定履行　162
特定論　8, 44, 301
特別の不法行為　56
独立した契約　123
特許権・著作権条項　31
特許公報で開示されている情報　201
特許制度と営業秘密保護法制　43
特許性のある技術　32
取引基本契約　168
取引を通じて知り得た一切の情報　193
トレード・シークレット　31

《 な 》

二基準説　15
二次取得者　9, 45, 70
二重帳簿に係る情報　201
二重の保護措置　133
二段階方式　15, 34, 40
日常的な基礎的管理　183
日常的な内部管理　83
のれん分け　257

《 は 》

パートタイマー　254
配信的行為　159
排他的権利　11
　——の付与　50
派遣受入企業　264
派遣元企業　264
派遣労働者　254
パスワードの設定　278
罰金の上限額の引き上げ　314
反社会的な行為に係る情報　202
販売実績や商品別利益率に係る情報　199
パンフレット等への記載情報　200
非公知性　23, 34, 35
非親告罪化　69
非正規従業員　254
非典型契約　168
「人」の管理　107
秘密　14, 272
秘密管理性　13
「秘密管理性」の立証の程度　297
秘密管理の重要性の周知徹底　83
秘密管理の方法・手段　19
秘密区分　15
秘密情報　1, 7
　——それ自体からの除外　189
　——の開示が避けられない業務への転職　269
　——の管理地　303
　——の区分管理の状況（米国）　97
　——の指定　20
　——の範囲の確定　241
　——の漏洩経路（米国）　100
　——の漏洩先　89
秘密性の劣化　209
秘密としての管理　14, 40, 128, 163
秘密として保持すべき期間の特定　179
秘密保持義務　61, 63, 118, 188
　——条項　169
　——の合理性の要件　242
　——の残存　170
　——の残存期間　84, 184, 187, 203, 206
　——の残存期間に関する調査結果　215
　——の対象　188
　——の対象の明確化　179
　——の適用除外　190
　——の法的検討　186
　——を課す目的　64
　——を無期限とした契約の有効性（米国の事例）　266

事項索引　371

秘密保持契約　27, 62, 114, 308
　——違反　27, 151
　——に基づく場合に必要な情報管理　183
　——によって保護した場合のメリット・デメリット　129
　——の活用（併用）　27, 308
　——の存在形態　169
　——の対象となる情報　61, 88
　——の対象にできる企業の情報　193
　——の法的性質　167
　——を締結しない理由　87
　——を結ぶタイミング　254
秘密保持に関する黙示の合意　105
秘密保持の意思　17
秘密保持のための合理的な努力　34, 36, 40, 104
秘密保持命令　131
標準的な目安　242, 244
平井理論　186, 207
不可避的開示論　269
不作為義務　167
　——の履行確保　54
不作為を命じる差止命令　74
不作為を求める給付請求　49
不正競争行為類型　44
　——への該当性　8, 44, 114
不正競争リステートメント　33, 73
不正取得　45, 48
附属的契約　123
二つの秘密保持契約の相互補完関係　248
物権理論　41
物理的・技術的な情報管理　293
物理的な措置の強化　30
不当利得の返還請求　146
不法行為的構成　50
不法行為の特別法　11
不法行為リステートメント　33, 38, 73, 73
文書提出命令　305
米国で営業秘密に関する裁判件数が多い理由　108
米国の企業数　95
片務契約　168, 173
弁論主義　46
包括型定義　184
法源　32, 73, 161
法定要件　34
法的保護の要否　17

報道機関のニュースソース　194
法と契約の相互補完的な態勢　309
保管場所の施錠　278
保護　7
保護対象の拡大　130
保護法益論　10
保護要件　14, 276
　——としての秘密管理性　273
本案訴訟　152
本案的差止命令　74, 152

《 ま 》

マーキング型定義　184
マニュアル　199
未遂行為の処罰　314
無過失責任　162
六つの要素によるテスト　40, 76, 153, 185
無名契約　168
明示の契約　141, 142, 171
明文の「推定規定」　309
名誉回復　55
「面積」の概念　179
黙示の契約　141, 142, 171
目的外使用禁止義務　169, 188
漏れた情報の種類　90

《 や 》

約因　269
役員との秘密保持契約　85
優位性を保護すべき期間　243
有期雇用契約　254
有用性　21
予見可能性　61, 69
余後効　188, 207, 217, 260
予測可能性　124
予備的差止請求　150, 151
予備的差止命令　74, 152
予備的請求　55, 117
予防対策　29, 307
四大法領域との交錯　252

《 ら 》

ライセンス契約　168
利益説　43
履行強制　62, 130, 167
立証責任　46
　——の一部を被告側に転換する運用　47,

297
　──の配分問題　296
　──を軽減する運用　297
両罰規定　70
列記型定義　184

連邦地方裁判所　98
漏洩した情報の種類（米国）　102

《わ》

わが国の法人企業数　96

著者略歴

結城　哲彦（ゆうき　てつひこ）
1958年　同志社大学法学部卒業
1958年　伊藤忠商事株式会社に入社し約36年間在籍
2002年　有限責任監査法人トーマツコンプライアンス・法務室長（初代）
2007年　税理士法人トーマツコンプライアンス・法務室長（初代）
2015年　早稲田大学大学院法学研究科博士課程修了　博士（法学・早稲田大学）
現在、事業構想大学院客員教授、早稲田大学知的財産法制研究所招聘研究員

主要論文・著書

『信用管理の手引』（日本経済新聞社、1978年）
『契約書用語ハンドブック』共著（中央経済社、2008年）
『すぐに使える！　契約書のキーワード80』（中央経済社、2011年）
『デジタルコンテンツの著作権Q&A』（中央経済社、2014年）
『英文契約書・社内文書用語・用例ハンドブック』（中央経済社、2015年）

営業秘密の管理と保護

2015年12月1日　初版第1刷発行

著　者　結城　哲彦
発行者　阿部　成一

〒162-0041　東京都新宿区早稲田鶴巻町514番地
発行者　株式会社　成文堂

電話 03(3203)9201　Fax 03(3203)9206
http://www.seibundoh.co.jp

製版・印刷　シナノ印刷　　　製本　弘伸製本
©2015　T. Yuki　　　Printed in Japan
☆乱丁・落丁本はおとりかえいたします☆
ISBN 978-4-7923-3337-9 C3032　　検印省略

定価（本体6500円＋税）